ERLEBTE UNTERWASSERWELT

Steven Weinberg

A T L A N T I K

ERLEBTE UNTERWASSERWELT

Steven Weinberg

ATLANTIK

Delius Klasing

EDITION NAGLSCHMID

© 1994, 1995 by Editions Nathan, Paris
Titel der französischen Originalausgabe:
DECOUVRIR: L'ATLANTIQUE; La Manche et la Mer du Nord
veröffentlicht by Editions Nathan, Paris

Die Deutsche Bibliothek – CIP-Einheitsaufnahme

Weinberg, Steven:
Atlantik / Steven Weinberg. (Aus dem Franz. von Kerstin Rohde). –
Bielefeld: Delius Klasing; Stuttgart: Ed. Naglschmid, 1997
(Erlebte Unterwasserwelt)
Einheitssacht.: Découvrir: l'Atlantique (dt.)
ISBN 3-7688-1008-9
NE. HST

ISBN 3-7688-1008-9

Die Rechte für die deutsche Ausgabe liegen beim Verlag
Delius, Klasing & Co., Bielefeld
Aus dem Französischen von Kerstin Rohde, Berlin
Umschlaggestaltung: Buchholz / Hinsch / Hensinger, Hamburg
Umschlagfotos: Steven Weinberg, Senningen,
Wissenschaftliche Bearbeitung: Bernd Humberg / MTi-Press
Druck: Kunst- und Werbedruck, Bad Oeynhausen
Printed in Germany 1997

Inhaltsverzeichnis

Vorwort

*Ich widme dieses Buch
zwei Frauen,
die mich immer wieder
ermutigt haben:
meine Mutter und Marie-Xavier.
Ich widme es auch meinen kleinen
Tauchern: Yann, Olivier und Cédric.*

Ich glaube, daß es Steven Weinberg gelungen ist, ein Buch für ganz unterschiedliche Lesergruppen zu schreiben. Es richtet sich in erster Linie an Taucher, die sich für Meeresbiologie interessieren, und glücklicherweise werden diese immer zahlreicher. Denn es ist in der Tat bedauerlich, wenn man sich eine Tauchausrüstung kauft, um sich unter Wasser bewegen zu können, aber den wunderbaren Reichtum der uns umgebenden Flora und Fauna nicht erkennt oder nicht zu beobachten weiß. In zweiter Linie finden Biologiestudenten und -dozenten in diesem Führer einen illustrierten Bestimmungsatlas und ein wertvolles Nachschlagewerk. Und schließlich werden all diejenigen, die einfach das Meer lieben, auch wenn sie weder Taucher noch Biologen sind, von den Unterwasseraufnahmen gefangengenommen und von den pädagogischen Fähigkeiten des Autors überzeugt. Als ich Steven Weinberg vor sehr langer Zeit in Banyuls am Mittelmeer traf, war er aufgrund seiner Autorität als Spezialist für achtstrahlige Blumentiere (Octocorallia) – seinem Dissertationsthema – mit einem Heiligenschein umgeben. Viele Fachleute interessieren

*Der Autor bereitet sich für
Unterwasseraufnahmen
der Fauna eines norwegischen
Fjords vor.*

sich nicht so stark für Gebiete, die über ihren Fachbereich hinausgehen. Das trifft auf den Autor von „Erlebte Unterwasserwelt: Atlantik" nicht zu, im Gegenteil. Er ist mit ganzem Herzen Forscher, interessiert sich für alles, was in irgendeiner Form mit Meeresbiologie zu tun hat und wird nicht müde, sich und anderen Fragen zu stellen. Für ihn selbst und für seine zukünftigen Leser ist seine hervorstechendste Eigenschaft sein ansteckender Enthusiasmus, der einem den Eindruck vermittelt, daß die Meeresbiologie alles in allem sehr einfach sei. Aber sie ist es natürlich nicht! Die Zauberkunst der Wissensvermittlung, ohne Zugeständnisse an die Wis-

senschaft, hat einen Namen: Pädagogik! Diese Pädagogik erlaubt dem Autor, der Allgemeinheit sein Wissen und sein künstlerisches Talent zur Verfügung zu stellen. Vor sehr langer Zeit schrieb Camille Flammarion das Buch „Astronomie populaire". Ich glaube, daß es unserem Freund Steven gelungen ist, ein Buch „Meeresbiologie für jedermann" zu schreiben.

Dr. Gérard Breton

*Direktor des
Naturhistorischen Museums Le Havre*

Sachwortverzeichnis

Die Sternchen* verweisen auf weitere im Sachwortverzeichnis aufgeführte Begriffe

Abiotisch
Unbelebt; alle physikalisch-chemischen Faktoren der unbelebten Natur (z. B. Temperatur, Sonnenlicht, Strömung, Wellen etc.), die die Lebewesen beeinflussen, nennt man abiotische Faktoren

Anorganisch
Unbelebt, nicht organisch*

Autotroph
Sich selbst ernährend durch Umwandlung anorganischer* Nahrung in organische* Stoffe. Chlorophyllhaltige Pflanzen sind autotroph. Gegensatz: heterotroph*

Bathymetrisch
Eine bathymetrische Verbreitung ist eine Tiefenverbreitung

Benthos
Der Seeboden und die bodenlebende Organismenwelt. Benthisch: bodenlebend. Wenn die Organismen* mit dem Gewässergrund fest verhaftet sind, spricht man vom sessilen* Benthos; bewegen sie sich über dem Grund, spricht man vom vagilen* Benthos

Biocönose
Natürliche Lebensgemeinschaft

Biomasse
Lebendes organisches* Material, welches als Flächeneinheit in Gramm Trockengewicht (dehydrierte Organismen*) pro Quadratmeter ausgedrückt wird

Biotisch
Alle Faktoren der belebten Natur, die auf die Lebewesen einwirken (z. B. Konkurrenzverhalten, Parasitismus) nennt man biotische Faktoren

Biotop
Einheitlicher Lebensraum mit bestimmten Pflanzen- und Tierarten

Cauloid
„Hauptstengel" großer Algen

Chitin
Hornartiges polymeres Kohlenhydrat. Hauptbestandteil der Körperhülle von Krebstieren und Insekten

Chromatophoren
Pigmenthaltige Zellen, z. B. bei Kopffüßern und Fischen, die bei Erregung unterschiedliche Färbungen (z. B. Anpassung an die Umwelt) hervorrufen können

Circalitoral
Zone des Litorals* (unterhalb des Infralitorals*), in der Photosynthese* aufgrund des geringen Lichtangebotes nur noch für wenige Spezialisten (Rotalgen) möglich ist. Die untere Verbrei-

tungsgrenze von Großalgen (Braunalgen und Grünalgen) sowie Blütenpflanzen (Posidonia und Zostera) markiert die Grenze vom Infralitoral zum Circalitoral. Sie entspricht im Atlantik ungefähr einer Tiefe zwischen 20 und 60 m

Dehydratation
Entzug von Wasser, Trocknung

Detritus
Schweb- und Sinkstoffe zerfallener Tier- und Pflanzenteile

Detritus-Böden
Sedimentgründe, die überwiegend Schweb- und Sinkstoffe anorganischen* (Ton, Kalk, Sand) und organischen* Ursprungs (tierischer und pflanzlicher Detritus, z. B. Muschelschalen, Algenreste) aufweisen; vielfach mit kleinsten, zerfallenen Pflanzenteilen in großen Mengen

Detritusfresser
Tiere, die sich von organischen* Teilchen der Detritus*-Böden ernähren

Dichotom
Zweiteilig, gegabelt

Diözisch
Zweihäusig; Pflanzen, bei denen die Organe beider Geschlechter von unterschiedlichen Individuen getragen werden (wörtlich: „in zwei Häusern"); vgl. monözisch*

Distal
Vom Körpermittelpunkt, von der Kör-

perachse bzw. vom Herzen entfernt liegend

Endemisch
Einheimisch, auf ein bestimmtes Gebiet beschränkt; Arten, die nur im Atlantik vorkommen, nennt man endemische Atlantikarten

Epibionten
Nicht parasitäre Lebewesen, die auf anderen Lebewesen leben (Epiphyt: auf einer Pflanze lebende Pflanze, die sich selbst ernährt; Epizoon: auf einem anderen Tier oder einer Pflanze lebendes Tier; Epifauna: epibiontische Tiere, Epiflora: epibiontische Pflanzen)

Eulitoral
Gezeitenzone; Küstenstreifen zwischen der Niedrig- und Hochwasserlinie, dessen Breite im Atlantik von 2 m bis zu einem (außergewöhnlichen) Maximum von 15,50 m bei Mont-Saint-Michel betragen kann

Fauna
Tierwelt eines bestimmten Gebietes

Flora
Pflanzenwelt eines bestimmten Gebietes

Geschlechtsdimorphismus
Unterschiedliches Aussehen von Männchen und Weibchen derselben Art

Halophyt
Auf salzreichem Boden wachsende Pflanze

Heterotroph
Sich von organischen*, von anderen Tieren und Pflanzen stammenden Stoffen ernährend. Gegensatz: autotroph*

Hydrodynamik
Wasserbewegungen (Wellen, Dünung, Strömung)

Infralitoral
Gut besonnte Zone des ständig untergetauchten Litorals*. Die untere Verbreitungsgrenze der Blütenpflanzen markiert die Untergrenze des Infralitorals

Koliforme Bakterien
Bakterien, die in Gestalt und Eigenschaft der bekannten Kolibakterie *(Escherichia coli)* ähneln. Erreger von Darminfektionen

Kolonie
Zusammenschluß von Einzeltieren derselben Art zu einer funktionellen Einheit

Konkurrenz
Lebewesen konkurrieren um eine vorhandene Nahrungsquelle (Nahrungskonkurrenten) oder um einen Standort (Raumkonkurrenten)

Koralligen
Durch marine Lebewesen (überwiegend Kalk-Rotalgen) gebildete harte, steinartige, korallenriffähnliche (Name!) Böden im Circalitoral*

Lebensgemeinschaft
Einheit von Organismen*, die ver-

schiedenen Arten angehören, aber gemeinsam im selben Biotop* leben

Litoral
Marine Küstenzone, vom obersten Einflußgebiet der Wogen bis zum Ende des unterseeischen Küstenabhanges (je nach Neigung und Exposition in unterschiedlicher Tiefe)

Maerl
Die roten, bäumchenartig verzweigten Krustenkalkalgen *Lithothamnion corralioides* und *Phymatolithon calcareum* bilden auf Sandboden, in 3–25 m Tiefe eine charakteristische Vegetation von lose liegenden, unregelmäßig verzweigten Thalli, welche mit dem bretonischen Wort „Maerl" bezeichnet werden

Milieu
Einheit der biotischen* und abiotischen* Faktoren, die die Verbreitung und das Wachstum von Organismen* in einem bestimmten Gebiet regeln

Monözisch
Einhäusig; Pflanzen, bei denen die Organe beider Geschlechter von demselben Individuum getragen werden (wörtlich: „in einem Haus". Vgl.: diözisch*

Nahrungskette
Aufeinanderfolge von Organismen*, die sich jeweils auf Kosten ihres Vorgängers ernähren. Die Nahrungskette beginnt bei den Pflanzen (Primärproduzenten* organischer* Materie), es folgen die Pflanzenfresser (Primärkon-

sumenten*) und anschließend die Fleischfresser (Räuber, Sekundärkonsumenten)

Nekton
Sich aktiv bewegende Meeresfauna* (z. B. Fische). Gegensatz: Plankton*

Nematocysten
Nesselkapseln der Hohltiere

Ökologie
Lehre von den Beziehungen der Lebewesen zu ihrer Umwelt

Ökologische Nische
Der von einer Art eingenommene Platz in einem Ökosystem*; er beinhaltet den Standort dieser Art, deren Nahrung, Feinde etc.

Ökosystem
Einheit von Lebewesen und ihrem Lebensraum

Organisch
Aus der belebten Natur stammende Stoffe

Organismus
Lebewesen; Tier oder Pflanze

Osculum
Ausfuhröffnung bei Schwämmen. Die Einfuhröffnungen nennt man Poren

Pelagisch
Im offenen Meer lebend

Peristom
Mundfeld

Photophil
Lichtliebend

Photosynthese
Umwandlung von Kohlendioxyd in Kohlenhydrate (Stärke, Zucker, etc.). Dies geschieht durch das Blattgrün der Pflanzen mit Hilfe des Sonnenlichts.

Phylloid
Blattartiges Photosyntheseorgan* bei Algen

Plankton
Die Organismenwelt des freien Wasserraumes, deren geringe aktive Bewegung die passive Verdriftung durch Strömungen nicht auszugleichen vermag (Beispiel: pflanzliches Phytoplankton, das aus unzähligen einzelligen Algen besteht; tierisches Zooplankton, darunter die Medusen) Gegensatz: Nekton*

Polyp
Einzeltier bei Hohltieren, dessen hohler Körper in einem von Tentakeln umgebenen Mund endet

Population
Gesamtheit von Lebewesen derselben Art in einem bestimmten Gebiet

Primärkonsumenten
Lebewesen, die sich direkt von der Biomasse* ernähren, die im Litoral* und in den Oberflächenschichten des Pelagials produziert wurde

Produzenten
Algen und höhere Wasserpflanzen, die

mittels Photosynthese organische*
Substanzen produzieren

Rhizoid
Wurzelähnliche, meist fadenförmige
Ausläufer bei Algen, die der Veranke-
rung am Substrat* dienen

Rhizom
Wurzelstock

Saprophil
Von faulenden Stoffen lebend

Sciaphil
Schattenliebend

Sessil
Festsitzend; Tiere, die keine Ortsveränderung vornehmen

Sklerit
Kleine Skelettkörperchen, oft aus
Kalk, manchmal kieselhaltig; bei
Schwämmen, achtstrahligen Blumen-
tieren, Seescheiden der Familie Di-
demnidae und Seegurken häufig

Spiculum
Nadel, spitzer Sklerit*, insbesondere
bei Schwämmen

Sprungschicht
Dünner Übergangsstreifen, der im
Sommer die warme Oberflächenschicht vom tieferen, kalten Wasser
trennt

Stolon
Röhren, mit denen sich bestimmte sessile* Tiere am Substrat* festheften

Substrat
Sammelname für anorganische* wie
auch organische* (!) Unterlagen oder
Massen, die den Organismen* Flächen
oder Raum zur Besiedlung bieten
(z. B. Hartsubstrat: Felsen, Koralligen, Wracks; Weichsubstrat: Sand,
Schlamm, Detritus*)

Supralitoral
Spritzwasserzone; Küstenstreifen über
dem Eulitoral*, soweit der Einfluß des
Meeres noch jenen des Landes deutlich
überwiegt

Symbiont
Lebewesen, das mit einem anderen in
Symbiose* lebt

Symbiose
Dauerndes Zusammenleben zweier
Tiere oder Pflanzen bzw. von Tier und
Pflanze zu beiderseitigem Nutzen
(Kommensalismus bezeichnet ein Zusammenleben, bei dem ein Lebewesen
von seinem Wirt profitiert, ohne diesem zu schaden, während beim Parasitismus ein Organismus* auf Kosten
des anderen lebt)

Taxonomie (oder Systematik)
Einordnung in ein biologisches System

Thallus
Vegetativer Körper niederer Pflanzen,
der weder Wurzeln, noch Stamm, noch
Blätter hat

Thermophil
Wärmeliebend

Vagil
Frei beweglich

Zooid
Einzeltier bei bestimmten koloniebildenden Tieren wie z. B. Moostierchen und Synascidien

Zooxanthellen
Einzellige symbiontische* Algen in Steinkorallen und Seeanemonen, die ihrem Wirt den bei der Photosynthese* ausgeschiedenen Sauerstoff, vielleicht auch einen Überschuß von Assimilaten zur Verfügung stellen und von ihrem Wirt Schutz und Nahrung erhalten

Einleitung

Dieses Buch umfaßt mit der Bezeichnung „Atlantik" die europäischen Küsten von Gibraltar bis Norwegen, die Nordsee, den Ärmelkanal und die Irische See. Es richtet sich sowohl an denjenigen, der an der Küste spazierengeht als auch an denjenigen, der dort taucht. Auch wenn dieses Buch weit davon entfernt ist, eine Enzyklopädie sein zu wollen, so bietet es Ihnen dennoch eine Darstellung von etwa 400 der häufigsten Arten an den europäischen Atlantikküsten und von einigen recht seltenen Wesen. Es ist ein Kompromiß zwischen dem Wunsch, alles zu sagen und alles zu zeigen, und der Sorge darum, lesbar, kurz gefaßt und klar zu bleiben. Obwohl es sich weder an Liebhaber schöner Unterwasseraufnahmen noch an Spezialisten für Meeresbiologie richtet, hoffe ich natürlich, daß auch diese Leser Fotos sehen, die ihnen gefallen und Informationen finden, die ih-

nen nützlich sind... Ich möchte Sie vor allem dazu anregen, daß Sie die Unterwasserwelt selbst anschauen und erschließen, sie ein wenig besser verstehen und sich von ihr verzaubern lassen. Da das Thema sehr umfangreich ist, besteht dieses Buch aus zwei Teilen. Der erste macht Sie mit dem Atlantik im allgemeinen, mit den Unterwasserlandschaften und einigen wissenschaftlichen Begriffen vertraut. Im zweiten Teil werden dann die unterschiedlichen Arten besprochen. Ich habe die traditionelle Reihenfolge der Biologen geändert. Zuerst bespreche ich die festsitzenden Organismen und anschließend die beweglichen... bis auf wenige Ausnahmen! Denn unter Wasser verschmelzen Tiere und Pflanzen! Es gibt „Blüten", die einen Mund haben und Würmer oder Krebstiere, die für immer mit dem Untergrund verhaftet leben... Ich wünsche Ihnen, daß Sie sehr viel Schönes entdecken, sowohl bei Ihren Wattwanderungen als auch beim Tauchen!

Steven Weinberg

*Île de Ré, Sommer 1953
Der Autor (links) erkundet das Meeresleben des Atlantiks in Begleitung seiner Mutter und seines Bruders.*

Der Atlantik
Von Gibraltar bis zur Nordsee

Für die alten Griechen erstreckte sich jenseits der Säulen des Herkules (heute würde man sagen, westlich von Gibraltar) ein sagenumwobener Kontinent mit dem Namen Atlantis. Obwohl die geologischen Erkenntnisse dagegen sprechen, gibt es auch heutzutage Menschen, die fest davon überzeugt sind, daß dieser Kontinent wirklich existiert hat. Tatsächlich ist von ihm aber nur die Etymologie des Namens geblieben, mit dem die gewaltige ozea-nische Weite benannt wurde, die die Alte Welt von der Neuen trennt.

Der Atlantik mit seinen dazugehörigen Meeren ist mit einer Fläche von 106.570.000 km^2 der zweitgrößte Ozean des Erdballs. Er umfaßt 24 % des Wasservolumens unseres Planeten. Seine durchschnittliche Tiefe beträgt 3.300 m, seine tiefste Stelle ist der Puerto Rico-Graben (9.219 m). Die zugehörigen Meere sind das Nordpolarmeer (Fläche: 12.000.000 km^2, durch-

Auf diesem Satellitenbild von den nordöstlichen Atlantikküsten sind die Orte aufgeführt, an denen die Fotos für dieses Buch aufgenommen wurden.

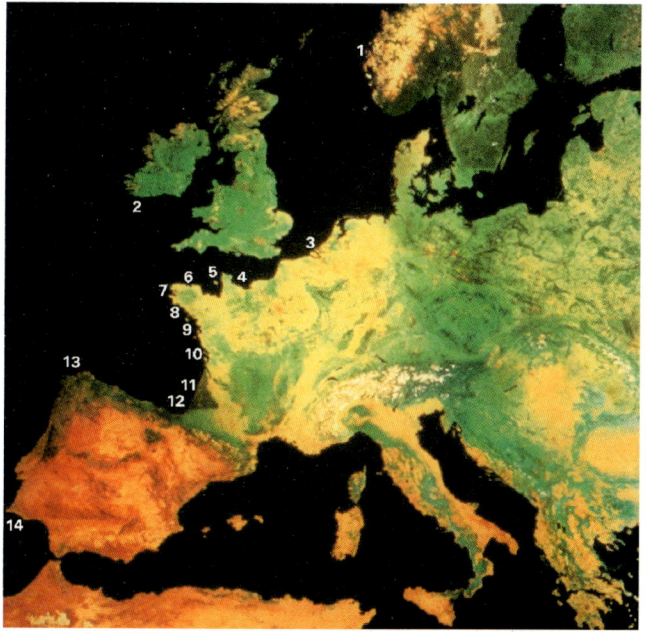

1. Bergen (Norwegen); 2. Sherkin Island (Irland); 3. Zeeland (Holland); 4. Le Havre und Cherbourg (Frankreich); 5. Granville und Chausy-Inseln (Frankreich); 6. Trébeurden und Roscoff (Frankreich); 7. Ouessant, Brest, Camaret und Crozon-Morgat (Frankreich); 8. Glénans-Inseln (Frankreich); 9. Belle-Île (Frankreich); 10. Île d'Oléron (Frankreich); 11. Becken von Arcachon (Frankreich); 12. Socoa (Frankreich); 13. El Ferrol (Spanien); 14. Sagres, Albufeira und Faro (Algarve, Portugal).

schnittliche Tiefe: 1.100 m), die Karibik und der Golf von Mexiko (Fläche: 4.000.000 km², durchschnittliche Tiefe: 2.200 m), das Mittelmeer und das Schwarze Meer (Fläche: 3.000.000 km², durchschnittliche Tiefe: 1.500 m), die Hudson-Bai (Fläche: 1.200.000 km², durchschnittliche Tiefe: 128 m), die Nordsee (Fläche: 580.000 km², durchschnittliche Tiefe: 93 m) und die Ostsee (Fläche: 390.000 km², durchschnittliche Tiefe: 55 m).
Ich werde in diesem Buch nur die Flora und Fauna der europäischen Atlantikküsten, inklusive der Küsten des Ärmelkanals, der Irischen See und der Nordsee besprechen. Für das Meeresleben im Mittelmeer können Sie mein Buch „Erlebte Unterwasserwelt: Mittelmeer" konsultieren (es ist in derselben Reihe wie dieses Buch erschienen).

Geburt eines Ozeans

Vor fünfhundert Jahren entdeckte Christoph Kolumbus Amerika. Zunächst folgten spanische Siedler und später dann portugiesische, französische, englische und holländische. Nach und nach verschwanden die weißen Gebiete von den Landkarten der Küsten jenseits des Atlantiks. Die Tatsache, daß die Küstenkonturen zu beiden Seiten des Ozeans erstaunlich komplementär waren, mußte die Kartographen der damaligen Seemächte verwundern. Man könnte die Kontinente wie Teile eines riesigen Puzzlespiels zusammenfügen. Aber erst im Jahre 1912 stellte der deutsche Wissenschaftler Alfred Wegener seine Theorie über die Kontinentalverschiebung auf. Demnach bildeten unsere Kontinente ursprünglich einen einzigen Kontinent mit dem Namen Pangea, der sich dann teilte und dessen abgetrennte Stücke auseinanderdrifteten. Seine Theorie war zu revolutionär, um sofort anerkannt zu werden. Wegeners Ideen wurden erst ein halbes Jahrhundert später wieder aufgenommen, nachdem die Kenntnisse über unsere Erde weit genug vorangeschritten waren. Man fügte ihnen noch eine mechanische Erklärung hinzu: die Plattentektonik.
Kurz zusammengefaßt besagt diese Theorie, daß die Erdrinde keine geschlossene Schicht bildet, sondern sich in eine bestimmte Anzahl von Platten aufteilt. An der Verbindungsstelle zweier Platten tritt ununterbrochen Magma aus. Das Magma stößt die Platten zurück, die sich dann mehr und mehr voneinander entfernen und eine Wachstumszone entstehen lassen. Die Tatsache, daß sich zwei Platten auf diese Weise voneinander entfernen, bringt jedoch Probleme mit sich: Was geschieht auf der anderen Seite der Platte, die gezwungenermaßen an die gegenüberliegende Platte stoßen wird? Es gibt zwei Antworten darauf: Entweder falten sich die Platten an der Stelle, an der sie zusammenstoßen auf und es entstehen durch die Faltung der Erdrinde Bergketten, oder es gleitet die eine Platte in einer Subduktionszone unter die andere, sinkt wieder in das weißglühende Innere der Erde zurück (Asthenosphäre), schmilzt dort und

wird wieder zu Magma. Da sich viele dieser Phänomene auf dem Grund der ozeanischen Becken ereignen, haben wir sie so lange Zeit nicht wahrgenommen. Die Geschichte des Atlantiks begann vor 165 Millionen Jahren. Der Anstieg des Magma aus dem Erdzentrum riß den alten Superkontinent Pangea auseinander. Seine Bruchstücke entfernten sich mit einer Geschwindigkeit von einigen Zentimetern pro Jahr voneinander. Diese Öffnung des Ozeans begann im Norden (zwischen Europa und Nordamerika) mit einem Kontinentalrift (Bruchstelle), während sich Afrika und Südamerika „erst" vor 125 Millionen Jahren voneinander zu trennen begannen. Nach und nach nahm der Atlantik seine uns bekannte Gestalt an. Gegenwärtig breitet er sich mit einer Geschwindigkeit von 2 cm pro Jahr aus. Die Wachstumszone in der Mitte des Ozeans bildet eine gewaltige Unterwasser-Bergkette, den mittelatlantischen Rücken, der sich von der Arktis bis zur Antarktis zieht und nur bei Island, den Azoren, St. Paul, Ascension und Tristan-da-Cunha zutage tritt. Es handelt sich um eine Zone mit großer vulkanischer Aktivität, wie an der spektakulären Entstehung der Insel Surtsey im Süden Islands im Jahre 1963 deutlich wurde. Der Atlantik ist arm an Subduktionszonen. Dennoch gibt es im Norden von Puerto Rico eine Subduktionszone mit einem 9.219 m tiefen ozeanischen Graben. Beiderseits des mittelatlantischen Rückens befinden sich große, mit mehr als 1.000 m dicken Sedimentschichten bedeckte Tiefsee-Ebenen. Diese Sedimente sind zweierlei Ursprungs: Einerseits entstehen sie durch die Erosion der Kontinente und andererseits durch einen unaufhörlichen Regen von Mikroskeletten aus Plankton (hauptsächlich aus Foraminiferen, aber auch aus Flügelschnecken, Coccolithen, Kieselalgen und Strahlentierchen). Im offenen Meer vor den europäischen Küsten bilden diese Ebenen zwei Senken: das Europäische Becken mit Tiefen zwischen 3.400 und 4.800 m und das Iberische Becken, das eine Tiefe von 5.600 bis 6.300 m erreicht.

Eine Klimaanlage

Die Ozeane dienen dank ihrer großen Wassermassen als thermischer Wärmespeicher: Sie temperieren das Klima auf der Erde. Die Temperaturunterschiede ihrer Oberflächen (von 0–5 °C in den Polarregionen bis zu 28 °C in den Tropen) entstehen aber auch durch atmosphärische Störungen (Tiefdruckgebiete und Hochdruckgebiete), die durch Winde hervorgerufen werden und unser Klima beeinflussen; diese Winde werden ihrerseits durch die Coriolis-Kraft abgelenkt, die durch die Erdrotation ausgelöst wird. Die Winde selbst lassen die großen ozeanischen Oberflächenströmungen entstehen. Im Nordatlantik beginnt dies dicht am Äquator, wo die nordöstlichen Passatwinde das Meer vor den afrikanischen Küsten in Bewegung versetzen. Auf diese Weise entsteht der Nordäquatorialstrom, der den Atlantik von

Ost nach West durchquert, um dann in den Golf von Mexiko zu münden. Von dort ergießen sich die auf ihrem Weg durch die tropischen Regionen erwärmten Wassermassen in einen gewaltigen Strom, der an Floridas Küsten entlangfließt und sich Richtung Nordatlantik bewegt: Gemeint ist der Golfstrom, der 50 Millionen Kubikmeter Wasser pro Sekunde mit sich führt! Durch den Einfluß der Coriolis-Kraft wird der Golfstrom nach rechts abgeleitet, wo er sich in mehrere Arme teilt: den Madeira-Strom, den Kanaren-Strom und den Nordatlantik-Strom. Letzterer wird seinerseits durch die vorherrschenden Westwinde abgeleitet und erwärmt das Wasser des Golfs von Biscaya, der Bretagne und der Britischen Inseln und außerdem den nördlichen Teil der Nordsee, indem er Schottland umströmt. Wir verdanken dem Atlantik die relative Milde unseres westeuropäischen Klimas. Arcachon befindet sich auf demselben Breitengrad wie die Küstenstadt Halifax in Kanada. In Arcachon liegen die monatlichen (Januar bis August) Durchschnittstemperaturen zwischen 7 °C und 20 °C, in Halifax dagegen zwischen −5 °C und 18 °C. Manchmal bringt uns der Golfstrom auch Organismen aus den warmen Meeren mit: Medusen wie die Portugiesische Galeere oder Fische wie den Drückerfisch. In dem Bereich, den wir in diesem Buch besprechen, variieren Temperatur und Salzgehalt des Wassers nur geringfügig. Im Februar betragen die Temperaturen zwischen 2 °C an den norwegischen Küsten und 12 °C vor Portugal; im August variieren diese Temperaturen zwischen 13 °C in der Nordsee und 22 °C im Golf von Biscaya. Der durchschnittliche jährliche Salzgehalt variiert zwischen 30–35 ‰ von der Nordsee bis zum Ärmelkanal, von 34–36 ‰ vom Ärmelkanal bis Portugal und erreicht mit 36–37 ‰ sein Maximum im Süden Portugals (Algarve).

Die Verbreitung der Lebewesen

Die Biogeographie des Atlantiks ist relativ kompliziert. Lassen Sie uns einige wichtige Tendenzen festhalten, die zwar veränderlich sein können, aber dennoch auf die Mehrzahl der Arten zutreffen, denen wir begegnen werden. Zunächst gibt es zwischen den gemäßigten und kalten Zonen des Nordatlantiks und denen des Südatlantiks deutliche Unterschiede hinsichtlich der Fauna. Die warmen Regionen (die Küsten Äquatorialafrikas und die Karibik) bilden hier eine Klimaschranke. Die Unterschiede in der Flora und Fauna zwischen den amerikanischen und europäischen Küsten sind hingegen weniger ausgeprägt. Viele Arten haben ein in den kaltgemäßigten (borealen) oder arktischen Gebieten des Nordatlantiks vorherrschendes Verbreitungsgebiet. Manchmal handelt es sich um Geschwisterarten, die aus gemeinsamen Vorfahren hervorgehen, sich aber nach der Teilung in Ost- und Westpopulationen, die durch die Öffnung des Atlantiks hervorgerufen wurde, ein wenig unterschiedlich entwickelt haben: Die Blumentiere *Alcyonium digitatum* (Europa) und *Alcyonium sidereum* (Amerika), der Europäische Hummer *(Homarus gammarus)* und der Amerikanische Hummer *(Homarus americanus)*, der Europäische Aal *(Anguilla anguilla)* und der Amerikanische Aal *(Anguilla rostrata)* sind einige gute Beispiele dafür. Die anthropogenen Einflüsse sind der Ursprung für einen gewissen Austausch zwischen der amerikanischen und europäischen Fauna.

So konnte die Muschel *Mya arenaria* mit den aus der Neuen Welt zurückkehrenden Wikingerschiffen mitreisen. Man hat kürzlich Schalen an den dänischen Küsten gefunden, deren Alter nach einer Karbonat-14-Datierung auf das Jahr 1245 zurückgeht; dies ist übrigens ein zusätzlicher Beweis dafür, daß die Wikinger Amerika schon vor Kolumbus entdeckt haben! Die Pantoffelschnecke *(Crepidula fornicata)* reiste ebenfalls von West nach Ost, und zwar mit amerikanischen Austern *(Crassostrea virginica)*, die Ende des letzten Jahrhunderts nach England eingeführt wurden. Die Gemeine Strandkrabbe *(Carcinus maenas)* wurde hingegen von Europa zu den Küsten jenseits des Atlantiks befördert, wo sie

(Foto: Harry Klerks)

Es bestehen Ähnlichkeiten in der Fauna an der nordamerikanischen Atlantikküste und der Fauna an den europäischen Küsten; z. B. dieser Hummer (Homarus gammarus), *der seinem „Kollegen" jenseits des Atlantiks* (Homarus americanus) *ähnelt wie ein Ei dem anderen. Diese „Geschwisterarten" sind Zeugen der Atlantiköffnung durch die Plattentektonik.*

sich sehr erfolgreich ausbreitete. Das Charakteristischste an den Pflanzen und Tieren unserer Gestade ist ihre relativ einheitliche Verbreitung an der gesamten europäischen Küste.

Es gibt von Gibraltar bis zum Nordkap nur graduelle Unterschiede mit zwei großen, sich streifenden biogeographischen Provinzen: die warm-gemäßigte lusitanische Provinz und die kalte boreale Provinz. Beide vermischen sich in Höhe der Bretagne; das erklärt den außergewöhnlichen Reichtum des Meereslebens in dieser europäischen Region.

Alarmsignale

Vor kurzem verschwand *Undaria pinnatifida,* eine aus Japan stammende und in der Bretagne kultivierte eßbare Alge aus den Aquakulturen und reihte sich damit in die Vielzahl der exotischen Arten ein, die die Atlantikküste bevölkern. Bei den Algen waren es bereits *Colpomenia peregrina, Asparagopsis armata, Codium fragile* und *Sargassum muticum.* Dann sind da aber auch noch die Seepocke *Elminius modestus,* die Seescheide Styela clava und Weichtiere: die Portugiesische Auster *(Crassostrea gigas),* die Pantoffelschnecke *(Crepidula fornicata)* und andere Organismen... Das Problem besteht darin, daß diese eingeführten Arten besonders zäh (deshalb konnten sie die lange Reise zwischen Schiffsladungen mit Austern oder an Schiffsrümpfen festgeheftet überleben) und konkurrenzfähig sind (aus

Der Japanische Beerentang (Sargassum muticum) *gelangte im Jahre 1973 zufällig an französische Küsten und hat sich seitdem blitzartig ausgebreitet.*

diesem Grund konnten sie sich in bereits gut eingerichteten Biocönosen niederlassen). Dies ist das alte Gesetz der natürlichen Auslese: Den „schwachen", d. h. weniger gut angepaßten Arten gelingt es nicht, sich in einer neuen Umwelt niederzulassen. Die anderen, d. h. die konkurrenzkräftigeren, gewinnen die Oberhand über bestimmte heimische Arten, die nur mangels einer ernsthaften Konkurrenz überleben konnten. Auf diese Weise gelang es z. B. der Portugiesischen Auster, unsere Europäische Auster fast vollständig zu verdrängen. Durch das intensive Einführen dieser sehr konkurrenzfähigen Arten läuft man Gefahr, eine Nivellierung der weltweiten Ökosysteme zu erreichen, in denen dann hauptsächlich kosmopolitische Arten leben, welche die ihnen eigenen Charakteristika verlieren.

Seit einem Vierteljahrhundert ist die Öffentlichkeit durch die großen Katastrophen auf See und deren verheerende Konsequenzen für das Meeresleben wachgerüttelt worden. Zuerst lief die *Torrey Canyon* 1967 vor der englischen Küste auf Grund. Man glaubte, daß es sich hier um ein einzigartiges Drama handeln würde. Dann folgte die *Amoco Cadiz* (Bretagne, 1978), die 200.000 ha Meeresfläche verunreinigte. Jetzt wollte man entsprechende Maßnahmen ergreifen. Aber seitdem folgten die Katastrophen einander in einem noch schnelleren

Rhythmus: die *Bételgeuse* (Großbritannien, 1979), die *Kowloon Bridge* (Irland, 1987), die *Aegean Sea* (La Coruña, Spanien, Dezember 1992) und die *Braer* (Shetland-Inseln, Januar 1993); und es sind hier nur die Regionen erwähnt, für die wir uns im Augenblick interessieren… Es gibt aber auch noch andere Formen von Umweltverschmutzung. Beginnen wir mit der Eutrophierung. Nitrate und Phosphate unserer landwirtschaftlichen Düngemittel und unsere Bleichmittel (damit wir noch sauberer waschen können!) verursachen immer mehr „Rote Tiden". Das sind Massenentwicklungen bestimmter planktonisch lebender Algen, die ihrerseits Giftstoffe produzieren, die für das beträchtliche Fischsterben verantwortlich sind. Ebenso gibt es leider immer häufiger explosionsartige Algenentwicklungen im Litoral der Küsten, wodurch die Strände von ekelerregenden Algenbergen überschwemmt werden. Schlimmer noch: Chemische Substanzen unserer industriellen Emissionen, aus unserem Müll und unseren Insektenvernichtungsmitteln gelangen ins Meer – chlorhaltige organische Verbindungen wie DDT und PCB (polychlorierte Biphenyle) und Schwermetalle wie Quecksilber, Blei, Kadmium, Kupfer und Chrom. Diese Schadstoffe werden entweder absichtlich ins Meer geworfen oder erreichen dieses über die Flüsse. Verbrecherische Müllschiffe benutzen das offene Meer für Abfallstoffe, die niemand haben möchte: Dioxin und radioaktive Stoffe. Die Erklärung ist einfach: Alles, was unter der Mee-

Ein Kind erkundet mit Hilfe seines kleinen Netzes die wunderbare Welt der Meereslebewesen. Hoffen wir, daß ihm der bedrohliche Tanker nicht den Spaß verdirbt und daß das Leben an der Küste nicht allzu sehr unter der Habgier der Menschen leiden muß.

resoberfläche verschwindet, sieht man nicht mehr… Und das Meer ist so weitläufig, daß sich all diese Substanzen in schwache Konzentrationen auflösen und der Giftigkeitsgrad belanglos wird. Aber das Meer ist keine Müllkippe. Es enthält Algen, die für ihr Wachstum Wasser benötigen. Mit dem Wasser gelangt Gift in ihr Gewebe, aus dem es sich nie wieder entfernt: Diese pflanzliche Materie wird anschließend von Pflanzenfressern verzehrt. Ein Pflanzenfresser verspeist ungefähr das Zehnfache seines Eigengewichts.
So enthält 1 Kilo des Pflanzenfressers einen Schadstoffgehalt, der zehnmal höher ist als der Schadstoffgehalt der

Die Fischerei ist ein hartes Geschäft; nicht nur für die Fischer, sondern manchmal auch für die Umwelt.

Pflanzen, die er gefressen hat. Beim Fleischfresser, der sich von diesen Pflanzenfressern ernährt, steigt der Schadstoffgehalt auf das Hundertfache an, und bei dem nächsten Fleischfresser in der Nahrungskette steigt er auf das Tausendfache... Dieses Phänomen nennt man Akkumulation; am Ende der Kette wird der Schadstoffgehalt die Toleranzschwelle überschreiten. In der Nordsee sterben die Seehunde an my-

Das Meer ist keine Müllkippe: Wenn das Meer stirbt, werden auch wir sterben.

steriösen Krankheiten und die Fische, die von den Fischern nach Bremen, Scheveningen oder Boulogne gebracht werden, weisen manchmal seltsame Hautkrankheiten auf, die man noch nie zuvor gesehen hat... Das in manchen Anstrichen enthaltene Zinn-Tributyl (TBT) interferiert mit dem Hormonsystem einiger Schnecken. So können die Weibchen von *Nucella lapillus, Ocenebra erinacea* und *Thais haemastoma* männliche Charakteristika entwickeln. Diese Weibchen werden unfruchtbar. Einige Populationen entlang der französischen Küsten scheinen unwiderruflich bedroht zu sein. Leider sind es nicht nur die Landwirte, die die Auswirkungen ihrer Insektenvernichtungsmittel auf die weit von ihren Feldern entfernt lebenden Heringe ignorieren; es sind auch nicht nur die schamlosen Industriellen schuldig, für die nur das Geld zählt... Früher warfen die Fischer ihre Netze blindlings ins Wasser und zogen sie „nach Gefühl" und Erfahrung hinter sich her. So hatten die Fische eine gewisse Chance, den Netzen zu entkommen.

Heutzutage sind nicht nur die Boote viel leistungsfähiger und schneller geworden, sondern auch deren Ausrüstung wurde wesentlich verbessert. So werden die Fischschwärme nun mit Hilfe einer modernen elektronischen Ausrüstung geortet, und das Öffnen der Schleppnetze ist ebenso wirkungsvoll wie das Öffnen eines Hai-

mauls. Dadurch nehmen die Fischbe-
stände mit einer rasanten Geschwindigkeit ab. Mittlerweile wendet man
sich mehr und mehr der Fischzucht zu.
In der schottischen und norwegischen
Lachszucht leben 30.000 bis 40.000
Fische in einem schwimmenden „Kä-
fig" zusammen. Diese Wasser-Farmen
sind zwar einträglich, aber auch sehr
anfällig für Seuchen. In diesem Fall
schrecken die Fischzüchter nicht davor
zurück, Insektenvernichtungsmittel in
die Käfige zu schütten, um die Fische
von ihren Parasiten zu befreien. Vor
kurzem wurde jedoch eine ökologi-
schere Methode ausprobiert: Man setz-
te den kleinen Putzerlippfisch *Ctenolabrus rupestris* in die Käfige, der nun
die Lachse von Parasiten befreien soll.

Ein kleiner Klippenbarsch (Ctenolabrus rupestris) *schwimmt an einer Roten Meerhand*
(Alcyonium glomeratum) *vorbei. In Fisch-
zuchten soll dieser Putzerfisch Lachse von
ihren Parasiten befreien.*

Und Sie?

Aber lassen Sie uns vor der eigenen
Haustür kehren… Sie haben dieses
Buch gekauft, weil Sie das Meer lieben. Sie sind Taucher oder Strandwanderer. Kann ich also auf Sie zählen, daß
Sie keinen unbedachten Schaden an-
richten? Werden Sie nichts mitnehmen,
was immer es auch sei?
Sammeln Sie nicht irgend etwas einfach aus Habgier. Lassen Sie den Seestern und die Krabbe in Ruhe, denn
nach drei Tagen fangen sie an zu stin-
ken und landen im Abfalleimer; vielleicht mit Tausenden von Eiern im
Leib, die niemals leben werden… Und
legen Sie bitte die Steine, die Sie umgedreht haben, in ihre ursprüngliche
Lage zurück, wenn Sie nicht an einem

entsetzlichen Massaker schuld sein
wollen: Alles, was auf dem Stein lebte,
wird durch den Mangel an Licht oder
Wasserbewegung sterben, und alles,
was unter dem Stein lebte, wird aufgrund von Austrocknung, Hitze, Licht
und Sedimentation sterben… Und Sie
haben nur einen einzigen Stein umgedreht…
Und Sie sind nicht der einzige, der
Steine umdreht… Lassen Sie mich
Ihnen nun, nachdem die Vorschläge
gemacht sind und wir die besten Vor-
sätze haben, einen kurzen Einblick in
die Wissenschaft geben, bevor wir gemeinsam am Strand spazierengehen.

Ein kurzer Blick in die Wissenschaft

Sie sind startbereit zum Tauchen... Vergessen Sie ganz kurz Ihren Tauchunterricht und halten Sie inne. Setzen Sie sich auf den Grund und schauen Sie in die Runde. Staunen Sie. Die Fähigkeit zum Staunen kann nur von innen kommen, und es sollte andauern, denn es ist ein Zeichen von Jugendlichkeit! Was mich betrifft, so werde ich versuchen, Ihnen einige Erklärungen zu der Sie umgebenden Welt zu geben.

Meereskunde

Die Meereskunde möchte die Wissenschaft vom Meer sein. Eine solche Wissenschaft gibt es ebenso wenig, wie es eine einzige Wissenschaft für alle Naturerscheinungen an Land gibt. Es handelt sich um eine Vielzahl von Wissenschaften, die sich alle mit demselben Objekt beschäftigen: der Meereswelt. So könnten bestimmte Geologen, Physiker, Chemiker oder Biologen „Meereskundler" oder „Ozeanograph" auf ihre Visitenkarte schreiben. Lassen Sie uns einen Blick auf das werfen, womit sie sich beschäftigen.

Druck und Temperatur

Wenn man auf den Meeresgrund hinabsteigt, ändern sich die Bedingungen in eindrucksvoller Weise. Der Druck steigt; Temperatur, Licht und Wasserbewegungen nehmen ab. Der Druck, der für den Taucher der wichtigste Faktor ist, beeinflußt die Meeresorganismen kaum. Deshalb werden wir hier nicht darüber sprechen.

Im Sommer bildet sich in den stehenden Gewässern (Seen, geschlossene Meere wie z. B. das Mittelmeer) eine Sprungschicht (Thermokline). Die Oberflächenschicht erwärmt sich, das Wasser dehnt sich hier aus und seine Dichte nimmt ab. Es vermischt sich nicht mit dem darunter befindlichen dichteren, kalten Wasser. Auf diese Weise kann die Temperatur auf nur wenigen Metern um etwa zehn Grad abnehmen.

Diese jahreszeitlich bedingte Sprungschicht befindet sich gewöhnlich in einer Tiefe von etwa zwanzig Metern. Im Atlantik findet man dieses Phänomen recht selten. Das Wasser wird dank der Gezeiten und der Strömungen kontinuierlich umgewälzt, so daß die Temperatur in allen für uns interessanten Tiefen praktisch konstant bleibt.

In etwa 200 Meter Tiefe gibt es eine zweite, permanente Sprungschicht. Darunter nähert sich die Temperatur 4 °C an; dies ist die Temperatur der Tiefseegräben, die auf der ganzen Welt, von den Tropen bis zu den Polen herrscht.

Eine immerwährende Bewegung

Das Meer ist das, was den Menschen nie zu konstruieren gelang: Ein Motor, der sich fortwährend bewegt, ein „Perpetuum mobile". Die Drehung der Erde, der Wind und die Himmelskörper setzen es an der Oberfläche und in der Tiefe in Bewegung. Der Seemann nutzt oder fürchtet den Wind. Der Dichter ist von ihm entzückt, der Philosoph interessiert sich für ihn und der Wissenschaftler versucht ihn zu erklären. Die Wirkung des Windes an der Oberfläche ist wohl bekannt: Er ruft Wellen und Dünung hervor. Beide hängen von der Kraft des Windes ab, aber auch von der Entfernung, auf die der Wind seinen Einfluß ausüben kann. Aus diesem Grund sind die Wellen im Atlantik höher und länger als die Wellen im Mittelmeer. Die Bewegungen setzen sich unter der Meeresoberfläche fort, verwischen sich aber schnell mit der Tiefe. Im flachen Wasser bricht sich eine erhebliche Dünung an der Küste und verwandelt sich in eine Brandung. Brandung erfolgt dann, wenn die Wassertiefe geringer als vier Drittel der Wellenhöhe ist (eine 3 Meter hohe Welle bricht sich auf einem 4 Meter tiefen Grund). In diesem Fall sind die Wasserbewegungen unter der Oberfläche äußerst heftig. Man spricht hier von Turbulenzen. Die vorwiegenden Bewegungen im flachen Wasser sind vertikale Auf- und Abbewegungen. Im gleichen Maße, wie man hinabsteigt, verwandeln sich diese vertikalen Schwingungen zunehmend in eine gleichmäßige, meistens horizontale Strömung.

An den Atlantikküsten stellen die Gezeiten die eindrucksvollste Bewegung dar. Sie hängen von der Anziehungskraft ab, die die Himmelskörper auf die Wassermassen der Ozeane ausüben. Ganz wesentlich ist die Wirkung des Mondes: Er verformt die Wasserschicht der Ozeane, indem er auf der dem Mond zugewandten Seite und auf der entgegengesetzten Seite des Erdballs eine „Erhebung" und anderswo eine „Abflachung" erzeugt. Während es logisch erscheint, daß die Anziehungskraft des Mondes auf der ihm zugewandten Erdseite ein Hochwasser verursacht, könnte es verwundern, daß auf der entgegengesetzten Seite dasselbe geschieht.

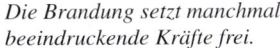

Die Brandung setzt manchmal beeindruckende Kräfte frei.

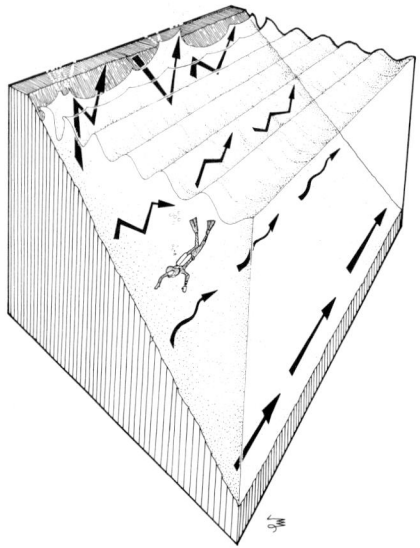

Dicht an der Oberfläche ist das Wasser turbulent. Die Wellen bewirken vertikale Auf- und Abbewegungen, die sich mit zunehmender Tiefe verwischen. Tiefgelegene Lebensgemeinschaften unterliegen gleichmäßigen Strömungen. Diese Bewegungen können im Atlantik äußerst heftig sein.

Zur Vereinfachung (zu vereinfacht werden die mit mir befreundeten Physiker sagen!) könnte man folgende Erklärung vorschlagen: Das System Erde–Mond steht im Gleichgewicht (sonst würde sich der Mond entfernen oder wir würden auf ihn herabfallen). Wenn sich nun auf der Mondseite ein Wasserbuckel bildet und das System aber im Gleichgewicht bleibt, schalten sich Kräfte ein, die auf der anderen Seite des Erdballs einen symmetrischen Buckel formen, um gewissermaßen ein Gegengewicht zu schaffen (wenn Sie eine genauere und vertiefen-

dere Erklärung wünschen, dann sehen Sie sich bitte den Schaukasten über die Gezeiten an).

Wenn sich die Erde nun im Laufe eines Tages einmal um ihre eigene Achse dreht, dann bildet sich an einem bestimmten Ort nach und nach ein Buckel (Hochwasser oder Flut), eine Abflachung (Niedrigwasser oder Ebbe) und dann noch einmal Hochwasser und Niedrigwasser. Daher sieht man zweimal täglich das Meer bis zum Stauwasser bei Flut (Hochwasser) an die Küste ansteigen, wo sich das Niveau stabilisiert. Dann geht das Wasser wieder zurück, der Meeresspiegel sinkt und erreicht etwa sechs Stunden später seinen Niedrigwasserstand.

Das ansteigende Wasser kann – besonders an Küsten mit schwacher Neigung – erhebliche Flutströmungen hervorrufen, während das abfließende Wasser Ebbstrom verursacht. Zwischen den beiden werden die Strömungen ruhiger. Profitieren Sie für einen sicheren Tauchgang von der Richtungsänderung. Wer bei Ebbe spazierengeht, sollte aufpassen, daß er nicht vom Flutstrom überrascht wird, der an manchen Orten (Bucht von Mont-Saint-Michel) mit wahnsinniger Geschwindigkeit voranschreitet. Da der Mondtag nicht genau 24 Stunden hat (sondern 24 h 50 min), verschieben sich die Gezeiten jeden Tag ein wenig. Sie sollten sich eine Gezeitentabelle besorgen, damit Sie Ihre Ausflüge vernünftig planen können. Die Wirkung der Sonne ist aufgrund der Entfernung weniger wichtig, obwohl die Masse der Sonne deutlich größer als die des Mondes ist.

Wie entstehen die Gezeiten?

Man denkt gewöhnlich, daß sich der Mond um das Erdzentrum dreht. Das ist falsch! Es wäre richtig, wenn die Erde im Vergleich zum Mond eine unendliche Masse hätte. In Wirklichkeit entspricht die Erdmasse (5,98 x 10²⁴ kg) „nur" 81 mal der Masse des Mondes (0,074 x 10²⁴ kg). Aus diesem Grund drehen sich beide um einen gemeinsamen Schwerpunkt, der sich bei 1/81 der Entfernung Erde–Mond (384.400 km), also bei 4.750 km vom Zentrum der Erde befindet. Da der Radius des Erdballs ungefähr 6.380 km beträgt, befindet sich dieser gemeinsame Schwerpunkt C bei 1.630 km unter der Erdoberfläche. Das erste Schaubild zeigt das System Erde–Sonne, den Schwerpunkt C_T der Erde und den Schwerpunkt C_L des Mondes, die sich um ihren gemeinsamen Schwerpunkt C drehen. Die wirklichen Maßstäbe sind nicht berücksichtigt. Die Bewegung der Erde um den Schwerpunkt C ruft Zentrifugalkräfte hervor, die an den einzelnen Erdpunkten unterschiedlich sind. Auf der dem Mond zugewandten Seite ist diese Kraft F_1 am schwächsten (kurze Entfernung in bezug auf C), während auf der entgegengesetzten Seite diese Kraft F_2 am größten ist. An anderen Punkten der Erdoberfläche sind die Werte von F nochmals anders; in Höhe der durch C laufenden Vertikalachse liegt dieser Wert bei null. Das zweite Schaubild zeigt die gleichen Kräfte F an drei verschiedenen Orten. Die Kraft G stellt die Anziehungskraft der Mondmasse dar. G unterscheidet sich geringfügig an den einzelnen Orten; G_1 ist größer (nur 3 %) als G_2, da sich Ort 1 näher zum Mond befindet als Ort 2. Die Kraft G_3 hat einen Mittelwert. Die drei Kräfte sind auf das Mondzentrum gerichtet. An jedem Ort der Erdoberfläche ist die Kraft, der ein Teilchen (z. B. Wasser) unterliegt, die Resultante dieser beiden Kräfte F und G (und der Erdanziehung; da diese jedoch überall gleich ist, wollen wir sie hier nicht berücksichtigen). Diese Resultanten R sind ebenfalls auf dem zweiten Schaubild dargestellt. Eine Berechnung zeigt, daß die beiden Zentrifugalkräfte R_1 und R_2, die in entgegengesetzte Richtungen gehen, fast denselben Wert haben, während R_3 schwächer und auf das Erdzentrum gerichtet ist. Die beiden ersten rufen die „Erhebungen" (Flut) der die Erde umgebenden Wasserschicht hervor, und die dritte verursacht eine Abflachung (Ebbe).

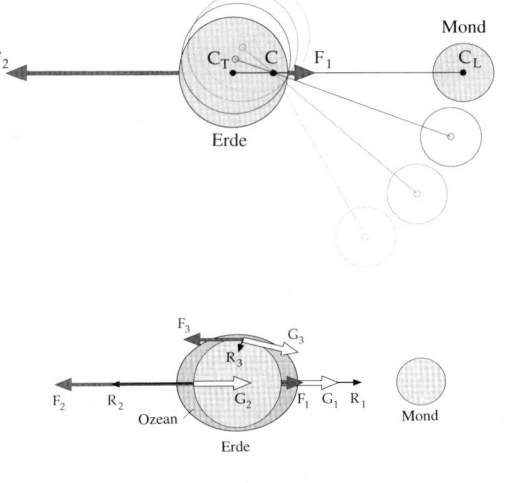

Zwei Ansichten derselben bretonischen Landschaft, in einem Zeitabstand von sechs Stunden. Zum Glück sind die Personen, die hier am Morgen Muscheln sammelten, nicht bis zum Nachmittag geblieben: Sie würden sich jetzt in einer Wassertiefe von 6 m befinden!

Die Anziehungskraft der Sonne auf die Erdoberfläche entspricht 46 % der Mondanziehung. Nichtsdestoweniger kann sie die Mondkräfte verstärken oder abschwächen und Gezeiten mit besonders starken Unterschieden (Springfluten; bei Vollmond und Neumond, wenn Erde, Mond und Sonne in einer Linie stehen) oder mit geringen Amplituden (Nippfluten; im ersten oder letzten Mondviertel) verursachen. Wenn die Springfluten mit der Tagundnachtgleiche zusammenfallen, kann man die eindrucksvollsten Gezeiten beobachten. Sie sollten wissen, daß die „Null" der Seekarten dem niedrigsten Wasserstand entspricht. Ihre Tauchstelle wird daher gewöhnlich tiefer sein als die Karte anzeigt, es sei denn, daß Sie bei einem niedrigen Wasserstand zur Tagundnachtgleiche tauchen. Wenn die Erde nur eine glatte, mit einer gleichmäßigen Wasserschicht umgebene Kugel wäre, dann wären die Gezeiten sehr mäßig – nur etwa einen Meter – denn die oben beschriebenen Kräfte sind nur sehr schwach im Vergleich zur Erdanziehung auf die Wasserteilchen. Die Gestalt und die Topographie der ozeanischen Becken sowie die Lage der Küsten tragen zur Entstehung der Gezeiten bei. Auf diese Weise vergrößert sich der Unterschied der Gezeiten bei Springfluten; zwischen Biarritz und Concarneau beträgt er 4 bis 5,50 Meter, Richtung Norden beträgt er aufgrund der Verengung

des Ärmelkanals 6,50 Meter bei Brest, 7,50 Meter bei Roscoff und übersteigt bei Mont-Saint-Michel 12 Meter. Dann nehmen die Gezeiten wieder ab: In der Seinebucht betragen sie 6 bis 7 Meter, in der Sommebucht 9 Meter, an der belgischen Küste 4 Meter, entlang der holländischen Küste 2 Meter und zwischen Dänemark und Norwegen 0,5 Meter.

Der Golfstrom ermöglicht das Vorkommen des Drückerfisches (Balistes carolinensis) *an den französischen Atlantikküsten.*

Außer den Gezeitenströmen gibt es noch große ozeanische Ströme wie den bekannten Golfstrom: Dank seiner relativ hohen Temperatur hat Westeuropa milde Winter. Da der Golfstrom seinen Ursprung bei Florida und den Antillen hat, kann er außerdem subtropische Meeresorganismen, wie z. B. bestimmte Staatsquallen (Segelqualle, Portugiesische Galeere), an unsere Küsten mitbringen.

Und es ward Licht

Alle Sterne, unsere Sonne inbegriffen, senden Energie in Form von elektromagnetischer Strahlung aus; das Energiespektrum reicht von Gammastrahlen mit ultrakurzen Wellen bis zu den sehr langen Radiowellen. Irgendwo in der Mitte dieses sehr weitläufigen Spektrums befindet sich ein winzig kleiner Wellenbereich, den wir Licht nennen.

Er unterscheidet sich im Prinzip nicht von anderen Wellenlängen, aber wir machen etwas Besonderes daraus, weil er für uns der einzig sichtbare Teil des Spektrums ist. Unsere Augen sind für Strahlungen sensibilisiert, die Wellenlängen von 350 Nanometer (violett) bis 700 Nanometer (rot) haben. Da ein Nanometer (µm) ein milliardstel Meter ist, ist die Wellenlänge des angrenzenden Lichts folglich ein millionstel Meter: Das ist wesentlich kürzer als diejenige Ihres bevorzugten Radiosenders!

Die Menschen sind nicht die einzigen, die Licht als eine besondere Strahlung wahrnehmen; für die meisten Tiere und die autotrophen Pflanzen gilt dasselbe. Die Photosynthese, die ja der Ursprung allen (oder fast allen) Lebens auf unserem Planeten ist, nutzt genau diese Energiequelle. Glücklicherweise ist Wasser lichtdurchlässig, sonst würde im Meer kein Leben existieren! Würden z. B. Algen für die Photosynthese Infrarotstrahlen benötigen, wäre das pflanzliche Leben auf die ersten Zentimeter, ja sogar auf die ersten Millime-

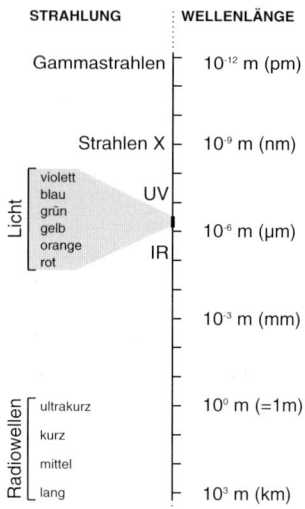

STRAHLUNG	WELLENLÄNGE
Gammastrahlen	10^{-12} m (pm)
Strahlen X	10^{-9} m (nm)
Licht: violett, blau, grün, gelb, orange, rot — UV / IR	10^{-6} m (µm)
	10^{-3} m (mm)
Radiowellen: ultrakurz, kurz, mittel, lang	10^{0} m (=1m)
	10^{3} m (km)

Das elektromagnetische Spektrum erstreckt sich von der Gammastrahlung bis zu langen Radiowellen. Letztere sind tausend Billionen (eine 1 gefolgt von 15 Nullen) länger als erstere. Auf dieser gewaltigen Skala nimmt das, was wir „Licht" nennen, nur einen winzig kleinen Bereich ein. Dennoch spielt das Licht eine sehr wichtige Rolle, da es das Leben auf der Erde aufrecht erhält.

ter unter der Wasseroberfläche der Ozeane begrenzt, da diese Strahlung sehr schnell vom Wasser absorbiert wird.

Sogar das langwellige Licht (rot, orange, gelb) durchdringt nur sehr schwer das Wasser; das erklärt, warum nach wenigen Metern Tiefe alles in Blau- und Grüntöne getaucht ist. Da das blaue Licht ebenfalls absorbiert wird, verringert sich die Helligkeit mit zunehmender Tiefe sehr schnell. Dieses Dunklerwerden hängt natürlich auch von der Durchsichtigkeit des Wassers ab. Im Küstenwasser des Atlantiks, das

relativ reich an Plankton (daher die grüne Farbe) und anderen Teilchen ist, verringert sich die Helligkeit ungefähr alle 3 Meter um die Hälfte. So ist in 20 Meter Tiefe nur noch 1 % des Oberflächenlichts vorhanden! Wenn Sie dort immer noch gut sehen können, so verdanken Sie dies dem außergewöhnlichen Anpassungsvermögen unserer Augen. Außer der Klarheit des Wassers spielt auch die Topographie des Grundes eine wichtige Rolle. Sogar dicht an der Oberfläche gibt es schattige Stellen: Spalten, Höhlen, Unterseite von Steinen. Wir kommen noch darauf zurück.

Wie teilt man einen Ozean auf?

Die Ozeanographen haben den Ozean in eine bestimmte Anzahl von Zonen aufgeteilt. Sie nehmen eine erste Unterscheidung zwischen dem pelagischen Bereich (das offene Meer) und dem benthischen Bereich (Seeboden) vor. Pelagisch lebende Organismen unterteilen sich in Organismen, die mehr oder weniger passiv vom Wasser befördert werden (Plankton) und Organismen, die sich aktiv fortbewegen und schwimmen (Nekton). Folglich gehören einzellige Algen und Medusen zum Plankton, während Sardinen, Haie und Wale zum Nekton gehören. Benthisch lebende Organismen (Benthos) leben hingegen auf, im oder dicht am Grund. Sie können festsitzen (sessile Organismen), kriechen oder sogar schwimmen (vagile Organismen).

Man kann den Ozean aber auch entsprechend seiner Geomorphologie und seiner Tiefe aufteilen. Die Kontinente sind von einer flachen Zone gesäumt, die bis in 200 Meter Tiefe fortschreitend abfällt. Es handelt sich um den Kontinentalschelf. In der Meereskunde nennt man diese Zone Litoral (wörtlich „Küstenzone"): Global hat sie eine durchschnittliche Breite von 70 Kilometern und beherbergt die meisten Lebensformen. Dieses Buch handelt von den Bewohnern dieser Zone. An der Grenze des Kontinentalplateaus neigt sich der Grund stärker.

Es handelt sich um den Kontinentalhang, der dem Bathyal entspricht (zwischen 200 und 3.000 Meter Tiefe), wo (fast) völlige Dunkelheit herrscht. Daran schließen sich die Tiefsee-Ebenen (von 3.000 bis 6.000 Meter) an. Die großen ozeanischen Tiefen (von 6.000 bis 11.000 Meter) sind in den ozeanischen Tiefseegräben erreicht; diese Zone nennt man Hadal (nach Hades, dem griechischen Gott der Unterwelt). In diesem Buch werden wir nicht die hochspezialisierten Lebensformen der großen Tiefe besprechen. Wir beschränken uns auf das Litoral, das die Sonnenenergie nutzt, gut mit Sauerstoff angereichert ist, eine angenehme Temperatur hat und vor allem jedem von uns zugänglich ist!

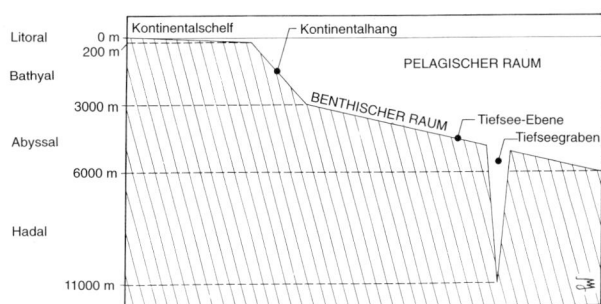

So teilen die Ozeanographen den Ozean auf. Dieses Buch beschränkt sich auf das Litoral, welches das artenreichste Leben in sich birgt und am besten erreichbar ist, auch wenn es nur einen kleinen Bereich des Meeres darstellt.

Das Litoral

Der Einfluß des Meeres macht sich oberhalb des Wasserspiegels bemerkbar. Die Gischt bringt Salz mit sich, manchmal bis hoch auf die Felsen oder weit ins Landesinnere. Aus diesem Grund beschränkt sich die Flora auf einige spärliche Pflanzen, die das Salz ertragen (Halophyten) sowie auf Flechten und Blaualgen (Cyanobakterien). Die Spritzwasserzone nennt man Supralitoral. Auf sie folgt die Gezeitenzone oder Eulitoral, eine Zone, die mal untergetaucht und mal trocken ist. Diese Zone ist im Atlantik relativ ausgeprägt. Sie befindet sich zwischen der äußersten Hoch- und Niedrigwassergrenze und beträgt im allgemeinen zwischen 4 und 8 m. Das bei Ebbe freigelegte Gebiet nennt man Watt. Die hier lebenden Organismen müssen sich gegen Extrembedingungen wehren.

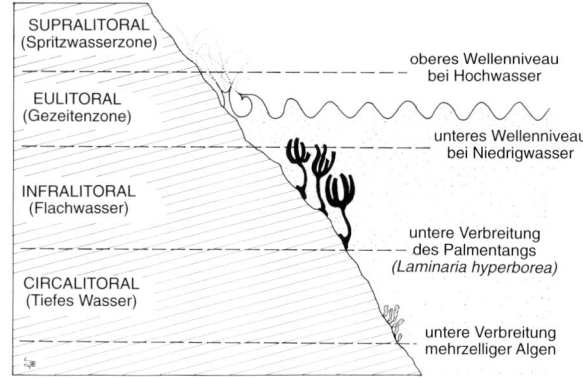

Unterteilung des Litorals in mehrere Zonen.

an Meeresorganismen. Noch etwas tiefer befindet sich eine ebenfalls sehr artenreiche Zone, die wir Circalitoral nennen. Ihre Untergrenze entspricht der Tiefenverbreitung mehrzelliger Algen und wird ausschließlich von den Lichtverhältnissen bestimmt: Sie sind für die Tange zu schwach, reichen aber für einige große Algen noch aus. Aus diesem Grund können bestimmte dunkle Standorte in geringer Tiefe zum Circalitoral gehören.

Manchmal sind sie der Gewalt der Brandung ausgesetzt und manchmal finden sie sich im Trockenen wieder und müssen die brennende Sommersonne oder die winterliche Kälte ertragen. Der Regen kann den Ort, an dem sie leben, vollkommen entsalzen. Diese Lebewesen müssen großen Schwankungen der Temperatur (eurytherm) und des Salzgehaltes (euryhalin) gewachsen sein. Es handelt sich um spezielle Eigenschaften, die anderen Lebewesen fehlen: Wenn Sie einen Goldfisch in Meerwasser setzen oder einen Seestern in Süßwasser, dann sterben diese Tiere sofort! Weiter unten ist das Meer immer zugegen, so daß diese großen Salzgehalt- und Temperaturunterschiede dort nicht mehr auftreten. Dank einer starken Belichtung findet man hier eine Fülle von Algen und anderen Pflanzen. Diese Zone, die sich bis zur unteren Verbreitungsgrenze der großen Tange erstreckt, heißt Infralitoral. Hier finden wir die größte Vielfalt

Das Substrat

Man muß nur im Watt spazierengehen, um festzustellen, daß sich die Biocönosen der Sandböden von denen der Felsböden grundsätzlich unterscheiden. Das ist auf die Unterschiede im Substrat zurückzuführen. Dennoch besteht der Unterschied zwischen einem Felsblock und einem Sandkorn nur in ihrer jeweiligen Größe, allerdings mit der Folge von Stabilitätsunterschieden: Wenn der Felsbrocken groß genug ist, um für eine gewisse Zeit unbewegt zu bleiben, wird er von Organismen bedeckt werden. Wir unterscheiden deshalb:

– Felsen, große Blöcke und große Steine (mehr als 20 cm Durchmesser), die sehr standfest sind;
– Kieselsteine (zwischen 2 und 20 cm

Durchmesser), die regelmäßig bewegt werden;

– Kies (zwischen 2 und 20 mm Durchmesser);
– Sand (zwischen 50 μm und 2 mm Durchmesser);
– Schlamm (weniger als 50 μm Durchmesser).

Die letzten drei sind ständig in Bewegung. Alle oben genannten ökologischen Faktoren bestimmen die verschiedenen Biotope, in denen sich sehr unterschiedliche Biocönosen niederlassen (die Erklärung dieser Begriffe finden Sie im Sachwortverzeichnis). Das folgende Kapitel beschäftigt sich mit den einzelnen „Unterwasser-Landschaften". Anschließend werden Sie die verschiedenen Arten, die Sie dort antreffen können, kennenlernen. Bevor wir uns damit beschäftigen, benötigen wir jedoch noch einige Kenntnisse über die Wissenschaft (und ein wenig Geduld).

Biologie

Die Fachsprache der Biologen ist unvermeidbar, wenn man über Pflanzen und Tiere sprechen möchte. So erhalten Sie zusätzlich zum Sachwortverzeichnis noch eine kleine Einführung in die Fachterminologie der Biologen. Die Biologie versucht, die Lebensformen zu beschreiben und zu erklären. Sie ist eine umfassende Wissenschaft und enthält daher eine gewisse Anzahl von Fachgebieten. Sie hat jedoch nicht die Absicht, eine Antwort auf die große metaphysische Frage „Was ist Leben?" zu geben.

Die Nomenklatur der Biologie

Ein Fachgebiet in der Biologie ist die Taxonomie (oder Systematik). Systematiker versuchen ein wenig Ordnung in die zahlreichen Lebensformen in der Natur zu bringen. Zuallererst versuchen sie, die einzelnen Arten zu unterscheiden. Jede Art bekommt einen Namen. Dies ist ein wissenschaftlicher (lateinischer) Name, der auf der ganzen Welt gültig ist. Ein solcher Name besteht aus zwei Teilen. Zunächst kommt die Gattung, die immer groß

Ausschnitt von Polypen der Roten Meerhand (Alcyonium glomeratum). Gut zu erkennen sind die acht gefiederten Tentakel, die jeden Polypen schmücken und die diese Art in die Unterklasse der achtstrahligen Blumentiere einordnen.

geschrieben, wird und dann folgt die eigentliche Art, die immer klein geschrieben werden muß (dies wird in nicht wissenschaftlichen Veröffentlichungen oft vergessen!). Zum Beispiel: *Alcyonium glomeratum.* Ansonsten gibt es manchmal landessprachliche Namen, die keine weltweite Gültigkeit besitzen.

So heißt *Alcyonium glomeratum* z. B. Rote Meerhand (D), *Read Sea fingers* (englisch), *Alcyon rouge* (französisch), *mano de muerto rojo* (spanisch), *Rode dodemansduim* (holländisch), *Mão-do-mar vermelha* (portugiesisch), *Rød dødningehånd* (norwegisch) etc... Ich habe in diesem Buch den wissenschaftlichen Ausdruck beibehalten, der eigentlich als einziger benutzt werden

Der Zackenbarsch hieß bis vor kurzem noch Epinephelus guaza. *Jetzt muß man* Epinephelus marginatus *sagen, die Nomenklatur ist niemals beendet! Man kann diese eher mediterrane Art im Atlantik antreffen. Sie steigt (sehr selten) bis zu den Britischen Inseln auf. Bei den kleinen Fischen, die diesen Zackenbarsch begleiten, handelt es sich um junge Zahnbrassen* (Pseudocaranx dentex).

sollte. Wenn ich den Namen ebenfalls in sieben europäischen Sprachen erwähne (wenn es keinen Namen gab, dann habe ich einen geschaffen), dann deshalb, weil es der Allgemeinheit ein Bedürfnis zu sein schien. Die Nomenklaturgesetze verlangen, daß dem lateinischen Namen der Name des Autors (der als erster die Art beschrieben hat) folgt und anschließend das Jahr seiner Veröffentlichung: *Alcyonium glomeratum* (Hassal, 1843). Der Autor und das Jahr stehen in bestimmten Veröffentlichungen manchmal in Klammern und manchmal nicht. Es gibt einen Grund dafür, den ich hier aber nicht erörtern möchte. Sie sollten nur wissen, daß es sich nicht um die Launen des Druckers handelt. Ich werde die Autoren nicht nennen, um dieses Buch nicht zu überfrachten.

Es kommt jedoch vor, daß ältere, aber dennoch gebräuchliche Namen von Pflanzen und Tieren geändert sind. Wissenschaftler sind manchmal verpflichtet, einen bevorrechteten alten Namen aus Gründen der Nomenklatur der Biologie wieder einzuführen. Das kann zu Verwirrungen führen. In diesem Buch habe ich in bestimmten Fällen das Problem dadurch zu lösen versucht, daß ich die gebräuchlichen, aber ungültig gewordenen Namen in Klammern gesetzt habe. So findet man für die Nordische Purpurschnecke die Bezeichnung *Nucella (Thais) lapillus.* Das bedeutet, daß man bisher gewöhnlich *Thais lapillus* sagte, daß aber *Nucella lapillus* korrekt ist. Beim Ansauger, einem Fisch, finden Sie die Bezeichnung *Lepadogaster lepadogaster (gouani)*. Dieser Fisch hieß früher *Lepadogaster gouani,* heute sagt man jedoch *Lepadogaster lepadogaster.* Manchmal betrifft die Namensänderung sowohl die Gattung als auch die Art. Das kann zu sehr komplizierten Situationen führen.

Nehmen wir das Beispiel des Zackenbarsches: *Epinephelus marginatus (guaza) (Serranus gigas).*

Die Bezeichnungen *Epinephelus guaza* und *Serranus gigas* dürfen nicht mehr benutzt werden, nur *Epinephelus marginatus* ist korrekt. Ich habe versucht, mit der gebräuchlichen Nomenklatur im Rahmen des möglichen „auf dem laufenden" zu sein. Es kann jedoch sein, daß ich von gewissen neueren Veränderungen abweiche; vielleicht werden sich auch in Zukunft bestimmte Namen ändern. Dieses Buch wird niemals perfekt sein!

Es ist gebräuchlich, daß mehrere verwandte Arten unter derselben Gattung zusammengefaßt werden. So findet man im Atlantik z. B. außer *Alcyonium glomeratum* auch *A. digitatum* und *A. coralloides,* während man entlang der Mittelmeerküste *A. acaule, A. palmatum* und *A. coralloides* antrifft (nebenbei sei der geläufige Gebrauch von *A.* bemerkt, wenn aus dem Kontext eindeutig hervorgeht, daß es sich um *Alcyonium* handelt). Es sind weltweit etwa 50 *Alcyonium*-Arten bekannt. Wenn die Systematiker mehrere Arten derselben Gattung zuordnen, so geschieht

das deshalb, weil diese sich ähneln und weil bestimmte gemeinsame Merkmale ein nahes Verwandtschaftsverhältnis zum Ausdruck bringen. Auf die gleiche Weise werden verwandte Gattungen zu Familien zusammengefaßt, die ihrerseits in Ordnungen, Klassen und Stämme eingeteilt werden. Manchmal muß man dieser Rangordnung noch Zwischenstufen hinzufügen. Eine vollständige Klassifikation der „Roten Meerhand" sieht folgendermaßen aus:

Alcyonium glomeratum (Gattung, Art)
Alcyoniidae (Familie)
Alcyonacea (Ordnung)
Octocorallia (Unterklasse)
Anthozoa (Klasse)
Cnidaria (Stamm)
Coelenterata (Abteilung)
Tiere (Reich)

Je höher man in der Hierarchie steigt (d. h. je tiefer man in der obigen Aufzählung hinabsteigt), desto mehr betrifft die entsprechende Stufe die Arten. Das Tierreich umfaßt alle Tiere, gleich ob es sich um Papageien, Schmetterlinge oder Lederkorallen handelt. Nesseltiere (Cnidaria) beinhalten hingegen nur die Hydrozoen, Würfelquallen, Schirmquallen und Blumentiere, während es innerhalb der Familie der Alcyoniidae nur einige Gattungen gibt, von denen jede eine oder mehrere Arten umfaßt. Die Gattung *Alcyonium* ist eine artenreiche Gattung, der etwa fünfzig Arten angehören. Andere Gattungen beinhalten etwa zehn Arten, und auch monospezifische Gattungen (sie enthalten nur eine Art) sind nicht selten.

Sie werden manchmal die Abkürzung *sp.* oder *spp.* (lat. *species,* die Art) finden. So bedeutet *Aglaophenia sp.,* daß das Foto Hydropolypen der Gattung *Aglaophenia* zeigt, daß die Art jedoch nicht bestimmt werden kann. *Gibbula spp.* bedeutet, daß mehrere Kreiselschnecken der Art *Gibbula* gemeint sind.

Leben bedeutet Überleben

Abgesehen von dieser Klassifikation interessieren sich Biologen für den Körperbau (Anatomie) und das Funktionieren (Physiologie und Verhalten) der Lebewesen. Gestalt und Funktion sind oft sehr eng miteinander verbunden, obwohl die Natur manchmal sehr unterschiedliche Möglichkeiten zur Lösung desselben Funktionsproblems

Ein Großes Petermännchen (Trachinus draco) *hat sich im Sand vergraben; es wartet darauf, sich auf ahnungslos vorbeikommende Beute zu stürzen. Ein gutes Beispiel für die im Kampf ums Überleben angewandten Listen.*

gefunden hat. In folgendem kurzen Satz ist alles zusammengefaßt: „Leben bedeutet Überleben". Zunächst handelt es sich um das Überleben des Individuums. Dafür müssen zwei wichtige Voraussetzungen erfüllt werden: Man muß fressen, darf sich jedoch nicht fressen lassen. Tentakel, Zähne, Saugnäpfe, Filter, Rüssel und andere „Zubehörteile" befriedigen alle das erste Bedürfnis. Tarnung, Stacheln, Nesselkapselzellen, schnelle Flucht und andere Techniken befriedigen das zweite Bedürfnis. Dann folgt das Überleben der Art. Jedes Lebewesen ist sterblich. Das Phänomen der Vermehrung sichert jedoch seinen Fortbestand.

Sie können beobachten, wie Seeanemonen ihre Eier ausstoßen, wie Muscheln ihre Samen ausspritzen, Ansauger ihre Gelege schützen, Nacktschnecken sich paaren und Lippfische ihr Geschlecht verändern. Da jeder überleben muß, meidet man am besten die Konkurrenz. Aus diesem Grund hat jeder Organismus seine eigenen ökologischen Ansprüche. Der eine bevorzugt den Sandboden und der andere lebt in der Dunkelheit einer Höhle. Einer ernährt sich von Plankton, ein anderer von Algen und ein dritter von Weichtieren. Jede Art lebt unter sehr genau definierten Bedingungen, die von den Ökologen Nische genannt werden. Das führt zu verschiedenen Lebensgemeinschaften, die wir uns bald anschauen wollen.

Russische Matrioschkas

Wir verdanken das Leben auf unserem Planeten der Fähigkeit der Pflanzen, aus allgegenwärtigem Wasser und Kohlendioxyd organische Materie (Kohlenhydrate, Fette und Proteine) herzustellen; das Sonnenlicht ist für sie die einzige Energiequelle. Man nennt sie deshalb Primärproduzenten (von organischer Materie). Dieses wunderbare Phänomen ist die Photosynthese. Pflanzen absorbieren also keine organische Materie, denn sie produzieren sie selbst: Sie sind autotroph. Tiere (und einige niedere Pflanzen) können nur dank der Einnahme organischer Materie überleben: Sie sind heterotroph. Gewisse Tiere ernähren sich unmittelbar von der von autotrophen Pflanzen produzierten pflanzlichen Materie: Man nennt sie Pflanzenfresser oder Primärkonsumenten. Andere Tiere ernähren sich wiederum von diesen Pflanzenfressern (Sekundärkonsumenten erster Ordnung) oder von Fleischfressern (Sekundärkonsumenten zweiter Ordnung, dritter Ordnung usw.). Auf diese Weise entsteht eine Nahrungskette. Das Oberflächenwasser des Atlantiks enthält eine große Menge pflanzlichen Planktons (Phytoplankton), insbesondere Kieselalgen. Diese winzigen Algen werden von kleinen Krebstieren des tierischen Planktons (Zooplankton) gefressen. Hierzu zählen viele kleine Ruderfußkrebse, die ihrerseits von

(Foto: John Neuschwander)

Algen (hier: Sargassum muticum) *sind autotrophe Organismen. Sie produzieren organische Materie, aus der sie auch bestehen, und den für das irdische Leben notwendigen Sauerstoff, der hier in Form von Bläschen sichtbar ist.*

Mikroskopische Ansicht von Zooplankton: Die kleinen Ruderfußkrebse der Gattung Calanus *nehmen einen wichtigen Platz in der Nahrungskette ein.*

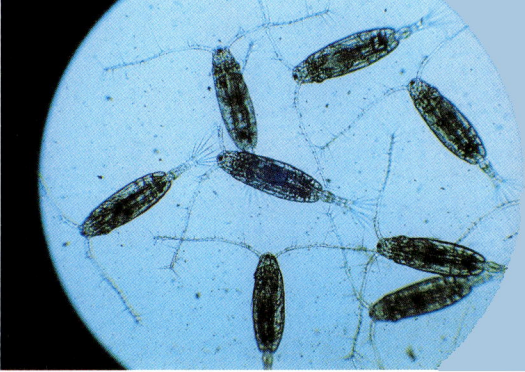

größeren planktonisch lebenden Tieren gefressen werden. Diese werden wiederum von kleinen Fischen wie z. B. Sardinen verspeist, welche ihrerseits zur Beute großer Raubfische wie dem Thunfisch werden. Die aufgenommene Nahrung wird von dem jeweiligen Konsumenten nicht in lebende Materie umgewandelt. Wie sie ja von sich selbst wissen, erhöht sich Ihr Gewicht nicht mit all den Kilos, die Sie essen. Zum Glück! Der größte Teil wird verbrannt, um die nötige Energie zur Fortbewegung, Vermehrung und für andere lebenswichtige Körperfunktionen bereitzustellen, während die Abfallprodukte in Form von Urin und Kot ausgeschieden werden. Ein planktonisch lebender Ruder-

fußkrebs mit einem Gewicht von 1 Gramm muß etwa 10 Gramm Nahrung zu sich nehmen, um seine Masse zu erhalten; die restlichen 9 Gramm gehen verloren. Man sagt, der Wirkungsgrad sei 10 % (1 Gramm von 10 bleibt übrig). Für die gesamte Nahrungskette gilt dasselbe. Wenn Sie eine Dose mit Thunfisch essen, verzehren Sie (indirekt) 200 Kilo pflanzlicher Materie! Eine graphische Darstellung dieses Phänomens ist die Nahrungspyramide, die die Biomasse jedes Kettengliedes darstellt. Das erinnert ein wenig an die russischen Matrioschkas: Die größte Puppe ist der Primärproduzent und die kleinste ist das Raubtier am Ende der Nahrungskette.

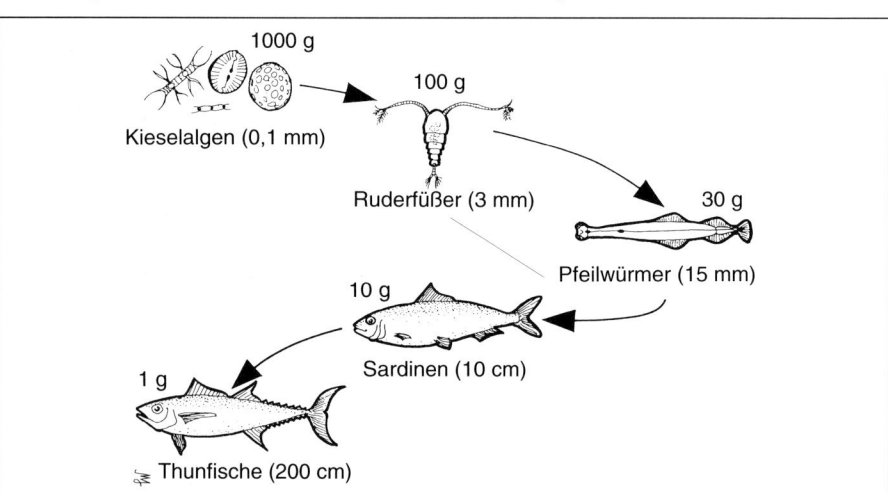

Beispiel einer Nahrungskette. Je höher man in der Nahrungskette aufsteigt, desto größer werden meistens die Organismen. Die Biomasse nimmt hingegen ab. So muß ein Thunfisch 10 g Sardinen zu sich nehmen, um 1 g zuzunehmen (die restlichen 9 g werden verbrannt oder als Abfallstoffe ausgeschieden). Man sagt, der Wirkungsgrad sei 10 % (von 10 g bleibt nur 1 g übrig). Indirekt entspricht jedem Gramm Thunfisch ein Kilogramm Phytoplankton. Wenn Sie eine Dose mit 200 g Thunfisch öffnen, schicken Sie sich an, den Gegenwert von 200 kg pflanzlicher Materie zu essen!

Am Meeresrand
Strände und Felsküsten

(Foto: Vincent Maran)

Man findet nicht nur Gehäuse oder Quallen am Strand, wie dieser 16 m lange Pottwal (Physeter catodon) *beweist.*

Die an den Strand gespülten Gehäuse zeugen von dem Leben vor unseren Küsten.

Endlich sind wir angekommen! Die Küste empfängt uns mit Meeresrauschen und Möwengeschrei. Unsere Füße wühlen im kochend heißen Sand. Wir schnuppern schon das Meersalz und das Jod… und den Geruch von Sonnenschutzcremes zahlreicher Feriengäste! Aber nicht nur sie haben sich am Strand ausgebreitet. Das Meer hat überall mengenweise Überreste hinterlassen. Das ist für uns eine erste Gelegenheit, die Meeresbewohner kennenzulernen. Die Gezeiten – die gewaltige Lunge unseres Planeten – erlauben uns, den „Flutsaum" mit seinen bei Flut angespülten Überresten von Pflanzen und Tieren zu untersuchen oder bei Ebbe im Watt herumzustreifen.

Strandgut

Das Meer hat überall Gehäuse, Algen und andere Überbleibsel angespült. Sie sind stumme Zeugen des Lebens, das sich unter der flimmernden Oberfläche des Ozeans abspielt. Die Gehäuse sind die Kalkbehausungen der Weichtiere. Bei denen, die man am Strand findet, kann man leicht zwei Klassen unterscheiden: Schnecken (Gastropoda) und Muscheln (Bivalvia). Es würde ein zusätzliches Handbuch erfordern, wenn wir alle Gehäuse bestimmen wollten, die Sie am Meeresrand finden können. Ich habe darauf verzichtet, denn es gibt bereits hervorragende Fachbücher, die diese Fragen beantworten. Diese Gehäuse sind keine Strandbewohner.

Es sind Überreste von Tieren, die im Meer von der Wasseroberfläche bis in größere Tiefen leben. Wir werden später noch sehen, daß die meisten dieser Weichtiere im Sand vergraben leben. Man kann zwischen den Überresten auch „Tintenfischknochen" finden. Sie sind oval, weiß und leicht; eine Seite ist hart und die andere kann leicht mit dem Fingernagel eingeritzt werden. Es handelt auch hier um eine Weichtierschale, und zwar die innere Schale des Tintenfisches, der zu den Kopffüßern oder Cephalopoda gehört. Die Größe dieser „Knochen" (sie können bis zu 25 cm erreichen) zeigt, daß Tintenfi-

Diese schwarzen Trauben sind Eier des Gemeinen Tintenfisches (Sepia officinalis), *die sich von ihrem Halt, möglicherweise einer Alge, gelöst haben, bevor sie am Strand landeten.*

sche von beachtlicher Größe vor unseren Küsten herumschwimmen. Leider findet man aber auch Plastiktüten, Tauenden, Plastikabfälle, Plastiksandalen, Glühbirnen und Ölklumpen...

Hauptsächlich findet man aber Algen und andere pflanzliche Überreste, von denen sich Strandflöhe *(Talitrus saltator)* ernähren. Unter den anderen angespülten Organismen finden wir tote Krabben, Medusen, manchmal einen Fisch oder sogar einen Delphin: Der Strand ist der eigentliche Friedhof des Meeres! Und dennoch ist der Strand nicht die leblose Wüste, die er im ersten Augenblick zu sein scheint. Bei ablaufendem Wasser eröffnet sich Ihnen dieses Leben nach und nach... wenn Sie danach suchen! Denn nur ein geringer Prozentsatz der Organismen bleibt an der Oberfläche, und zwar diejenigen, die der Hitze, der austrocknenden Wirkung des Windes und der Heftigkeit der Wellen widerstehen können, bis das Meer wieder ansteigt. Aus diesem Grund ziehen sich Würmer wie z. B. der Köderwurm *(Arenicola marina)* in ihre Röhre zurück, und Weichtiere wie die Gewöhnliche Herzmuschel *(Cerastoderma edule),* Scheidenmuscheln *(Solen marginatus, Ensis siliqua)* und sogar Krabben vergraben sich im Sand, wenn sich das Meer zurückzieht. Wenn Sie im Watt herumlaufen, sehen Sie fast nur Exkremente von Köderwürmern, einige tote Krabben und Schlangensterne oder eine gestrandete Qualle. Dennoch wimmelt dieser feuchte Sand von Leben. Wenn Sie Scheidenmuscheln aus ihrem Versteck locken wollen, dann streuen Sie ein wenig grobes Salz in die 8-förmigen Kuhlen in den Tälern der Rippelmarken: Sie kommen sogleich zum Vorschein, denn das Salz kündigt ihnen an, daß das Meer wieder steigt. Sie können bei Ebbe in den Wasserlachen die Sandgarnele *(Crangon crangon)* beobachten, sofern sie sich nicht gerade eingegraben hat. In diesem Fall werden Sie Mühe haben, ihre Augen zu erkennen, die als einziges zwischen den Sandkörnern herauslugen. Diese Garnele frißt den Detritus an der Oberfläche, genau wie die Einsiedlerkrebse, die überall herumlaufen wie z. B. der junge Gewöhnliche Einsiedler *(Pagurus bernhardus)* oder der Kleine Einsiedler *(Diogenes pugilator),* der durch seine extrem große linke Schere gekennzeichnet ist. Wenn Sie es den Meeresvögeln gleichtun, die bei Ebbe hierherkommen, um nach Nahrung zu suchen und geduldig im Sand graben (besser mit einer Gabel statt mit einer Schaufel), dann werden Sie hier – außer einer Vielzahl von Weichtieren, die Filtrierer sind – Detritusfresser der Tiefe finden, wie z. B. den Köderwurm *(Arenicola marina),* den Spritzwurm *Sipunculus nudus,* Irreguläre Seeigel wie *Echinocardium cordatum* und *Spatangus purpureus*

Bei Ebbe kann man die sandig-schlammige Gezeitenzone mit ihren durch die Strömung hervorgerufenen Rippelmarken erforschen. Die kleinen Hügel sind Exkremente von Köderwürmern (Arenicola marina); *Angler benutzen sie gerne als Köder.*

sowie die seltsamen weichen Seegurken *Leptosynapta* inhaerens. Von den im Sand lebenden Räubern könnten Sie Ringelwürmer der Gattungen *Nereis* und *Nephthys,* Schnecken und Seesterne überraschen. Wir werden später noch über sie sprechen. Wenn Sie auf der Suche nach dieser sogenannten Endofauna den Sand umgraben, dann bringen Sie (ohne es zu wissen) das Leben von Tausenden winziger Tiere durcheinander.

Unterirdisches Leben

Sand ist ein sehr instabiles Substrat: Die Sandkörner werden ständig vom Wind und vom Meer umgelagert und bilden auf diese Weise charakteristische Bodenwellen oder Rippelmarken. Es ist fast unmöglich, auf ihrer Oberfläche zu leben.

Das Felswatt ist ein erstklassiges Gelände für Studenten der Meeresbiologie. Hier wird eine Bestandsaufnahme der Arten des Eulitorals vorgenommen.

tel Millimeter für die kleinsten und 4 Millimetern, für die „Riesen". Die meisten sind ungefähr 1 Millimeter groß und können mit einer Lupe untersucht werden. Wenn man einen mit feuchtem Sand gefüllten Suppenlöffel auf einen Teller legt, kann man eine Vielzahl von ihnen entdecken!

Die einzigen Organismen, die sich im Sand halten können, sind diejenigen, die sich in die Erde eingraben und diejenigen, die in den mit Wasser gefüllten Zwischenräumen zwischen den Sandkörnern leben. Der in dieser Hinsicht artenreichste Sand hat eine besondere Kornabstufung mit einer Größe zwischen 0,1 und 0,5 Millimetern. Je gröber der Sand ist, desto schneller wird er bei ablaufendem Wasser entwässert, während im feineren Sand und im Schlick der lebenswichtige Sauerstoff nicht genügend erneuert wird. Es ist daher nicht einfach, in diesem ganz besonderen Biotop zu überleben. Diese interstitielle Fauna besteht notgedrungen aus winzig kleinen Tieren, deren Existenz Sie nicht so leicht bemerken. Das ist allerdings keine Schande, denn sogar die Biologen sind sich erst seit ungefähr fünfzig Jahren darüber im klaren. Die Größe dieser Tiere variiert zwischen einem zehn-

Als erstes überrascht uns, daß die meisten dieser Tiere länglich sind. Die Erklärung ist einfach: Je dünner man ist, desto leichter kann man sich einen Weg durch die Sandkörner bahnen. Auch wenn es so aussieht, so handelt es sich doch nicht ausschließlich um Würmer... Man erlebt hier das Phänomen der Konvergenz: Organismen, die sehr unterschiedlichen Gruppen angehören, passen sich in gleicher Weise an, um sich gegen dieselbe Zwangslage zu wehren. Zu diesen interstitiellen Tieren gehören Einzeller (Protozoa), Fadenwürmer (Nematoda), Ringelwürmer (Annelida), Krebstiere (Crustacea) und sogar Nacktschnecken. Einige dieser Tiere haben einen abgeflachten, pigmentlosen Körper, so daß sie fast durchsichtig und daher schwierig zu erkennen sind. Zudem sind sie gewöhnlich blind: Die meisten von ihnen haben keine Augen. Sie würden ihnen auch nicht viel nützen, denn nach wenigen Zentimetern unter der Sandoberfläche herrscht bereits vollkommene Dunkelheit. Einige von ihnen haben das Fehlen der Augen durch die Ausbildung von Sinneshaaren ausgeglichen. Tiere der Brandungszone weisen die höchste Anpassung auf: Sie haben Befestigungsorgane, mit denen sie sich an Sandkörnern festheften. Sie klammern sich mit Hilfe von Miniatursaugnäpfen, winzigen Scheiben, Fasern und sogar mit selbst abgesondertem Klebstoff fest. Sie ernähren sich von der organischen Materie der Überreste, die das Meer anschwemmt und die am Strand verwesen, oder von den Myriaden an Bakterien, Schimmel- und Hefepilzen, die sich dort entwickeln. Auf den ersten Millimetern (dort, wo noch Licht durchdringt) wachsen übrigens einzellige Algen, die eine Konzentration von 20.000 Zellen pro Kubikzentimeter Sand erreichen können! Das ist der Anfang einer Nahrungskette. In diesem dunklen Labyrinth aus Löchern und Tunneln zwischen den Sandkörnern lebt eine ganze Science fiction-Welt, in der mit Hilfe von Saugnäpfen festsitzende Monster ihrer Beute mit Tastern und Zangen und Scheren auflauern.

Felsen

Welch ein Unterschied zum Sand! Es gibt Felsen in allen Farben: Weiße oder graue Kalkfelsen sind Zeugen von Meeresorganismen vergangener Zeiten; graue oder braune Schieferfelsen mit ihren kleinen Glimmerpailletten; weiße oder rosa Granitfelsen. Oft sind diese harten Felsen durch die

Witterung prächtig geschliffen. Die wichtigste Eigenschaft der Felsküsten besteht darin, daß sie den dort lebenden Organismen einen festen Halt oder ein Versteck bieten. So können sich hier sehr artenreiche Gemeinschaften niederlassen. Man gelangt binnen weniger Meter von trockenen zu im Wasser befindlichen Felsen und von Standorten mit schwankendem Salzgehalt und schwankender Temperatur zu wesentlich beständigeren Standorten. Die Organismen, die sich hier niederlassen, unterscheiden sich von einem Ort zum anderen ebenso stark und bilden somit völlig unterschiedliche Gürtel. Dieses Phänomen der Vertikalzonierung findet man auf der ganzen Welt.

Man muß kein großer Wissenschaftler sein, um sich für den Reichtum der Meeresfauna zu begeistern.

Salz und Wind

Das nach oben durch die zähesten Halophyten wie dem Meerfenchel *(Crithmum maritimum)* und die Gemeine Grasnelke *(Armeria maritima)* begrenzte Supralitoral (Spritzwasserzone) ist ein feindlicher Lebensraum. Die meisten Landpflanzen können sich hier nicht entwickeln. Aus diesem Grund ist der Felsen in dieser Zone nackt, abgesehen von einigen Flechten wie den strauchförmig aufgerichteten Thalli der Struppigen Flechte *(Ramalina siliquosa)*, der Gelben Krustenflechte *(Xanthoria parietina)*, der Orangefarbenen Krustenflechte *(Caloplaca marina)* und der Grauen Krustenflechte *(Lecanora atra)*. Wir finden hier auch die kleine (5–9 mm) Zwergstrandschnecke *(Littorina neritoides)*, welche Cyanobakterien und Flechten abweidet. Sie begibt sich manchmal bis ins Eulitoral hinab oder sucht Zuflucht in Spalten, in denen sich noch ein bißchen Feuchtigkeit gehalten hat. Dieses Tier ist der Hitze, dem Feuchtigkeitsmangel und dem starken Salzgehalt seines Wohnortes gut angepaßt. Es atmet nicht (wie die meisten Weichtiere) durch Kiemen, sondern mit einer einfachen Lunge, weil es sich über lange Perioden im Trockenen befindet.

Die Klippenassel *(Ligia oceanica)* ist ein Krebstier der Ordnung Isopoda. Es ist eine 2,5 cm große Assel, die sich bei der geringsten Gefahr in eine Vertiefung flüchtet. Wenn Sie sich nicht bewegen, können Sie die Assel, wenn sie wieder zum Vorschein kommt und nach Nahrung sucht, trotz ihrer hervorragenden Tarnung beobachten. Klippenasseln sind dämmerungsaktive Tiere. Ein wenig tiefer hebt sich ein schwarzer Gürtel ab, den man auf der ganzen Welt findet. Im Atlantik kennzeichnet er das Vorhandensein der Flechte *Verrucaria maura* und einer dünnen Schicht epilithischer Cyanobakterien. An manchen Orten handelt es sich allerdings leider um Teer von Öltankern, der an die Küsten gespült wird...

Hart wie Stein

Der nächste Gürtel zeigt den Übergang von der Spritzwasser- zur Gezeitenzone an. Dort, wo die Hydrodynamik sehr stark ist, findet man eine dicke Schicht mit Seepocken, die die Obergrenze des Eulitorals kennzeichnen. Obwohl diese bemerkenswerten Tiere mit ihren fest am Felsen haftenden weißen Gehäusen Weichtieren ähneln, handelt es sich hier um Krebstiere. Ihr Wohngehäuse ist relativ flach. Die Tiere können dank dieser Form der Gewalt der Brandung recht gut widerstehen.

Das gezackte Gehäuse kann sich an der Spitze mit vier Kalkdeckeln verschließen; dadurch können die Seepocken das für sie lebenswichtige Wasser zurückhalten. Sie vertragen Trockenheit und Hitze über mehrere Tage. Mehrere Arten streiten sich um diese Zone. Die aus den gemäßigten Meeren stammende *Chthamalus stellatus* vermehrt sich im Sommer, da ihre Larven nur in relativ warmem Wasser überleben. Es ist die konkurrenzfähigste und daher häufigste Art vom Süden der Bretagne bis Nordafrika und dem Mittelmeer. *Balanus balanoides* ist hingegen arktischen Ursprungs, vermehrt sich im Winter und entwickelt sich am besten in kaltem Wasser. Es ist die vorherrschende Art vom Norden der Bretagne bis zu den skandinavischen Küsten. Das ist ein erstes Anzeichen für die einzigartigen biogeographischen Verhältnisse an der bretonischen Küste, der Treffpunkt der mediterran beeinflußten lusitanischen Provinz und der arktisch beeinflußten borealen Provinz. Die Fauna der Seepocken im oberen Teil des Eulitorals erweiterte sich kürzlich um die ursprünglich aus Neuseeland stammende und an Schiffsrümpfen eingeführte *Elminius modestus*. Diese während des Zweiten Weltkrieges an der Themsemündung aufgetauchte Art verträgt ökologische Schwankungen sehr gut; es gelang ihr, in weite Bereiche der englischen, irischen, holländischen, belgischen und französischen Küsten einzudringen,

Seepocken widerstehen der Trockenheit sehr gut und steigen aus diesem Grund in der Spritzwasserzone sehr hoch auf. Die weniger widerstandsfähigen Miesmuscheln finden wir etwas tiefer wieder. Sie können jedoch in feuchten Spalten höher aufsteigen.

und zwar auf Kosten der einheimischen Populationen von *Chthamalus* und *Balanus*. Auf derselben Höhe findet man die Strandschnecke *Littorina saxatilis*.

Sie ist ein wenig größer als ihre Artgenossen, lebt etwas tiefer als diese und hat echte Kiemen, läuft aber Gefahr zu ertrinken, wenn sie zu lange unter Wasser ist. Im Gegensatz zu den meisten Weichtieren bringt sie keine planktonisch lebenden Larven hervor; die Weibchen brüten ihre Eier in einer Mantelhöhle aus und bringen lebendige Junge zur Welt.

Das obere Eulitoral wird von Organismen besiedelt, die sehr trockenresistent sind: Der Rinnentang (Pelvetia canaliculata) *und die Gemeine Napfschnecke* (Patella vulgata).

Der Gemeine Blasentang (Fucus vesiculosus) *ist ein typischer Bewohner des felsigen Eulitorals.*

Sonnenanbeter

Während sich die Touristen am Strand in der Sonne aalen, findet man auch entlang der Felsküste Sonnenanbeter. Es handelt sich natürlich um Algen, die zur Durchführung der Alchimie ihrer Photosynthese Licht benötigen. Wir sind in der Gezeitenzone angekommen, in der sich deutliche Gürtel abzeichnen, sobald das Meer abläuft. Die Zonierungen des Supralitorals oder des Eulitorals hängen von den Schwankungen der ökologischen Bedingungen entsprechend der unterschiedlichen Wasserstände ab. Im Eulitoral ist vor allem die Dauer des Auftauchens während der Gezeiten entscheidend. Auf den höheren Ebenen beginnt das Auftauchen sofort mit dem ablaufenden Wasser und endet erst kurz vor dem Hochwasserstand. Umgekehrt werden die unteren Ebenen nur während eines sehr kleinen Bruchteils im Zyklus der Gezeiten vom Meer freigelegt. Oben findet man Arten, die sehr trockenresistent sind und sich dort aufgrund mangelnder Konkurrenz ganz stark entwickeln. Sie sind auf diese ganz besonderen Bedingungen spezialisiert. Weiter unten entwickeln sich weniger tolerante, aber dafür konkurrenzfähigere Arten, da dort die Raumkonkurrenz immer stärker wird. Das wird an den von oben nach unten aufeinanderfolgenden Algengürteln ganz deutlich; man kann dies sehr schön entlang der geschützten Küsten beobachten.

Der obere Bereich wird fast ausschließlich von der Braunalge *Pelvetia canaliculata* eingenommen. Sie ist eine Meisterin im Widerstand gegen Austrocknung durch Sonne und Wind. Der zweite Gürtel ist ein Fucus-Gürtel. Von oben nach unten gesehen folgen aufeinander Schraubentang *(Fucus spiralis)*, Gemeiner Blasentang *(Fucus vesiculosus)*, der nach seinen charakteristischen kleinen Schwimmkörpern benannt wurde, und Sägetang *(Fucus serratus)*, dessen Wedel wie ein Sägeblatt gezackt sind. Der Schraubentang ist die toleranteste Art. Auf derselben Höhe mit dem Gemeinen Blasentang findet man auch den Knotentang *(Ascophyllum nodosum)*, der sich besonders stark in sehr ruhigem Wasser entwickelt. Diese Alge wird oft von der epiphytisch wachsenden Rotalge *Polysiphonia lanosa* besiedelt. Auf der Höhe von Ascophyllum findet man ebenfalls die Kleine Strandschnecke *(Littorina rudis)*.

Der Sägetang (Fucus serratus), *dessen Wedel wie ein Sägeblatt gezackt sind, ist am wenigsten resistent: Man findet ihn deshalb im unteren Teil des Eulitorals, der bei Ebbe am wenigsten freigelegt wird.*

Ein Urwald in Miniaturform

Wer in den Algen des Eulitorals herumstöbert, wird eine Menge Tiere finden. Abgesehen von der unmittelbar auf den Algenthalli festsitzenden Fauna (Hydrozoen, Moostierchen, Vielborster, Seescheiden) gibt es auf dem umliegenden Felsgestein eine sessile (festsitzende) Fauna und eine aus Würmern, Weichtieren, Krebstieren und Fischen bestehende vagile (bewegliche) Fauna. In diesem Urwald erfreuen sich einige an der reichlich vorhandenen pflanzlichen Nahrung, andere führen ein hartes, als Beute ausgeliefertes Leben. Man unterscheidet je nach Art der Ernährung die Weidegänger und die Filtrierer. Von den erstgenannten steigen die Gemeinen Napfschnecken *(Patella vulgata)* am höchsten hinauf: Sie widerstehen der Austrocknung, indem sie sich mit ihrem muskulösen Fuß ganz fest an den Felsen heften. Diese Napfschnecken weiden die Algenschicht der Felsen bei Hochwasser ab und kehren dann immer zu ihrem Ausgangspunkt zurück (homing). Sie bohren mit ihrer Schale einen runden Schlitz in weiches Felsgestein (z. B. Kalkfelsen); wenn der Fels hart ist

Gemeine Napfschnecken (Patella vulgata) *kehren nach einem Weidegang immer an ihren Ausgangspunkt zurück. Man nennt dieses Phänomen* homing.

(z. B. Granit), „rackern" sie sich so lange ab, bis er sich ihrer Schale vollkommen anpaßt.
Wenn sich die Napfschnecken mit ihrem muskulösen Fuß am Felsen festheften, dann betten sie ihre Schale in den gewohnten Platz, so daß das Tier nicht austrocknen kann. Es gelingt übrigens keiner Welle, sie zu entfernen. Ebenso wie andere Weichtiere verändern Napfschnecken im Laufe ihres Lebens ihr Geschlecht – die Jungtiere sind hauptsächlich männlich und die Erwachsenen weiblich. Diese Weichtiere sind in der Lage, sich gegen Feinde zu verteidigen. Legen Sie einen Gemeinen Seestern *(Asterias rubens)* so in einen supralitoralen Fluttümpel, daß einer seiner Arme eine Napfschnecke berührt. Sie werden sehen, daß sich die Napfschnecke nach einer gewissen Zeit immer höher auf ihrem Fuß aufrichtet und dem Seestern ihre Schale weit öffnet. Sie scheint verrückt

zu sein! Sie bietet sich dem Feind an! Und dieser streckt in der Tat seinen Arm zu der ihm angebotenen Mahlzeit aus... Jetzt drückt das Weichtier den spitzen Rand seiner Schale auf den Seestern, der sogleich aufgibt und flüchtet. Ein weiterer Weidegänger ist die Graue Käferschnecke *(Lepidochitona cinerea),* die leicht an ihrer aus acht Kalkplatten bestehenden Schale zu erkennen ist. Sie ist allerdings aufgrund ihrer Tarnung durch Homochromie (ihre Färbung ähnelt dem Substrat) schwierig ausfindig zu machen. Von den „Schnecken" des Eulitorals möchte ich die Stumpfe Strandschnecke *(Littorina obtusata)* erwähnen, die eine sehr veränderliche Färbung hat und deren kugelförmige Schale leicht mit den Schwimmkörpern von Fucus verschmilzt. Man findet außerdem Arten, die oft verwechselt werden: die Eßbare Strandschnecke *(Littorina littorea)* und die Kreiselschnecken *Monodonta lineata, Gibbula umbilicalis* und *G. pennanti.* Die Filtrierung ist eine andere Methode, sich mit Nahrung zu versorgen. Die einfachste Filtrierung ist die passive Filtrierung: Man breitet sieb- oder netzförmige Strukturen aus, in denen Plankton und andere im Wasser treibende Partikel hängenbleiben. Diese Methode wird von bestimmten Röhrenwürmern angewandt, wie z. B. von den Posthörnchenwürmern, deren winzige, spiralförmig gerollte Röhren die

Felsen und die Wedel von *Fucus* schmücken. Die Gezeitenzone ist ebenfalls die Domäne aktiver Filtrierer wie der Seepocke *Balanus perforatus.* Bei Hochwasser öffnen sich die Kalkdeckel, die ihre Schale verschließen, und es kommen haarige Beine zum Vorschein; mit diesen durchkämmt das Tier in regelmäßigen Abständen das Wasser. Felsenentenmuscheln *(Pollicipes pollicipes)* sind nahe Verwandte der Seepocken; es handelt sich um gestielte Rankenfüßer, die eher selten sind, mancherorts jedoch massenhaft vorkommen. Diese Tiere sind in Restaurants eine große Einnahmequelle, besonders in Spanien. Zu einer bestimmten Zeit gab es einen wahren Ansturm auf die wilde Küste von Belle-Île; manchen Fischern brachte er Reichtum und andere kostete er das Leben… Diese Fischerei ist mittlerweile gesetzlich reglementiert, aber der Raubbau lastet immer noch schwer auf diesen selten gewordenen Populationen. Eine zweite Art der Filtrierung ist das Pumpen. Diese Methode wird von Miesmuscheln *(Mytilus edulis)* angewandt; sie können an exponierten Stellen sehr dichte Populationen bilden, sogenannte Muschelbänke. Der Ort, an dem sich die Art aufgrund der Gefahr von Austrocknung nicht mehr halten kann, stellt die Obergrenze dieses Gürtels dar und die Zone, in der die Muscheln den Kampf um das Substrat gegen konkurrenzkräftigere Arten verlieren, bezeichnet seine Untergrenze. Aus diesem Grund ist der Miesmuschelgürtel nicht nur auf Felsen, sondern auch an Seetonnen ganz deutlich

abgegrenzt. Manchmal sieht man sie im Schutz einer feuchten Spalte ein wenig über diesen Gürtel aufsteigen. Muscheln haften mit zähen braunen Fäden, dem sogenannten Byssus am Untergrund fest. Auf diese Weise können sie der Gewalt der Wellen widerstehen. Miesmuscheln und Rankenfüßer leben eher im Brandungsbereich. Da Seepocken und Miesmuscheln nicht in der Lage sind, sich fortzubewegen, können sie sich auch keinen Partner suchen. Eine Lösung dieses Problems wäre das Ausstoßen von Eizellen und Samen ins Wasser, wo dann die Befruchtung stattfinden könnte. Diese risikoreiche Methode, die große Verluste zur Folge hat, wird von Miesmuscheln, Austern und einem großen

An Stellen, die der Brandung ausgesetzt sind, können Miesmuscheln (Mytilus edulis) *sehr dichte Muschelbänke bilden.*

Teil anderer Meeresorganismen angewandt. Eine andere, sicherere Methode ist die Begattung: Das Männchen gibt seine Gameten im Körperinnern des Weibchens ab. Auch wenn es noch so erstaunlich scheint, bedienen sich Seepocken dieser Lösung. Das Männchen verfügt über einen riesigen Penis, der zehnmal größer ist als der Durchmesser seines Körpers, um die Entfernung zwischen seiner Schale und der Schale mehrerer Weibchen zu überwinden. Die Larven der Seepocken zeigen ein Herdenverhalten: Sie setzen sich vorzugsweise dort fest, wo bereits erwachsene Tiere derselben Art leben. Auf diese Weise entstehen sehr dichte Populationen.

Panzerknacker und Müllschlucker

Die Anwesenheit so vieler Pflanzenfresser und Filtrierer lockt viele „Feinschmecker" an! Zu ihnen gehört z. B. die Nordische Purpurschnecke *(Nucella lapillus)*, eine bohrende Schnecke, die sich von Seepocken, Miesmuscheln und anderen Weichtieren ernährt. Sie bohrt mit Hilfe von säurehaltigen Sekreten in zwei Tagen erbitterter und zäher Arbeit ein Loch in die Schale ihres Opfers, spritzt dann Verdauungssäfte hinein und saugt anschließend ihre Beute durch eine Röhre ein, die sie in das Innere der Schale hineingleiten läßt. Kein Panzerschrank kann diesem Spezialisten widerstehen! Es wimmelt im Eulitoral von Detritusfressern, die die Küste von Kadavern

und anderen organischen Resten befreien. Zu diesen „Müllschluckern" gehören vor allem Krebstiere: die Gemeine Strandkrabbe *(Carcinus maenas)*, die Schwimmkrabbe *(Necora puber)*, der Taschenkrebs *(Cancer pagurus)* und der Gewöhnliche Einsiedler *(Pagurus bernhardus)*, dessen Schale oft mit einer Art rosa Pelz bedeckt ist; bei diesem „Pelz" handelt es sich um den Stachelpolyp *(Hydractinia echinata)*, der sich von dem mobilen Krebs von einem Festmahl zum nächsten transportieren läßt. Man findet in diesem Dschungel auch wahre Raubtiere wie z. B. den Glotzäugigen Schleimfisch *(Paralipophrys trigloides)*, der sich – vor allem nachts – nicht scheut, im Supralitoral herumzustreifen; er bewegt sich dabei mit Hilfe seiner Brustflossen (die ihm als Beine dienen) vorwärts, um Napfschnecken von den Felsen zu reißen.

Extreme Umwelt

Zur Zeit der Stürme lagern Gischt und Dünung Meerwasser in Senken weit über dem Gezeitenwasserspiegel ab. Auf diese Weise bilden sich supralitorale Fluttümpel, die es wert sind, daß man bei ihnen verweilt. Sie stellen ein extremes Milieu mit enormen Temperaturschwankungen dar. Die Temperaturen können sich an stürmischen Wintertagen 0 °C annähern und im Sommer 40 bis 50 °C erreichen. Auch der Salzgehalt variiert: Zur Regenzeit im Herbst erreichen die Fluttümpel fast Süßwasserniveau; während der langen

Sommermonate kann die Verdunstung zu stark erhöhten Salzkonzentrationen führen. Manchmal kristallisiert das Salz sogar aus, so daß jegliches Leben unmöglich wird. Die in diesem Milieu lebenden Organismen müssen den Schwankungen in Temperatur (eurytherm) und Salzgehalt (euryhalin) angepaßt sein. Es gelingt nur einigen kleinen Tieren wie den Ruderfüßern, hier zu überleben, und das ist eine echte Heldentat. In den etwas tiefer gelegenen Fluttümpeln, dort wo das Wasser oft genug erneuert wird, so daß die Bedingungen stabiler sind, findet man Organismen, die etwas weniger spezialisiert sind und bereits zum Eulitoral gehören: Hier lebt z. B. die Pferdeaktinie *(Actinia equina)*, die durch ihren hohen Schleimgehalt gut vor dem Austrocknen geschützt ist. Ihre Tentakel sind tagsüber oft eingezogen und man sieht nur dicke, kirschenähnliche Kugeln. Die Wachsrose *(Anemonia viridis)* kann ihre Tentakel nicht einziehen. Diese folgen dank ihrer Geschmeidigkeit den Wasserbewegungen, ohne den geringsten Widerstand zu leisten. Man findet im Eulitoral und in den Fluttümpeln auch Seepocken und Napfschnecken. Napfschnecken (Gattung *Patella*), Dunkle Strandschnecken *(Littorina saxatilis)* und Kreiselschnecken (Gattungen *Gibbula* und *Monodonta)* findet man häufig in diesem Lebensraum. Die häufigste Napfschnecke ist

Patella aspera, die oft auf ihrer Schale ein Büschel von der Grünalge *Enteromorpha intestinalis* trägt. Man findet hier außerdem junge Sägegarnelen *(Palaemon serratus).* Diese recht großen Garnelen sind nur schwierig zu beobachten, weil sie (abgesehen von einigen Flecken sowie blauen und gelben Linien) durchsichtig sind. Die ständig untergetauchten Felssubstrate (Grund von Fluttümpeln, die Gezeitenzone) beherbergen den nächsten Gürtel. Dieser ist vollständig von einer rosavioletten, etwa 1 mm dicken Algenschicht bedeckt. Es handelt sich um die Rote Krustenalge *(Lithophyllum incrustans),* die so viel Kalk in ihrem Gewebe absondert, daß sie das Aussehen eines Steins annimmt. Man findet in den Fluttümpeln noch eine weitere Kalkalge: das Korallenmoos *(Corallina officinalis).*

Und schließlich sieht man die klebrigen dunklen Krusten von *Hildenbrandia rubra* und Grünalgen der Gattun-

Ein Geflecht von Tentakeln der Wachsrose (Anemonia viridis) *in einem supralitoralen Fluttümpel.*

Die Genabelte Buckelschnecke (Gibbula umbilicalis) *gehört zu den Schnecken, die die Felsen des Litorals abweiden.*

In diesem supralitoralen Fluttümpel erkennt man mehrere Algen: Lithophyllum incrustans *(weiße Krusten),* Bifurcaria bifurcata *(gelblich),* Corallina sp. *(rosa Büschel) und* Cladophora rupestris *(grüne Büschel). Rechts sieht man einige Strandschnecken* (Littorina littorea).

gen *Cladophora, Enteromorpha* und *Ulva,* die alle große Milieuschwankungen ertragen. Die Fluttümpel der unteren Ebenen, deren Wasser zweimal täglich bei Flut erneuert wird, sind ein wesentlich beständigerer Lebensraum. Dies ist der Zufluchtsort von infralitoralen Algenpopulationen mit *Laminaria, Himanthalia, Codium* und anderen Arten. Die festsitzende Fauna ist durch Schwämme, Hydrozoen, Moostierchen und Seeanemonen vertreten. Von der vagilen Fauna möchte ich die Seeigel *Paracentrotus lividus* und *Psammechinus miliaris* sowie einige Krabben erwähnen. Hier ist auch der Lebensraum der ersten Fische, vor allem der bemerkenswerten Schleimfische. Sie sind durch eine Schleimschicht, die ihren schuppenlosen Körper bedeckt, gut vor Austrocknung geschützt. So können sie das schützende Wasser der Fluttümpel verlassen, um kurze Ausflüge zwecks Nahrungssuche zu unternehmen. Nun sind wir am Wasser angelangt. Es wird Zeit, Maske und Schnorchel hervorzuholen, um zu sehen, was auf der anderen Seite der spiegelglatten Fläche geschieht…

Unter Wasser
Der erste Meter

Mit einer Maske sind die Wunder der Unterwasserwelt für jeden von uns in Reichweite, selbst für dreijährige Kinder mit ihren Schwimmflügeln und ihre Großeltern, die auf Luftmatratzen hinter ihnen herschwimmen. Mit einem Schnorchel im Mund müssen sie nicht einmal mehr zum Atmen den Kopf heben. Die größten Gefahren, die auf Sie lauern, sind Kälte (außer im Hochsommer) und Strömungen.

Ein dünnes, wärmeisolierendes Kleidungsstück (wie z. B. Windsurfer tragen) bietet bereits einen hervorragenden Schutz gegen Kälte. Die Strömungen vermeiden Sie, wenn Sie während des Stauwassers bei Ebbe oder Flut ins Wasser gehen. Im ersten Fall hätten Sie bereits einige Meter an Tiefe gewonnen und können so die Tangwälder erforschen. Das ist allerdings kaum empfehlenswert für jemanden, der (noch) nicht mit dieser Unterwasserlandschaft, die später noch beschrieben wird, vertraut ist.

Für ein erstes Mal ist es daher vorzuziehen, nochmals das Eulitoral aufzusuchen, das wir bereits zu Fuß durchquert haben, um sich die Veränderungen bei Hochwasser anzusehen. Man begibt sich am besten an eine Felsküste oder eine Mole, denn auf harten Substraten gibt es am meisten zu sehen. Nehmen Sie sich Zeit, um die Wellenbewegungen der Küste zu beobachten und suchen Sie sich sorgfältig eine Stelle aus, an der Sie ins Wasser gehen möchten und wo Sie wieder herauskommen wollen.

Auf jeden Fall ist für diese Art von Übung ein ruhiges Meer empfehlenswert. Sie vermeiden ein Beschlagen Ihrer Maske, indem Sie in die Maske hineinspucken, den Speichel auf der Scheibe verreiben und die Maske danach mit Meerwasser ausspülen. Und jetzt ab ins Wasser!

Passen Sie auf, daß Sie sich nicht Ihre Ferien verderben, indem Sie unglücklich auf den algenbedeckten Felsen

Man muß kein eingefleischter Taucher sein, um die Unterwasserwelt zu erkunden! Maske und Schnorchel reichen aus, um (besonders bei Ebbe) sehr viel Wunderbares zu beobachten.

ausrutschen. Das kommt häufiger vor als Sie denken. Wenn wir im Wasser sind und einen ersten erstaunten Blick um uns herum werfen, beeindrucken uns sofort zwei Phänomene: Einerseits sind Fucus, Laminarien und die anderen Algen in ständiger Bewegung, und andererseits ist alles in ein blaugrünes Licht getaucht.

Und noch einmal… das Licht!

Wasser hat die Tendenz, die „warmen" Farben des Sonnenspektrums ganz

Grünes Wasser ist reich an unzähligen einzelligen Algen: dem Phytoplankton. Die große Alge ist der berühmte Japanische Beerentang, der zufällig mit aus dem Pazifik stammenden Austern nach Europa eingeführt wurde.

schnell zu absorbieren. Dadurch bekommt die Unterwasserwelt ein bläuliches Aussehen. Auf dem ersten Meter unter der Wasseroberfläche sind jedoch die Farben Rot, Orange und Gelb noch recht gut vertreten, und wenn man die einzelnen Objekte aus der Nähe betrachtet, zeigen sie ihre lebhaften Farben. Machen Sie folgenden Versuch: Halten Sie Ihre Hand genau vor Ihre Maske, dann sehen Sie, daß sie die gewohnte, möglicherweise schön gebräunte Farbe hat. Dieselbe Hand erscheint bei ausgestrecktem Arm bereits etwas blasser, und unsere Füße, die noch weiter entfernt sind, sehen richtig leichenblaß aus! Sagte ich weit entfernt? Unsere Füße erscheinen uns unter Wasser viel größer und viel näher als gewöhnlich. Dieser optische Effekt entsteht an der Grenzfläche zwischen Wasser und Luft (somit am Maskenglas) durch die unterschiedlichen Brechungseigenschaften der beiden Medien: Alles erscheint ein Drittel größer als normal. Das ist recht beruhigend zu wissen, falls wir zufällig auf ein Meeresungeheuer treffen sollten! Gehen Sie so dicht wie möglich mit Ihrer Maske an die Felsen heran, damit Sie die Farben optimal genießen können. Das ist übrigens auch die beste Methode, um all die kleinen Kreaturen zu beobachten, die hier wohnen. Algen sind diejenigen Organismen, die am meisten von dem Überfluß an Licht auf dem ersten Meter profitieren. Genau unter der Wasseroberfläche können Sie die Fucus-Arten und den Knotentang *(Ascophyllum)* entdecken, zwischen denen eine Anzahl weiterer Arten lebt.

Jetzt können Sie sich eine bessere Vorstellung davon machen, welche Funktion die Schwimmkörper dieser Algen haben: Die Thalli richten sich im Wasser auf und fangen die für die Photosynthese nötige Sonnenenergie ein. Diese Schwimmkörper sind mit einem Gasgemisch gefüllt, das ungefähr aus einem Drittel Sauerstoff und zwei Drittel Stickstoff besteht. Weiter unten beginnt der Laminarien-Wald mit Algen, die durch ihre Größe und Populationsdichte beeindrucken. Der Japanische Beerentang *(Sargassum muticum)* ist eine Alge, die vor nicht allzu langer Zeit zufällig eingeführt wurde: Sie tauchte um 1973 im Ärmelkanal auf und besiedelte seitdem beachtliche Flächen, obwohl man versuchte, sie zu entfernen. Nach der anfänglichen Panik hat man gelernt, mit ihr zu leben, so daß sie nun zur Unterwasserlandschaft unserer Atlantikküsten dazugehört. Möglicherweise wird es mit der berühmten *Caulerpa taxifolia* ähnlich sein; sie nahm kürzlich eine explosionsartige Entwicklung im Mittelmeer und erregte sehr viel Aufsehen. Weitere eingeführte Algen sind *Colpomenia peregrina, Codium fragile* und *Asparagopsis armata*. Sie haben die Biocönosen unserer Küsten nicht durcheinander gebracht. Inmitten dieser Vegetation findet man auch kleine federförmige Strukturen, die wie Pflanzen aussehen. Es handelt sich jedoch um Tiere, sogenannte Hydrozoen, die meistens durch die Gattungen *Abietinaria, Plumularia* und *Kirchenpaueria* vertreten sind. Wir müssen unser Vorurteil, daß Pflanzen immer festsitzen und Tiere

sich immer bewegen, revidieren. Diese Meinung bestätigt sich im Meer nicht immer: Phytoplankton besteht aus Pflanzen, die sich bewegen, und viele Tiere leben auf einem harten Substrat festgeheftet. Verwirrend ist auch, daß zahlreiche Tiere überdies weder Kopf noch Schwanz besitzen.

Die Rote Krustenalge *(Lithophyllum incrustans)*, die wir schon in den Fluttümpeln des Supralitorals angetroffen haben, ähnelt hingegen in keiner Weise einer Alge; und doch ist es eine! Sie überwuchert beträchtliche Felsflächen. Dort wo sich zwei Thalli begegnen, kommt es zu einer „Frontlinie", an der jedes Individuum versucht, seinen Nachbarn zurückzustoßen. Man findet auch noch andere Krustenalgen wie die weinrote *Hildenbrandtia prototypus* und die schwarze *Ralfsia verrucosa*.

Stachelige Wesen

Obwohl die Krusten von *Lithophyllum* sehr hart sind, gehören sie zu den bevorzugten Mahlzeiten von Steinseeigeln *(Paracentrotus lividus)*, wobei diese sich hauptsächlich von kleinen weichen, auf der Oberfläche von *Lithophyllum* wachsenden Algen ernähren.

Der Steinseeigel bohrt mit Hilfe seiner Stacheln eine kleine Behausung in den Felsen, in die er nach seinen Weidegängen zurückkehrt. Er maskiert sich mit Resten von Algen, Schalen und kleinen Steinen, die er mit Hilfe seiner mit Saugnäpfen ausgestatteten Ambulakralfüßchen festhält. Dieser an seinen braunen oder violetten Stacheln erkennbare Seeigel lebt in den relativ warmen Gewässern vom Mittelmeer bis zur Bretagne. Weiter nördlich nimmt eine kleinere Art seinen Platz ein, und zwar der Kletterseeigel *(Psammechinus miliaris)*, dessen kürzere, grau-weiße Stacheln eine violette Spitze haben.

Brennesseln des Meeres

Desweiteren findet man hier zwei Seeanemonen wieder, die wir schon in den supralitoralen Fluttümpeln gesehen haben: die Pferdeaktinie *(Actinia equina)* und die Wachsrose *(Anemonia viridis)*. Letztere kann in geringer Tiefe eine schöne grüne Farbe mit violetten Tentakelspitzen haben. Diese Färbung ist auf mikroskopisch kleine Algen zurückzuführen, die in ihrem Gewebe leben: Zooxanthellen und Zoochlorellen. Wenn Sie die Tentakel dieser Seeanemone leicht berühren, kleben sie an Ihren Fingern fest. Ihre Hand wird von Tausenden von Nesselkapseln, sogenannten Nematocysten, harpuniert. Sie charakterisieren diese Hohltiergruppe, zu der die Seeanemone gehört. Die Nematocysten von Anemonia sind im Gegensatz zu denen mancher furchterregender Medusen harmlos. Aber Vorsicht vor dem Schleim! Achten Sie auf kleine Reste, die an Ihren Fingern kleben: Wenn Sie Ihre Augen oder Ihre Lippen mit der Hand berühren, können sehr unangenehme Blasen entstehen. Reiben Sie deshalb nach diesem kleinen Versuch Ihre Finger gut ab. Er-

staunlicherweise bietet die Wachsrose manchen Tieren Zuflucht, die nicht unter den Nesselkapseln leiden. Wir kommen noch darauf zurück.

Starke sind stark und Schwache sind es auch!

Ich habe bereits die Taktik des „geringen Widerstands" der Seeanemonen in der Dünung erwähnt. Andere Organismen (Algen, Hydrozoen) verhalten sich genauso. Sie sind jedoch dank einer Scheibe mit großem Durchmesser ganz fest am Felsen verhaftet. Eine andere Taktik besteht darin, so wenig wie möglich hervorzuragen, um nicht von den Wellen ergriffen zu werden. Sie wird von Seepocken, Käferschnecken, Napfschnecken und einigen Röhrenwürmern angewandt. Wer einmal versucht, sich an einem sehr windigen Tag am Felsen festzuhalten, der wird schmerzlich seine Machtlosigkeit gegenüber der Kraft der Wellen feststellen müssen. Noch schlimmer ist es an einem stürmischen Tag. Bewohner dieser turbulenten Zone müssen sich jedoch nicht so stark festklammern. Das verdanken sie zunächst ihrer Biegsamkeit oder ihrer hydrodynamischen Form, aber auch der Tatsache, daß das Wasser nahe des Grundes nicht so aufgewühlt ist wie einige Dezimeter darüber. Daher ist das Leben hier leichter. Das erklärt auch, warum die meisten in dieser Zone lebenden Organismen nicht sehr hoch wachsen. Man muß nicht groß sein, um stark zu sein! Das erklärt außerdem, warum man die hoch aufgerichteten Lebensformen wie Laminarien und Hornkorallen erst mit Beginn des Infralitorals findet. Von den kleinen, der Dünung mutig Widerstand leistenden Wesen möchte ich die Seescheiden *(Clavelina lepadiformis)* erwähnen, die wie kleine durchsichtige Fässer auf 5 bis 20 Millimeter hohen Stielen aussehen. Sie bilden regelrechte Trauben und man hat das Gefühl, das Werk eines betrunkenen Glasbläsers zu sehen!

Die meisten Schwämme dieser Zone bilden flache, große Flächen bedeckende Krusten: Das ist eine ideale Form, um den Wellen zu widerstehen. Die häufigste Art ist der Brotkrumenschwamm *(Halichondria panicea).*

Die untere Gesellschaftsschicht

Diese festsitzende Fauna und Flora schwächt die Wasserbewegungen so beträchtlich ab, daß sich eine Vielzahl nicht festsitzender Tiere (vagile Fauna) in dieser stark belichteten, nahrungs- und sauerstoffreichen Zone halten kann, ohne von den Wellen fortgerissen zu werden. Zwischen den Algen und in Spalten gibt es eine ganze kleine Welt zu entdecken. Hier ist die Domäne der Sägegarnelen *(Palaemon serratus)* und zahlreicher anderer Krebstiere: kleine, abgeflachte Flohkrebse,

Gespensterkrebse *(Phtisica marina),* die kleinen wandelnden Skeletten ähneln, aber auch Wollkrabben *(Dromia vulgaris),* die sich zur Tarnung mit einem Stück Schwamm bedecken, genau wie die kleine Seespinne *Pisa nodipes.* Die Wirksamkeit dieser Tarnung werden Sie bemerken, wenn sich ein Teil der Algenwiese auf hohen roten Beinen entfernt! Dabei handelt es sich um die Große Seespinne *(Maia squinado),* ein 20 bis 30 cm großer Pflanzenfresser mit einem stacheligen, dreieckigen Panzer. Der Fünfeckstern *(Asterina gibbosa)* ist ein kleiner Seestern, der sich ebenso wie der Gemeine Seestern *(Asterias rubens)* von der festsitzenden Fauna ernährt; letzerer ist ein großer Miesmuschel-Liebhaber. Dieser gefräßige Räuber umschließt die Miesmuschel mit seinen Armen, die mit zahlreichen Saugnäpfen ausgestattet sind. Mit einer beispiellosen Geduld und Ausdauer umschließt er mit einem Teil seines eisernen Armes das

Ein Fünfeckstern (Asterina gibbosa) *frißt das Gelege eines Seehasen* (Aplysia depilans).

Die Färbung des Gemeinen Seesterns
(Asterias rubens) *variiert von cremefarben*
über gelb, braun und grün bis violett.
Die kleinen orangenen Seeanemonen sind
Diadumene cincta.

zenfresser, der 30 cm groß
und 1 Kilo schwer werden
kann! Er weidet mit seiner
Raspelzunge (Radula) die
Algen ab. Man trifft hier
auch noch andere Pflan-
zenfresser: z. B. die be-
merkenswerten Seeohren
(Haliotis tuberculata)
(manchmal findet man ihre
schönen, mit einer
Lochreihe versehenen
Perlmuttgehäuse), Napf-
schnecken und Kreiselschnecken. Sie
alle ernähren sich hauptsächlich von
der Mikroflora aus Cyanobakterien,
Kieselalgen und sehr jungen Algen.
Man findet auch „fleischfressende"
Weichtiere: z. B. *Archidoris tubercula-*
ta, eine große Nacktschnecke, die sich
von Schwämmen ernährt; andere
ernähren sich von Hydrozoen, Seeanemonen oder Moostierchen.
Die Kaurischnecken *(Trivia arctica*
und *T. monacha)* ernähren sich von
Seescheiden. Die Form ihrer Gehäuse
erinnert an diejenigen der Porzellan-
schnecken der tropischen Meere.
Der Gemeine Krake *(Octopus vulga-*
ris) ist an den Atlantikküsten selten geworden. Einige sehr rauhe Winter (wie
im Jahre 1963) haben die Populationen
der Bretagne und des Ärmelkanals fast
ausgerottet. Weiter südlich ist die Art
noch vorhanden, und an der portugiesischen Küste ist sie wieder häufig zu
finden. Dieser große Räuber mit seinen
intelligenten Augen und seinen furchterregenden, mit Saugnäpfen versehenen Armen hat seit jeher die Phantasie
der Menschen angeregt.

Weichtier. Letzteres versucht, seine
beiden Schalen mit Hilfe seines kräftigen Adduktormuskels geschlossen zu
halten.
Aber der Seestern wird den Kampf
dank seiner Geduld gewinnen: Nach
mehren Stunden oder sogar einigen Tagen wird das Weichtier seinen Muskel
lockern. Das ist verhängnisvoll! Der
Seestern stülpt seinen Magen aus, läßt
ihn in die Öffnung zwischen den beiden Schalen gleiten und verdaut sein
Opfer an Ort und Stelle…

Weich und unternehmungslustig

Unter den Tieren, die zwischen den Algen des ersten Meters leben, findet
man zahlreiche Schnecken: z. B. den
Gefleckten Seehasen *(Aplysia de-*
pilans). Diese Schnecke ist ein Pflan-

Gehende Fische...

Es ist nicht einfach, in dem turbulenten Wasser nahe der Oberfläche zu schwimmen. Aus diesem Grund haben sich zahlreiche Fische einem benthischen Leben angepaßt: Sie haben keine Schwimmblase mehr und ziehen es vor, auf dem Boden zu kriechen. Ihre Brustflossen haben sich in Beine oder Saugnäpfe umgewandelt. Der bemerkenswerteste dieser Fische ist zweifellos der Gestreifte Schleimfisch *(Parablennius gattorugine),* der 25 cm groß werden kann. Dieser Fisch zeigt ein territoriales Verhalten; er würde sogar Ihre Hand anknabbern, wenn Sie ihm ins Gehege kämen. Lassen Sie ihn gewähren! Bewundern Sie den Mut dieses David, der Sie, den Goliath, angreift. Sie haben mein Wort, daß Sie es überleben werden!

Der Gestreifte Schleimfisch (Parablennius gattorugine) *ist ein kleiner, territorialer Fisch, der einem Taucher mutig die Stirn bietet.*

Nicht selten begegnet man dem Gelben Spitzkopfschleimfisch *(Tripterygion delaisi).* Die Männchen sind orangefarben und haben einen schwarzen Kopf, während die Weibchen braun gesprenkelt sind. Sie leben paarweise zusammen. Wenn Sie ein Männchen entdecken, ist auch das Weibchen nicht weit weg. Es ist nur besser getarnt.

...und schwimmende Fische

Seien Sie unbesorgt: Es gibt auch noch Fische, die schwimmen können! Die Algen ziehen Meeräschen *(Mugil spp.)* an. Diese in dichten Schwärmen lebenden Fische weiden die Algen bis in die Brandungszone ab. Man könnte meinen, daß es sich um eine Ziegenherde handelt. Es gibt mehrere verschiedene Meeräschenarten. Die meisten von ihnen ertragen Brackwasser. Sie sind daher oft in Flußmündungen und Küstenteichen anzutreffen.

Sie sind keine echten Pflanzenfresser, denn sie ernähren sich vorwiegend von kleinen Tieren, die auf den Algen siedeln.

Der Wolfsbarsch *(Dicentrarchus labrax)* ist ein echter Fleischfresser. Die ältesten Exemplare können 1 Meter lang werden. So haben wir uns als Kind einen Fisch vorgestellt: ein silberner, spitz zulaufender Körper mit einem abgeflachten Schwanz. Seine Form ermöglicht ihm dank seitlicher Bewegungen, sich im Wasser abzustoßen, um sich vorwärtszubewegen, während sein hydrodynamisches Profil ihm ein gutes Vorwärtsgleiten ermöglicht. Dieser Jäger wird selbst gejagt: Das Fleisch dieses Fisches ist sehr geschätzt.

Gerechte Aufteilung

Dieser erste Kontakt hat Ihnen die extreme Vielfalt der Meeresbewohner gezeigt, die das Ergebnis einer langen Evolution ist.
Es besteht in der Tat eine starke Konkurrenz angesichts der begrenzten Nahrungsquellen. Darwin nannte dies den Kampf ums Überleben (erinnern Sie sich immer daran: „Leben bedeutet Überleben"!). Es sind jedoch nicht zwangsläufig die Stärksten, die überleben, sondern diejenigen, die am besten angepaßt sind. Meistens versuchen sie einen Konflikt zu vermeiden, statt zu kämpfen. Diese Taktik hat zu allen möglichen Spezialisierungen und zu einer gerechten Aufteilung der Nahrung, Standorte und Aufgaben geführt. Eine Art lebt dicht an der Oberfläche, eine andere in der Tiefe. Manche Arten leben auf den Steinen und andere darunter. Es gibt Pflanzenfresser und Fleischfresser. Einige fressen Würmer, andere Weichtiere. So besetzt jede Art eine genau definierte ökologische Nische.
Deshalb können Seeigel und Schleimfische als gute Nachbarn leben: Während der eine Algen abweidet, fängt der andere Würmer und Krebstiere. Es findet eine gerechte Aufteilung der zur Verfügung stehenden Nahrungsquellen statt.

Eine ganze Welt steht kopf
Leben unter Steinen

Es gibt Standorte, an denen große Felsen den Zugang zum Wasser erschweren. Hier läuft man Gefahr, sich den Knöchel zu verstauchen oder die Zehen zu verletzen. Dennoch sind diese Orte ein erstklassiges Gelände für Liebhaber des Meereslebens.

Rollende Steine sammeln kein Moos an

Der einzige Unterschied zwischen Steinen und Sandkörnern am Strand besteht in ihrer jeweiligen Größe. Die Zwischenräume zwischen den Steinen und die Lücken zwischen den Sandkörnern bieten vielen Tieren ein gutes Versteck. Aber diese Größenunterschiede haben einen anderen, grundlegenderen Unterschied zur Folge. Die größeren Steine werden seltener bewegt. Dadurch ist die Zeitspanne entsprechend länger, in der sie denjenigen Organismen, die sich festheften müssen, einen stabilen Halt bieten können. Kieselsteine oder Geröll, das wir an manchen Stränden finden, werden relativ häufig umgedreht (durchschnittlich einmal pro Woche); sie sind daher ziemlich „sauber", d. h. nicht mit verschiedenen Organismen bedeckt. Steine mit einem Durchmesser von 50 cm können bis zu sechs Monaten unbewegt bleiben. Steine von 1 Meter Größe können hingegen nur durch außergewöhnliche Wasserbewegungen, d. h. unter extremen Bedingungen, die nur durchschnittlich einmal im Jahr eintreten, umgedreht werden. Das trifft auf das flache Wasser an ungeschützten Stellen zu. An geschützten Orten und je tiefer wir tauchen sind die Bedingungen beständiger, so daß die Steine für einen wesentlich längeren Zeitraum unbewegt bleiben. Ein Stein, der über längere Zeit unbewegt blieb, zeigt deutlich zwei Seiten: eine Ober- und eine Unterseite. Wer einen solchen Stein aus dem Wasser nimmt, erkennt mühelos die Unterschiede, die diese beiden Welten trennen. Man kann sich dies bei Ebbe ansehen; es ist allerdings besser, eine Tauchermaske aufzusetzen, damit man die Steine unter Wasser umdrehen kann.

Zwei Welten

Die Oberseite der Steine erhält viel Tageslicht, so daß sich hier eine Vielzahl von Algen festsetzen und entwickeln kann. Aus diesem Grund sieht die von einer Algenschicht bedeckte Oberseite, aus der manchmal Algen mit beachtlichen Ausmaßen herausragen, oft verfilzt oder wollig aus.
Wir finden hier unsere vertrauten Fucus-Arten wieder, außerdem Trichteralgen *(Padina pavonica)*, die wie weißliche Tüten aussehen, sowie Kalk-

Rotalgen der Gattung *Melobesia* und das Korallenmoos *(Corallina officinalis)*, eine Rotalge, deren Thalli aus einzelnen Gliedern bestehen. Im Meer sinken beständig feine Partikelchen von der Oberfläche zum Grund: Sandkörner, Schlammpartikel, Skelette von Algen und planktonisch lebenden Tieren. Dieses Sediment setzt sich zwischen den Algen fest, weil dort die Wasserbewegungen geringer sind als anderswo. Diese Sedimentschicht hindert die meisten Tierlarven daran, den festen Steinuntergrund zu finden. Außerdem laufen die Tiere, denen es gelungen ist, sich auf dem Stein festzuheften, Gefahr, durch die Zunahme der Algen und des Sediments erstickt zu werden. Aus diesem Grund ist die Steinoberseite fast ausschließlich die Domäne der Pflanzen. Die Bedingungen ändern sich jedoch in einem Abstand von nur wenigen Zentimetern vollständig! Die Unterseite desselben Steins befindet sich in ständiger Dunkelheit, und abgesehen von der violettfarbenen Roten Krustenalge *(Lithophyllum incrustans)* kann hier fast keine Pflanze überleben. Hinzu kommt die Tatsache, daß diese Seite sedimentfrei ist: Das sind ideale Bedingungen für die meisten sessilen Tiere! Zahlreiche Krustenschwämme bilden dünne Schichten, die zur Entstehung einer vielfältigen Welt auf der „verkehrten" Seite der Steine beitragen. „Verkehrt", weil das auf der Unterseite des Steins lebende Tier mit den „Füßen" nach oben und dem „Kopf" nach unten lebt. Für Schwämme sind diese Art von „Überlegungen" unwichtig. Die mei-

sten unter Steinen lebenden (hypolithen) Arten sind klein und krustenbildend. Keine von ihnen besitzt ein Nervensystem, das sie über die Unterschiede zwischen „oben" und „unten" aufklären könnte. Hier ist die Domäne der beigefarbenen Krusten von *Halichondria panicea, H. bowerbanki* und anderen krustenbildenden Schwämmen wie den Arten der Gattung *Reniera*. Man findet außerdem kleine Kalkschwämme wie z. B. *Clathrina spp., Scypha ciliata, Leucosolenia botryoides* und *Leuconia aspera*. Weitere krustenbildende Tiere sind die Seescheiden *Didemnum spp., Diplosoma* spp. und *Polysyncraton spp*. Sie ähneln den Schwämmen wie ein Ei dem anderen, sind aber in Wirklichkeit den Wirbeltieren nahestehende Chordatiere. Auf dem ersten Meter unter der Wasseroberfläche haben wir bereits die Durchscheinende Seescheide gesehen, die diesen krustenbildenden Tieren kein bißchen ähnelt. Dennoch bestehen auch sie aus einer Vielzahl kleiner, flaschenförmiger Tiere, die aber miteinander verbunden und von einer gemeinsamen Hülle umgeben sind. Diese Masse bildet eine lebende Schicht mit Wassereinfuhr- und Wasserausfuhröffnungen, die sehr stark an die Bauweise von Schwämmen erinnert. Die Seescheide *Botryllus schlosseri* ist aufgrund ihrer kreisförmig um gemeinsame Kloaken angeordneten Zooide charakterisiert und leicht zu erkennen. Eine ähnliche Art ist *Botrylloides leachi*, deren Zooide in gewundenen Reihen angeordnet sind. Außerdem findet man solitäre Seescheiden wie die Tangbeere *(Dendrodoa grossularia)*, die Gelbe Seescheide *(Ciona intestinalis)* und mehrere Arten der Gattung *Ascidia*. Die weißen und orangefarbenen Moostierchen sind ebenfalls krustenbildende, koloniale Organismen, die in Gemeinschaften mit Hunderten von Einzeltieren leben, von denen jedes eine Kalkbehausung bewohnt. Diese Zooide bilden gemeinsam eine rauhe Kruste, die an Schmirgelpapier erinnert. Wenn wir sie aus der Nähe betrachten (am besten mit einer Lupe), sehen wir, daß diese Behausungen in absolut gleichmäßigen Reihen angeordnet sind. Aus jeder Zelle streckt der Bewohner seine Tentakel heraus, um Plankton einzufangen. Es gibt eine Vielzahl von Arten, die aber nur schwierig zu identifizieren sind, wenn man kein Spezialist ist und über keine starke Lupe verfügt. Ich möchte *Membranipora membranacea, Celleporaria pumicosa,* und die Gattungen *Schizomavella* und *Schizoporella* erwähnen.

Ausschnitt einer Kolonie der koloniebildenden Seescheide Botryllus schlosseri. *Die Färbung dieser Art ist außerordentlich veränderlich: weiß, gelb, braun, grün, blau, violett... Beachten Sie auch die kleinen Flohkrebse, die sich eifrig auf der Oberfläche der Seescheide zu schaffen machen.*

„Zerbrechliche Arme" und andere Stachelhäuter

Die eindrucksvollsten unter Steinen lebenden Organismen sind die Schlangensterne. Diese den Seesternen verwandten Tiere haben einen kleinen runden, kissenförmigen Körper aus dem sich fünf fadenförmige Arme herausstrecken. Diese Wesen sind aufgrund ihrer Form sehr zerbrechlich und auf den Schutz der Steine angewiesen. Die Arme des Schlangensterns *Ophiura lacertosa* sind rötlich und relativ glatt. Dieses sehr bewegliche Tier fürchtet das Licht. Sobald man den Stein, unter dem er sich versteckt hat, umdreht, kriecht er in aller Eile in den Schutz eines anderen Steins. Es hat offenbar viel zu verbergen! Schlangensterne sind dennoch harmlose Tiere, die sich hauptsächlich von ungelösten organischen Teilchen im Wasser ernähren. Die stacheligen Schlangensterne, d. h. der braune oder rote Zerbrechliche Schlangenstern *(Ophiothrix fragilis)* und der Schwarze Schlangenstern *(Ophiocomina nigra)* sind weniger scheu. Ihre Arme tragen zahlreiche Stacheln mit denen sie das Meerwasser besser filtern und Nah-

Unter einem Stein: Ein Schlangenstern (Ophiura ophiura) und ein kleiner Seeigel (Psammechinus miliaris) kriechen über eine Schicht von Röhrenwürmern (Pomatoceros triqueter).

Verschiedene Würmer

Man kann Würmer von sehr unterschiedlicher Form finden. Unter Steinen sehen wir manchmal Plattwürmer (Plathelminthes), die äußerst flach und zäh sind. Sie gleiten mit Hilfe mikroskopisch kleiner Wimpern über den Stein, wobei sie sich den Unebenheiten und Spalten des Untergrundes vollkommen anpassen. Ringelwürmer sind wesentlich dicker. Ihr Körper besteht aus einer Vielzahl ringförmiger Segmente. Die meisten Ringelwürmer im Meer gehören zur Klasse der Vielborster, bei denen jedes Segment ihres Körpers mit zahlreichen sehr harten Haaren oder Borsten ausgestattet ist. Manche dieser Tiere können sich frei bewegen (Polychaeta, Errantia), während andere ein seßhaftes Leben führen und eine selbstgebaute Röhre bewohnen (Polychaeta, Sedentaria).

Zu diesen Röhrenwürmern gehören die Arten der Gattungen *Spirorbis* und *Janua*, die kleine spiralförmige Kalkröhren bewohnen. Der Durchmesser ihrer Behausungen beträgt nur wenige Millimeter. Man bemerkt sie jedoch leicht, weil sie sich in großer Anzahl auf den Unterseiten der Steine festsetzen. Die freischwimmenden Larven nehmen ein Schwarmverhalten an, wenn sie sich eine Behausung suchen, d. h. sie suchen die Nähe von Individuen derselben Art. Die häufigste Art der Steinunterseiten ist zweifellos der

rungspartikel fangen können. Seien Sie vorsichtig, wenn Sie einen Schlangenstern in die Hand nehmen möchten: Seine langen Arme brechen sehr leicht ab. Das Tier trauert jedoch nicht lange um diesen Verlust, denn dank eines außergewöhnlichen Regenerationsvermögens wächst das verlorengegangene Körperteil schnell wieder nach. Es gibt noch weitere Arten, die in dieser „verkehrten" Welt leben. Eine von ihnen ist der Fünfeckstern *(Asterina gibbosa),* dessen Arme so kurz sind, daß er an ein kleines fünfeckiges Kissen erinnert. Das Tier ist aus diesem Grund nicht so leicht verletzbar wie die Schlangensterne. Im Gegensatz zu seinen zerbrechlichen Vettern hält er der Gewalt der Brandung stand. Dieser Seestern ist ein Zwitter, d. h. Männchen und Weibchen zugleich.

Dreikantwurm *(Pomato-
ceros triqueter).* Er verdankt seinen Namen der
kielförmigen Röhre, die
ihm ein dreieckiges Profil
verleiht. Ein weiterer
Röhrenwurm in dieser
„verkehrten" Welt ist *Ser-
pula spp.,* der die beachtliche Größe von 20 cm er-
reichen kann. Er baut eine
eher unregelmäßige Kalk-
röhre, die fest am Stein be-

festigt wird. *Filograna implexa* bildet
dagegen sehr zerbrechliche Kolonien
aus weißen Kalkröhren.

*Schuppenwürmer (Familie Aphroditidae)
wie dieser* Lepidonotus clava *(?) sind
ausgesprochen schnell und flüchten sofort,
wenn man den Stein, unter dem sie leben,
umdreht.*

Weichtiere

Es gibt so viele köstliche Dinge unter
den Steinen, daß manche Weichtiere
auf ihrer Suche nach Nahrung gerne
dort vorbeischauen. So findet man dort
z. B. die Grüne Käferschnecke *(Chiton
olivaceus)* und die Graue Käferschnecke *(Lepidochitona cinerea).* Es
handelt sich um primitive Schnecken,
deren Körper mit acht Kalkplatten bedeckt sind, die wie Ziegel übereinander
greifen. Käferschnecken schaben mit
Hilfe ihrer Radula die Steine ab. Das
Seeohr *(Haliotis tuberculata)* ernährt
sich auf dieselbe Weise. Dieses Tier
kann 15 cm lang werden und besitzt ein
ganz anderes Gehäuse als die üblichen
Schnecken. Es hat eine ovale Form mit
einem kleinen spiralförmigen Teil am
oberen Ende. Am Schalenrand befindet
sich eine perforierte Linie. Wenn das
Tier wächst, kann sein After an dieser

Stelle aus dem Gehäuse gelangen. Man
kann außerdem einen Tentakelsaum erkennen. Auch die Sattelmuschel *(Anomia ephippium)* lebt auf der Unterseite
der Steine.
Sie hat zwei dünne, perlmuttartige
Schalen. Die kleinere, flache Schale
liegt eng am Substrat an und ist durch
eine lochartige Öffnung gekennzeichnet, durch die der Muskel (mit dem
sich das Tier am Felsen festheftet) der
größeren (oberen) Schale hindurch-
dringen kann. Die obere Schale ist gewölbt und uneben. Andere typische
Weichtiere dieses Biotops sind die etwa 4 cm großen Feilenmuscheln *(Lima
hians* und *Lima inflata).* Sie strecken
zur Nahrungssuche ihre klebrigen
weißen oder orangefarbenen Tentakel
aus ihren Schalen heraus. Fühlt sich
die Feilenmuschel gestört, schwimmt
sie mit ruckartigen Bewegungen durch
Zusammenschlagen ihrer beiden Schalen davon.

Ein Fisch mit Saugnapf

Vielleicht haben Sie beim Umdrehen der Steine eine flüchtige Gestalt bemerkt, die mit größter Geschwindigkeit in den Schutz eines anderen Steins geeilt ist. Es handelte sich hier um einen kleinen Fisch mit dem Aussehen einer Kaulquappe; es ist ein Rotsproßansauger *(Lepadogaster candollei)* oder ein Bandschild *(Lepadogaster lepadogaster)*. Die Rotsproßansauger-Männchen sind durch rote Flecken auf dem Kopf gekennzeichnet, die Weibchen sind grünlich. Bandschilde haben gewöhnlich einen blauen, V-förmigen Fleck hinter dem Kopf. Bei Lepadogaster formen die Bauch- und Brustflossen einen Saugnapf, mit dem sich das Tier am Stein festheften kann. Dieser Fisch lebt ebenfalls mit dem Kopf nach unten und jagt aus der Lauerstellung. Wenn Sie ihn beobachten möchten, müssen Sie sich einer List bedienen. Zunächst müssen Sie einen *Lepadogaster* ausfindig machen: Kennzeichnen Sie den Stein, unter dem er sich versteckt. Dann legen Sie alle Steine der Umgebung auf die Seite und stecken sie mit der Kante in den Boden, damit er sich nicht sofort wieder darunter verstecken kann. Jetzt heben Sie ganz langsam den Stein hoch, unter dem sich Ihr Fisch versteckt. Dieser wird mit aller Geschwindigkeit zu einem anderen Stein flüchten; da er sich aber nicht darunter verstecken kann, wird er sich an eine Seite pressen. Nun können Sie ihn leicht beobachten.

Hochachtung vor den Lebensformen

Wenn wir einen Stein umdrehen, um uns das Leben auf seiner Unterseite anzuschauen, stören wir eine ganze Welt. Diese Biocönose ist dem sicheren Tode geweiht, wenn wir sie so zurücklassen, d. h. dem Licht, dem Sand und den Wasserbewegungen ausgesetzt. Die sessilen Tiere sind besonders bedroht, da sie am Stein festgeheftet sind und den veränderten Bedingungen nicht entfliehen können. Vergessen Sie deshalb nicht, nachdem Sie alle Winkel Ihres Steins begutachtet haben, diesen vorsichtig so wieder hinzulegen, wie Sie ihn gefunden haben. Diese kleine Geste zeugt von Ihrer Achtung vor den Lebensformen, die Sie gerade erforscht haben.

Das Leben im Verborgenen
Sandbewohner

Tauchclubs begehen manchmal einen kleinen Regiefehler. Wenn sich eine Tauchergruppe auf dem Sand wiederfindet statt über dem schönen Felsgrund, der ihnen versprochen wurde, läßt die Reaktion nicht lange auf sich warten. Enttäuscht von dem öden Anblick dieser Wüste schießen die Taucher wie eine Rakete zur Oberfläche zurück und schimpfen auf den Kapitän. Dennoch haben sie Unrecht! Mit ein wenig Geduld hätten sie eine faszinierende Biocönose entdeckt. Hier, wie auch anderswo, rieselt ein stetiger Regen toten und lebenden Planktons Richtung Grund. Und Plankton bedeutet Nahrung. Und wo es Nahrung gibt, gibt es auch Lebewesen, die sie fressen… Folglich müssen sie hier sein, sogar in beeindruckender Anzahl (manchmal mehrere tausend Individuen pro Quadratmeter), aber sie sind nicht immer leicht zu finden. Da es auf diesen Böden kaum pflanzliches Leben gibt, findet man hier keine Pflanzenfresser. Es überwiegen Filtrierer und Detritusfresser, die ihrerseits Feinde anlocken.
Nebenbei sei bemerkt, daß die Kornabstufung der Böden eine wichtige Rolle spielt: Die Lebensgemeinschaften der grobkörnigen Sandböden sind andere als diejenigen der feinen Schlammböden. Ich nehme hier keine Unterscheidung vor; so können Sie selbst einige „wissenschaftliche" Beobachtungen machen.

Filtrierer

Viele Tiere verstecken sich im Sand. Oft ragt jedoch ein Körperteil aus dem Sand heraus, um das von oben kommende „Manna" einzufangen. Einer der eindrucksvollsten Filtrierer ist der Pfauenfederwurm *(Sabella pavonina),* dessen Kiemenapparat ein sehr wirksamer Filter ist; er hält alle kleinen Partikel fest, die auf ihn herabfallen. Seine

Der Pfauenfederwurm (Sabella pavonina) *ist ein passiver Filtrierer der Sandböden. Sie müssen sich ihm ganz vorsichtig nähern und Ihren Atem anhalten, sonst zieht er sich blitzartig in seine Röhre zurück.*

Die Große Kammuschel (Pecten maximus) *ist ein häufiger Bewohner der grobkörnigen Sandböden.*

Schwimmen Sie nicht zu schnell...
Legen Sie sich flach mit dem Bauch in den Sand und beobachten Sie. Vielleicht sehen Sie die zarten Siphonen, die eine Muschel (Donax vittatus) *über dem Sediment aufrichtet.*

Farbe ist dem Grund gut angepaßt. Haben Sie aus diesem Grund Schwierigkeiten, ihn zu entdecken? Oder vielleicht, weil Sie zuviel in Bewegung sind? Denn bei der geringsten Schwingung im Wasser zieht sich dieser Wurm blitzartig in seine Röhre zurück.
Der Vielborster *Lanice conchilega* ist noch schwieriger ausfindig zu machen, weil er wesentlich kleiner ist und seine Röhre aus Sandkörnern und Muschelresten baut. Er richtet eine Art starren Kamm im Wasser auf und „leckt" mit seinen Tentakeln alles ab, was daran hängenbleibt. Die Sabelle *Myxicola infundibulum,* ebenfalls ein Röhrenwurm, hat eine gallertartige Röhre und einen braunvioletten Kiemenapparat. Es gibt noch eine Vielzahl anderer Filtrierer, hauptsächlich sind es Weichtiere. Die meisten bleiben jedoch unsichtbar, weil sie sich im Sand vergraben.
Wenn man sie sehen möchte, muß man sie ausgraben. Sie verraten ihre Anwesenheit durch zarte, durchsichtige Röhren, die sie einige Millimeter über dem Boden aufrichten. Dies sind ihre Siphonen, mit denen sie Wasser ansaugen. Sie stoßen das Wasser wieder aus, nachdem sie Sauerstoff und Nahrung verwertet haben.
Es ist unmöglich, alle Arten der Sandböden aufzuführen. Es leben hier u. a. Herzmuscheln *(Cerastoderma edule),* Venusmuscheln *(Venus spp.),* Kammuscheln *(Chlamys* opercularis), Teppichmuscheln *(Tapes spp.),* Braune Venusmuscheln *(Callista* chione), Tellmuscheln *(Tellina spp.),* Trogmuscheln *(Mactra spp.)* und „Scheiden- und Schwertmuscheln" *(Solen marginatus, Ensis spp.)...* Es ist wirklich nicht verwunderlich, daß man so viele Muschelschalen am Strand findet! Die Großen Kammmuscheln *(Pecten maximus)* leben

im Gegensatz zu den eben genannten Weichtieren auf der Sandoberfläche. Sie können sich sogar durch Zusammenschlagen ihrer beider Schalen vorwärts bewegen. Sie bedienen sich dieser Technik, um den gefräßigen Seesternen zu entkommen.

Man findet auch eine gewisse Anzahl Seescheiden unter den aktiven Filtrierern der Weichböden.

Sie strecken ihre Siphonen aus dem Sand heraus. Ich möchte hier *Molgula manhattensis* erwähnen, die mancherorts beeindruckende Populationsdichten erreichen kann. Auch Filtrierer anderer Tierstämme richten sich über dem Sand auf. Sie leben gewöhnlich festverhaftet mit einem harten Objekt, z. B. an einem Kieselstein oder einem Gehäuse. Zu ihnen gehören zwei Schwammarten, der Pinselschwamm *(Ciocalypta penicillus)* und die Meerorange *(Tethya aurantium),* die genau wie eine winzige, ungefähr 3 cm große Orange aussieht. Einige Seeanemonen, wie z. B. *Sagartia troglodytes* und *Cereus pedunculatus,* leben auf ähnliche Weise. Die kleine Seeanemone *Halcampoides elongatus,* deren Fuß direkt im Sand verankert ist, sieht man selten, weil sie nur nachts aktiv ist. *Peachia cylindrica* lebt auf ähnliche Weise, ist aber kein nachtaktives Tier. Zylinderrosen *(Cerianthus lloydii)* sind in selbstgebauten, weichen Röhren lebende Seeanemonen. Man erkennt sie leicht an ihrer doppelten Tentakelkrone: Außen sind es lange Tentakel und innen kurze Mundtentakel. Nähern Sie sich ganz vorsichtig, ansonsten werden Sie nur die Röhre sehen.

Man kann auch Weichkorallen antreffen, z. B. die Seefeder *(Pennatula phosphorea),* die ihre Nahrung mit Tausenden von Polypen einfängt. Sie gehört zu den achtstrahligen Blumentieren (Octocorallia), genau wie die Gelbe Seefeder *(Veretillum cynomorium),* deren zylinderförmiger Körper 50 cm hoch werden kann und deren Polypen 2 cm erreichen. Weichkorallen ziehen bei Berührung ihre Polypen ein und schrumpfen zusammen. Sie besitzen ein Hydroskelett, bei dem sie Wasser einsaugen müssen, um ihre starre Form zu wahren. *Virgularia mirabilis* und *Funiculina quadrata* sind wesentlich seltenere Tiere; sie sind schlanker und länger als die zuvor genannten Arten. Beide leben an der

Zahlreiche Seeanemonen vergraben sich zur Hälfte im Sand, genau wie diese Seedahlie (Urticina felina), *die man aber auch auf Felsgestein findet.*

Grenze der maximalen Tiefe für Sporttaucher. Manchmal kann man sie jedoch in der Nähe von Fischereihäfen in geringer Tiefe finden: Fischdampfer fangen sie in ihren Netzen und die Fischer werfen sie ins Meer zurück, wenn sie ihre Fänge sortieren.

Detritusfresser

Sandböden sind reich an organischen Abfallstoffen oder Detritus (totes Plankton, Überreste von Pflanzen und Tieren). Organismen, die auf die Reinigung des Bodens spezialisiert sind, nennt man Detritusfresser. Ihre häufigsten Stellvertreter sind Köderwürmer *(Arenicola marina)*. Man erkennt sie an ihren Kothügeln direkt neben der Öffnung, die der Mundseite des Wurms entspricht. Spritzwürmer gehören ebenfalls zu den Detritusfressern.

Der kleine irreguläre Seeigel Echinocardium cordatum *lebt im Sand vergraben. Wenn man ihn sehen möchte, muß man ihn ausgraben. Er wird allerdings sofort wieder im Sand verschwinden.*

Ich möchte von dieser abfallfressenden Fauna noch zwei irreguläre Seeigel (d. h. mit einem nicht kreisförmigen Gehäuse) erwähnen: den Zwergseeigel *(Echinocyamus pusillus)* und den Kleinen Herzigel *(Echinocardium cordatum)*. Sie leben im Sand vergraben und sammeln mit Hilfe ihrer an die Sandoberfläche hinaufragenden Ambulakralfüßchen Abfallstoffe, während andere, spezialisierte Ambulakralfüßchen dort atmen. Der Violette Herzigel *(Spatangus purpureus)* ist eine wesentlich größere Art mit violetten Stacheln, im Gegensatz zu den beiden zuvor genannten Arten, die grau gefärbt sind. Sie sehen sie nur, wenn Sie blindlings im Sand graben: Eine kleine Schaufel oder eine kleine Harke können sich beim Tauchen als sehr nützlich erweisen. Von den Stachelhäutern möchte ich noch die im Sand wühlenden Seegurken *Labidoplax digitata, Neopentadactyla mixta* und *Thyonidium commune* erwähnen. Einsiedlerkrebse sind Krebse, die in einem Gehäuse leben, um ihren ungepanzerten Hinterleib zu schützen. Sie haben Angst, daß ihr Hinterteil geschnappt wird! Die größte Art (8 cm) ist *Pagurus bernhardus,* der mit der Seeanemone *Calliactis parasitica* oder mit dem Schwamm *Suberites domuncula* in Symbiose lebt. Eine vergleichbare Symbiose besteht zwischen dem Anemonen-Einsiedler *(Pagurus prideauxi)* und der Mantelakti-

nie *(Adamsia palliata)*. Ein weiteres Krebstier der Weichböden ist der Kaiserhummer *(Nephrops norvegicus)*. Er gräbt komplizierte Gänge mit mehreren Ausgängen. Er lebt normalerweise unterhalb von 50 m Tiefe, wo er mit Schleppnetzen gefangen wird. Der Fischmarkt ist übrigens ein idealer Ort, um sich die Tiere anzusehen, die man beim Tauchen nicht so leicht findet. Einen Fischer bei der Ausfahrt zu begleiten, kann auch sehr interessant sein. Dieser wirft gewöhnlich alles nicht Eßbare sofort ins Meer zurück: Seescheiden, Seesterne, Korallen etc. So sehen Sie all die Wunder der großen Tiefen. Manche kommen sogar aus über 100 Meter Tiefe!

Auch unter den Weichtieren findet man zahlreiche Detritusfresser, wie z. B. die Gemeine Turmschnecke *(Turritella communis)* mit ihrer hübschen Schale.

Räuber

Alle Filtrierer und Detritusfresser ziehen Feinde an. So vervollständigt sich die Nahrungskette. Zahlreiche Ringelwürmer jagen im und auf dem Sand. Die häufigsten Arten sind *Nephtys hombergi, Hermoine hystrix* und die Seemaus *(Aphrodita aculeata)*. Vorsicht vor den Borsten der beiden letztgenannten Arten: Sie können in die Haut eindringen, abbrechen und starke Entzündungen hervorrufen.

Halsband-Mondschnecken *(Lunatia catena)* sind räuberische Schnecken. Sie jagen Muscheln, die sie im Sand aufstöbern. Sie bohren mit Hilfe säurehaltiger Absonderungen ihrer Radula ein kleines Loch in die Schale ihrer Beute, durch das sie ihren Siphon gleiten lassen. Anschließend spritzen sie Verdauungssäfte hinein und saugen das so verdaute Opfer aus. Eines der größten Raubtiere im Sand ist der Siebenarmige Seestern *(Luidia ciliaris)*, der einen Durchmesser von 50 cm erreichen kann. Er ist weniger selten als Sie glauben. Man kann ihn bereits in geringer Tiefe finden, wobei er sich allerdings tagsüber im Sand vergräbt. Nachts kommt er zum Jagen hervor und kann auf seiner Suche nach Herz- und Venusmuscheln oder Seeigeln eine Strecke von gut 20 m zurücklegen.

Auf diesem Sandboden herrscht das „Gesetz der Straße": Während sich ein großer Seestern (Luidia ciliaris) *vorwärts bewegt, ergreifen Schwarze Schlangensterne* (Ophiocomina nigra) *panisch die Flucht. Sie haben Angst, gefressen zu werden.*

Charakteristische Gelege der Gebänderten Mondschnecke (Natica alderi); *diese spiralförmigen Bänder bestehen aus Schleim und Sand.*

Gemeine Tintenfische (Sepia officinalis) *vergraben sich im Sand und jagen oft aus der Lauerstellung. Dieser hier ist noch zur Hälfte mit Sand bedeckt.*

Er öffnet die Muscheln mit einer furchterregenden Kraft und sehr viel Geduld. Hunderte mit Saugnäpfen ausgestattete Ambulakralfüßchen ziehen solange an den beiden Schalen, bis das Opfer erschöpft ist. Manchmal ist dieses für die Mundöffnung des Seesterns zu groß. Dann stülpt das Raubtier seinen Magen heraus und verdaut die Beute außerhalb seines Körpers! Wenn der Seestern seiner Wege zieht, läßt er leere Schalen hinter sich zurück – stumme Zeugen eines soeben stattgefundenen Gemetzels. Auf manchen Böden findet man mehrere pro Quadratmeter. Und die Taucher beschweren sich, daß es im Sand nichts zu sehen gibt… Der Nordische Kammstern *(Astropecten irregularis),* der 10 cm groß werden kann, lebt auf dieselbe Weise. Der Gemeine Tintenfisch *(Sepia officinalis)* ist ein noch erstaunlicheres Tier. Es handelt sich um ein Weichtier und somit um einen nahen Verwandten von Austern und Miesmuscheln. Er hat genauso ausgezeichnete Augen und furchteinflößende Tentakel wie der Gewöhnliche Krake. Dieser hervorragende Schwimmer kann sich im Sand vergraben und seiner Beute einen Hinterhalt legen. Aber auch wenn er schwimmt, ist der Tintenfisch kaum zu erkennen. Dank der Chromatophoren in der Haut kann er seine Farbe der Umgebung anpassen. Die Sepiole *(Sepiola atlantica)* ist eine etwas abgerundetere Miniaturversion dieses Tintenfisches. Es ist eine wahre Freude, dieses Tier mit seinen Kapriolen zu beobachten. Man muß aber nicht unbedingt ein Taucher sein, wenn man Sepiolen sehen möchte: Schauen Sie während Ihrer Spaziergänge bei Ebbe genau in die Wasserlachen am Strand.

Fische

Die am höchsten entwickelten Raubtiere sind die zahlreichen den Sand bevölkernden Fische. Die verschiedenen Grundeln sind sehr häufig, aber nicht immer leicht zu erkennen. Die Gestreifte Meerbarbe *(Mullus surmuletus)* mit ihren Bartfäden, die die Geruchsorgane enthalten, ist hingegen sehr charakteristisch. Sie bedient sich dieser Bartfäden, um kleine Würmer und Krebstiere im Sand aufzustöbern. Der Gestreifte Leierfisch *(Callionymus lyra)* kann 15 cm groß werden und kann seine Färbung der Umgebung anpassen. Das Männchen besitzt einen sehr langen Rückenstachel und ein sehr hübsches, blaugelbes Laichkleid. Manchmal sieht man einen Fisch über den Grund stolzieren. Stolzieren? Ja! Es handelt sich um einen Knurrhahn. Es gibt mehrere Arten von Knurrhähnen, darunter den Grauen Knurrhahn *(Eutrigla gurnardus)* und den Fähnrichknurrhahn *(Aspitrigla obscura)*. Wenn Sie letzteren aufschrecken, können Sie sehen, wie er seine dunkelblauen Brustflossen ausbreitet. Mit etwas Glück kann man auch auf Haie treffen! Seien Sie unbesorgt. Der Kleingefleckte Katzenhai *(Scyliorhinus canicula)* wird nicht länger als 75 cm und ernährt sich von Krebstieren und nicht von Tauchern… Zahlreiche Plattfische haben sich dem benthischen Leben angepaßt. Sie sind vollkommen asymmetrisch. Obwohl diese Tiere ihr Leben als ganz normale pelagisch lebende und vollkommen symmetrische Larven beginnen, verwandeln sie sich sehr schnell in abgeflachte, benthisch lebende Fische. Um dies zu erreichen, legen sie sich auf eine Seite, die so zu ihrer Unterseite wird, während die andere Seite ihre Oberseite darstellt. Beide Augen wandern auf diese Oberseite, und der Mund liegt quer. Ihre Tarnung ist dem Boden perfekt angepaßt. Sie sind übrigens in der Lage, sich ganz schnell mit Sand zu bedecken, so daß nur noch ihre kugelförmigen Augen hervorlugen. Zu diesen Meistern der Tarnung gehören der Steinbutt *(Scophthalmus maximus),* der Glattbutt *(Scophthalmus rhombus),* Schollen *(Pleuronectes platessa)* und Seezungen *(Solea solea).* Der Seeteufel *(Lophius piscatorius)* lockt seine Beute mit einem Köder an und ist zweifellos der tückischste Jäger.

Man muß sehr genau hinschauen, wenn man den Gestreiften Leierfisch (Callionymus lyra) *sehen möchte; seine Färbung ist dem Untergrund hervorragend angepaßt.*

Die Seezunge (Solea solea) *ist ein typischer Plattfisch der Weichböden.*

Kleine, nichts Böses ahnende Fische schauen sich neugierig das Hautläppchen an, das der Seeteufel genau über seinem riesigen Maul hin- und herbewegt und werden dann plötzlich verschlungen. Der Himmelsgucker *(Uranoscopus scaber)* bedient sich einer ähnlichen Technik: Er lockt Beute an, indem er aus seinem Maul einen wurmförmigen Hautlappen herausbewegt. Man findet diese vorwiegend mediterrane Art nur entlang der iberischen Küste. Der Marmorzitterrochen *(Torpedo marmorata)* hat eine noch erstaunlichere Technik als diese beiden „Angler". Im Sand vergraben wartet er geduldig, bis eine Beute ganz dicht herankommt, die dann durch einen starken Stromstoß gelähmt und sofort verschlungen wird. Fassen Sie diesen Fisch nicht an! Die Entladungen des Rochens sind für den Taucher zwar nicht tödlich, aber dennoch äußerst unangenehm. Auch andere Rochen der Sandböden jagen aus der Lauerstellung, z. B. *Raja clavata, R. montagui*

und einige andere Arten. Es handelt sich hier um eierlegende Tiere. Sie legen ihre von einer hornartigen Schale umgebenen Eier in den Algen ab. Dieses schwarze, rechteckige Gebilde hat an jeder der vier Ecken einen hornartigen Fortsatz; die leeren Schalen werden oft am Strand angespült. Das Große Petermännchen *(Trachinus draco)* ist ein furchterregender Fisch. Im Sand vergraben lauert er seiner Beute auf. Bei Gefahr richten sich die Stacheln seiner Rückenflosse auf, und Badende laufen Gefahr, mit dem Fuß darauf zu treten. Sein Gift erzeugt einen stechenden Schmerz, und Fieber, Schweißausbrüche, Kopfschmerzen und Herzklopfen könnten die Folge sein. Man kann sogar das Bewußtsein verlieren und an einem solchen Stich sterben. Scheuen Sie sich deshalb nicht, einen Arzt aufzusuchen, wenn Sie von einem Großen Petermännchen gestochen wurden. In der Zwischenzeit sollten Sie die Einstichstelle möglichst schnell mit einem Stück Stoff bedecken, das bis an die Schmerzgrenze mit heißem Wasser getränkt ist: Die Hitze denaturiert einen Großteil des Giftes. Dieser kleine Abschnitt soll Sie natürlich nicht entmutigen und von einer Entdeckungsreise zu den Sandbewohnern abhalten. Die Wahrscheinlichkeit, seinen Fuß auf ein Großes Petermännchen zu setzen, ist auch nicht größer, als bei einem Spaziergang an Land auf eine Viper zu treten.

Pflanzengründe
Maerl und Seegraswiesen

Stellenweise besteht der Boden selbst aus Meeresorganismen. Es handelt sich entweder um lebende, von Kalkrotalgen *(Lithothamnion)* gebildete Böden oder aus Ansammlungen von Überresten toter Organismen wie Muschelschalen und anderer Gehäuse. Beiden gemeinsam ist eine starke Kornabstufung (einige Zentimeter) und eine gewisse Instabilität. Sie stellen eine Besonderheit der Weichböden dar. Andernorts wird der Boden von Seegraswiesen bedeckt, die den instabilen Sand in eine vollkommen andere Umwelt verwandeln.

Böden pflanzlichen oder tierischen Ursprungs

Mit dem französischen Wort *Maerl* wird eine besondere Art von Böden bezeichnet, die aus Anhäufungen nicht befestigter Kalkalgenthalli bestehen. Die folgenden Arten können ganze Bänke dieser Böden bilden: *Phymatolithon calcareum*, *Lithothamnion corallioides* oder *Lithophyllum dentatum*. Die erste Art ist die gröbste, die letztgenannte die zierlichste Rotalge; sie bilden jedoch alle eine Art violette, sich verzweigende „Kieselsteinchen" oder

ein Kalkbäumchen. Diese Färbung geht auf eine äußere Schicht lebender Zellen zurück. Die toten Thalli verfärben sich zunächst gelb und dann weiß. Die optimalen Bedingungen für die Entstehung von Maerlbänken herrschen in Tiefen von etwa fünf bis zehn Metern. Kalkrotalgen gedeihen besonders gut am Fuße infralitoraler Felsen, in Zonen, wo das Wasser dank der Gezeitenströmungen ständig erneuert wird und die den Turbulenzen der Dünung nicht allzu sehr ausgesetzt sind. Da diese Böden aufgrund der Größe der Thalli und deren verzweigten Form ausgesprochen viele Verstecke und Vertiefungen haben, locken sie eine reiche vagile Fauna an.

Dasselbe gilt für Detritusböden, die sich aus toten Schalen und Gehäusen,

Maerlboden mit dem Schwamm Suberites ficus, der dort manchmal freilebend vorkommt.

Moostierchenresten und anderen Skeletten (z. B. von Seeigeln) zusammensetzen, welche sich stellenweise aufgrund der Verbindung eines günstigen Bodenprofils und vorteilhafter Strömungen anhäufen. Auf Maerl- und Detritusböden, die zu instabil für die Befestigung großer Algen und sessiler Wirbelloser sind, dienen große tote Gehäuse und Kieselsteine als Befestigungsgrundlagen für festsitzend lebende Organismen. Unter bestimmten Bedingungen verfestigt die epiphytisch lebende Mikroflora die Bestandteile des Maerl und trägt so zu einer gewissen Stabilität bei. Daher sind auf diesen ganz besonderen Böden unzählige

Nesselnde Tentakel der Wachsrose
(Anemonia viridis). Man trifft
dieses Tier überall dort, wo es einen
Befestigungspunkt finden kann.

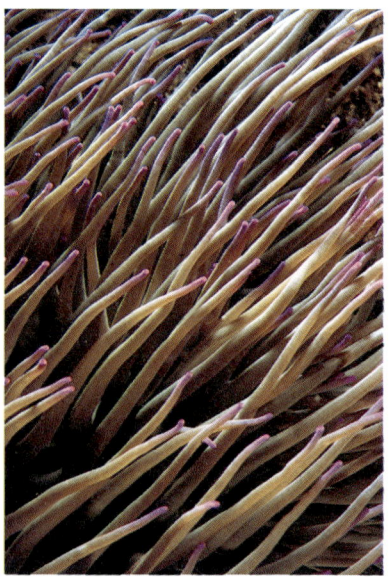

Tier- und Pflanzengruppen vertreten; wir finden hier eine Vielzahl von Arten wieder, die wir bereits auf den Sandböden gesehen haben, und einige Arten, die wir bald in den Tangwäldern und auf Felsgestein kennenlernen werden.

Labyrinthbewohner

Die großen Zwischenräume zwischen den Schalenresten oder den Thalli der Kalkrotalgen im Maerl bilden ein wahres Labyrinth, in dem Pflanzen-, Fleisch- und Detritusfresser dauerhaft leben; und wer nicht dort lebt, der versteckt sich bei der geringsten Gefahr an diesem Ort, z. B. wenn sich ein blubbernder Taucher nähert!
Nehmen Sie sich nochmals Zeit. Legen Sie sich ganz ruhig auf das „Maerlbett" und beobachten Sie aufmerksam diesen außergewöhnlichen Grund. Schon nach wenigen Minuten schlüpft die ganze kleine Welt aus ihrem Versteck hervor, und jeder nimmt seine Aktivitäten wieder auf. Sie werden in dem Wirrwarr der Kalkalgen Weichtiere und Krebstiere, Würmer und Fische entdecken, die bisher Ihrer Aufmerksamkeit entgangen waren. Biologisch orientiertes Tauchen ist auch und vor allem eine Schulung des Blickes! Von den Pflanzenfressern, die sich hauptsächlich von der dünnen Schicht epiphytisch lebender Mikroalgen ernähren, werden Sie Käferschnecken und Schnecken beobachten können, wie z. B. *Jujubinus, Rissoa, Bittium, Gibbula* und *Calliostoma*. Etwas unauffälliger sind die Lochschnecken *(Diodora*

spp., Emarginula spp.), deren Schale an Napfschnecken in Miniaturform erinnert. Lochschnecken haben jedoch ein Loch an der Spitze ihrer kegelförmigen Schale. Auch Seehasen *(Aplysia spp.)* suchen in diesem Biotop nach Nahrung. Außerdem wohnen mehrere Filtrierer im Maerl: Muscheln wie *Venus* und *Nucula,* Röhrenwürmer *(Megalomma vesiculosum, Myxicola infundibulum),* einige Hydrozoen und Seeanemonen *(Anemonia viridis, Halcampa chrysanthellum)* und manchmal der Pinselschwamm *(Ciocalypta penicillus).* Die Fleischfresser sind durch Würmer wie den Hermione *(Hermione hystrix)* und die Seemaus *(Aphrodita aculeata)* vertreten, die wir bereits auf den grobkörnigen Sandböden angetroffen haben. Von den Fischen finden wir Plattfische, Grundeln, Ansauger *(Lepadogaster spp.)* und Leierfische *(Callionymus lyra)* wieder. Und schließlich dreht hier eine ganze Fauna von Detritusfressern beständig ihre Säuberungsrunde: Garnelen, Krabben und Einsiedlerkrebse vertreten die Krebstiere und Hornschnecken, Reusenschnecken und Turmschnecken die Weichtiere. Auch Stachelhäuter sind anwesend, und zwar in Form von einigen grabenden Seegurken, Schlangensternen und dem seltsamen papierhäutigen Gänsefußstern *(Anseropoda placenta).* Die Thalli von *Lithothamnion* dienen übrigens manchmal als Befestigungspunkt für das winzige festsitzende Stadium des Federsterns *Antedon bifida,* das sogenannte Pentacrinus-Stadium, das sehr stark an die fossilen Seelilien erinnert.

Gras

Dort wo das Wasser nicht allzu tief ist und Sonnenlicht das Leben ermöglicht und wo die hydrodynamischen Bedingungen und die Bodenbeschaffenheit es zulassen, wird eine Seegraswiese entstehen. Es handelt sich um eine sehr produktive Wiese, die nicht nur aus Algen, sondern auch aus Blütenpflanzen besteht. Solche Wiesen gehören nicht gerade zu den Lieblingszielen von Tauchern. Sie tauchen enttäuscht wieder an die Oberfläche: „Weit und breit nur Gras, hier gibt es nichts zu sehen!" Welch ein Irrtum. Die Seegräser *Zostera marina* und *Z. noltii* sind Blütenpflanzen. Ihre Blüten sind selten und unscheinbar. Sie sind grün und hinter langen Blättern versteckt, so daß man sie nur sehr schwer erkennen kann. Seegräser vermehren sich vor allem ungeschlechtlich (vegetativ), durch Ableger. Das Seegras besteht aus unterirdisch kriechenden Wurzelsprossen, sogenannten Rhizomen, aus denen Wurzeln hervortreten. Auf den Rhizomen richten sich Büschel von bandförmigen Blättern auf. Bei *Zostera marina* sind diese etwa 5–10 mm breit und zwischen 20 und 120 cm lang. Sie haben mehrere (5–11) parallele Nerven. Die Blätter von *Z. noltii* haben drei Nerven und sind wesentlich schmaler (0,5–1,5 mm) und kürzer. Beide vertragen Brackwasser (Flußmündungen, Küstenteiche) recht gut und leben nicht tiefer als ungefähr 10 Meter. Während die Populationen von *Z. marina* exponierte Stellen und grobkörnigen Sand gut vertragen, hat *Z. noltii* eine Vorlie-

Ein Langschnäuziges Seepferdchen (Hippocampus ramulosus) *in einer Seegraswiese* (Zostera marina).

be für schlammig-sandige Böden an geschützten Flachküsten. Es gibt noch andere, seltenere Arten, darunter auch *Z. angustifolia.*

Eine Unterwasserfabrik

Seegräser sind ganz besondere Wesen. Es handelt sich hier um Landpflanzen, die vor 120 Millionen Jahren ins Meer zurückgekehrt sind. So wie warmblütige Meeressäugetiere (Wale, Delphine, Seehunde) Lungen und ein hochentwickeltes Gehirn besitzen, haben auch Seegräser einige kluge „Erfindungen" (Blüten, Wurzeln) ins Wasser mitgebracht, die sie gegenüber den viel primitiveren Algen bevorteilen. Deshalb findet man ihre Vorherrschaft dort, wo es ihnen gelingt, die pflanzlichen Pioniere, die „den Weg geebnet" haben, zu verdrängen. Im Becken von Arcachon existieren z. B. sehr ausgedehnte Seegraswiesen. Der Grundgewinn dieser Unterwasserwiesen beträgt mehrere Tonnen organischer Trockenmasse pro Hektar und Jahr (genauso viel wie ein Wald). Jeder *Zostera*-Quadratmeter produziert mehrere Liter Sauerstoff pro Quadratmeter und Tag. Dies alles erklärt, warum die Seegraswiesen ein so reiches Biotop sind: Jeder Quadratmeter bietet in Form von Blättern und Rhizomen eine Substratvergrößerung von Dutzenden von Quadratmetern, die von Pflanzen und epiphytisch lebenden Tieren besiedelt werden können. Jeder Quadratmeter liefert einen Überschuß an Sauerstoff und eine große Menge organischer Materie. Leider ist die Mehrzahl der *Zostera*-Wiesen in den dreißiger Jahren ernsthaft zurückgegangen, und sie haben ihre ursprünglichen Ausmaße seitdem nicht wieder erreicht.

Die Bewohner

Seegraswiesen dienen auf diese Weise gleichzeitig als Substrat, Nahrungsquelle und Zufluchtsort. Die Mehrzahl der Tierarten ernährt sich von Epiphyten, d. h. von Pflanzen und Tieren, die festgeheftet auf den Seegräsern leben. Zu diesen Epiphyten gehören zahlreiche Algen (darunter *Fosliella lejolisii* und viele andere…), aber auch Moostiere, Hydrozoen, Foraminiferen, Schwämme, Röhrenwürmer und sogar die Wachsrose *(Anemonia viridis).* Die

Unterschicht der Rhizome erlaubt vor allem die Entwicklung einer sessilen Epifauna. Diese besteht aus Schwämmen *(Sycon ciliatum, Grantia compressa, Leucosolenia complicata, Ficulina ficus)*, Hydrozoen, Seeanemonen *(Anemonia viridis, Urticina felina, Cereus pedunculatus, Sargatia elegans)* und krustenbildenden Synascidien. Im Sand, wo *Zostera* verwurzelt ist, findet man die ganze übliche Fauna der Weichböden wieder. Mit etwas Glück sehen Sie vielleicht perlmuttartige „Muscheln" mit zerbrechlichen Schalen, die mehr als zwanzig Zentimeter groß sind und mit der Spitze im Sand stecken, wo sie sich mit Hilfe eines kräftigen Byssus halten. Es handelt sich um Steckmuscheln *(Pinna fragilis)*; sie profitieren von dem Schutz, den die Seegraswiesen bieten. Von der vagilen Fauna möchte ich die Garnelen *(Leander serratus, Hippolyte spp.)* erwähnen, die sehr gut auf den Blättern getarnt sind. Auch Krabben sind zahlreich vertreten, darunter eine Vielzahl kleiner „Seespinnen" (Gattungen *Pisa, Inachus, Macropodia)*. Sie tarnen sich geschickt, indem sie sich Algen und Schwämme auf ihre Panzer setzen. Auch eine Vielzahl von Schnecken, besonders diejenigen der Gattungen *Gibbula, Rissoa und Bittium,* weiden die Epiphyten ab. Ich möchte aus dieser kleinen Seegraswiesenwelt noch den Fünfeckstern *(Asterina gibbosa),* die Röhrenholothurie *(Holothuria tubulosa),* den Gemeinen Tintenfisch *(Sepia officinalis)* und die Seehasen *(Aplysia spp.)* erwähnen… Und schließlich ist diese Wiese ein echter Kindergarten

für Jungfische und ein Schutzraum für Erwachsene. Man sieht hier außer Grundeln, Schleimfischen und Lippfischen (die man auch anderswo findet) einige besondere Arten. Der erstaunlichste Fisch ist zweifellos das Langschnäutzige Seepferdchen *(Hippocampus ramulosus).* Es klammert sich mit Hilfe seines Greifschwanzes an den *Zostera*-Blättern fest. Mit seinem trompetenförmigen Maul saugt es kleine, planktonisch lebende Garnelen an, die zwischen den Gräsern leben.

Die Männchen brüten die Eier aus, die in einer besonderen Bruttasche am Bauch befruchtet werden. Die Seenadeln leben auf vergleichbare Weise. Ihr Kopf ähnelt dem des Seepferdchens, ihr Körper ist jedoch länglicher. Ein weiterer, für die *Zostera*-Wiesen charakteristischer Fisch ist der Seestichling *(Spinachia spinachia).* Er verdankt seinen Namen einer Reihe mit 15 Stacheln auf seinem Rücken.

In diesen Wiesen sind insgesamt 3 Tonnen Trockengewicht tierischer Materie pro Hektar vorhanden, und es wurden Hunderte von Algenarten und mehrere tausend Tierarten gezählt. Wer sagt, daß es hier nichts zu sehen gibt? Die Blätter fallen und verwesen. Die daraus entstehende organische Materie wird von Detritusfressern, besonders von der Röhrenholothurie *(Holothuria tubulosa)* gefressen.

Vom Aussterben bedroht

Die *Zostera*-Wiesen stellen eine artenreiche und sehr produktive Biocönose dar. Sie befestigen aber auch Sandböden und schützen Küsten vor Erosion. Wenn man bedenkt, daß tote *Zostera*-Blätter die Tiere im offenen Meer und in großer Tiefe ernähren, wird verständlich, daß das Überleben dieser Seegraswiesen unbedingt notwendig ist. Die Wiesen sind jedoch empfindlich und sehr stark bedroht. Die Anker der Freizeitkapitäne und die Schleppnetze der Berufsfischer reißen ganze *Zostera*-Bündel aus. Die Verunreinigungen durch Chemikalien spielen ebenfalls eine unheilvolle Rolle. Leider gehen die Zerstörungen schneller voran als das Wachstum: Die Seegraswiesen werden überall weniger. In den dreißiger Jahren konnte man bereits sehen, wie empfindlich Seegras sein kann. Manche Leute waren der Ansicht, daß ein seltsamer, jenseits des Atlantiks lebender und von dort eingeführter Pilz für das Sterben der meisten europäischen *Zostera*-Wiesen verantwortlich war. Andere glaubten, daß eine Folge von mehreren sehr heißen Sommern diese wahrhafte ökologische Katastrophe auslöste, die die Küsten veränderte und eine ganz besondere und reiche Fauna schrumpfen ließ. Sechzig Jahre später sind die Seegraswiesen wieder da, aber die alten Fischer sind der Ansicht, daß diese Biocönosen die ehemalige Vielfalt nicht wieder erreicht haben. Tauchen Sie deshalb beim Anblick einer Seegraswiese nicht sofort zur Oberfläche zurück, sondern „stecken Sie Ihre Nase in das Gras" und entdecken Sie den Reichtum dieser Biocönose! Bevor es zu spät ist… Ich kann natürlich verstehen, daß Sie irgendwann keine Lust mehr haben, wie ein Wurm über Sand-, Schlamm-, Geröll- und Maerlböden zu kriechen, Ihre Maske zwischen Seegräser zu tauchen und nach winzigen, versteckten, eingegrabenen oder getarnten Wesen Ausschau zu halten… Sie wollen endlich etwas Großes sehen! Ich will Sie nicht länger „auf die Folter spannen". Folgen Sie mir zu den nahegelegenen Felsen, wo die Blatt-Tange wachsen.

Der Urwald
Unter Laminarien

Blatt-Tange (auch Laminarien genannt) sind ganz außergewöhnliche Wesen. Diese Braunalgen wuchern in der relativ konstant bleibenden Umgebung des Infralitorals; diese Zone ist ständig untergetaucht (außer bei Springfluten). Die Wellenbewegungen gewährleisten einen permanenten Wasseraustausch, und aufgrund der geringen Tiefe sorgt die Helligkeit für eine starke Photosynthese. Daraus resultiert eine gewaltige Produktivität mit enormen Wachstumsraten und riesigen Thalli (von 1–5 m Länge). Jede Alge ist mit einer Haftwurzel (Haptere, Rhizoid) am Boden befestigt, auf der sich eine Art Stiel (Cauloid) aufrichtet, der in Verlängerung zu einem lamellenförmigen Blatt (Phylloid) wird.

Der Urwald

Ein Strandwanderer bekommt Blatt-Tange entweder nur in Form von toten, an den Strand gespülten Thalli zu Gesicht, oder er sieht bei extremem Niedrigwasser die Wipfel der lebenden Algen. Der erste Fall ist vergleichbar mit einem Menschen, der sich an der Mündung des Amazonas befindet und Baumstämme und Büsche ankommen sieht, die die schlammigen Fluten mit sich bringen. Dieser Mensch hat vom Amazonasgebiet nichts gesehen… Der zweite Fall entspricht einem Men-

schen, der den Urwald im Helikopter überfliegt: Er sieht die Baumwipfel, ahnt aber nichts von dem Leben, das dort unten herrscht. Er müßte in den Urwald eindringen, sich mühsam vorwärts bewegen und den Moskitos und der Feuchtigkeit trotzen, um den Reichtum dieser Biocönose zu entdecken. Dasselbe gilt für die Laminarien-Wälder: Es ist nicht einfach, in sie einzudringen, so daß diese Tauchgänge nur erfahrenen Tauchern vorbehalten sind, die nicht an Klaustrophobie leiden… Aber welch eine Belohnung! Wenn sich die Augen den Lichtverhält-

In einen Laminarien-Wald einzudringen ist ein echtes Abenteuer!

I. Ungeteilte Wedel	
A. Stiel mit blattartigem Büschel, wenig gewellter Wedel mit Zentralnervatur	*Alaria esculenta*
B. Stiel ohne Ausweitungen, Wedel stark gewellt und gemustert, ohne Zentralnerven	*Laminaria saccharina*
II. Wedel in Riemen aufgeteilt	
A. Buckelige, knollige Verdickung an der Basis	*Saccorhiza polyschides*
B. Ohne Verdickung	
1. Starrer, rauher Stiel mit vielen Epiphyten	*Laminaria hyperborea*
2. Glatter Stiel, wenig Epiphyten	
a. Biegsamer Stiel, braune Wedelbasis	*Laminaria digitata*
b. Starrer Stiel, gelbe Wedelbasis	*Laminaria ochroleuca*

nissen angepaßt haben (die „Blätter" filtern das Licht wie riesige Banner, die ständig in Bewegung sind), wenn man sich daran gewöhnt hat, wie ein Aal zwischen den Stielen hindurchzugleiten, die sich wie Gitterstäbe eines Unterwassergefängnisses aufrichten, und wenn man dann die Haftwurzeln betrachtet, offenbart sich vor uns das gesamte „Meeresamazonien" unserer Küsten!

Laminarien-Wälder bestehen aus mehreren Arten, die wir mit Hilfe des obigen Bestimmungsschlüssels leicht unterscheiden können. Übrigens hat jede Art andere ökologische Ansprüche und Toleranzgrenzen. Die einen widerstehen den Wellenbewegungen leichter dank besser entwickelter Haftwurzeln oder weil ihre „Blätter" der Hydrodynamik besser angepaßt sind. Andere können sich dank ihres biegsamen Stiels bei Ebbe niederbeugen und auf diese Weise im Wasser bleiben; andere wiederum haben einen starren Stiel, wodurch sie dem Niedrigwasser weniger gut angepaßt sind und Gefahr laufen auszutrocknen. Aus diesem Grund folgen die Blatt-Tange wohlbegründeten, von Hydrodynamik (Küstenlage)

und Tiefe (Vertikalzonierung) abhängigen Verteilungen. Im Brandungsbereich findet man daher typischerweise in der Abfolge von oben nach unten *Saccorhiza polyschides, Alaria esculenta* und *Laminaria hyperborea,* während man in geschützteren Lagen eher eine Übereinanderschichtung von *Laminaria saccharina, L. digitata* und *L. ochroleuca* sieht. Es handelt sich hier allerdings um zwei extreme Verhältnisse, und alle Zwischenstufen sind möglich.

Breite Schultern

Es kann vorkommen, daß Sie aus Versehen einen Stiel abbrechen. Wenn so ein Unglück geschieht, dann untersuchen Sie die Bruchstelle. Sie werden konzentrische Ringe sehen, echte Jahresringe, die Auskunft über die Lebensdauer der Blatt-Tange geben: Die meisten leben bis zu fünf Jahren, *Laminaria hyperborea* sogar mehr als zehn Jahre. Nur *Saccorhiza polyschides* ist eine einjährige Art; sie ist die größte und kann mit einer ungeheuren Wachstumsgeschwindigkeit eine Höhe von fünf Metern erreichen!

Algen sind ein ideales Substrat für eine Vielzahl von Epiphyten. Das gilt besonders für die Haftwurzeln und Stiele, die sich kaum oder gar nicht bewegen, während die Wedel eine wesentlich ärmere Epiflora und Epifauna haben, da sie ständig in Bewegung sind und sich wesentlich schlechter als Substrat eignen. Es gibt aber auch noch einen anderen Grund dafür. Die sich fortwährend erneuernden Wedel haben eine wesentlich kürzere Lebensdauer als der Rest der Pflanze. So findet man dort nur Organismen, die sich ganz schnell festheften können (man muß das Blatt im Flug erwischen) und die sehr schnell wachsen. Von den Wesen, die diese Kriterien erfüllen, möchte ich die winzig kleinen Algen, die Hydrozoen wie *Obelia geniculata* und die krustenbildenden Moostierchen wie *Membranipora membranacea* erwähnen. Man findet hier auch sehr hübsche kleine Schnecken mit einem bernsteinfarbenen Gehäuse, das mit blauen Rillen verziert ist. Es handelt sich um junge Helcion-Schnecken *(Helcion pellucidum)*, die mit ihrer Radula das Gewebe der Laminarien abschaben und dort Vertiefungen aushöhlen. Die erwachsenen Helcion-Schnecken bewegen sich zum Stiel hinab, in den sie kleine Behausungen höhlen; dies kann zum Abbruch der Tange durch Wellenschlag führen. Auch andere Schnecken weiden die Wedel ab. *Limacia clavigera* ist versessen auf Moostierchen. Hauptsächlich findet man jedoch die mit Laminarien verbundene Flora und Fauna auf den Stielen und vor allem zwischen den Haftwurzeln und auf den umliegenden Felsen. Hier siedeln sich Rotalgen an; sie sind in der Lage, unter den verringerten Lichtverhältnissen der Tang-Unterschicht eine Photosynthese durchzuführen. Die häufigsten Arten sind *Chondrus crispus, Gigartina stellata, Rhodymenia palmata, Corallina elongata* und die krustenbildende Kalkalge *Lithothamnion purpureum*. All diese Algen locken Weidegänger an; der größte von ihnen ist der Eßbare Seeigel *(Echinus esculentus)*. Es siedeln sich außerdem Filtrierer an, d. h. man findet außer Moostierchen und Hydrozoen auch Schwämme und Seescheiden. Schlangensterne strecken ihre behaarten Arme in die Zwischenräume der Haft-

Eine große, sich in der Dünung wiegende Laminarie (Saccorhiza polyschides) *hebt sich profilartig gegen den flüssigen „Himmel" der Wasseroberfläche ab.*

wurzeln. Überall kriechen beutesuchende Ringelwürmer oder kleine Krabben herum, die nach Kadavern Ausschau halten.

Und schließlich wohnt eine Menge bunter Fische auf den Haftwurzeln oder eilt zwischen den Wedeln dieses Waldes hin und her wie die Aras am Amazonas. Zu diesen Fischen gehören die Schleimfische *Parablennius gattorugine* und *Tripterygion delaisi* und die Lippfische *Labrus bergylta, L. bimaculatus* und *Ctenolabrus rupestris*. Manchmal kommen auch Raubfische von hoher See wie z. B. der Wolfsbarsch *(Dicentrarchus labrax)* oder der Pollack *(Pollachius pollachius),* um hier eine Runde zu drehen. Dieser Wald hat wirklich breite Schultern, auf denen er zahlreiche Lebensformen tragen kann.

So sieht ein Taucher die Wipfel der Blatt-Tange, wenn er seinen Blick vom „Waldesboden" nach oben richtet. Die Wedel, Stiele und Haftwurzeln bieten zahlreichen Lebensformen einen Halt.

(Foto: Daniel Blin)

Laminarien auf Ihrem Teller?

Früher war die Seegras-Fischerei ein Teil der bretonischen Wirtschaft. Braunalgen wurden als Dünger, als Jodquelle und in der Glasindustrie verwendet und stellten so eine wichtige Naturressource dar. Die Handwerksindustrie, die das Seegras verbrannte, um ihm die Mineralsalze zu entziehen, verschwand in den fünfziger Jahren ganz langsam. Die moderne Industrie hat jedoch vor kurzer Zeit die Eigenschaften der Algen wieder entdeckt. Sie werden natürlich noch nicht so bald einen Laminarien-Salat essen (er wird in Japan unter dem Namen „kombu" gegessen, und man findet bereits bestimmte eßbare Algen auf dem Markt)! Man entzieht den Algen jedoch Polysaccharide, die sogenannten Alginate, die als Gelierungsmittel für Süßspeisen, Eis, Sirup, Konfitüren etc. verwendet werden. Alginate dienen übrigens auch zum Polieren von Papier und sind in bestimmten kosmetischen Produkten wie Cremes, Shampoo etc. enthalten. In den siebziger Jahren wollte man gewaltige Blatt-Tange von der Südhalbkugel einführen: *Macrocystis*, deren Thalli enorm lang werden und die eine Wachstumsgeschwindigkeit von bis zu 50 cm am Tag haben! Diese ausgesprochen produktiven Algen hätten eine bedeutende Ressource sein können. Angesichts der manchmal beängstigenden Wucherung anderer, zufällig eingeführter exotischer Algen zögerte man jedoch. Wie lange noch wird dieser Grund den finanziellen Interessen standhalten?

Festsitzend oder beweglich
Felsbewohner

Die meisten Taucher lenken ihre Aufmerksamkeit auf die Oberfläche der Felsböden, obwohl diese eine verhältnismäßig geringere Bedeutung als Weichböden (Sand, Schlamm) oder Seegraswiesen haben. Das Leben ist dort allerdings spektakulärer und eröffnet sich in seinen vielfältigen Facetten und verschiedenen Farbpaletten vor Ihren Augen.

Unbekannte Welt

Das Meer gibt seine Geheimnisse nur zögernd preis. Die Meereskunde begann ganz zaghaft im Mittelmeer: Im Jahre 1725 veröffentlichte Graf Louis-Ferdinand de Marsilli die *„Histoire physique de la mer"*, ein Werk, in dem er unter anderem die Natur der Meeresgründe, den Salzgehalt, die Temperatur und die Biologie der Edelkoralle untersuchte. Die wissenschaftliche Erforschung des Meeres erfuhr ihren wahren Aufschwung jedoch erst wesentlich später. Man nimmt im allgemeinen an, daß die berühmte Expedition des britischen Schiffs *Challenger* (Dezember 1872–Mai 1876) den Beginn der modernen Meereskunde darstellt. Bald folgten ähnliche Expeditionen. Gleichzeitig erblickten die ersten meeresbiologischen Stationen das Licht der Welt, angefangen mit derjenigen in Neapel im Jahre 1873. An der Atlantikküste waren es Concarneau, Roscoff, Wimereux und Arcachon. Während Schleppnetze, Bagger und Dredschen eine Fülle von Weichboden-Lebewesen an die Oberfläche holten, waren die Bewohner der Felsen jedoch viel schwieriger einzufangen. Sie versteckten sich in Löchern, lebten in Höhlen oder waren fest am Felsen verhaftet. Man mußte sich also zum Grund begeben und das Leben dort untersuchen. Von den ersten, die dies taten, und zwar nach wie vor im Mittelmeer, möchte ich Cavolini (1785), Milne Edwards (1845) und Louis Boutan (1884) erwähnen. Aber vor allem seit dem Zweiten Weltkrieg sind Biologen zu Tauchern geworden. Die Namen Hans Hass (Deutschland), Pierre Drach (Frankreich) und Rupert Riedl (Österreich) sind untrennbar mit dieser neuen Ära verbunden.

Photosynthese

Auf den Felsen leben zahlreiche Algen. Sie benötigen für ihren Stoffwechsel, d. h. für die Herstellung organischer Materie, Licht (deshalb wachsen sie!) und Kohlendioxid. Biologen haben sie in Chlorophyceae (Grünalgen), Phaeophyceae (Braunalgen) und Rhodophyceae (Rotalgen) unterteilt.

Am Felsen festsitzende Darmtange
(Enteromorpha sp.) *strecken ihre Thalli
der lebensspendenden Sonne entgegen.*

Diese Unterscheidung erklärt sich durch die chemische Beschaffenheit der Pigmente in den Zellen dieser Algen, die leider nicht immer von außen sichtbar ist: Es gibt Grünalgen, die gelb oder braun sind, Braunalgen, die grün, weiß oder schwarz sind und Rotalgen, die weiß oder grünlich sind... Meistens entspricht die Farbe jedoch der Benennung. Grünalgen sind normalerweise (aber nicht immer...) für sehr helle Standorte charakteristisch, und Rotalgen begnügen sich mit wenig Licht. Die häufigsten Grünalgen sind die durchscheinenden Thalli des Meersalats *(Ulva rigida),* die Darmtange *(Enteromorpha compressa* und *E. linza)* und die Grünen Gabelalgen *(Codium vermilara* und *C. tomentosum).* Die

beiden letztgenannten sind sich sehr ähnlich und können nur nach mikroskopischen Kriterien unterschieden werden. Von den Braunalgen, über die bereits sehr viel gesagt wurde, sieht man den Rinnentang, Fucus-Arten und den Knotentang im Eulitoral und die Blatt-Tange im Infralitoral. Ich möchte außerdem noch folgende Arten erwähnen: die kleinen, braunen Büschelchen von *Halopteris scoparia,* die weißlichen Trichter von *Padina pavonica,* die Gabelzunge *(Dictyota dichotoma),* die ihren Namen wohl verdient, und die sich verzweigenden, drei Meter langen Riemen des Riementangs *(Himanthalia elongata).* Desweiteren sieht man die ebenso langen, sich nicht verzweigenden „Kordeln" von *Chorda filum,* den Schotentang *(Halidrys siliquosa)* mit seinen charakteristischen, an kleine Schoten erinnernden Schwimmkörpern, die rauhen, stacheligen *Cystoseira spp.,* die zylindrischen, dichotomen Kordeln des Zweigabeltangs *(Bifurcaria bifurcaria)* und schließlich den Japanischen Beerentang *(Sargassum muticum),* der in den siebziger Jahren zufällig mit japanischen Austern eingeführt wurde und jetzt an den europäischen Atlantikküsten wuchert. Die typischsten Rotalgen sind der Knorpeltang *(Chondrus crispus)* und der Hauttang *(Palmaria palmata)* im Eulitoral, die dunklen „Troddel" von *Polysiphonia lanosa,* die halbparasitär auf den Wedeln des Knotentangs lebt, die Arten der Gattungen *Porphyra, Gigartina* und *Gelidium,* der Blutrote Meerampfer *(Delesseria sanguinea)* mit seinen charakteristi-

schen Nerven, das Derbe Korallenmoos *(Corallina elongata)* und die
krustenbildenden Kalkalgen *Lithophyllum incrustans* und *Lithothamnion
purpureum.*
Die beiden Letztgenannten ertragen
schwaches Licht; man findet sie daher
in größerer Tiefe, unter Steinen und an
Höhleneingängen.

Tier oder Pflanze?

Sie werden bald mit den wissenschaftlichen Namen der Tiere vertraut sein,
die auf Hartsubstraten leben. Man findet hier seltsame Bezeichnungen: Anthozoa („Blumen-Tiere") und Bryozoa
(„Moos-Tiere"). Worum handelt es
sich nun? Um Tiere oder Pflanzen? Die
ersten Forscher hatten bei ihrer Unterscheidung dieselben Schwierigkeiten
wie ein noch unerfahrener Taucher.
Wir sind so sehr daran gewöhnt, Pflanzen an einem festen Standort wachsen
zu sehen, während sich Tiere bewegen,
daß uns bewegliche Pflanzen und fest-
gewachsene Tiere natürlich verwirren.
Warum gibt es diesen grundlegenden
Unterschied zwischen „Landbewoh-
nern" und „Meeresbewohnern"? Er
läßt sich durch die Tatsache erklären,
daß das Wasser Wolken von Nahrung
in Form kleiner Fische, Plankton oder
organischer Teilchen mit sich führt.
Man muß sich also nicht zwangsläufig
bewegen, um dieses allgegenwärtige
„Manna" zu fangen. Es reicht, an Ort
und Stelle zu warten und die für den
Fang eingerichteten Strukturen zu ent-
falten.

Das Derbe Korallenmoos (Corallina
elongata) *ist eine sehr häufige Kalkalge.*

Passive Filtrierer

Zu diesen Strukturen zählen die Tentakel zahlreicher Organismen; zu ihnen
gehören z. B. die Hohltiere, deren Polypen an Blüten erinnern. Diese Tentakel sind wie ausgestreckte Arme, die
geduldig auf die Ankunft einer Beute
warten. Die Größe der Beute kann zwischen einem mikroskopisch kleinen
Tierchen für Hornkorallen und einem
Fisch für große Seeanemonen variieren. Die Tentakel sind mit speziellen
Zellen (sogenannten Nesselzellen)
ausgestattet, die ein Brennen verursachen oder sogar lähmen können. Jede
Beute wird ordnungsgemäß gelähmt,
bevor sie Richtung Mund transportiert
wird, der genau in der Mitte des Tentakelkranzes sitzt. Die Kolonieform trägt

Zwei Lederkorallen (Alcyonium digitatum) *an einer Felswand. Die eine hat ihre Polypen entfaltet, die andere eingezogen.*

oft zu einer besseren Wasserfiltrierung bei. So richten sich die „Federn" der Hydrozoen und die „Fächer" der Hornkorallen senkrecht zur nahrungsspendenden Strömung auf.

Hier alle Lebewesen mit Tentakeln aufzuzählen, wäre überflüssig, da sie weiter hinten unter Hydrozoen, Hexacorallia und Octocorallia beschrieben werden. Ich möchte hier nur die häufigsten nennen: die Hydrozoe *(Nemertesia antennina),* die ihre gefiederten Kolonien in der Strömung aufrichtet, die Juwelenanemone *(Corynactis viridis),* deren lebhaft gefärbte Polypen mehrere Quadratmeter Felswand (besonders an Überhängen) schmücken können und die Meerhand *(Alcyonium*

digitatum), deren dicke Lappen alle in einen Flaum aus weißen Polypen eingehüllt zu sein scheinen. Hohltiere haben jedoch nicht das Monopol für Tentakel: Auch Weichtiere (z. B. *Lima hians)* und bestimmte Würmer (z. B. *Lanice conchilega)* besitzen Tentakel. Aber die meisten bodenlebenden Würmer filtern das Wasser mit Hilfe eines Kiemen-Apparates, der den Mund umgibt. Es handelt sich um lange, gefiederte Fasern mit sehr feinen Borsten, die buchstäblich alles festhalten, was auf sie herauffällt. Diese „Federbüsche" können in Röhren zurückgezogen werden, die die Würmer selbst gebaut haben. Sie können solche Tiere nur aus der Nähe betrachten, wenn Sie sich ganz langsam nähern und Ihren Atem anhalten! Die bekanntesten Röhrenwürmer sind Sabellen, Spirographen und Serpuliden. Auch manche Stachelhäuter filtern das Wasser mit Hilfe ihrer behaarten, mit Stacheln oder Fiedern ausgestatteten Arme. Dies gilt für *Antedon bifida* oder *Ophiothrix fragilis.*

Aktive Filtrierer

Der Vorteil eines passiven Filtrierers besteht darin, daß er sich ernähren kann, ohne sich allzu sehr verausgaben zu müssen. Das gilt jedoch nur dort, wo die Wasserzirkulation eine konstante Zufuhr an Nahrungspartikeln garantiert: Dafür ist Strömung nötig. Wenn man an Standorten überleben möchte, wo diese Bedingung nicht erfüllt ist, beispielsweise in der Tiefe, in Höhlen, zwischen Algen oder unter Steinen, muß man das Wasser selber zirkulieren lassen. So wird man dann ein aktiver Filtrierer. Von den aktiven äußeren Filtrierern müssen die Seepocken erwähnt werden, die das Wasser mit ihren Füßen „durchkämmen", sowie die Moostierchen, deren bewimperte Tentakel eine permanente Strömung in Richtung Mund aufrechterhalten.

Die aktiven inneren Filtrierer sind zahlreicher. Sie lassen das Wasser mit Hilfe zahlreicher Flimmerhärchen oder Flagellen in ihrem Körper zirkulieren, der mehrere Wassereingänge und -ausgänge hat. Schwämme sind aktive innere Filtrierer. Sie werden schnell lernen, diese anhand ihrer charakteristischen Farben und Formen zu erkennen. Es gibt Krustenschwämme (z. B. *Halichondria panicea),* verzweigte Schwämme (z. B. *Axinella spp.),* kugelförmige (wie die Meerorange, *Tethya aurantium),* vasenförmige oder röhrenförmige Schwämme (wie *Leucosolenia botryoides)* oder unregelmäßige Massen (wie die großen Gelben Bohrschwämme, *Cliona celata,* und der Elefantenhautschwamm, *Pachymatisma johnstonia).* Die Seescheiden leben in gleicher Weise und ähneln deshalb manchmal den Schwämmen. Dennoch sind diese weiterentwickelten und den Wirbeltieren nahestehenden Tiere weit von den äußerst primitiven Schwämmen entfernt. Während letztere

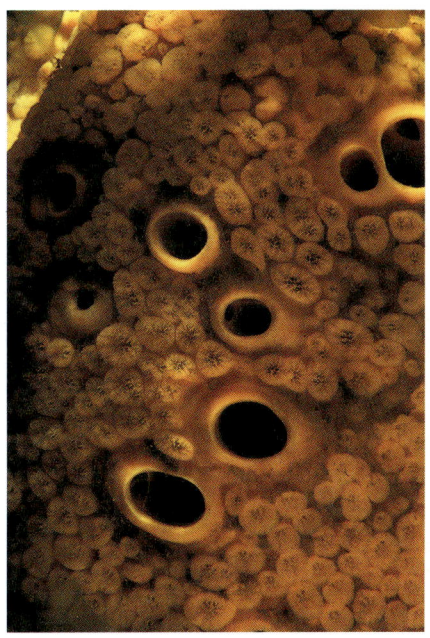

Der Gelbe Bohrschwamm (Cliona celata) *ist der größte Schwamm unserer Küsten. Er kann mehr als 2 m groß werden.*

Der Elefantenhautschwamm (Pachymatisma johnstonia) *ist ein großer grauer Schwamm. Man erkennt ihn an seiner glatten Oberfläche und den runden Oscula.*

Röhre, den sogenannten Siphon, angesogen und wieder ausgestoßen. Von den zahlreichen Arten möchte ich nur die Muscheln *Mytilus edulis, Ostrea edulis* und *Anomia ephippium* nennen, die den Hartsubstraten wirklich gut angepaßt sind und fest auf dem Felsgestein sitzen.

Zwei Seeigelarten, Echinus esculentus *(rosa, kurze Stacheln) und* Echinus acutus *(weiß, lange Stacheln) weiden die Algenschicht eines Felsens in einem norwegischen Fjord ab. Ihre Stacheln dienen zur Verteidigung gegen Feinde. Dennoch gibt es in diesen nordischen Gewässern einen furchterregenden Fisch, der sich von Seeigeln ernährt und in der Lage ist, diese zu zermalmen. Es handelt sich um den 1,50 m langen Seewolf* (Anarhichas lupus).

eher eine primitive Zellmasse sind, bilden Seescheiden Individuen, von denen jedes eine Einfuhr- und eine Ausfuhröffnung, einen Kiemendarm und einen echten Magen besitzt. Es gibt solitäre Seescheiden (z. B. *Ciona intestinalis, Ascidia mentula, Phallusia mamillata)* und koloniebildende Seescheiden, deren Einzeltiere Gruppen bilden (z. B. *Diazona violacea, Botryllus schlosseri, Aplidium proliferum* und die Arten der Familie Didemnidae). Und schließlich sind die Mehrzahl der Muscheln ebenfalls aktive innere Filtrierer. Dank der unzähligen, auf den Kiemen befindlichen Flimmerhärchen fließt das Wasser ins Mantelinnere.

Manchmal wird das Wasser durch eine

Die Kunst zu überleben

Wenn man ein seßhaftes Leben führt, ist es unmöglich, beim Herannahen möglicher Feinde zu flüchten. Man braucht daher eine andere Methode, um zu überleben. Erste Taktik: Man schützt sich. Zahlreich sind die Röhren, Schalen und Gehäuse, in die sich die Tiere bei dem geringsten Anzeichen einer Gefahr zurückziehen. Dies gilt für Zylinderrosen, Röhrenwürmer, die meisten Blumentiere, Seepocken und viele Weichtiere. Seescheiden haben mangels solcher Verteidigungsstrukturen einen zähen Zellulosemantel entwickelt, den nur wenige Meeresorganismen verdauen können. Das Gewebe der achtstrahligen Blumentiere (Octocorallia) ist mit kleinen Kalkskelettelementen, sogenannten Skleriten gespickt, die sie besonders schwer verdaulich machen. Dasselbe gilt für die meisten Schwämme, deren kalk- oder kieselhaltige Skelettelemente (Spiculi) oft sehr spitz sind.

Zweite Taktik: Man verteidigt sich. Das ist die Taktik der Hohltiere, deren

Tentakel ganze Batterien von Nesselkapseln, sogenannnten Nematocysten, enthalten. Diese Überlebensstrategien findet man nicht nur bei der sessilen Fauna. Auch Tiere, die sich fortbewegen können, haben sich dieselben Strategien angeeignet – besonders diejenigen, die zu langsam sind, um bei Gefahr zu flüchten. Das erklärt den Besitz von Gehäusen bei zahlreichen Schnecken, den Panzer der Krebstiere, die Stacheln der Seeigel und Seesterne und die Sklerite der Seegurken. Aber es gibt manchmal noch viel originellere Verteidigungssysteme. Die Variable Seegurke *(Holothuria forskali)* kann z. B. klebrige Fäden ausstoßen, in denen sich ein möglicher Angreifer verfängt.

Der Gestreifte Schleimfisch (Parablennius gattorugine) *hat in einem Elefantenhautschwamm* (Pachymatisma johnstonia) *Zuflucht gefunden.*

Zahlreiche Nacktschnecken, die sich von Nesseltieren ernähren, übernehmen von diesen die unbeschädigten Nesselkapseln und speichern sie in ihren Rückenanhängen. Dadurch werden sie ebenso ungenießbar wie die Hohltiere selbst!

Dritte Taktik: Man versteckt sich. Dafür ist es manchmal ausreichend, wenn man in ein Loch oder eine Spalte schlüpft. Andere verfolgen eine Strategie der Tarnung. Sie vermischen sich in Farbe und Form mit ihrer Umgebung. Es gibt auch kleine, mimetische, kommensale oder parasitäre Krebstiere sowie Nacktschnecken, die man dank einer bemerkenswerten Homochromie kaum auf ihrem Wirt erkennt. Schauen Sie sich die Hornkorallen, Schwämme, Seegurken, Seesterne und Seeigel aus der Nähe an, dann werden Sie eine Vielzahl dieser Organismen entdecken. Und welcher Taucher hätte nicht schon einmal beinahe seine Hand auf einen ausgezeichnet getarnten Seeskorpion gelegt und ihn erst bemerkt, als dieser im letzten Moment Reißaus genommen hat?

Im Reich der Blinden sind die Sehenden Könige

Die meisten festsitzenden Tiere sind blind. Warum sollte man gut sehen können, wenn man nirgendwo hingeht? Wenn man hingegen ständig „auf Achse" ist, sind Augen sehr vorteilhaft. Krebstiere haben zusammengesetzte Augen (sogenannte Komplexaugen), die aus mehreren hundert einfachen Augen bestehen, die die Umgebung in

Die erstaunlichen Augen und Fühler des Tritonshornes (Charonia lampas) *sind Sinnesorgane zur besseren Wahrnehmung ihrer Umwelt.*

Rote Lichter: Die Augen der Schwimmkrabbe (Necora puber).

Grüne Lichter: Die Augen des Taschen-krebses (Cancer pagurus).

Form eines Mosaiks wiedergeben. Diese seltsamen Augen sitzen auf beweglichen Stielen. Von den Krebstieren der Felsböden möchte ich die Hummer *(Homarus gammarus),* Langusten *(Palinurus elephas),* die Große Seespinne *(Maia squinado),* Einsiedlerkrebse, Springkrebse und Garnelen erwähnen… Die Liste ist lang!

Aber das Non-Plus-Ultra bezüglich der Sicht sind Linsenaugen, wie sie Wirbeltiere und seltsamerweise Kopffüßer besitzen.

Diese Augen ermöglichen eine klare und scharfe Sicht: Mit diesem Augentyp lesen Sie gerade diesen Text! Dank dieser hochentwickelten Sicht sind diejenigen, die Linsenaugen besitzen, die wirklichen Könige. Einige von ihnen suchen die Felsgründe nur gelegentlich auf, wie z. B. Wolfsbarsche und Kalmare. Andere Arten sind Stammgäste, halten aber gewöhnlich ein wenig Abstand: Sie schwimmen in der Nähe des Grundes. Zu diesen sehr zahlreichen Stammgästen gehören Tintenfische *(Sepia officinalis),* Gefleckte Lippfische *(Labrus bergylta),* Streifenlippfische *(Labrus bimaculatus),* Franzosendorsche *(Trisopterus luscus)* und eine Vielzahl anderer Fische. Wir wollen hier etwas ausführlicher über die Fische sprechen, die auf dem Grund leben. Typische Repräsentanten sind der Seeskorpion *(Myoxocephalus scorpius)* und der Haarbutt *(Zeugopterus punctatus).* Sie vermischen sich dank ihrer Regungslosigkeit und ihrer perfekten Tarnung mit ihrer Umgebung. Ich möchte ebenfalls den Gelben Spitzkopfschleimfisch *(Tripterygion delaisi)* und den Gestreiften Schleimfisch *(Parablennius gattorugine),* der manchmal sein Zuhause in einem Loch einrichtet, erwähnen. Der Meeraal *(Conger conger)* und der Butterfisch *(Pholis gunnellus)* sind weitere typische Fische der Felsgründe, wo sie sich in Spalten und Höhlen verstecken. Aber die spektakulärste Begegnung, die Sie machen können, ist die mit einem Drückerfisch *(Balistes carolinensis).* Dieser Fisch ist tropischer Herkunft und der einzige Repräsentant seiner Familie an den französischen Küsten. Die Küsten des Ärmelkanals stellen die nördliche Grenze seines Verbreitungsgebietes dar. Dasselbe gilt für den Gemeinen Kraken *(Octopus vulgaris),* der häufiger im Mittelmeer vorkommt und dem Sie eher an den iberischen als an den bretonischen Küsten begegnen werden.

Das spitzfindige Auge des Kopffüßers ist ein Wunder der Evolution. Hier sieht man das charakteristische, w-förmige Auge eines Gemeinen Tintenfisches (Sepia officinalis).

(Foto: John Neuschwander)

Fortpflanzung

Diese ganze kleine Welt lebt und stirbt. Die Natur hat die geschlechtliche und ungeschlechtliche Vermehrung erfunden, um die Sterblichkeit zu erleichtern. Letztere, auch vegetative Vermehrung genannt, vollzieht sich ganz einfach. Ein Körperteil löst sich vom Organismus ab und beginnt sein eigenes Leben. Das geschieht häufig bei der Vermehrung von Pflanzen. Viele Meeresorganismen vermehren sich ungeschlechtlich. Bei Pflanzen, Schwämmen, Hohltieren, Moostierchen und Manteltieren ist diese Art der Vermehrung weit verbreitet. Aber es herrscht nicht nur Keuschheit im Meer... Für die geschlechtliche Vermehrung haben die Organismen Geschlechtszellen, sogenannte Gameten entwickelt. Für eine Befruchtung müssen sich zwei Gameten begegnen. Meistens stoßen die Meeresorganismen ihre Geschlechtsprodukte ins Wasser aus. Die Gameten treffen durch die Strömung zufällig

Diese Nacktschnecke (Hypselodoris cantabrica) *legt gerade ihre Eier ab.*

auf. Die Männchen sind größer und bunter als die Weibchen: Man nennt dies Geschlechtsdimorphismus. Dasselbe gilt für Spitzkopfschleimfische. Dann gibt es noch die seltsamen Zwitter. Bei ihnen unterscheiden sich die Einzeltiere nicht. Jedes Tier besitzt beide Geschlechter. Der Fünfeckstern ist z. B. ein Zwitter, genau wie viele Schnecken auch. Nicht selten sieht man, wie sich zwei Nacktschnecken paaren und gegenseitig befruchten. Manchmal sieht man mehrere Schnecken auf diese Weise ineinander verschlungen. Das sind echte Unterwasserorgien. Die befruchteten Eier verwandeln sich meistens in Larven. Die meisten dieser Larven kennen eine pelagische Phase, d. h. sie treiben im freien Wasser und fallen dann wieder auf den Grund zurück. Das gewährleistet eine bessere Streuung der Art, die

aufeinander, obwohl man annimmt, daß Lockstoffe wie Pheromone sie ein wenig leiten könnten. So kann man bei Seeanemonen die Abgabe von Eiern und bei Muscheln und Seegurken das Ausstoßen von Samen beobachten. Es kommt häufig vor, daß die so freigesetzten Samen die Eizellen im Körper eines entfernten Weibchens befruchten. Man kann auch echten Paarungen beiwohnen. Männliche Lippfische bauen ein Nest, in das sie die Weibchen locken. Nach einem Brauttanz legen die Weibchen ihre Eier ins Nest, und die Männchen spritzen ihre Samen dar-

auf diese Weise neue Gründe besiedeln kann. Im Frühling und im Sommer ist das Meer eine einzige Brühe, in der Myriaden von Eiern und unzählige Larven das Plankton anreichern. Die meisten werden gefressen… Eine Studie über Hornkorallen ergab, daß von 60.000 Larven nur eine überlebt! Deshalb setzen so viele Meeresorganismen auf eine so ungeheuer große Anzahl von kleinen Eiern. Die Gelege der Schnecken sind ein gutes Beispiel dafür; in den gallertartigen, spiralförmigen Bändern sehen Sie Tausende von Eiern.

Es gibt jedoch auch die entgegengesetzte Strategie: Eine geringe Anzahl von Eiern, die aber gut geschützt werden. So beispielsweise die von einer hornartigen Hülle umgebenen Eier von Katzenhaien und Rochen, die mittels Fäden an Algen gehängt werden. Wir wollen mit dem seltsamen Geschlechtsleben der Algen schließen. Viele von ihnen kennen einen Generationswechsel. Ein geschlechtliches Stadium (Gametophyt) erzeugt Gameten. Algen bedienen sich einiger Tricks, um die Chancen eines Zusammentreffens von Samen und Eizelle zu erhöhen. Eine biologische Uhr sichert das gleichzeitige Freisetzen der Gameten, oder die Eizellen sondern eine Substanz ab, die das Freisetzen der Samen auslöst. Weitere, von den Eizellen freigesetzte Substanzen (sogenannte Pheromone) leiten die Samen zu ihrem Ziel. Aus der Vereinigung der Gameten, geht ein Sporophyt hervor, der ungeschlechtlich Sporen produziert, aus denen wiederum neue Gametophyten entstehen. Manchmal haben die Thalli der männlichen und weiblichen Gametophyten und die Sporophyten ein sehr unterschiedliches Aussehen, so daß man sie in der Vergangenheit für ganz verschiedene Arten hielt und mit unterschiedlichen Namen bezeichnete.

Zwei Eier des Kleingefleckten Katzenhais (Scyliorhinus canicula). *Jedes ist durch eine hornartige Hülle geschützt, um die Überlebenschance zu erhöhen.*

Das Gelege des Punktierten Seehasen (Aplysia punctata) *besteht aus einem gallertartigen Band mit Zehntausenden rosafarbener Eier.*

Gelege einer unbekannten Schneckenart.

Die Bewohner der Finsternis
Höhlen und Wracks

Wie wir zuvor gesehen haben, spielen im Meer drei physikalische Faktoren eine wichtige Rolle bei der Zusammensetzung benthischer Lebensgemeinschaften: die Lichtverhältnisse, die Hydrodynamik und die Sedimentation. Deshalb unterscheidet sich die Oberseite der Steine in so eindrucksvoller Weise von ihrer Unterseite und die Lebensgemeinschaften des ersten Meters unter der Oberfläche unterscheiden sich vollkommen von denjenigen der Tiefen. Die dem Sonnenlicht noch sehr stark ausgesetzten Felsen des Eulitorals und des Infralitorals sind mit einer dichten Vegetation bedeckt, die hauptsächlich aus Algen der Gattungen *Fucus* und *Laminaria* besteht. Die unter dunkleren Bedingungen lebende Flora des Circalitorals besteht vor allem aus Rotalgen, während sich die Fauna zu einem großen Teil aus Schwämmen, Moostierchen und Blumentieren zusammensetzt, die sich von Plankton ernähren. Auf einem noch tieferen Niveau verarmt die sessile Fauna sehr schnell, und die Flora verschwindet völlig. Ab 300 m Tiefe sind alle Lebensformen relativ spärlich vertreten.

Theseus im Labyrinth

Wer in eine Unterwasserhöhle eindringt, trifft auf ein immer dunkler und ruhiger werdendes Universum, so als würde er in die Tiefseegräben hinabsteigen. Das hat Veränderungen in den Lebensgemeinschaften zur Folge, dieses Mal jedoch auf erstaunlich kurzen Distanzen. Schon wenige Meter vom Höhleneingang entfernt herrscht bereits absolute Dunkelheit, und das Wasser ist vollkommen bewegungslos. Manchmal befinden sich diese Höhlen und Spalten nahe der Oberfläche, so daß man mit Maske und Schnorchel hineinschwimmen kann. Wenn die Höhle jedoch vollkommen im Meer versunken ist, muß der Taucher seinen Streifzug in die Finsternis sehr sorgfältig vorbereiten. Hier ist übrigens die Devise „Tauche niemals allein" noch unerläßlicher. Man muß sich mit starken Lampen und einem zweiten Atemregler ausrüsten. Die Ausrüstung muß absolut funktionstüchtig sein. Wenn der Höhleneingang so weit entfernt ist, daß man ihn aus den Augen verlieren könnte, sollte man es Ariadne gleichtun, deren Wollfaden verhinderte, daß Theseus sich im Labyrinth verirrte. Dieser Ariadnefaden (sie sollten statt Wolle allerdings lieber Nylon verwenden!) wird am Höhleneingang befestigt und so weit ausgerollt, wie man in die Höhle hineintaucht. Selbst wenn die Lampen ausfallen oder die Sicht plötzlich durch Schlamm (der jederzeit durch einen ungeschickten Flossenschlag aufgewühlt werden kann) verringert wird, findet man in aller Sicherheit zum Ausgang zurück. Es ist übrigens nicht sehr schwierig, sich in einer Höhle zu verirren, auch wenn die Sicht ganz ausgezeichnet ist... Es liegt auf der Hand, daß diese Ratschläge ebenso für die Erkundung von Schiff- oder Flugzeugwracks gelten. Zu Ihrer eigenen Sicherheit sollten Sie in jedem Fall eine Spezialausbildung für das Tauchen in Höhlen und Wracks absolvieren. Kurz gesagt, Höhlen und Wracks sind keine Plätze, an denen Anfänger tauchen sollten... Wenn man aber über genügend Erfahrung und gute Begleiter verfügt, macht man in diesen Biotopen die spannendsten und interessantesten Tauchgänge des ganzen Atlantiks. Unterwasserhöhlen findet man entlang aller Kalkküsten, es gibt aber auch im Schiefer und Granit sehr schöne Höhlen. Es fehlt im Atlantik und im Ärmelkanal übrigens auch nicht an Wracks; seit Jahrhunderten versucht die Seefahrt den Strömungen und Unwettern an diesen ausgesprochen gefährlichen Küsten zu trotzen.

Wechselnder Wandschmuck

Der wichtigste abiotische Faktor unter Wasser ist unbestreitbar das Licht. Vor der Höhle beobachten wir noch eine dichte Algendecke, aber schon hinter dem Eingang nimmt diese Vegetation empfindlich ab. Hier leben nur noch

Die Juwelenanemone (Corynactis viridis) *lebt in Höhlen, Wracks und an Überhängen; hier zeigt sie sich in ihren vielfältigen Farben.*

Rotalgen (Rhodophyceae), die mit wenig Licht zufrieden sind. Den rosavioletten Thalli der Kalkalgen *Lithophyllum incrustans* und *Lithothamnion purpureum* und den roten Lamellen von *Hildenbrandia rubra* gelingt es noch, die Felsen mit einer Kruste zu überziehen. Nach einigen Metern sind alle Algen verschwunden, und das Felsgestein ist vollständig mit tierischen Organismen bedeckt. Nicht weit vom Eingang entfernt stößt man auf Tiere, die das Halbdunkel lieben. Man sieht hier manchmal wahre Teppiche aus *Corynactis viridis,* kleine Juwelenanemonen von etwa 1 cm Durchmesser. Diese grünen, gelblichen, braunen, weißen oder rosavioletten Tiere haben kurze Tentakel, die in einer charakteristischen Kugel enden.
Da sie das Sediment nicht ertragen, findet man sie an senkrechten Wänden und Überhängen angeheftet. Die Rote Meerhand *(Alcyonium glomeratum)* und die Krustenbildende Lederkoralle

Die Krustenbildende Lederkoralle (Alcyonium coralloides) *zeigt sich in zwei Farben: blaßrosa und rot. Die rote Färbung ist seltener.*

Die Nelkenkoralle (Caryophyllia smithii) *ist eine echte kleine Steinkoralle. Hier ist sie von einer Roten Synascidie* (Polysyncraton lacazei) *umgeben.*

(Alcyonium coralloides) leben unter denselben Bedingungen. Letztere ist wahrscheinlich gar nicht so selten, wie man glaubt. Im Mittelmeer kommt sie recht häufig vor; sie überzieht dort hauptsächlich Hornkorallen (daher ihr Name). Diese Lederkoralle hat eine veränderliche Färbung; im Atlantik bildet sie kleine, aufrechte Kolonien, die fast immer blaßrosa sind. Die bretonischen Tiere hielt man anfänglich für eine andere Art, die unter dem Namen *Alcyonium pusillum* beschrieben wurde. Eine weitere, im Süden Irlands lebende Population bekam den Namen *Parerythropodium hibernicum.* Dann stellte man jedoch fest, daß es sich überall um dieselbe Art handelte. Es ist nicht immer leicht, ein Systematiker zu sein! Wir befinden uns erst im Halbdunkel und können noch die ganze Fauna ohne Hilfe von Lampen erkennen, obwohl es hier nur noch 0,5 % Tageslicht gibt. Ein Beweis für das unglaubliche Anpassungsvermögen des menschlichen Auges! Die Braune Krustenanemone *(Epizoanthus couchi)* und die Weiße Krustenanemone *(Epizoanthus marioni)* lieben ebenfalls den Schatten und fürchten weder das Sediment noch eine gewisse Turbulenz. Man findet sie oft auf den Böden oberflächennaher Höhlen und auf den Metallwänden von Wracks. An der Decke sehen wir Steinkorallen, kleine Vettern der Korallen, die die tropischen Riffe bilden.

Von den solitär lebenden Korallen (stets nur ein einziger Polyp) entdecken wir die gelben Polypen von *Leptosammia pruvoti* und die Nelkenkoralle *(Caryophyllia smithii),* deren Polypen eine veränderliche Färbung haben. Man könnte auch auf die kleine koloniebildende (stets mehrere Polypen) Zwergkoralle *(Hoplangia durotrix)* treffen. Dringen wir weiter in die Höhle ein, entdecken wir große Moostierchenkolonien: abgeflachte, weiche „Blätter" von *Chartella papyracea,* die einer beigefarbenen Alge ähneln; kleine, mehr oder weniger kalkhaltige Büschel von *Crisia, Scrupocellaria* und Arten der Gattung *Bugula;* rote oder orangefarbene Kalkkrusten von *Schizomavella* und *Schizoporella.* All diese Tiere profitieren von den großen freien Felsflächen, denn nur wenige Organismen können in diesem Halbdunkel überleben. Sie alle leben auch außerhalb der Höhlen, aber dort können wir sie nicht so leicht entdecken, weil sie sich zwischen den Algen verlieren.

Ein hübsches orangefarbenes Moostierchen (Cellepora pumicosa) *in einer Höhle. Außerhalb der Höhle ist seine Färbung aufgrund einzelliger Algen, die sich auf den Kolonien entwickeln, oft brauner oder grün.*

Panzer und Rüstungen

Höhlen sind auch die Domäne einer Vielzahl von Krebstieren. Die meisten von ihnen leben jedoch nicht ausschließlich in Höhlen. So findet man hier die Wollkrabbe *(Dromia vulgaris),* die sich mit Hilfe diverser Gegenstände sehr gut zu tarnen weiß oder Springkrebse *(Galathea spp.)* mit blaurotem, seitlich gezähntem Rostrum. Die Europäische Languste *(Palinurus elephas)* ist vor allem durch Jungtiere vertreten. Man findet auch verwandte Arten wie den Kleinen Bärenkrebs *(Scyllarus arctus),* der sich tagsüber in die dunklen Bereiche der Höhle zurückzieht und sein Versteck erst bei Anbruch der Nacht verläßt. Statt langer Antennen, die die Langusten charakterisieren, trägt dieses Tier abgeflachte Auswüchse, die ein wenig an Scheuklappen erinnern. Ein anderes eßbares Krebstier, der Europäische Hummer *(Homarus gammarus),* ist hier ebenfalls zu Hause.

Die Sägegarnele (Palaemon serratus) findet man häufig auf Höhlenwänden. Es gibt noch eine Vielzahl anderer Gar-

Ausschnitt der koloniebildenden Seescheide
Botryllus schlosseri.

Manche Fische flüchten sich gerne in
Höhlen, auch wenn sie nicht unbedingt
dort leben; so z. B. dieser Drückerfisch
(Balistes carolinensis), *der den Stachel*
seiner ersten Rückenflosse zum Zeichen
eines Angriffs aufgerichtet hat.

nelen zu sehen. Leuchten Sie einfach die Wände mit Ihrer Taschenlampe ab, dann werden Sie sie entdecken. Ihre Augen strahlen das Licht zurück, und Sie sehen zunächst zwei kleine leuchtende Punkte, bevor Sie das ganze Tier erblicken. Die Leopardengrundel *(Thorogobius ephippiatus)* besitzt ebenfalls den Ruf, sehr selten zu sein. In Unterwasserhöhlen trifft man jedoch dieses ungefähr 10 cm große, mit runden dunkelbraunen Flecken auf weißem Körper charakteristisch gefärbte Tier regelmäßig an.

Tiefseeverhältnisse

Dank der außergewöhnlichen Bedingungen in Höhlen können wir in geringer Tiefe Organismen betrachten, die wir normalerweise nur in wesentlich größeren Tiefen finden dürften. Wenn wir in den Teil der Höhle vordringen, der in vollkommene Dunkelheit gehüllt ist und wo das Wasser immer bewegungslos steht, sehen wir, daß die Fauna beträchtlich verarmt. Dieser Ort ist die Domäne einiger Schwämme, krustenbildender Moostierchen und Röhrenwürmer. Der Höhlenboden ist oft mit einer sehr feinen Sedimentschicht bedeckt, die sich in diesem stehenden Wasser ablagern konnte. Wir müssen aufpassen, daß wir uns nur sehr langsam und vorsichtig bewegen, damit wir keine Schlammwolken aufwirbeln.

Die Fauna verarmt in Richtung Höhlengrund in dramatischer Weise. Auf den ersten zehn oder zwanzig Metern waren die Höhlenwände noch vollkommen von tierischem Leben bedeckt. Jetzt werden Lebensformen immer seltener. Die Dunkelheit und die Ruhe währen hier ewiglich; die Temperatur verändert sich nur geringfügig im Laufe des Jahres.

Diese Verhältnisse sind mit denen der Tiefsee absolut vergleichbar. Es gibt hier nicht einmal einen Konkurrenzkampf um das zur Verfügung stehende Substrat, der normalerweise den Unterwasser-Dschungel kennzeichnet. Die Anschwemmung von Nährstoffen ist hier nur sehr gering, und es gibt nur wenige Organismen, die unter diesen Bedingungen überleben können. Man findet hier auch kleine, birnenförmige Muscheln an den Wänden. Trotz ihres Aussehens handelt es sich nicht um Weichtiere, sondern um Armfüßer. Sie sind nahe Verwandte der Moostierchen und stellen echte lebende Fossilien dar. Das häufigste (oder besser das am wenigsten seltene!) dieser Tiere ist *Terebratulina retusa*. Eine Begegnung mit diesem Tier ist vielleicht nicht so eindrucksvoll wie die mit einem lebenden Dinosaurier, sie ist aber auf jeden Fall ebenso erstaunlich!

Zurück ins Leben

Bei Höhlentauchgängen ist es noch wichtiger als bei anderen Tauchgängen, daß sie nach einer strengen Planung verlaufen. Wir kehren um, wenn wir ein Drittel unseres gesamten Luftvorrates aufgebraucht haben. So haben wir für den Rückweg noch ausreichend Luft in den Flaschen. Nach einiger Zeit kündigt uns ein schwacher grüner Schimmer das Herannahen des Ausgangs an. Wir machen unsere Lampen aus und schwimmen in Richtung Tag. Man sieht durch den schwarzen Rahmen aus unregelmäßig geformten Felsen oder zerfetzten Blechteilen eines Wracks ein intensives, smaragdgrünes Licht leuchten. Das ist der Ausgang! Noch nie erschien uns das Meerwasser so strahlend! Wenn wir auftauchen, bekommt das Sonnenlicht eine noch tiefere Bedeutung. Dieses Mal kehren wir aus einer sehr weit entfernten Welt zurück: Wir haben die dunkelsten Schlupfwinkel des Meeres erforscht.

Die Leopardengrundel (Thorogobius ephippiatus) *lebt ausschließlich an dunklen Orten. Mancherorts ist sie sehr häufig.*

Dahintreibende und Schwimmer

Bewohner des offenen Meeres

Wer die Küsten verläßt, hat so mancherlei Begegnungen – der dritten Art! Vor dem Bug des Kreuzfahrtschiffes kann man vielleicht das laute Atmen der großen Meeressäugetiere hören. Und wenn man die Gelegenheit (und den Mut!) zu einem Tauchgang auf offener See hat, wird man sogleich von einer Welt wie im Film verschlungen. Das hier ist „Le Grand Bleu – Im Rausch der Tiefe"! Sie fühlen die Anziehungskraft dieser indigoblauen Tiefe unter Ihren Flossen. Das Wasser ist so wunderbar kristallklar. Vergessen Sie aber nicht, ein Auge auf Ihren Tiefenmesser zu werfen. Und wenn sich Ihr Blick an diese grenzenlose Weite gewöhnt hat und Ihr Herz seinen normalen Rhythmus wiedergefunden hat, werden Sie bemerken, daß Sie nicht allein in diesem flüssigen Universum treiben.

Um Sie herum tauchen seltsame, durchsichtige Wesen auf, die direkt aus einem Science-Fiction-Film zu kommen scheinen. Das ist nicht das tote Wasser aus dem Film „Im Rausch der Tiefe", sondern das mit bizarren Wesen besiedelte Wasser aus dem Film „Abyss"; auch die riesigen Raumschiffe aus dem Film „Krieg der Sterne" scheinen von einem wahnsinnig gewordenen Glasbläser verändert worden und zurückgekehrt zu sein!

Das Plankton

Plankton bedeutet „umhertreibend". Es handelt sich um Organismen, deren Ortsveränderung nicht von ihrer eigenen Bewegung, sondern hauptsächlich von derjenigen des Wassers abhängt. Die meisten dieser planktonisch lebenden Organismen halten sich an der Oberfläche auf: das Phytoplankton (pflanzliches Plankton), weil es für die Photosynthese Licht benötigt, und das Zooplankton (tierisches Plankton), weil es das Phytoplankton als Quelle organischer Materie braucht. Deshalb müssen alle dieselben Probleme lösen: Wie verhindere ich ein Absinken in die ozeanischen Tiefen und wie bleibe ich in einer Umgebung ohne Versteckmöglichkeiten unerkannt? Die Schwebefähigkeit wird durch den Einschluß von Öltröpfchen, Gasspeichern und überlangen Auswüchsen in Form von Antennen, Beinen und Stacheln verstärkt; diese hemmen ein Absinken genau wie echte Fallschirme.

Da es keine tausend Möglichkeiten gibt, um unsichtbar zu werden, muß man ganz einfach so durchsichtig wie möglich sein! Das Phytoplankton setzt sich hauptsächlich aus einzelligen Algen zusammen. Dazu gehören die Kieselalgen mit ihrem aus zwei kieselhaltigen Schalen bestehenden Skelett und die Dinoflagellaten, zu denen die berühmte *Noctiluca miliaris* gehört, die mit ihrem Leuchtvermögen nächtliche Badegäste verzückt. Die Algen-Biomasse der Ozeane wird auf ungefähr zwei Milliarden Tonnen geschätzt. Das entspricht nur 0,2 % der pflanzlichen Biomasse an Land. Das Phytoplankton produziert jedoch dank seiner starken Stoffwechseltätigkeit allein 35 % des atmosphärischen Sauerstoffs. Die Klarheit des Wassers im offenen Meer gibt über zwei Dinge Aufschluß: Es ist nur ein geringer Land-Einfluß vorhanden (was logisch ist), und infolgedessen gibt es weniger Plankton. Das ist ebenso logisch, bedarf aber trotzdem einer kurzen Erklärung. Phytoplankton benötigt für seine Entwicklung Mineralsalze. Nun besteht aber abgesehen vom allgegenwärtigen (ungefähr 4 Gramm pro Liter Meerwasser) Natriumchlorid (NaCl) ein Mangel an anderen lebensnotwendigen Salzen, wie den Phosphaten. Während Phytoplankton schon spärlich vorhanden ist, ist Zooplankton noch dünner gesät. Der Ertrag der Nahrungsketten beträgt im großen und ganzen ungefähr 10 % auf jeder Stufe. Folglich ernährt 1 Kilo Phytoplankton nur 100 Gramm Zooplankton. Die Mehrzahl dieser Lebewesen ist so klein, daß Sie sie nicht sehen können. Nur die wirklich makroskopischen Formen ziehen den Blick auf sich. Und dennoch… da die meisten durchsichtig

Zwei Taucher im offenen Meer. Sie befinden sich von Angesicht zu Angesicht mit einer Salpenkolonie; eine seltene und ungewöhnliche Begegnung.

Ein kleines Krebstier des Zooplanktons.

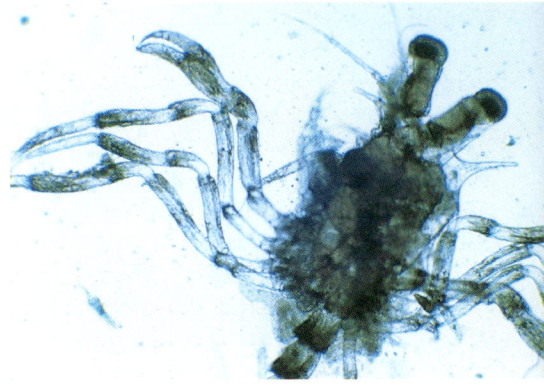

Krabbenlarven gehören zum Zooplankton.

oder durchscheinend sind, muß man wirklich zweimal hinsehen, um sie zu bemerken! Man kann das Zooplankton in Organismen unterteilen, die immer planktonisch leben (Holoplankton), und solche, die nur einen Teil ihres Lebens in Form von Plankton verbringen (Meroplankton); hier handelt es sich meistens um das Larvenstadium benthischer Tiere. Kleine Krebstiere, darunter viele Ruderfüßer (Copepoda), hüpfen unter der Oberfläche hin und her. Die an kleine Fische erinnernden Pfeilwürmer gehören einem gesonderten, rätselhaften Tierstamm an. Sie jagen eifrig die kleinen Krebstiere. Und dann gibt es noch Medusen… Pulsierende, blasenförmige Gebilde durchqueren die vollkommene Stille. Tentakel hängen von Schwimmern herab, die in den Regenbogenfarben schillern. Die kleinsten sind kaum 1 Millimeter groß, während die Tentakel der Staatsquallen länger als 20 m werden können! Die Rippenquallen ähneln den Medusen. Im Gegensatz zu diesen ist ihre Symmetrie jedoch nicht strahlenförmig (radiär), sondern zweiseitig (bilateral); außerdem sind sie durch acht Wimperplattenreihen gekennzeichnet. Wenn sie sich bewegen, vollzieht sich ein Phänomen der Lichtbrechung. Man könnte glauben, daß sich Reihen von kleinen roten, grünen und blauen Lichtern auf dem Tier bewegen!

Sagten Sie: Groß?

Das Plankton ist auch für andere Tiere eine Nahrungsquelle. Die meisten von ihnen können sich selbständig bewegen (Nekton). Pfeilwürmer werden von kleinen Fischen wie Sardellen *(Engraulis encrasicholus)*, Sardinen *(Clupea pilchardus)* oder Heringen *(Clupea harengus)* gefressen. Diese enden ihrerseits oft in den Mägen großer Raubfische wie Makrelen *(Scomber scomber)*, Thunfischen *(Thunnus thynnus)*, Kabeljau *(Gadus morrhua)* und Haien; und davon gibt es einige im Atlantik! Es sind alle Haiarten vertreten, angefangen beim Blau-

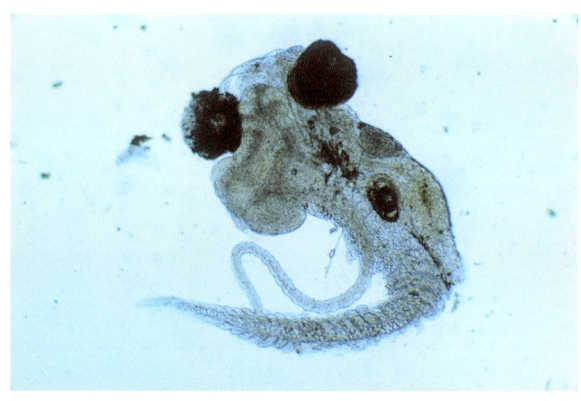

Im Zooplankton lebende Fischlarve

hai *(Carcharias glaucas)*, über den Hammerhai *(Sphyrna zygaena)* bis hin zum Weißen Hai *(Carcharodon carcharias)*.
Gewöhnlich sind sie jedoch recht selten und halten sich weit entfernt von der Küste auf, so daß kein Grund zur Unruhe besteht. Angriffe von Haien sind im Atlantik äußerst selten. Weniger selten ist allerdings der Heringshai *(Lamna nasus)*. Manchmal nähern sich Gruppen mit bis zu zwanzig 2–4 m langen Tieren den Küsten, wenn sie Fischschwärme verfolgen. Wir finden auch zahlreiche Delphine unter den Fischjägern. Die häufigsten Arten sind der Gewöhnliche Delphin *(Delphinus delphis)*, der Tümmler *(Tursiops truncatus)*, der Schweinswal *(Phocoena phocoena)* und der Grindwal *(Globicephala melaena)*. Medusen gehören zur Nahrung der sonderbaren Mondfische *(Mola mola)*. Der überwiegende Teil des aus kleinen Krebstieren und zahlreichen Larven bestehenden Zooplanktons wird von zwei Riesen filtriert; der eine ist ein Fisch und der andere ein Säugetier. Es handelt sich um den friedfertigen und harmlosen Riesenhai *(Cetorhinus maximus)*, der maximal 15 Meter lang und 8 Tonnen schwer werden kann! Der andere gutmütige Kerl ist der Zwergwal *(Balaenoptera acutorostrata)*, der 10 Meter lang werden kann. Er gehört zu den Bartenwalen. Früher jagten die Basken den Nordkaper *(Eubalaena glacialis)* im Golf von Biscaya.

Rippenquallen, wie diese Seestachelbeere (Pleurobrachia pileus), *besitzen Reihen von Wimperplatten, in denen durch Lichteinwirkung Farbeffekte erzielt werden.*

Die Ohrenqualle (Aurelia aurita) *gehört zu den häufigsten Quallen unserer Küsten.*

Dieser mehr als 15 m lange friedfertige Riese ist jedoch seit dem Ende des 19. Jahrhunderts vollkommen verschwunden. Lassen Sie uns nun von diesen Kolossen Abschied nehmen; vielleicht haben Sie das Glück, ihnen eines Tages zu begegnen. Jetzt ist es an der Zeit, die verschiedenen Pflanzen- und Tierarten des Atlantiks näher zu betrachten.

Pflanzen

Ohne Pflanzen gäbe es kein Leben auf der Erde! Die meisten von ihnen sind autotroph. Das bedeutet, daß sie selbst organische Materie produzieren können. Die überwiegende Mehrheit der Pflanzen nutzt dafür die Sonnenenergie, in einem Prozeß, den man Photosynthese nennt. Das erklärt, warum man Pflanzen sowohl im Meer als auch an Land immer nur dort vorfindet, wo es ausreichend Licht gibt. Im Atlantik endet diese Zone entsprechend der Klarheit des Wassers in ungefähr 50 bis 200 m Tiefe.

Die autotrophen Pflanzen fangen die Sonnenenergie mit Hilfe spezialisierter Pigmente ein, von denen Chlorophyll das bekannteste ist. Manche Bakterien sind jedoch in der Lage, die Produktion organischer Materie mit Hilfe von Energie durchzuführen, die sie aus der Umwandlung anorganischer Substanzen gewinnen: Man nennt dies Chemosynthese. Dieser Vorgang ist der Anfang der erstaunlichen Unterwasser-Oasen, die man kürzlich in Spalten („rifts") in großen ozeanischen Tiefen entdeckt hat. Und schließlich gibt es noch heterotrophe Organismen (Saprophyten), die die Überreste toter Organismen zerlegen (Pilze und Bakterien).

Das Pflanzenreich in wenigen Worten

Im Rahmen dieses Buches ist es unmöglich, die botanische Systematik detailliert darzustellen. Es gibt primitive Pflanzen, sogenannte Prokaryonten, deren Zellen keinen echten Kern mit Chromosomen haben (im Gegensatz zu Eukaryonten), sondern nur ein „Knäuel" mit der Erbmaterie DNA. Hierzu zählen Bakterien und Cyanobakterien („Blaualgen"). Sie sind mit dem bloßen Auge nicht sichtbar, und wir werden sie in diesem Buch kaum besprechen. Von den „Niederen" (wegen ihrer relativ einfachen anatomischen Beschaffenheit durch ihr gefäßloses Gewebe) Pflanzen oder Thallophyten möchte ich einerseits die heterotrophen Pilze erwähnen (die in diesem Buch nicht besprochen werden) und andererseits die autotrophen Algen. Einen besonderen Platz nehmen die Flechten (Lichenes) ein: Sie stellen Symbiosen zwischen einem Pilz und einer Alge dar. Zu den „Höheren" (weil anatomisch in Blatt, Sproßachse und Wurzel differenziert) Pflanzen gehören Moose, Farne und Blütenpflanzen (Spermatophyta). Wir werden nur die letzte Gruppe besprechen.

Algen (Phycophyta)

Ich unterscheide hier, ein wenig künstlich, einzellige und mehrzellige Algen. Einzellige Algen sind so klein, daß man sie mit dem bloßen Auge nicht erkennen kann. Sie sind jedoch sehr zahlreich vorhanden, verleihen den Küstengewässern ihre grüne Farbe und haben eine so große trophische Bedeutung (im Hinblick auf den Nährstoffhaushalt), daß man sie nicht stillschweigend übergehen kann. Wir wollen hier die wichtigsten Klassen nennen: Panzeralgen (Dinophyceae, Dinoflagellata), Goldalgen oder Chrysophyceae (mit den berühmten Coccolithineen) und Kieselalgen (Diatomeen). All diese einzelligen Algen kennen sowohl planktonische als auch benthische Formen. Vegetative, mehrzellige Algensprosse werden Thallus genannt und besitzen im Gegensatz zu Blütenpflanzen weder Blatt noch Stiel noch Wurzel. Dieser Thallus hat oft eine artspezifische Form und ist ein der Photosynthese dienender Assimilationsapparat. Daher enthält er photosynthetische Pigmente: Chlorophyll, Karotinoide, Xanthophylle und (manchmal) Phycobilline. Entsprechend ihrer Pigmentzusammensetzung werden die Algen in Chlorophyceae (Grünalgen), Phaeophyceae (Braunalgen) und Rhodophyceae (Rotalgen) unterteilt. Aber Vorsicht: Die wirkliche Farbe einer Alge stimmt nicht immer mit der Bezeichnung ihrer Klasse überein. Die Vermehrung kann ungeschlechtlich (durch Zellteilung, Thallusbruchstücke oder Sporen) oder geschlechtlich erfolgen. Die geschlechtliche Vermehrung ist oft sehr kompliziert; sie erfolgt manchmal mit einem Wechsel aus diploiden Phasen, d. h. mit doppelter Chromosomenzahl (Sporophyten) und haploiden Phasen, d. h. mit einfacher Chromosomenzahl (Gametophyten).

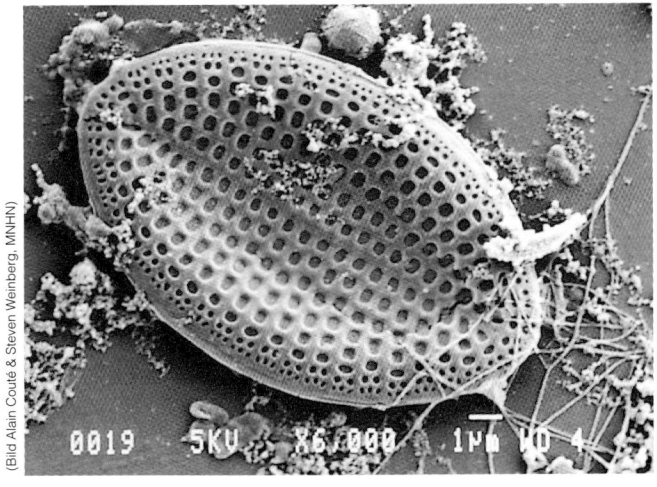

Das Elektronenmikroskop läßt die Mikroskulpturen dieser nur 17 µm (ungefähr 1/60 mm) langen Kieselalge (Cocconeis sp.) erkennen.

(Bild Alain Couté & Steven Weinberg, MNHN)

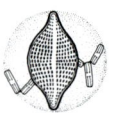

Einzellige Algen

Die durch das Mikroskop betrachteten drei Hörner dieser planktonisch lebenden Algen sind charakteristisch für die Gattung Ceratium. Sie gehören zum Phytoplankton, das eine sehr wichtige Rolle in den Nahrungsketten spielt.

Dinoflagellata
Dinoflagellata (D, NL, N), Dinoflagellates (GB), Dinoflagellées, péridiniens (F), Dinoflageladas (E, P)

Die Größe dieser einzelligen Algen variiert zwischen 5 µm und 2 mm. Die meisten Arten leben planktonisch, aber auch symbiontische Formen benthischer Organismen sind nicht selten. Unter den niederen Algen sind sicherlich die Dinoflagellata (Hauptgattungen: *Peridinium, Ceratium*) eine der bestrepräsentiertesten Gruppen. Neben vielfältigen planktonisch lebenden Formen, von denen sich manche während sogenannter „Algenblüten" rasch vermehren, das Wasser verfärben und mit ihren Stoffwechselprodukten ein starkes Fischsterben (Gattungen *Gymnodinium* und *Goniaulax*) verursachen, existieren auch die berühmten Zooxanthellen *(Symbiodinium microadriaticum)*, die im Gewebe zahlreicher Hohltiere wie z. B. Seeanemonen, in zahlreichen Vertretern der Octocorallia und in einer Vielzahl von Steinko-

rallen leben. Manche Biologen sind der Ansicht, daß diese Algen bereits eine Symbiose zwischen einem Einzeller (Protozoa) und einer Alge seien. Und schließlich möchte ich noch *Noctiluca scintillans (miliaris)* erwähnen, eine phosphoreszierende Art, die das Wasser „funkeln" läßt und Taucher oder nächtliche Schwimmer verzaubert.

Diatomeae
Diatomeen, Kieselalgen (D), Diatoms (GB), Diatomées (F), Diatomeas (E), Diatomeias (P), Diatomeeën, kieselwieren (NL), Diatomer (N)

Einzellige Algen, deren Größe zwischen 2 µm und 2 mm variiert und in Ausnahmefällen 4 mm erreicht. Es gibt etwa 500 Arten im Atlantik, von denen manche planktonisch lebt; die Mehrzahl lebt jedoch benthisch. Sie leben von der Oberfläche bis in 200 m Tiefe (Licht!). Die meisten Kieselalgen sind autotroph und bilden den Ausgangspunkt für zahlreiche Nahrungsketten. Die Photosyntheseprodukte sind Öle und nicht Zuckerverbindungen wie bei den meisten Pflanzen – daher ihre trophische Bedeutung. Wenn sie sterben, trägt ihr kieselhaltiges Skelett zur Sedimentbildung bei. Weil sie so klein sind, kann man sie mit dem bloßen Auge nicht erkennen. Deshalb untersucht man sie mit dem Mikroskop oder besser noch mit einem Raster-Elektronenmikroskop (REM), das die Skelettdetails erkennen läßt.

Man findet unter den Diatomeen viele benthische Arten, die im allgemeinen epiphytisch auf Algen leben. Zahlreiche Weichtiere weiden diesen Diatomeen-„Film" ab. Hier sieht man eine mikroskopische Darstellung der Gattung Licmophora; *sie hat sich auf einer Glasplatte angesiedelt, die der Autor einige Tage ins Wasser gelegt hatte.*

Grünalgen (Chlorophyceae)

Cladophora sp.
Felsen-Zweigfadenalge (D), Rock-weed (GB), Cladophore des rochers (F), Rotswier, takwier (NL), Cladofora (E, P), Vanlig grønndusk (N)

Dunkelgrüne, rauhe, verzweigte Fäden bilden 7–20 cm hohe Bäumchen. Die Hauptachsen tragen sehr viele, etwa 0,25 mm dicke, gegenständige Seitenzweige. Lebt von der Oberfläche bis in 20 m Tiefe, oft im Schutz von *Fucus serratus,* der sie vor Austrocknung bewahrt. Nordatlantik und Mittelmeer.

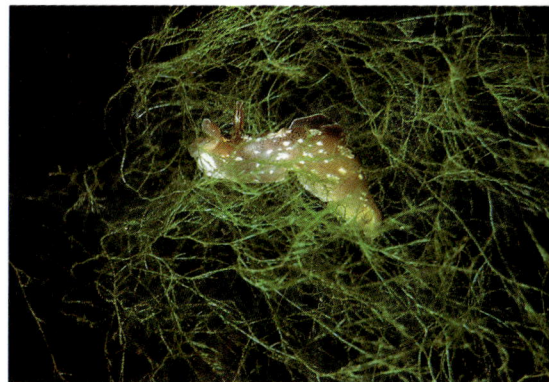

Der Punktierte Seehase (Aplysia punctata) *ernährt sich von* Cladophora-*Fäden.*

Blidingia minima-*Fäden bedecken die Felsen des Eulitorals.*

Blidingia (Enteromorpha) minima

Kleiner Darmtang (D), Lesser grass-kelp (GB), Petit entéromorphe (F), Enteromorfa pequeña (E), Klein darm-wier (NL), Enteromorfa pequena (P), Lille tarmgrønske (N)

Hellgrüne Alge aus hohlen, 10–30 mm langen und 3–5 mm breiten Fäden. Lebt im oberen Gürtel des Eulitorals. Diese grünen „Barthaare" bedecken harte Substrate, wie Felsgestein, Hafenbauten, unbewegte Schiffsrümpfe. Auf der ganzen Welt zu Hause. Nicht mit den Ulvaceen zu verwechseln, die im allgemeinen größere Thalli besitzen.

Ulva lactuca

Meersalat (D), Sea lettuce, green laver (GB), Ulve, laitue de mer, salade (F), Lechuga de mar (E), Zeesla (NL), Alface do mar (P), Havsalat

Der blattartige Thallus besteht aus einer sehr dünnen Lamellenstruktur, die sich aus zwei Zellschichten zusammensetzt (weniger als 0,10 mm); durchscheinend grün, kann eine Größe von 5–50 cm erreichen. Photophile Art, die im lichtdurchfluteten, seichten Wasser lebt: Fluttümpel und oberes Niveau des Eulitorals, bis in 10 m Tiefe. Da der Meersalat eine mäßige Verschmutzung erträgt, ist er oft in Häfen massenhaft vertreten. Die vegetativen Stadien leben nur wenige Monate; man kann sie im Frühjahr und Sommer besonders gut beobachten, weil sie sich an manchen

Orten schnell vermehren (Eutrophieanzeiger). Manchmal nimmt man einen gelben Saum wahr, der entweder Sporen oder Gameten hervorbringt. Verbreitung: Nordatlantik (beide Küsten des Ozeans), Mittelmeer, Schwarzes Meer und Pazifik. Es gibt noch andere Arten: Die häufigste ist *Ulva rigida,* die einen leicht gezackten Thallus besitzt und ein wenig tiefer lebt als *U. lactuca,* während *U. olivascens* eine dunklere Färbung hat. Diese Arten werden im Fernen Osten, in Irland und seit neuestem auch in Frankreich verzehrt (sie werden landwirtschaftlichen Nahrungsprodukten beigemengt).

Die charakteristischen abgeflachten und durchscheinenden Meersalatthalli.

Enteromorpha compressa

Darmtang (D), Grass-kelp (GB), Entéromorphe (F), Enteromorpha, ova (E), Darmwier (NL), Enteromorfa (P), Tarmgrønske (N)

Röhrenartig oder abgeflacht, sehr dünnwandig, verzweigt, 5 bis 100 cm lang und 0,5 bis 3 cm breit. Blaßgrüne Färbung. Diese Art lebt auf harten Substraten, von der Oberfläche (Fluttümpel) bis in einige Meter Tiefe. Häufig in ruhigen Buchten und Häfen; verträgt Brackwasser in der Nähe von Flußmündungen. Jahreszeitabhängige Alge, die man vor allem im Frühling und Sommer sieht. Es gibt mehrere sehr ähnliche Arten, darunter *Enteromorpha intestinalis, E. compressa* und *E. linza.* Sie alle sind auf der ganzen Welt zu Hause.

Dieser gekräuselt aussehende Darmtang lebt im Eulitoral; es handelt sich wahrscheinlich um Enteromorpha linza.

Codium tomentosum

*Grüne Gabelalge, Wollige Gabelalge, Gegabelte
Felt-Alge (D), Forked felt-alga, sponge sea-weed
(GB), Algue feutrée dichotome (F), Codio frágil (E),
Vertakt viltwier (NL), Alga aveludada dicótoma (P),
Pollpryd (N)*

*Eine bei Ebbe freigelegte Grüne Gabelalge
zwischen den hellgrünen Thalli des Meersalats und einigen Seeigeln* (Paracentrotus
lividus).

Der Thallus ähnelt runden Kordeln
(Durchmesser 4 bis 10 mm), die
sich gabelförmig verzweigen und
10 bis 50 cm hoch werden. Er hat
eine flaschengrüne Färbung, eine
filzige Konsistenz und seine Oberfläche ist mit einem „Flaum" kleiner Härchen bedeckt. Vegetations-
zeit: Frühjahr–Sommer. Die Art
lebt auf hellen Steinböden an der
Untergrenze des Eulitorals, in Tiefen zwischen 2 und 50 m. Geographische Verbreitung: Nordatlantik,
Mittelmeer, Schwarzes Meer. Einige Hinterkiemerschnecken *(Elysia
viridis* und *Placida dentritica)* ernähren sich fast ausschließlich von
dem Gewebe dieser Grünalge, indem sie in die Pflanze eindringen.
Sie durchbohren deren Zellulose-
wände und saugen ihren Zellinhalt
aus. Es gib noch zwei andere, sehr
ähnliche Arten: *Codium fragile* (eine aus dem Indo-Pazifik stammende, um 1920 nach Europa eingeführte Art) und *C. vermilaria*. Man
kann sie nur mit Hilfe eines Mikroskops voneinander unterscheiden.

Codium effusum (difforme)

*Schwammalge (D), Encrusting fel-
talga (GB), Codium encroûtant (F),
Codio incrustante (E), Korstvormend
viltwier (NL), Códio encrostante (P),
Flat pollpryd (N)*

Der Thallus hat die Form einer unregelmäßig gelappten Kruste mit
einem Durchmesser zwischen 5

und 50 cm. Photophile Art, die in Tiefen zwischen 1 und 50 m lebt. Manchmal im nordöstlichen Atlantik (vom Ärmelkanal bis zu den Kanarischen Inseln) anzutreffen, häufiger im Mittelmeer. Die großen Exemplare sind oft mit Sediment verkrustet. Es gibt noch zwei andere krustenförmige *Codium*-Arten: *C. adhaerens* und die Ballalge *(C. bursa)*.

Die charakteristischen unregelmäßigen Lappen dieser Codium-*Art haben dasselbe filzige Aussehen wie ihre Artgenossen.*

Braunalgen (Phaeophyceae)

Pelvetia canaliculata
Rinnentang (D), Channel-wrack, channelled wrack (GB), Pelvétie, algue à gouttière (F), Pelvecia (E), Pelvétia (P), Groefwier, zakjeswier (NL), Sauetang (N)

Buschige, aus zähen rinnenförmigen Riemen bestehende Thalli von 10–15 cm Länge; dichotom verzweigt. Die warzenartigen Geschlechtskonzeptakel bilden sich während des Frühjahrs und Sommers paarweise auf der Thallusspitze. Es entstehen hier gleichzeitig männliche und weibliche Gameten: Diese Art ist ein Zwitter. Sie hat keine Schwimmkörper. Die Färbung ist olivgrün, geht aber ins Gelbe über wenn die Thalli naß sind und ins Schwarze, wenn sie trockenfallen. Sie widersteht der Austrocknung dank einer Ölschicht auf dem Thallus und indem sie in den Rinnen ihrer Unterseite Wasser zurückhält. Von der Arktis bis zur Iberischen Halbinsel.

Der im oberen Teil des Eulitorals lebende Rinnentang ist recht trockenresistent. Beachten Sie die rinnenbildenden Thalli, die das Wasser zurückhalten, und die Geschlechtsorgane, die sich nur in der heißen Jahreszeit entwickeln.

Die dichotomen, gezackten und eine Mittelrippe tragenden Thalli sind charakteristisch für den Sägetang.

der Arktis bis zur Iberischen Halbinsel antrifft. Sie wird zur Gewinnung von Alginaten geerntet.

Fucus vesiculosus

Gemeiner Blasentang (D), Bladderwrack (GB), Varech, varech vésiculeux (F), Encina marina, fuco, sargazo vejigoso (E), Blaaswier (NL), Fuco vesicular, bodelha vesicular (P), Blœretang (N)

Fucus serratus

Sägetang (D), Rockweed, serrated wrack, saw wrack, toothed wrack (GB), Goémon, varech denticulé, varech denté, varech plat (F), Fuco dentado, encina marina dentada, carballón (E), Gezaagde zeeëik, zaagwier (NL), Fuco dentado, bodelha dentada (P), Sagtang (N)

Flacher, 2 cm breiter Thallus, der 40–80 cm lang werden kann und charakteristische sägeblattförmige Ränder hat. Dichotom verzweigt, Mittelrippe, keine Schwimmkörper. Diese Algen tragen zur Zeit der Vermehrung auf der Spitze ihrer Thalli flache Geschlechtskonzeptakel. Die männlichen Pflanzen stoßen orangefarbene Tropfen aus, und die weiblichen produzieren eine grünliche Flüssigkeit: Es handelt sich um eine zweihäusige Art. Sie hat vermutlich eine Lebenserwartung von drei Jahren. Typische Alge der Untergrenze des felsigen Eulitorals, die man von

Diese Braunalge (Ordnung Fucales) kann 15–100 cm groß werden. Der Thallus ist nicht gezackt, aber dichotom verzweigt und trägt (bis auf eine im Brandungsbereich lebende Spielart) paarige, glatte, ovale Schwimmkörper zu beiden Seiten der Mittelrippe, und zwar auf seiner gesamten Länge. An den Gabelungen des Thallus können einzelne Schwimmkörper auftreten. Zur Zeit der Vermehrung kann man am Ende des Thallus auf der pustulösen Oberfläche Geschlechtskonzeptakel finden. Es gibt männliche und weibliche Pflanzen. Die männlichen haben endständige Samenkapseln und sondern eine gelbe Substanz ab, während die Samenkapseln der weiblichen Pflanzen eine grüne Substanz ausstoßen: Es handelt sich um eine zweihäusige Art. Wenn die Vermehrung beendet ist, verschwinden die Samenkapseln, und das Wachstum der Alge setzt wieder ein (5 mm pro Woche). Der Gemeine Blasentang kann drei Jahre alt werden. Er ist eine charakteristische Alge des Eulitorals, die man von der Arktis bis zur Iberischen Halbinsel antrifft. Sie diente früher als Viehfutter, heute entzieht man ihr Alginate für die Nahrungsmittelindustrie.

Fucus spiralis (platycarpus)

Spiraltang, Schraubentang, Drehtang, Gabelbandtang (D), Spiral-wrack (GB), Varech spiralé (F), Encina marina espiral (E), Platte zeeëik, kleine zeeëik, platwier (NL), Fuco espiral, bodelha espiral (P), Kaurtang, spiraltang (N)

Man kann den Gemeinen Blasentang an seinem glatten Rand und den paarigen Schwimmkörpern beiderseits der Mittelrippe ganz sicher erkennen.

Diese Braunalge (Ordnung Fucales) kann 15–40 cm groß werden. Sie hat einen dichotomen, nicht gezackten Thallus mit einer Mittelrippe und terminalen Geschlechtskonzeptakeln, die oft von einem flachen, schmalen Rand umgeben sind. Diese produzieren gleichzeitig männliche und weibliche Gameten: Es handelt sich um eine einhäusige Art. Die Enden der Thalli sind spiralig eingerollt. Keine Schwimmkörper. Auf der Thallusoberfläche befinden sich kleine Haarbüschel. Die Färbung ist ein wenig dunkler als bei *F. vesiculosus.* Die Art lebt an geschützten Standorten, wo man sie unter dem Rinnentang-Gürtel findet. Nordatlantik, von der Arktis bis zu den Kanarischen Inseln.

Die spiralig eingerollten Thallusenden und die von einem „Flügel" umgebenen Geschlechtskonzeptakel sind für den Spiraltang charakteristisch.

ten) oder längliche Geschlechtskonzeptakel, welche die Gameten beider Geschlechter enthalten. Die Art ist einhäusig. Infralitorale Art, lebt in Fluttümpeln in Tiefen bis zu 10 m. Von der Arktis bis Nordspanien.

Auf diesem Ausschnitt von Halidrys siliquosa *sieht man die gelblichen Geschlechtskonzeptakel (unten rechts) und die charakteristischen schotenförmigen Schwimmkörper (im Hintergrund). Auf der zähen Alge haben sich Seescheiden* (Clavelina lepadiformis) *und Moostierchenbüschel festgesetzt.*

Ascophyllum nodosum

Knotentang (D), Knotted wrack, egg wrack (GB), Robert, goémon noir, ascophylle (F), Alga nudosa (E), Knotswier (NL), Alga nodosa (P), Grisetang (N)

Diese Braunalge (Ordnung Fucales) bildet braun-grüne Riemen, die 2 m groß werden können. Diese zähen, mit einer Basalscheibe am Substrat haftenden Riemen enthalten eine Aneinanderreihung dicker Schwimmkörper, die das Alter der Pflanze anzeigen: Das Alter entspricht der Anzahl der Schwimmkörper plus 1 oder 2 (3 Schwimmkörper = 4–5 Jahre). Man schätzt die Lebensdauer dieser Art auf 15 Jahre und mehr. Die sich in unregelmäßigen Abständen verzweigenden Riemen tragen kurze, unregelmäßige Seitenzweige. Im Winter und im Frühjahr bilden die Geschlechtskonzeptakel beiderseits der Riemen kolbenartige, 1–2 cm große Auswüchse. Zweihäusige Art mit orangefarbenen männlichen und grünen weiblichen Konzeptakeln. Sie lebt vom Eulitoral bis in 15 m Tiefe und entwickelt sich besonders in geschützten Buchten sehr stark. Für andere Algen ist es

Halidrys siliquosa

Meereiche, Schotentang (D), Pod-weed, sea-oak (GB), Queue-de-poulain (F), Alga de vainas (E), Hauwier (NL), Halidris (P), Skolmetang, skulpetang (N)

Große Braunalge (Ordnung Fucales), die 1–3 m lang werden kann. Der braun-gelbliche, mit einer Basalscheibe am Boden festhaftende Thallus besteht aus dicken, zähen und zickzackförmigen Riemen mit wechselständigen Verzweigungen. Diese kurzen Seitenzweige tragen zwei verschiedene Formen von Auswüchsen: entweder längliche Schwimmkörper, die im Innern in zehn Kammern unterteilt sind (wie winzige Scho

schwierig, das Substrat unter dem Knotentang zu besiedeln.

Diese Alge ist im ganzen Nordatlantik vertreten, von der Arktis bis zur Iberischen Halbinsel. Die Thalli werden häufig von den dunklen „Troddeln" der Rotalge *Polysiphonia lanosa* überwuchert. Die Alge wird zur Gewinnung von Alginaten und anderen Verwendungen abgeschnitten. Man läßt dabei den Fuß mit etwa 10 cm Thallus stehen; so kann der Knotentang wieder nachwachsen und nach fünf Jahren erneut geerntet werden.

Die dicken Schwimmkörper und das Fehlen einer Mittelrippe sind Bestimmungsmerkmale für den Knotentang.

Padina pavonica (pavonia)

Trichteralge, Pfauenalge, Trichtertang (D), Peacock alga, peacock's tail (GB), Padine, padine queue-de-paon, algue en éventail (F), Padina, coda di pavo real (E), Pauwier (NL), Alga cauda de pavão (P), Påfuglhale (N)

Die Höhe dieser blattartigen, tütenförmig eingerollten Alge variiert zwischen 5 und 10 cm. Die Trichteralge ähnelt den Baumpilzen in unseren Wäldern und ist deshalb sehr leicht zu erkennen. Die aufgrund von Kalkeinschlüssen weißlichen Thalli zeigen charakteristische braune, konzentrische Zonen. Art, die im Sommer an besonnten und geschützten Standorten (Fluttümpel auf Sandböden), von der Oberfläche bis in 20 m Tiefe lebt. Nordatlantik, Mittelmeer und Schwarzes Meer.

Man erkennt die Trichteralge an ihrer trichterförmigen Gestalt und der weißgestreiften Färbung.

Dictyota dichotoma erkennt man auf einen Blick an dem blauen Schimmer und der dichotomen Verzweigung.

Dictyota dichotoma

Gabeltang, Gemeine Gabelzunge (D), Forkweed (GB), Dictyote, algue fourchue (F), Alga bifurcada (E, P), Gaffelwier (NL), Tvebendel (N)

Die Breite der flachen, dichotom verzweigten Bänder beträgt 2 bis 10 mm, die Thalli erreichen eine Höhe von 10 bis 20 (max. 50) cm. Die Enden sind abgerundet und haben manchmal eine leichte Vertiefung in der Mitte. Typisch ist der bläuliche Schimmer der hellbraunen Thalli. Man findet diese Alge vom Eulitoral (häufig in Fluttümpeln) bis in 30 m Tiefe, in seltenen Fällen bis 80 m. Oft epiphytisch auf anderen Algen. Verbreitung: Nordatlantik, Mittelmeer, Schwarzes Meer, Rotes Meer, Indischer Ozean. Oberflächlich betrachtet ähnelt *Dictyota dichotoma* zwei anderen Braunalgen, und zwar *Dictyopteris membranacea* (die jedoch gut sichtbare, dicke Mittelnerven hat, die der Gabelzunge fehlen) und *Cutleria multifida* (deren Thalli dicker und kräftiger sind).

Himanthalia elongata
Riementang (D), Thong-weed,
sea-thong (GB), Himanthale (F),
Correa, alga cinturón (E), Riemwier
(NL), Himantália, alga cinturão (P),
Remtang, knapptang (N)

Diese kleinen „Pilze" sind der vegetative,
im Winter sichtbare Teil des Riementangs. In
der Umgebung wachsen überall verschiedene
Rotalgen.

Diese bräunlich-grüne Braunalge (Ordnung Fucales) besteht aus einer Scheibe mit Stiel und ähnelt einem trichterförmigen Pilz von 3–4 cm Durchmesser. Sie trägt zwei dicke, abgeflachte Riemen von 1–2 cm Breite, die sich dichotom verzweigen können und eine Länge von 1–3 m erreichen. Die Basis ist der vegetative Teil, der sich im Winter entwickelt, während die Riemen die eingeschlechtlichen Geschlechtskonzeptakel darstellen (zweihäusige Art). Sie entwickeln sich im Frühling und werden durch die Herbststürme herausgerissen. Infralitorale Art, die im nordöstlichen Atlantik von der Arktis bis zur Iberischen Halbinsel vertreten ist. Sie hat eine Lebensdauer von zwei Jahren. Neuerdings werden die Riemen als Gemüse angeboten. Nicht mit der Meersaite *(Chorda filum)* zu verwechseln, deren olivgrüner zäher Thallus aus peitschenartigen, unverzweigten Schnüren besteht, die einen runden Querschnitt von 5 mm Durchmesser haben und 1–5 m lang sind. Die Oberflächen dieser „Schnüre" sind von einem Filz blasser Haare bedeckt, die auf den im Meer untergetauchten Thalli gut sichtbar sind. Diese Thalli sind hohl und mit Luft gefüllt, so daß sie senkrecht schwimmen können.

Himanthalia elongata erreicht nur im
Sommer sein maximales Wachstum mit
Riemen von mehreren Metern Länge.

Das dornige Aussehen ist für die meisten Cystoseiraarten charakteristisch, aber Cystoseira tamariscifolia *hat als einzige einen blauen Schimmer.*

per. Diese photophile Alge lebt in geschützten Bereichen dicht an der Oberfläche: von der Gezeitenzone bis in wenige Meter Tiefe. Nordöstlicher Atlantik, von den Britischen Inseln bis Mauretanien, westliches Mittelmeer. Es gibt noch andere *Cystoseira*-Arten im Atlantik: *Cystoseira nodicaulis* (kurze, auseinanderstehende Zweige, wenig dornig, fühlt sich weich an und hat charakteristische Schwellungen an den ausdauernden Achsen), *C. baccata* (bis zu 1 m, Achse und Zweige abgeflacht, große Schwimmkörper, in den Zweigen eingeschlossen und nicht auf einem Stielchen wie beim Beerentang), *C. foeniculacea* (bis 90 cm, wechselständige Seitenzweige, sehr dicht an der Oberfläche) und *C. humilis* (auf allen Ebenen verzweigt, Fluttümpel des Litorals).

Cystoseira tamariscifolia (ericoides)
Blaue Cystoseira, Tamariskenblättriges Blasenseil (D), Blue Cystoseira (GB), Cystoseire bleue (F), Cistoseira azul (E,P), Blauwe cystoseira (NL), Blå cystoseira (N)

Braunalge (Ordnung Fucales), deren Thallus 60 cm hoch werden kann. Sie hat eine braune oder olivgrüne Farbe und fühlt sich dornig an. Die jungen Pflanzen haben einen bläulichen Schimmer (es ist die einzige Cystoseira im Atlantik, die diese Eigenschaft hat). Sie besitzt gut sichtbare Schwimmkör-

Sargassum muticum
Japanischer Beerentang (D), Japanese Sargasso weed, Japweed (GB), Sargasse japonaise (F), Sargazo japonés (E), Japans bessenwier (NL), Sargaço japonês (P), Japansk sargasso (N)

Beerentange sind große Braunalgen (Thallus von mehreren Metern, Maximum: 10 m), die man an ihren kleinen, an gestielte Beeren erinnernde Schwimmkörper zwischen den lanzettförmigen „Blättern" erkennt. Diese Alge wurde im Jahre 1973 zufällig mit aus Japan stammenden Austern nach Großbritannien eingeführt und hat sich ganz schnell auf der gesamten europäischen Atlantikseite ausgebreitet. Alle Versuche, sie zu bekämpfen, waren vergeblich: Sie kann im Sommer eine Wachstumsgeschwindigkeit von 4 cm pro Tag erreichen! Man findet sie häufig in geringen Tiefen auf Sand und Detritusböden, besonders in geschützten Zonen; sie kann aber auch bis in 20 m Tiefe angetroffen werden. Es gibt noch mehrere andere Beerentangarten.

Diese Algen sind aufgrund ihrer Massenbestände mitten im Atlantik (Sargasso-See) berühmt, wo sie wahre schwimmende Inseln bilden, die früher die Segelschiffe auf ihrem Weg in die Neue Welt behinderten.

Man erkennt Beerentange an ihren beerenförmigen Schwimmblasen und ihren lanzettförmigen „Blättchen".

Bifurcaria bifurcata
*Zweigabeltang (D), Fork-alga (GB),
Bifurcaire (F), Bifurcaria (E),
Vorkwier (NL), Bifurcária (P),
Gaffelalger (N)*

Der Thallus erreicht 30–50 cm, die Verzweigungen sind dichotom und haben einen runden Querschnitt (Durchmesser: 3–4 mm). Charakteristische gelbliche Farbe. Eulitorale Art, die keine Austrocknung erträgt: Bei Ebbe findet man sie in den Fluttümpeln. Von der marokkanischen Küste bis zum Ärmelkanal als nördliche Grenze.

Diese bei Ebbe fotografierte Bifurcaria bifurcata *kann anhand ihrer abgerundeten Enden, ihrer glatten äußeren Gestalt und der charakteristischen Gabelung eindeutig bestimmt werden.*

Laminaria saccharina

Zuckertang (D), Sugar kelp, sea-belt, poor man's weather glass (GB), Laminaire saccharine, ceinture de Neptune, baudrier de Neptune (F), Lamninaria azucarada, fuco azucarado (E), Suikerwier (NL), Laminária açucarada (P), Sukkertare (N)

Der gewellte, unverzweigte Blattkörper dieser gestrandeten Laminaria saccharina *ist typisch für die Art.*

Diese Braunalge (Ordnung Laminariales; Vertreter dieser Algengruppe werden auch als „Laminarien" oder „Blatt-Tange" bezeichnet) kann 3–4 m hoch und 30 cm breit werden. Der kurze Stiel ist mit Haftwurzeln befestigt. Der riemenförmige Blattkörper ist niemals gezackt, aber sehr stark gewellt. Infralitorale Art ruhiger Bereiche, bis in 20 m Tiefe, von den borealen nördlichen Regionen bis Portugal. Der Stiel ist biegsam, so daß sich die Alge während extremer Tiden ins Wasser niederbeugt, um nicht auszutrocknen. Sie kann mehrere Jahre leben. Ihr Name ist darauf zurückzuführen, daß sich auf ihrer Blattoberfläche Zucker kristallisiert, wenn sie trockenfällt. Man entzieht ihr Alginate und den Alkohol Mannit.

Laminaria digitata (flexicaulis)

Fingertang (D), Devil's apron, tangle, oarweed (GB), Laminaire digitée, taly, anguiller (F), Laminaria digitada (E), Gladgesteeld vingerwier (NL), Laminária digitada (P), Fingertare (N)

Diese olivgrüne bis dunkelbraune Laminarie kann 1–3 (max. 4) m hoch werden. Der biegsame, glatte Stiel (Durchmesser: 4 cm) hat einen leicht ovalen Querschnitt und trägt wenige Epiphyten. Das „Blatt" ist in Riemen ausgeschnitten. Die Alge kann sich dank der Biegsamkeit ihres Stiels bei Ebbe niederbeugen und mit dem Wasser in Kontakt bleiben. Infralitorale Art des Brandungsbereichs und der geschützten Zonen, die man von der Arktis bis in den Süden der Bretagne findet. Sie lebt mindestens fünf Jahre. In der Bretagne ist es die meistgesammelte Alge zur Gewinnung von Alginaten.

Laminaria hyperborea (cloustoni)

Palmentang (D), Red kelp, cuvie (GB), Goémon rouge, laminaire rugueuse (F), Laminaria rugosa (E), Ruwgesteeld vingerwier (NL), Laminária rugosa (P), Stortare, stokktare (N)

Diese braune Laminarie kann 3 m hoch werden. Der zylindrische Stiel ist starr und rauh und trägt zahlreiche Epiphyten; er sitzt mit einer Haftwurzel (Haptere) am Substrat fest. Das wedelförmige „Blatt" ist in eine Anzahl Bänder aufgelöst. Im Frühling bildet sich ein neuer „Wedel". Zu diesem Zeitpunkt ist die sichtbare Einschnürung zwischen dem alten und dem neuen Wedel charakteristisch. Im April-Mai lösen sich die alten Wedel, und man findet sie massenweise am Strand. Die Pflanze kann 10–15 Jahre leben. Infralitorale Art, die den Brandungsbereich bevorzugt und bis in etwa 20 m Tiefe angetroffen werden kann. Von der Arktis bis Portugal. Früher war sie eine Quelle für Soda, Kali und Jod, heutzutage wird sie zur Gewinnung von Substanzen mit hohem Gelierungsvermögen (Alginate) zugunsten der Nahrungsmittelindustrie, besonders in den nordischen Ländern (Schottland, Norwegen), gesammelt.

Laminaria digitata kann sich dank der Biegsamkeit ihres Stiels bei Ebbe niederbeugen und dadurch ein Austrocknen vermeiden. Aus diesem Grund ist sie die am höchsten aufsteigende Laminarie.

Der Stiel von Laminaria hyperborea ist rauh und trägt deshalb viele Epiphyten, wie die Rotalge Palmaria palmata.

Laminaria ochroleuca (lejolisii)
Gelber Fingertang (D), Yellow oarweed (GB),
Laminaire jaune (F), Laminaria amarilla (E),
Geel vingerwier (NL), Lamínária amarela (P),
Gulltare (N)

(Foto: Daniel Deflorin / APNEA)

Die gelbliche Farbe der wedelförmigen
„Blätter" ist das Hauptbestimmungsmerkmal
für Laminaria ochroleuca.

Diese Braunalge ist *Laminaria digitata* sehr ähnlich. Sie unterscheidet sich von dieser durch ihre hellere, an der Wedelbasis gelblichen Farbe und durch einen starreren Stiel: Sie beugt sich während des Auftauchens bei Ebbe nicht nieder. Infraitorale Art des Brandungsbereichs und der geschützten Zonen, die man von den Britischen Inseln bis Nordafrika und in den Teilen des Mittelmeeres, die dem Atlantik nahe sind (Gibraltar, Marokko, Algerien, Alboransee) antrifft. Sie lebt mehrere Jahre.

Undaria pinnatifida
Wakame (D, GB, E, NL, N),
Wakamé (F,P)

Grünlich-braune Laminarie, die mehr als 1 m hoch werden kann. Mit Haftwurzeln befestigt, abgeflachter Stiel, durchscheinender Blattkörper mit Mittelrippe, in der Form eines langgestreckten, 15 cm breiten Dreiecks mit lappenartigen Auswüchsen an der Basis. Bei den älteren Exemplaren teilt sich der Blattkörper an der Mittelrippe in Riemen auf. Diese Alge wurde zufällig ins Mittelmeer eingeführt, und zwar mit jungen Austern, die von Japan in den „Etang de Thau" gebracht wurden. Da sie eßbar ist, wird sie jetzt in der Bretagne (Ouessant) angebaut und unter ihrem japanischen Namen Wakame verkauft. Seit kurzem ist sie aus diesen

Aquakulturen entschwunden und reiht sich so in die vielen exotischen Arten ein, die die französische Küste besiedeln: *Colpomenia peregrina, Asparagopsis armata, Codium fragile, Sargassum muticum* und *Caulerpa taxifolia* aus dem Mittelmeer, die so viel Aufsehen erregte… Nicht mit *Alaria esculenta* zu verwechseln, deren Thallus schmaler und weniger gewellt ist.

(Foto: Daniel Deflorin/APNEA)

Typischer Wakameblattkörper; an der Mittelrippe entspringen zahlreiche Riemen.

Saccorhiza polyschides (bulbosa)

Sackwurzeltang (D), Furbelows (GB), Laminaire à bulbe (F), Laminaria bulbosa (E), Knolwier (NL), Laminária bulbosa (P), Draugtare (N)

Laminarie mit hellem, 1–4 m hohen Thallus. Trotz ihrer enormen Größe (bis zu 10 m) handelt es sich um eine einjährige Art. Die Haftwurzel wird ganz schnell von einer hohlen Knolle mit knorpeliger Konsistenz bedeckt, die charakteristische Warzen trägt und einen Durchmesser von 40–50 cm erreichen kann. Der etwa 10 cm dicke Stiel ist stark abgeflacht und besitzt wellige Ränder. Weiter oben verbreitert sich der Stiel in einen haarbüscheltragenden Blattkörper, der in breite Riemen ausgeschnittenen ist, die anderen Laminarien ähneln. Diese Art lebt im Brandungsbereich an der Obergrenze des Infralitorals. Man findet sie von Norwegen bis Marokko und im Mittelmeer.

(Foto: Daniel Deflorin/APNEA)

Saccorhiza polyschides kann eindeutig an seinem warzentragenden Haftorgan und dem abgeflachten Stiel mit seinen gewellten Auswüchsen erkannt werden.

Rotalgen (Rhodophyceae)

Asparagopsis heftet sich mit Hilfe seiner „Harpunen" leicht an Ihrem Tauch- oder Badeanzug fest!

Asparagopsis armata
Harpunen-Alge (D), Harpoon-alga (GB), Algue à crochets (F), Alga arpón (E), Harpoenwier (NL), Alga harpão (P), Harpunalger (N)

Rosafarbene Büschel von 10–20 cm Höhe. Diese Alge lebt auf den ersten Metern unter der Oberfläche. Geographische Verbreitung: Die Art kommt ursprünglich aus Neuseeland und wurde 1925 zufällig eingeschleppt. Seitdem bevölkert sie die Mittelmeer- und Atlantikküsten (von den Shetlandinseln bis Marokko). Ihre charakteristischen „Harpunen" verankern die Thalli an anderen Algen. Die sehr komplizierte Vermehrung dieser Art vollzieht sich in drei Stadien. *Asparagopsis* bildet den Gametophyt, der Geschlechtszellen produziert; aus diesen entwickeln sich Carposporophyten (weiße Punkte), die auf ersterem parasitieren. Das dritte Stadium ist schließlich ein kleiner, rötlicher „Troddel" (2 cm Durchmesser), den man oft auf anderen Algen festgeklammert oder im freien Wasser treiben sieht und aus dessen Sporen wiederum Gametophyten hervorgehen. Diese Tetrasporophyten wurden früher aufgrund ihres völlig anderen Aussehens mit einem anderen Namen bezeichnet: *Falkenbergia rufolanosa*.

Palmaria (Rhodymenia) palmata
Hauttang (D), Dulse (GB), Goémon à vache (F), Palmera de mar roja (E), Palmroodwier (NL), Palmeira do mar vermelha (P), Søl (N)

Von einer kleinen Basalscheibe und einem kurzen Stengel ausgehend bildet der Thallus häutige Lamellen ohne Nerven, die sich von der Basis zur Spitze verbreitern. Die 3–5 cm breiten und 10–40 (in Ausnahmefällen 100) cm langen, verzweigten (Risse) und gelappten Enden verleihen der Alge ihr häutiges Aussehen. Die Lamellenbasis kann kleine, seitliche „Blätter" tragen. Die Färbung ist dunkelrot oder braun; im Sommer werden die „Blätter" durch den Einfluß der Sonne blasser und bekommen dann eine gelbliche oder grünliche Farbe. Häufige Art des Infralitorals, die sowohl auf Felsen als auch sehr oft als Epiphyt auf den Stielen von *Laminaria hyperborea* lebt. Geographische Verbreitung: von der Arktis bis zur Iberischen Halbinsel. Eßbare Art. Nicht mit *Rhodymenia pseudopalmata* zu verwechseln, die in demselben Habitat lebt. Letztere hat eine grellrote Farbe, ist maximal 10–20 cm groß und hat immer einen mehrere Zentimeter langen Stiel. Ihre häutigen Lamellen sind dichotom verzweigt und haben abgerundete Enden.

Vermutlich von einem Stiel von Laminaria hyperborea *losgelöst, finden wir den Thallus des Hauttangs am Strand.*

Jania (Corallina) rubens
Feines Korallenmoos (D), Jania (GB, F, E, NL), Jánia (P), Småkrasing (N)

Kalkalge mit sehr dünnen Zweigen (von 0,1 bis 0,2 mm), deren Büschel einen Durchmesser von 2 bis 5 cm haben. Photophile Alge, auf den ersten Metern unter der Wasseroberfläche reichlich vorhanden. Die Alge ist mit Kalk überzogen, dichotom verzweigt und hat eine weiße bis rosaviolette Färbung. Ihre Glieder verleihen ihr eine gewisse Geschmeidigkeit. Jania ist eine infralitorale, oft epiphytisch lebende Alge; man findet sie aber auch in Zostera-Wiesen und in den Fluttümpeln des Eulitorals. Weite geographische Verbreitung: von Skandinavien bis Mauretanien, Mittelmeer, Indischer Ozean, Chinesisches Meer. Es gibt noch andere, recht ähnliche *Jania*-Arten.

Die hellen Büschel von Jania *sind leicht zu erkennen.*

Corallina spp.

Korallenmoos (D), Coral weed (GB),
Coralline, Coralline officinelle (F), Coralina (E, P),
Koraalwier (NL), Krasing (N)

Ein Büschel Corallina *in einem supralitora-*
len Fluttümpel, dessen Boden mit der Roten
Krustenalge Lithophyllum incrustans *bedeckt*
ist. Bei der Schnecke handelt es sich um die
Graue Kreiselschnecke (Gibbula cineraria).

Die Thalli können eine Höhe von 2 bis 6 cm (max. 12 cm) erreichen. Der Hauptstiel besteht aus kalkverkrusteten Gliedern und trägt gegenständige Zweige, die ihrerseits gegenständige Ästchen tragen. Die Glieder mit rundem Querschnitt sind 1 bis 4 mm lang und 1 bis 2 mm dick. Grellrosa Algen (wenn sie trockenfallen, werden sie weiß), die aufgrund des Kalks in ihrem Gewebe hart sind, aber dank ihrer Gelenkverbindungen nicht so leicht zerbrechen. Streng infralitorale Arten, die den Brandungsbereich bevorzugen und oft einen sehr kompakten Gürtel genau unter der Oberfläche bilden: Ihre Obergrenze zeigt sehr genau den ständigen Wasserspiegel an. Die Untergrenze liegt bei 5 m. Man findet diese Algen häufig in den Fluttümpeln des Eulitorals. Es handelt sich um duldsame Algen, die sogar Verschmutzung ertragen. Verbreitung: von den Britischen Inseln bis Mauretanien, Mittelmeer. Die Extrakte des Korallenmooses wurden früher als Wurmmittel verwendet. Zwei verwandte Arten: *C. elongata (mediterranea)* und *C. officinalis.*

Lithophyllum incrustans

Rote Krustenalge, Krustenförmiges Steinblatt (D), Encrusting calcareous alga (GB), Algue calcaire encroûtante (F), Litófilo incrustante (E), Korstvormend kalkroodwier (NL), Alga calcária encrostante (P), Flatrugl (N)

Der Thallus ist wenige Millimeter bis 4 cm dick, aber die Schicht kann manchmal mehrere hundert Quadratzentimeter bedecken! Das Gewebe ist völlig verkalkt, was dieser Alge ihre Härte und das Aussehen des Felsens verleiht, den sie verkrustet. Die Vorteile dieser Verkalkung liegen in einer großen Widerstandsfähigkeit gegenüber Wellen und Weidegängern. Photophile infralitorale Art, die Felsen (manchmal auch Muschelschalen) von 0 m bis in größere Tiefe überzieht.

Der Fels ist oft vollkommen von den grauen, rosa oder violetten Krusten bedeckt. Man findet sie ebenfalls in Fluttümpeln des Supralitorals. Von den Färöer-Inseln bis zu den Kapverdischen Inseln und im Mittelmeer massenhaft vertreten. Es gibt einige ähnliche Arten.

Wenn Thalli der Roten Krustenalge aufeinander treffen, versucht jeder, seinen Nachbarn wegzustoßen; dadurch entstehen Wülste („Frontlinien"). Hier ist der Kampf um den Lebensraum verwirklicht.

Lithohtamnion purpureum (polymorphum)

Rote Krustenalge, Steinblatt (D), Crustose red alga (GB), Algue calcaire encroûtante (F), Litófilo incrustante (E), Korstvormend kalkroodwier (NL), Alga calcária encrostante (P), Flatrugl (N)

In der Vertikalzonierung entwickelt sich diese Art (die sciaphiler und roter gefärbt ist als *Lithophyllum incrustans)* tiefer und ganz besonders gern an der Basis von Laminarien.

Diese Art ähnelt Lithophyllum incrustans, *hat aber eine unregelmäßigere Oberfläche und eine dunklere Farbe.*

Diese Alge bildet gewellte, ins Violette spielende Scheiben mit einem weißen Rand. Bei den kleinen Rotalgen handelt es sich vermutlich um Rhodymenia pseudopalmata.

Mesophyllum lichenoides
Mesophyllum *(D, GB, NL, N),*
Mésophylle *(F),* Mesófilo *(E, P)*

Dünne, scheibenförmige Thalli (wenige Millimeter), die mehr oder weniger gewellt sind, sich vom Substrat lösen und übereinanderliegen. Eher sciaphile Art, die im Mittelmeer und im Golf von Biscaya recht häufig vorkommt; in ihrem nördlichen Verbreitungsgebiet, das sich bis zu den Britischen Inseln erstreckt, ist sie seltener zu finden.

Diese Kalkkugel mit ihren kleinen „Windungen" ist der Thallus von L. lichenoides.

Lithophyllum lichenoides (tortuosum)
Runde Steinalge, Geriffelte Kalkalge (D),
Rough calcareous alga (GB),
Algue calcaire du trottoir (F),
Litófilo redondeado (E), Alga calcária arredondada (P), Bolvormig steenwier, geribbeld kalkroodwier (NL),
Rundrugl (N)

Rotalge. Halbkugelförmige Thalli mit einem Durchmesser von 2 bis 15 cm. Die Oberfläche ist von einem Geflecht dünner, vernetzter, 3 bis 8 mm hoher Lamellen durchzogen. Typische Art des Eulitorals, d. h. sie lebt mal überflutet und mal im Trockenen. Im Mittelmeer trägt sie zur Bildung des „Trottoir" der Kalkalgen bei. Im Atlantik, wo sie seltener vorkommt (von der Île d'Yeu bis zur marokkanischen Küste) findet man kein Trottoir, sondern eher isolierte Thalli dieser Art.

Die Thalli bilden warzige Kalkklumpen von 2–8 cm Durchmesser, die manchmal „Äste" mit einem Durchmesser von 2–4 mm tragen. Die Farbe variiert zwischen rosa und blauviolett. Zu Beginn ihres Lebens befestigen sich diese Algen an Hartsubstraten wie z. B. Schalenresten oder Kieselsteinen. Später bilden sie dann mehr oder weniger kugelförmige, völlig freistehende Bäumchen. An manchen Orten häufen sich diese Algen durch den Einfluß der Strömungen und bilden sogenannte Maerlbänke. Diese sind z. T. mehrere Meter dick, so daß nur die obere Schicht genügend Licht bekommt und lebende Algen enthält. Infralitorale und circalitorale Art (bis in 25 m Tiefe), die man von Skandinavien bis zur Iberischen Halbinsel und im Mittelmeer antrifft. Der Name Maerl stammt von dem alten französischen Wort marle (gerieben, gerissen) oder marne (Mergel) und spielt auf den Abbau dieser Bänke mit Baggern (besonders in der Bucht von Morlaix) zur Herstellung von Kalkpuder an, welches in der Landwirtschaft zur Verbesserung allzu saurer Erde verwendet wird. Kürzlich (1993) wurde *Lithothamnion* in der Abwasserreinigung als Absorptionselement genutzt. *Lithothamnion corallioides* ist eine verwandte Art; sie hat eine etwas rotere Farbe und ist feiner verzweigt. Ihre Thalli bilden mit denen von *L. calcareum* gemischte Populationen.

Lithothamnion (Phymatolithon) calcareum

Knollige Kalkalge (D), Maerl
(GB, E, NL, P), Maërl (F), Vorterugl (N)

Es ist charakteristisch für die Knollige Kalkalge, daß die Thalli nicht am Substrat festhaften.

*Die Färbung dieser Alge ist veränderlich:
Sie kann von braun-violett bis zu einem
von der Sonne entfärbten Gelb variieren.*

Chondrus crispus

*Knorpeltang, Perltang, Irländisches
Moos, Carrageen (D), Irish moss,
carragheen (GB), Goémon frisé, mousse
d'Irlande, lichen, carragheen, pioka (F),
Musgo de Irlanda, musgo perlado (E),
Iers mos (NL), Musgo de Irlanda (P),
Krusflik (N)*

Die kräuselig aussehenden Thalli
haben eine knorpelige Konsistenz
und erreichen eine Höhe von 7–
15 cm. Die Färbung variiert von
gelblich-braun an den Enden bis zu
einer dunklen, rotbraunen bzw. fast
schwarzen Basis. Die Oberfläche
kann im Wasser bläulich schimmern. Der dichotom verzweigte
Thallus ist entweder zylindrisch
oder abgeflacht und von veränderlicher Breite. Er ist mehrfach unregelmäßig verzweigt. Die Art lebt
im oberen Teil des Infralitorals und
kann auf Felsen sehr dichte Bestände bilden. Man findet sie aber auch
in beschatteten Fluttümpeln des
Eulitorals. Sie ist von Skandinavi-
en bis zur marokkanischen Küste
vertreten. Man sammelt sie schon
seit dem Mittelalter zum Verzehr
(Geschmack von gesalzenen Nüs-
sen); gegenwärtig entzieht man ihr
gelierende Substanzen, das sogenannte Carrageenan (nach dem
irischen Ort Carraghen benannt).

Polyides rotundus
Rote Gabelalge (D), Forked red alga
(GB), Algue rouge dichotome (F),
Alga roja dicótoma (E), Vertakt roodwier
(NL), Alga vermelha dicótoma (P),
Rødkluft (N)

Diese Alge wird 20 cm groß. Die
runden, fleischigen Zweige haben
alle denselben Durchmesser. Aufgrund ihrer bordeauxroten Farbe
mit den gelblichen Enden und der
Befestigung durch eine Basalscheibe kann man sie eindeutig von
Furcellaria lumbricalis (fastigiata)
unterscheiden; diese ist nicht ganz
so rot, und der Thallus ist durch
Haftwurzeln verankert. Man findet
beide von der Nordsee bis zur
Iberischen Halbinsel auf Felsen in
geringer Tiefe.

Die fleischigen, roten Verzweigungen
dieser Alge sind für Polyides rotundus
charakteristisch.

Gracilaria bursa-pastoris (?)
Gracilaria (D, GB, E, NL, N),
Gracilaire (F), Gracilária (P)

Thallus von 5–15 cm Höhe. Die
großen zylindrischen Zweige sind
knorpelig und brüchig. Infralitorale
Art der strömungsberuhigten Zonen, die im gesamten Nordatlantik
und im Mittelmeer vertreten ist.

Gracilaria *kann sich (wie viele andere Rot-*
algen auch) im Sommer entfärben und
deshalb grünlich aussehen.

Ceramium hat durch die Sommersonne ihre typischen roten Pigmente verloren.

Ceramium spp.
Roter Horntang (D), Hornweed (GB), Céramium, algue à cornes (F), Alga de cuernos (E), Hoorntjeswier (NL), Alga de cornos (P), Vanlig rekeklo (N)

Fein verzweigte Büsche von 2–30 cm Höhe. Betrachtet man den Roten Horntang aus der Nähe, dann erkennt man einen Wechsel von dunklen und hellen Streifen auf den Fäden und den nach innen gebogenen, an Ochsenhörner erinnernden Enden. Die Art hat eine rosa Farbe, kann sich aber im Sommer entfärben. Man findet sie bis in 20 m Tiefe (oft als Epiphyt); von der Nordsee bis zu den Kanarischen Inseln, Mittelmeer. Es sind etwa 20 Arten bekannt (darunter auch *Ceramium rubrum),* die sich alle sehr ähneln.

Man findet Polysiphonia *auf den Thalli von* Ascophyllum nodosum.

Polysiphonia (Vertebrata) lanosa (fastigiata)
Zarte Rotalge (D), Red tuft alga (GB), Pompon des ascophylles (F), Pompón violáceo (E), Buiswier, rond buiswier (NL), Pompom violáceo (P), Grisetangdokke (N)

Dunkle, braun-violette „Troddel" aus feinen, 4–8 cm langen Fäden. Die Art lebt als obligatorischer Halbparasit auf dem Knotentang, seltener auf *Fucus*-Arten; im Eulitoral des Nordatlantiks, von der Arktis bis zur Iberischen Halbinsel.

Man findet die Wandflechte (Xanthoria parietina) *an der Obergrenze des Supralitorals. Hier sieht man sie in Gesellschaft mit der Astflechte* (Ramalina siliquosa) *und der Kuchenflechte* (Lecanora atra). *Letztere ist leicht an den schwarzen Apothezien (Fruchtkörper) und der mehlähnlichen Oberfläche zu erkennen.*

Flechten (Lichenes)

Flechten sind symbiotisch lebende Verbände von bestimmten Algen (weniger als 10 %) und bestimmten Pilzen. Es handelt sich um ausgesprochen widerstandsfähige Lebensformen, die auch unter schwierigen Bedingungen existieren. Aus diesem Grund gehören sie zu einigen außergewöhnlichen Organismen, die selbst im erhöhten Salzgehalt des Supralitorals überleben. Der Pilz kann das 35fache seines Körpergewichts an Wasser zurückhalten, so daß die Flechte gut gegen Austrocknung geschützt ist.

Xanthoria parietina
Wandflechte, Gelbe Krustenflechte (D), Common orange lichen (GB), Lichen encroûtant jaune (F), Líquen incrustante amarillo (E), Gele korstmos (NL), Líquen encrostante amarelo (P), Messing lav (N)

Diese Krustenflechte bildet rundliche Flecken mit einem Durchmes-

ser von 3–10 cm. Man erkennt sie an ihrer goldgelben Farbe und daran, daß man sie mit dem Fingernagel ablösen kann. Sie hat einen vom Felsen losgelösten Saum, kleine blättchenartige Strukturen und im Zentrum orangefarbene Vermehrungsorgane (Fruchtkörper). Sehr langsames Wachstum. Man findet die Art nicht nur im Supralitoral, sondern auch fernab der Küste, auf Mauern und Dächern. Sie paßt sich jedoch dem besonnten, salzigen Milieu des Supralitorals gut an und ist an allen europäischen Küsten vertreten. Die Symbiose zwischen einem Pilz und einer Alge ist sehr vorteilhaft, da jeder für sich nur an geschützten, feuchten Orten überleben könnte. Gemeinsam können sie sich jedoch gegen feindliche Bedingungen wehren. Diese Flechte besteht zu 7 % aus Algenzellen und zu 93 % aus Pilzfäden (Hyphen).

Caloplaca marina
Schönflechte, Orangefarbene Krusten-flechte (D), Orange sea lichen (GB), Lichen encroûtant orange (F), Líquen incrustante anaranjado (E), Oranje korstmos (NL), Líquen encrostante alaranjado (P), Strandorangelav (N)

Eine kleine, für das untere Supralitoral typische Flechtengemeinschaft: Caloplaca marina *(orange),* Xanthoria parietina *(gelb),* Ochrolechia parella *(gleichförmig grau, glatte Oberfläche) und* Verrucaria maura *(schwarz).*

Krustenförmige Art mit einem Durchmesser von 2–10 cm, die vollkommen am felsigen Substrat festhaftet; es ist unmöglich, sie mit dem Fingernagel abzulösen. Diese orangefarbenen Flechten haben sich der Meeresumgebung optimal angepaßt und bilden deshalb einen Gürtel unter *Xanthoria* und *Rama-lina. Caloplaca* wächst sehr lang-sam. Nordsee- und Atlantikküste. Verwandte Art: *Caloplaca thallin-cola.*

Die Zwergflechte bildet zwischen Seepocken schwärzliche, aus einer Verflechtung gekräuselter Fäden bestehende Krusten.

Lichina pygmaea
Zwergflechte (D), Pigmy lichen (GB), Lichen pygmée (F), Líquen enano (E), Dwergkorstmos (NL), Líquen pigmeu (P), Dverg lav (N)

Diese braun-schwarze Flechte kann einen Durchmesser von eini-gen Zentimetern bis zu mehreren Dezimetern haben. Sie besteht aus rauhen, verzweigten Fäden. Diese in Gemeinschaft mit den See-pocken des Supralitorals und aus-schließlich im Meer lebende Flech-te beherbergt eine ganze Mikrofau-na. Nicht mit *Verrucaria maura* zu verwechseln, die harte, glatte, an Teerflecken erinnernde Krusten bildet.

Blütenpflanzen (Spermatophyta)

Blütenpflanzen unter Wasser? Ja, auch wenn sie oft nicht gerade in Fülle blühen und ihre Blüten eher unauffällig sind. Der Blütenstaub wird mittels des allgegenwärtigen Wassers transportiert; deshalb haben es die Blütenpflanzen nicht nötig, Exhibitionist zu spielen und ihre Geschlechtsorgane vor Insekten oder anderen Bestäubern sichtbar zur Schau zu stellen, so wie es ihre „Kollegen" an Land machen! Dennoch spielten diese höheren Pflanzen eine besondere Rolle im Ökosystem der Atlantik- und Ärmelkanalküsten, wo es beträchtliche Seegraswiesen gab, bis in den dreißiger Jahren jenseits des Atlantiks eine seltsame Krankheit auftrat und an die europäischen Küsten vordrang. Seitdem haben sich zwar neue Wiesen gebildet, aber sie haben ihre einstige Bedeutung nicht wieder erreicht.

Die Blätter des Gemeinen Seegrases biegen sich im Gezeitenstrom alle in dieselbe Richtung.

Ausschnitt von Zostera marina-*Blättern mit einem Gelege der Schnecke* Nassarius reticulatus.

Zostera marina
Gemeines Seegras, Echtes Seegras (D), Common sea-gras, eel-grass, erass-wrack (GB), Zostère (F), Hierba de mar (E), Gewoon zeegras (NL), Erva marinha (P), Vanlig ålegras (N)

Auf den 2 bis 5 mm dicken Rhizomen richten sich grüne, bandförmige, 5–12 mm breite und 20–120 cm lange Blätter auf. Jedes Blatt ist von 5 bis 11 parallelen, in Längs-

richtung verlaufenden Nerven durchzogen und besitzt ein rundliches Ende. Die Art lebt im Flachwasser (maximal 11 m) in geschützten Buchten, auf Kies und Grobsand; sie trägt jedoch durch ihre Anwesenheit zur Sedimentation feinerer Partikel bei und verändert so die Beschaffenheit des Grundes. Sie erträgt das brackige Wasser von Flußmündungen. Die unscheinbaren Blüten, die denen gewisser Gräser an Land ähneln, treten im Sommer auf. Geographische Verbreitung: im gesamten Atlantik und im Nordpazifik, einige Lagunenstandorte im Mittelmeer. Nicht mit *Zostera noltii (nana)* zu verwechseln, dem Kleinen Seegras, dessen hellgrüne, bandförmige Blätter nur 0,5–1,5 mm breit und 5–20 cm lang sind (wie Gras). Die Blätter werden von einem Mittelnerv und zwei randständigen Nerven durchzogen.

Die Art lebt auf sandig-schlammigen Böden (Lagunen, Häfen), von der Oberfläche bis in 6 m Tiefe. Geographische Verbreitung: nordöstlicher Atlantik, Mittelmeer, Schwarzes Meer, Kaspisches Meer und Aralsee (!).

Schwämme (Porifera)

Schwämme sind mehrzellige Tiere, deren Zellen wenig differenziert sind. Man kann kaum ein echtes Gewebe erkennen, so daß ein Schwamm praktisch nichts anderes ist als eine Zellmasse. Trotzdem kann man in der Anatomie eines Schwammes einige Charakteristika erkennen. In seiner einfachsten Form besitzt der Schwamm einen becherförmigen oder einen röhrenförmigen Körper (A). Die Wände sind mit *Einfuhröffnungen* oder *Poren* (1) durchsetzt; durch diese tritt sauerstoff- und nahrungsreiches Wasser (kleine Pfeile) in den *zentralen Hohlraum* (2). Das verbrauchte Wasser strömt durch *Ausfuhröffnungen* oder *Oscula* (3) wieder aus (großer Pfeil). Ein Ausschnitt der *Körperwand* (B) zeigt Zellen, die diese von außen be-

decken, sogenannte *Pinacocyten* (4), die ebenfalls die *Poren* (5) bekleiden. Die charakteristischsten Zellen sind die *Choanocyten* oder *Kragengeißelzellen* (6), die mit Geißeln (Flagellen) ausgestattet sind. Da sie unaufhörlich in Bewegung sind, ist ein permanenter, den Schwamm durchquerender Wasserstrom gewährleistet: Die Choanocyten sind die „Pumpe" dieses aktiven Filtrierers. Zwischen den Zellen befindet sich eine gallertartige Masse, die *Mesogloea* (7), in der sich freie Zellen *(Amoebocyten)* (8) bewegen. Sie transportieren die von den Choanocyten eingefangenen Nahrungspartikel durch den ganzen Schwamm hindurch. Bestimmte spezialisierte Amoebocyten fehlen bei allen Schwämmen. Manche Amoebocyten sondern Spongin ab,

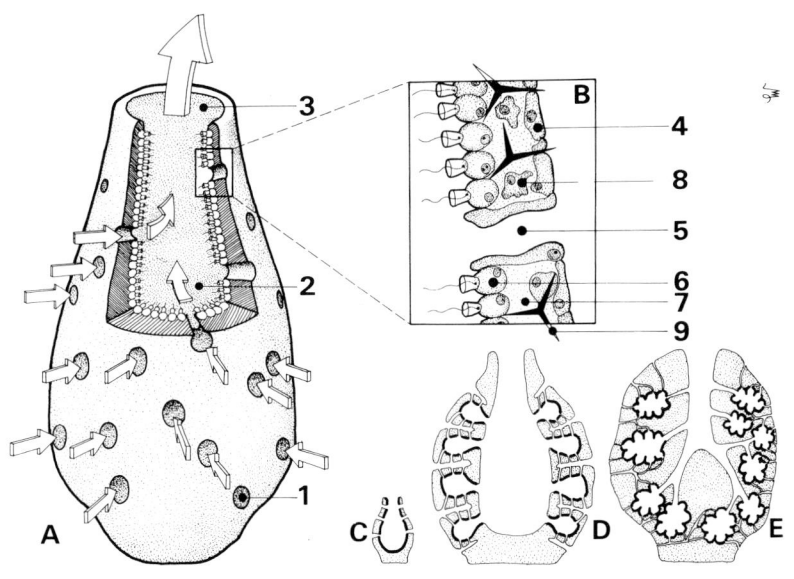

eine zähe, hornartige Substanz. Sie „weben" das Spongingerüst, aus dem die berühmten Badeschwämme bestehen. Spiculoblasten sind spezialisierte Zellen, die kleine harte Skelettelemente absondern. Diese mikroskopisch kleinen Nadeln *(Spiculi)* (9) bestehen aus Kalziumkarbonat oder Siliziumdioxydcarbonat (Kieselerde). Ihre Größe und Form kann bei den einzelnen Arten sehr unterschiedlich sein; dadurch sind sie ein bedeutender taxonomischer Faktor für die systematische Einteilung. Ein einfacher Schwamm ist in der Natur allerdings eher selten. Nur einige Kalkschwämme (z. B. die Gattungen *Leucosolenia* und *Clathrina)* entsprechen diesem in Abbildung C schematisch dargestellten *Ascon*-Typus; die dicke Linie zeigt den Sitz der Choanocyten. Schauen Sie zum Vergleich noch einmal Abbildung (A) an. Die meisten Schwämme sind viel komplizierter gebaut. So unterscheidet man den *Sycon*-Typus (D), der eine wesentlich dickere Wand hat. Die Poren führen zu Geißelkammern, in denen sich die Choanocyten befinden. Die Kammern münden in einen zentralen Hohlraum, der nicht mit Choanocyten, sondern mit Pinacocyten ausgekleidet ist. Dieser Schwammtyp (z. B. die Gattung *Scypha)* ist ebenfalls nicht sehr häufig. Die meisten Schwämme gehören zum *Leucon*-Typus (E); sie haben viele Geißelkammern, die durch ein komplexes Kanalsystem verbunden sind. Der zentrale Hohlraum kann sich ebenfalls verzweigen, so daß der Schwamm dann mehrere Oscula hat. Das sind die großen, oft ganz runden Öffnungen, die wir bei den meisten Schwämmen außen beobachten können. Die Poren sind im allgemeinen zu klein, um mit bloßem Auge wahrgenommen werden zu können. Die systematische Einordnung der Schwämme richtet sich danach, ob das Skelett aus Kalk- oder Kieselnadeln besteht und ob der Schwammkörper Sponginfäden enthält. Die äußere Form des Schwammes ist ausgesprochen veränderlich, aber oft spezifisch. Man kann sowohl unförmige Massen beobachten als auch Schwämme, die das Substrat mit einer dünnen Schicht überziehen (Krustenschwämme). Entsprechend ihrer jeweiligen Gestalt unterscheidet man Röhrenschwämme, die becher- oder vasenförmig sind, und verzweigte Schwämme. Eine besondere Gruppe stellen die Bohrschwämme dar, die Kalk zersetzen und auf diese Weise in Felsen oder Gehäusen in ausgehöhlten Gängen leben können.

Sycon (Scypha) ciliatum (coronatum)

Wimperkalkschwamm, Kronenkalk-schwamm (D), Ciliated sponge (GB), Sycon, éponge petit-œuf (F), Sicon (E), Zakspons, ruige zakspons (NL), Esponja calcária ciliar (P), Urnekalksvamp (N)

Ein Wimperkalkschwamm-Trio. Die Art ist durch eine rauhe Wand und dem von einem Kalknadelkranz umgebenen apikalen Osculum gekennzeichnet.

Kalkschwamm (Calcispongiae). Kleiner zylindrischer Schlauch (Durchmesser: 2–8 mm, Länge: 0,2–9 cm), der in einem Osculum mit großem Nadelkranz endet. Die Farbe variiert von schmutzig-weiß bis braun. Rauhe Außenwand. Oft schließen sich einige Individuen an ihrer Basis zusammen. Wimperkalkschwämme leben von der Gezeitenzone bis in große Tiefen; sie bevorzugen beschattete Überhänge (unter Hafenpontons) und Rhizome von Laminarien. Atlantik, Ärmelkanal, Nordsee und Mittelmeer. Es gibt noch andere Arten, darunter *S. scaldiensis, S. quadrangulatum, S. elegans, S. villosum* und *S. raphanum,* die nicht leicht voneinander zu unterscheiden sind. Nicht mit *Scypha (Grantia) compressa* zu verwechseln, der einen sackförmigen Körper hat (daher der Name Beutelkalkschwamm), oder mit *Leuconia fistulosa,* dessen haarige und sehr langgestreckte Schläuche 10 cm und mehr erreichen können.

Clathrina (Leucosolenia) clathrus

Gelber Gitterkalkschwamm (D), Yellow Clathrina (GB), Clathrine jaune (F), Clatrina amarilla (E), Gele buisjesspons (NL), Clatrina amarela (P), Gul kalksvamp (N)

Ein typischer Gelber Gitterkalkschwamm in einer Unterwasserhöhle: ein Knäuel, das aus einem Geflecht zarter gelber Röhren besteht.

Gelber Kalkschwamm, der aus einem Geflecht durchscheinender, miteinander verschlungener Röhren besteht. Diese Röhren können eine unter Überhängen sitzende, etwa 10 cm große Masse formen, oder auch ein flaches, den Felsen überwucherndes Geflecht. Die Röhren sind sehr weich. Die Bezeichnung „Kalkschwamm" basiert auf dem Material der Skelettnadeln, die nicht kieselhaltig sind wie bei den Kieselschwämmen. Der Gelbe Gitterkalkschwamm lebt in Tiefen zwischen 0 und 25 m auf Hartsubstraten (Felsen oder Muschelschalen) festsitzend und hat eine Vorliebe für die Unterseite von Steinen. Im Schutz von Höhlen nahe der Oberfläche, wo das Wasser ruhig ist, kann der Schwamm bis an die Oberfläche aufsteigen. Wenig verbreitet im Atlantik, in der Nordsee und in der westlichen Ostsee, im Mittelmeer häufig. Zu Unrecht hat man diese Art als *coriacea* bezeichnet. *Clathrina coriacea* unterscheidet sich von *C. clathrus* durch die weiße Farbe.

Leuconia caespitosa (?)

Kalkschwamm (D), Calcareous sponge (GB), Leuconie, éponge calcaire (F), Esponja calcárea (E), Kalkspons (NL), Esponja calcária (P), Kalksvamp (N)

Die Röhren dieses Kalkschwamms haben einen Durchmesser von mehreren Millimetern, und der

„Busch" kann einen Durchmesser von 10–20 cm erreichen. Die Art lebt auf Weichböden in sedimentreichem Wasser. Man findet sie sehr häufig in der Lagune von Faro (Südportugal). Da ich sie sonst nirgendwo gesehen habe, warte ich auf Ihre Beobachtungen!

Leucosolenia botryoides (variabilis)

Röhrenkalkschwamm (D), Calcareous tube-sponge (GB), Éponge calcaire tubulaire, éponge-houpette (F), Esponja calcárea tubular (E), Witte buisjeskalkspons, grillige buisjesspons (NL), Esponja calcária tubular (P), Rørkalksvamp (N)

Leuconia *bildet starre, lederartige Büsche, die wesentlich größer sind als das Geflecht von* Leucosolenia.

Der Röhrendurchmesser dieses Kalkschwamms beträgt etwa 0,5 bis 3 mm; die Kolonie bedeckt mehrere Zentimeter. Sie bildet ein Gebüsch aus 2 bis 20 mm hohen Röhren, von denen jede ein endständiges Osculum trägt und die sich auf einem am Substrat haftenden Stolonengeflecht aufrichten. Eher sciaphile Art, die unter Überhängen dicht an der Oberfläche und im Brandungsbereich im Schutz von Algen (manchmal epiphytisch) lebt. Atlantik und Nordsee, Mittelmeer. Es gibt verwandte Arten, die aber kleiner sind und deren Röhren nur 1–2 mm Höhe erreichen: *L. fragilis* und *L. complicata*. Verwechslungsmöglichkeit mit *Clathrina coriacea*.

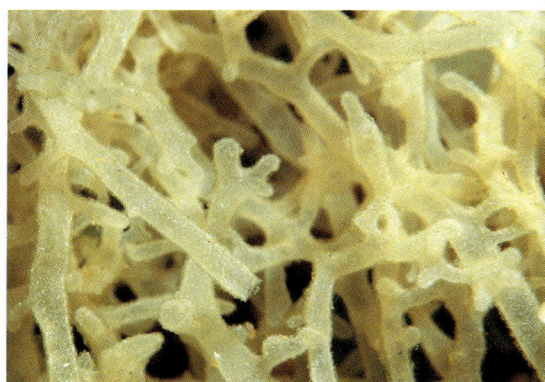

Leucosolenia *unterscheidet sich vom Weißen Gitterkalkschwamm durch seine rauhe Oberfläche und dadurch, daß jede Röhre in einem Osculum endet (der Weiße Gitterkalkschwamm ist glatt und bildet ein „Röhrenknäuel").*

Suberites ficus *heftet sich manchmal zu Beginn seines Lebens an einem kleinen Stützpunkt fest (Kieselstein, Schnecken-gehäuse, Muschelschale). Wenn der Kiesel-schwamm dann wächst, ragt er über seinen anfänglichen Halt hinaus und wird so zu einem nicht festsitzenden Schwamm, dessen abgeflachte Form sich dem Boden anpaßt.*

Suberites (Ficulina) ficus

Feigenschwamm (D), Sulphur sponge (GB), Subérite, ficuline, éponge-balle (F), Esponja de ermitaño, ficulina (E), Vijgspons (NL), Esponja figo (P), Eremittkrepssvamp (N)

Massiger, zäher Kieselschwamm (Demospongiae), der bis zu 30 cm groß werden kann. Gleichmäßige, leicht rauhe Oberfläche. Nur ein oder einige große Oscula öffnen sich auf der rot-orangenen, grauen oder bräunlichen Oberfläche. Man findet diesen Schwamm auf Felsen, Steinen und Algen, von der Ober-fläche bis in mehrere hundert Meter Tiefe. Häufig auf von Einsiedler-krebsen bewohnten Schnecken-gehäusen, mit denen er in Symbio-se lebt. Das Gehäuse löst sich auf, und das Krebstier lebt dann in einer Höhlung im Innern des Schwam-mes, der mit ihm gemeinsam wächst. Es gibt drei verwandte Ar-ten: *S. carnosus* und *S. domuncula*. Atlantik, Nordsee, westliche Ost-see und Mittelmeer.

Suberites carnosus

Fleischfeigenschwamm (D), Fleshy sul-phur sponge (GB), Subérite charnue (F), Ficulina carnosa (E), Vlezige vijgspons (NL), Esponja figo (P), Suberites (N)

Massiger, oft kugelförmiger Schwamm, seltener krustenbil-dend. Diese bis zu 15 cm (und mehr) große Art hat nur sehr weni-ge Oscula – manchmal sogar nur ein einziges Osculum auf der Spitze. Glatte Oberfläche. Dieser recht weiche Schwamm kann sich zusammenziehen und dadurch hart werden. Farbe: gelb bis braun. Häufig auf felsigen Böden.

Pachymatisma johnstonia
Elefantenhautschwamm (D), Elephant's-hide sponge (GB), Fesse d'éléphant (F), Esponja de piel de elefante (E), Olifantshuidspons (NL), Esponja pele de elefante (P), Elefanthudsvamp (N)

Massiger, harter Kieselschwamm (Demospongiae) mit rundlichen, unregelmäßigen Konturen. Kann mehrere Dezimeter groß werden. Er hat eine glatte graue (variiert zwischen hellgrau bis fast schwarz) Oberfläche mit Gruppen kleiner, ganz runder und gut sichtbarer Oscula, die häufig Reihen bilden. Recht feste, gummiartige Konsistenz. Die Art wird bis zu 10 cm hoch und hat einen Durchmesser von 15–40 cm. Häufiger, auf Felsen lebender Schwamm, den man schon in geringer Tiefe findet. Bekanntes Verbreitungsgebiet: britische und französische Küsten, wahrscheinlich auch darüber hinaus.

Man erkennt Suberites carnosus *an seiner rundlichen Gestalt, der glatten Oberfläche und den wenigen großen Oscula. Hier ist er von einem Teppich aus* Corynactis *umgeben, wodurch man eine Vorstellung von seinen Ausmaßen erhält.*

Die graue Farbe, die glatte Oberfläche und die zahlreichen kleinen, vollkommen runden Oscula sind für Pachymatisma johnstonia *charakteristisch.*

Auf den gelben Polstern von Cliona celata *bilden die Oscula oft Reihen, die die Kämme durchziehen. Die kleinen Warzen sind Poren.*

Ausschnitt der Poren von Cliona celata: *Jede Einströmöffnung besitzt ein Sieb, das die Sandpartikel zurückhält.*

Cliona celata

Gelber Bohrschwamm (D), Yellow boring sponge (GB), Clione jaune, éponge à ventouses (F), Cliona amarilla, esponja perforante amarilla (E), Gele boorspons (NL), Esponja perfurante amarela (P), Boresvamp (N)

Von diesem Kieselschwamm existieren zwei sehr unterschiedliche Kolonieformen. Die erste (Form α) ist fast unsichtbar, da sie endolithisch Gänge bildet. So sieht man nur gelbe Papillen (mit einem Durchmesser von 1–3 mm) aus dem Substrat hervorragen. Die Einströmöffnungen oder Poren sind perforiert, und die ganz runden Oscula befinden sich am Ende dieser Papillen. Dieses Tier ist ein wichtiger Faktor für die Meereserosion. Es handelt sich um einen Kalk durchbohrenden Schwamm. Deshalb findet man ihn vor allem in Kalkfelsen, Kalkalgen und Gehäusen („Lebkuchen"-Krankheit der Austern). Im Atlantik findet man vor allem die massige Form (Form γ). Sie hat die Gestalt von festen, großen (bis zu 60 cm und mehr) gelben Polstern, deren Oberfläche mit runden Warzen verziert ist. Die Oscula säumen die lappenförmigen Kämme. Infralitorale Art des Brandungsbereichs und der strömungsberuhigten Zonen. Tiefe: 0–200 m. Ostsee, Nordsee, Ärmelkanal, Atlantik, Mittelmeer.

Tethya aurantium
Meerorange, Kugelschwamm (D),
Sea orange (GB), Orange de mer (F),
Naranja de mar (E), Zeesinasappel (NL),
Laranja do mar (P), Sjøappelsin (N)

Kleiner (2–10 cm) kugelförmiger, gelblicher oder orangefarbener Kieselschwamm (Demospongiae), der mit an Wurzeln erinnernden Fortsätzen befestigt ist. Er hat eine harte Konsistenz, und seine Oberfläche kann mit kleinen vieleckigen Knötchen bedeckt oder körnig wie eine Orangenhaut sein. Selbst wenn man ihn durchschneidet, erinnert seine glänzende Struktur an Orangenstücke; auch dies trägt zu seiner bemerkenswerten Ähnlichkeit mit der Zitrusfrucht bei, die ihm seinen Namen gab. Die Meerorange lebt an Felsen und in Höhlen, von der Oberfläche bis in 130 m Tiefe. Nordsee, Ärmelkanal, Atlantik und Mittelmeer.

Diese Große Kammuschel ist von der bohrenden Form des Gelben Bohrschwamms ausgehöhlt: Man sieht nur Poren herausragen, der Rest des Schwamms hat im Muschelinnern Gänge gebohrt. So sieht die „Lebkuchen"-Krankheit aus, die die Austernzüchter so sehr fürchten.

Eine Meerorange, umgeben von roten Tangbeeren-Seescheiden (Dendrodoa grossularia) *und Orangefarbigen Seescheiden* (Stolonica socialis).

Myxilla incrustans ist eine häufige Art des felsigen Infralitorals.

Myxilla spp.
Grubenschwamm (D), Myxilla (GB, N, NL), Myxille (F), Mixilla (E, P)

Dieser Kieselschwamm (Demospongiae) bildet dicke Krusten oder Polster mit einem Durchmesser von bis zu 15 cm und einer Dicke von 5 cm. Farbe: gelb, orange oder grau. Die kegelförmigen Oscula sind unregelmäßig über die gefurchte Oberfläche verteilt. Das Geflecht der wasserführenden Kanäle ist unter der Oberfläche sichtbar. Diese klebrigen Schwämme produzieren reichlich Schleim, wenn man sie zerbricht. Der Grubenschwamm lebt auf Fels, aber auch auf Seespinnen von den unteren Bereichen des Eulitorals bis in 350 m Tiefe. Nordsee und Atlantik.

Die Bestimmung von Schwämmen ist äußerst schwierig; hier handelt es sich entweder um einen Schwamm der Gattung Myxilla *oder* Haliclona.

Haliclona viscosa

Rosa Zylinderschwamm (D), Pink chimney-sponge (GB), Éponge à cheminées rose (F), Esponja de chimenea rosada (E), Roze schoornsteenspons (NL), Esponja-chaminé rosada (P), Rosa skorsteinsvamp (N)

Dieser Schwamm bildet unregelmäßige Krusten von einigen Zentimetern Dicke. Er fühlt sich weich und ein wenig klebrig an. Sein hervorstechendstes Merkmal ist eine Aufeinanderfolge kleiner kegelförmiger Schlote, die an eine Vulkankette erinnert. Die Einströmporen sind auf der gesamten Oberfläche deutlich sichtbar. Die Farbe variiert von beige bis violett, aber der dominierende Farbton ist rosa. Man findet diese häufige Art ab 10 m Tiefe, oft unter Überhängen.

Die Farbe und die Form der „Schlote" mit ihren apikalen Oscula reichen zur Bestimmung von Haliclona viscosa *aus.*

Gestalt und Ausmaße von Halichondria bowerbanki *sind sehr veränderlich.*

Halichondria spp.

Brotkrumenschwamm, Klumpenschwamm (D), Bread-crumb sponge (GB), Halichondrie (F), Pan de gaviota (E), Gewone broodspons (NL), Esponja-pão (P), Brødsvamp (N)

Kieselschwamm (Demospongiae) mit äußerst variabler Form. Die jungen Exemplare können Weichtiere, Kieselsteine und andere Hartsubstrate (sogar das Wohngehäuse eines Einsiedlerkrebses) mit dünnen Krusten überziehen. Die typischste Form ist jedoch die von *Halichondria panicea;* die Art bildet eine massige Form, auf der sich kleine kegelförmige, osculatragende „Schlote" erheben (1–3 cm Höhe). Diese Schlote können in verzweigten und miteinander verschlungenen Auswüchsen von 0,5–2 cm Dicke und 20 cm Länge enden. Farbe: grau, grünlich, bräunlich oder hellorange. Der Brotkrumenschwamm lebt auf Felsen, Steinen, Schalen und Algen, von der Oberfläche bis in 600 m Tiefe. Westliche Ostsee, Nordsee, Ärmelkanal, Atlantik und Mittelmeer. Verwandte Arten: *Halichondria topsenti,* ein blaßgelber Schwamm, der die Laminarien-Stiele wie ein dicker Muff umgibt, und *H. bowerbanki,* der dünne, fadenförmige und weiche Zweige hat, die sich entweder auf einer dünnen Kruste (Dicke: 5 mm; Durchmesser: 10 cm) aufrichten oder auf massigen Polstern, die eine Dicke von 25 cm und einen Durchmesser von 1 m erreichen.

Hymedesmia paupertas (?)
Blauer Krustenschwamm (D), Blue encrusting sponge (GB), Éponge encroûtante bleue (F), Esponja incrustante azul (E), Blauwe korstspons (NL), Esponja encrostante azul (P), Blå skorpesvamp (N)

Die Art bildet dünne Krusten (3 mm), die einen Durchmesser von 15 cm erreichen können. Manchmal ist die Oberfläche glatt, manchmal rauh; die Oscula sind immer sichtbar. Man findet diesen dunkelblauen Schwamm an Standorten mit wenig Licht und wenig Sediment: Im Eulitoral lebt er unter Steinen und im Infralitoral unter Blöcken und in Höhlen. Geographische Verbreitung: von den Britischen Inseln bis zum Mittelmeer.

Dieser hübsche, von Moostierchen umgebene Blaue Krustenschwamm wurde in einer Höhle an der Algarve fotografiert. Es handelt sich vermutlich um Hymedesmia paupertas.

Haliclona sp. (?)
Blauer Krustenschwamm (D), Blue encrusting sponge (GB), Éponge encroûtante bleue (F), Esponja incrustante azul (E), Blauwe korstspons (NL), Esponja encrostante azul (P), Blå skorpesvamp (N)

Ein Rätsel: Dieser bläuliche Krustenschwamm bedeckt die Schale einer Bunten Kammuschel (Chlamys varius). Aber um welche Art handelt es sich?

Es ist oft sehr schwierig, die Wirbellosen des Meeres anhand eines Fotos zu bestimmen. Aus Mangel an (manchmal mikroskopisch kleinen) Details bleibt man im unklaren. In diesem Fall läßt die Konsistenz auf *Haliclona* oder *Hymedesmia* schließen, allerdings sind die Kanäle nicht sehr typisch. Manchmal wirft dieses Buch Fragen auf, statt Antworten zu liefern.

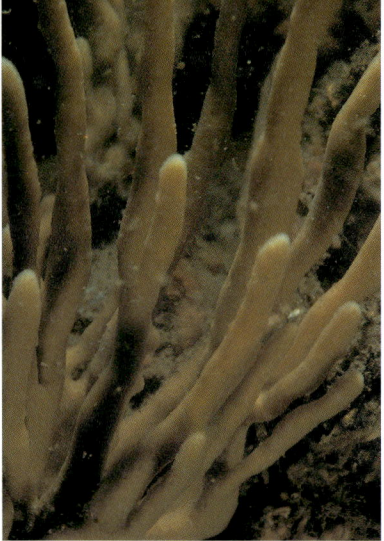

Haliclona oculata *ist der häufigste verzweigte Schwamm in der Nordsee (wie hier an der holländischen Küste).*

Haliclona oculata
Geweihschwamm (D), Mermaid's glove (GB), Chaline (F), Esponja ramificada (E, P), Geweispons (NL), Geviersvamp (N)

Dieser Kieselschwamm (Demospongiae) hat die Form eines kleinen aufgerichteten, oft fächerförmig aussehenden Bäumchens (bis zu 35 cm hoch), dessen Stamm und alle Zweige (Durchmesser: 7 mm) Reihen mit kleinen Oscula (Durchmesser: 1–3 mm) tragen. Am Ende der Zweige finden sich niemals Oscula. Der Fuß besteht aus einer am Substrat festhaftenden Scheibe, auf der man einige Dutzend kleiner gelber Kugeln entdecken kann. Es handelt sich um sogenannte Gemmulae (Keimkörper, die der Überdauerung und Vermehrung dienen). Der Geweihschwamm hat eine weiche Konsistenz und eine glatte Oberfläche, die sich aufgrund der aus ihr herausragenden, sehr feinen Nadeln filzig anfühlt. Farbe: gelblich, beige oder grau, ins Violette oder Braune, manchmal auf-

grund symbiontischer Algen ins Grüne übergehend. Man findet *H. oculata* von der Oberfläche bis in 100 m Tiefe, auf Felsen, Kieselsteinen und Schalen. Westliche Ostsee, Nordsee, Ärmelkanal, Atlantik, Mittelmeer. Verwandte, aber ganz anders aussehende Art: *H. loosanoffi.* Seine typische Form ist die einer blaßgrauen oder hellbraunen Kruste, auf der sich kegelförmige, 5 cm lange Röhren aufrichten, die an ihrem Ende ein Osculum mit einem Durchmesser von 5 mm tragen. In den Wänden dieser Röhren gibt es keine Oscula. Manchmal hat das Tier einfach die Gestalt einer Kruste mit erhobenen Oscula. Wenn man die Kruste vom Substrat löst, dann sieht man die gelben, der Überwinterung dienenden Gemmulae. Es ist in der Tat ein einjähriger Schwamm, den man nur im Sommer und im Herbst sieht.

Axinella polypoides
Gelber Geweihschwamm (D), Yellow antlers sponge (GB), Axinelle (F), Axinella amarilla (E), Gele geweispons (NL), Axinela amarela (P), Gul gevirsvamp (N)

Die Äste dieses Kieselschwamms (Demospongiae) haben abgerundete Enden und sind manchmal miteinander verbunden. Höhe: 15 cm und mehr. Der Schwamm hat eine feste, aber geschmeidige Konsistenz und eine glatte Oberfläche mit kleinen, überall verstreuten Oscula. Farbe: gelb bis blaßbraun. Infralitorale Art, von den Britischen Inseln bis Portugal, häufig im Mittelmeer. Verwandte Arten: *A. egregia:* kleiner blaßgelber Geweihschwamm (2–6 cm) mit einer borstigen, an einen Pelz erinnernden Oberfläche. Er fühlt sich nicht klebrig an.

A. dissimilis: Dieser gelbe, etwa 10 cm große Geweihschwamm hat eine sehr veränderliche Form, kann aber anhand von zwei Charakteristika bestimmt werden: Er fühlt sich klebrig an, und seine kaum sichtbaren Oscula sind von feinen, sternförmigen Kanälen umgeben.

A. agnata: Dieser blaßgelbe Geweihschwamm bildet mehr als 6 cm große Fächer mit samtartigen, regelmäßig verzweigten Ästen, die häufig gabelförmig auslaufen (wie ein Y).

Ein großer Geweihschwamm in seiner typischen Gestalt und Farbe.

Axinella dissimilis

Flacher Geweihschwamm (D), Flat antlers sponge (GB), Axinelle étoilée (F), Axinella plana (E), Platte geweispons (NL), Axinela achatada (P), Flat gevirsvamp (N)

Kleiner Geweihschwamm, der gewöhnlich nicht größer als 20 cm wird. Man findet die Art in oberflächennahen Höhlen, d. h. in Tiefen zwischen 2 und 10 m oder auf etwas tiefer gelegenen (bis zu 30 m) Hartböden, vorzugsweise auf Schlamm und Fels. Die Kolonien dieses Kieselschwamms sind aufgerichtet und verzweigt; ihre Färbung variiert von gelborange bis rot. Die Oberfläche fühlt sich klebrig an. Das Gewebe dieses Schwamms wird manchmal von der Krustenanemone *Parazoanthus axinellae* überwuchert (daher deren Name!).

Axinella dissimilis *ähnelt manchmal aufgrund der variablen Form seiner Lappen* A. polypoides; *möglicherweise handelt es sich um ein und dieselbe Art.*

Die behaarte Oberfläche unterscheidet diese Schwämme von den meisten Geweihschwämmen. Hier handelt es sich wahrscheinlich um Stelligera stuposa.

Stelligera stuposa
Strauchschwamm (D), Bushy sponge (GB), Éponge-arbuscule (F), Esponja-arbusto (E, P), Struikspons (NL), Busksvamp (N)

Bäumchenförmiger Kieselschwamm (Höhe: 18 cm) mit dünnen, meistens gegabelten Ästen. Auf der gleichmäßigen, ein wenig behaarten Oberfläche sind kleine Oscula verstreut. Der Schwamm hat eine weiche, elastische Konsistenz, eine gelbbraune Farbe und fühlt sich klebrig an. Er lebt auf Felsen des Infralitorals; Britische Inseln und französische Küsten, wahrscheinlich auch darüber hinaus. Verwandte Arten: *Stelligera rigida, Raspailia hispidia* und *Axinella agnata. Raspailia ramosa* und *R. pumila* haben eine braune Färbung.

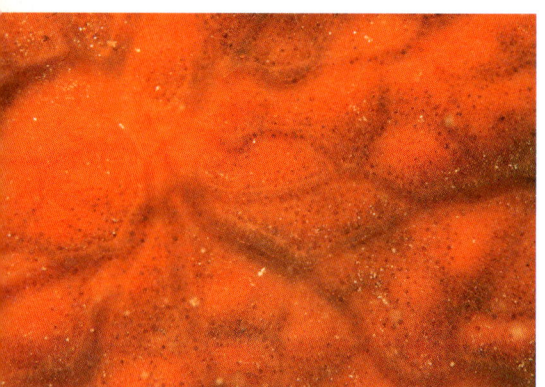

Diese weiche, orangefarbene Kruste mit Adernetz gehört wahrscheinlich Mycale similaris.

Mycale similaris
Orangefarbener Krustenschwamm (D), Orange encrusting sponge (GB), Éponge encroûtante orange (F), Esponja incrustante anaranjada (E), Oranjerode korstspons (NL), Esponja encrostante alaranjada (P), Orange skorpesvamp (N)

Kieselschwamm (Demospongiae). Die dünnen Krusten können beträchtliche Flächen von bis zu 1 m^2 bedecken. Es gibt noch ähnliche krustenbildende Arten, wie z. B. *Hymeniacidon sanguinea.*

Adreus fascicularis
Adreus (D, GB, F, E, NL, P, N)

Blaßgelbe, 10 bis 30 cm hohe Zweige, deren Enden manchmal dunkler sind. Man unterscheidet diese Art von den Geweihschwämmen anhand ihrer spitzen Enden und ihrer feinen Längsriefelung. Die Äste sind außerdem dünner als diejenigen der Geweihschwämme. Häufig tragen sie Epibionten. Man weiß nur sehr wenig über die Biologie dieser Art. Ich habe sie auf mehreren Tauchgängen von den Ärmelkanalküsten bis Nordspanien in etwa 20 m Tiefe gesehen. Ihre Beobachtungen sind mir jederzeit willkommen!

Adreus läßt sich aufgrund seiner gewundenen, spitz zulaufenden Zweige und der fein geaderten Oberfläche von anderen verzweigten Schwämmen unterscheiden.

Hemimycale columella
Schleimiger Krustenschwamm, Kraterschwamm (D), Crater sponge (GB), Éponge à cratères (F), Esponja con crateres (E), Kraterspons (NL), Esponja em crateras (P), Kratersvamp (N)

Die dicken (1 cm und mehr), fleischigen Krusten dieser Art haben im allgemeinen einen Durchmesser von 10 bis 30 cm. Dieser Schwamm hat eine rosa oder blaß orangene Farbe und an den Einfuhröffnungen charakteristische erhöhte Krater mit einem hellen Saum. Die Oscula sind klein (Durchmesser: 1 mm). Die Vermehrung findet im Juli statt. Der Kraterschwamm lebt auf felsigen Böden; von den Britischen Inseln bis Gibraltar, Mittelmeer.

Die rosafarbene Oberfläche und die hell gesäumten „Krater" reichen zur Bestimmung von Hemimycale columella *aus.*

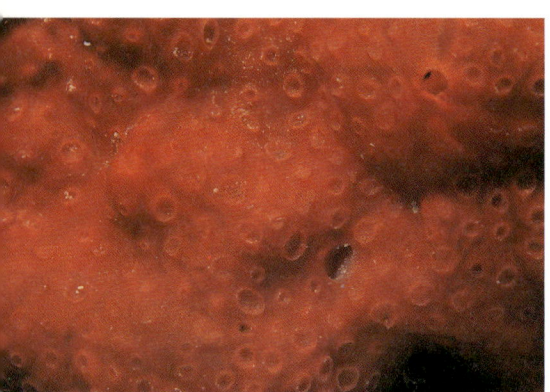

Die Krater haben keinen hellen Saum und sind gleichmäßig angeordnet. Handelt es sich um die eher im Atlantik vorkommende Art Anchinoe fictitius *oder um die eher mediterrane Art* Hamigera hamigera? *Da dieses Foto an der Algarve aufgenommen wurde, ist beides möglich. Vermutlich muß die* Anchinoe-*Hypothese fallen gelassen werden, weil sich nicht alle Krater berühren und deshalb keine Wabenstruktur entsteht.*

Hamigera hamigera (?)

Roter Krustenschwamm (D), Red encrusting sponge (GB), Éponge encroûtante rouge (F), Esponja incrustante roja (E), Rode korstspons (NL), Esponja encrostante vermelha (P), Rød skorpesvamp (N)

Anchinoe fictitius ist ein Krustenschwamm, der manchmal auch Polster bildet. Genau wie *Hemimycale columella* besitzt auch er Krater; er hat jedoch eine einheitliche Farbe (rot oder orange) ohne helle Säume. Überdies sind die Krater sehr zahlreich und berühren sich, so daß der Schwamm die Struktur einer Wabe hat. Diese eher infralitorale Art liebt starke Strömungen. Wenn es sich nun aber doch um *Hamigera hamigera* handelt? Im Mittelmeer findet man *Hamigera* mit dicht beieinander liegenden Kratern, so wie ich *Anchinoe* beschrieben habe. Um ganz sicher zu sein, muß man mikroskopisch kleine Details wie die Spiculi untersuchen.

Adocia simulans

Schlauchschwamm (D), Tube-sponge (GB), Éponge tube de fer (F), Esponja tubular (E), Buisspons (NL), Esponja tubular cinzenta (P), Rørsvamp (N)

Dieser Kieselschwamm (Demospongiae) hat eine graue bis blaue oder violette Farbe, eine harte, brüchige Konsistenz und bildet ein Geflecht von am Substrat festsitzenden Röhren, die sich jedoch aufrichten können. Für ein buschiges Wachstum ist ruhiges Wasser optimal; in turbulenten Zonen bildet der Schwamm am Substrat festsitzende Platten. Der Durchmesser der Röhren beträgt ungefähr 1 cm, der gesamte Schwamm mißt 20–40 cm.

Man erkennt diese Art an ihrer röhrenförmigen Gestalt und den seitlichen Oscula.

Polymastia boletiformis (robusta)
Gelber Zitzeschwamm (D), Yellow titsponge (GB), Éponge-mammelles jaune (F), Esponja mamaria amarilla (E), Gele tepelspons (NL), Esponja mamilar amarela (P), Gul vortesvamp (N)

Dieser Kieselschwamm bildet ein halbkugelförmiges, glattes, geschmeidiges Polster mit einem Durchmesser von bis zu 10 cm, aus dem schlanke, fingerförmige Papillen (2–12 cm hoch) herausragen, die mit den Oscula abschließen. Farbe: gelb-orange, ocker, grau oder grünlich. Unter Wasser sind die Papillen nicht blasser als der Rest des Schwamms und auch nicht durchscheinend. Die Art lebt auf dem oberen Teil sandbedeckter Felsen des Infralitorals. Die Basis ist glatt und kann kein Sediment zurückhalten. Dieser Schwamm ist von den Britischen Inseln und den französischen Küsten bekannt, lebt aber vermutlich auch anderswo.

Hier sehen wir endlich einmal einen Schwamm, bei dem man sich nicht irren kann, da die Papillen, die Gestalt und die Farbe ganz typisch sind!

*Dieser Schwamm ist leicht an den durch-
scheinenden „Zungen" zu erkennen.*

Polymastia mamillaris

*Weißer Zitzeschwamm (D), White tit-
sponge (GB), Éponge-mammelles blanche, éponge à languettes (F), Esponja
mamaria blanca (E), Witte tepelspons
(NL), Esponja mamilar branca (P), Hvid
vortesvamp (N)*

Dieser Schwamm erreicht einen
Durchmesser von 10–20 cm, die
Papillen werden nicht höher als
3 cm. Bis auf die hellere, schmutzig
gelbe Farbe und die langen, schlot-
förmigen Papillen, die dünner,
durchscheinender und heller als die
Basis sind, ähnelt er der vorhergehenden Art. Die rauhere Oberfläche
des Polsters hält oft Sand- und
Schlammpartikel zurück. Der
Schwamm lebt auch auf dem oberen Teil von sandbedeckten Felsen
des Infralitorals. Er ist von den Britischen Inseln und den französischen Küsten bekannt, lebt aber
vermutlich auch anderswo.

Crella rosea
Crella (D, GB, F, E, NL), Crela (P, N)

Dieser Kieselschwamm bildet dicke Krusten oder Polster, die 5 cm dick werden können und deren Durchmesser bis zu 15 cm betragen kann. Farbe: gelb, rosa oder grau. Die konischen Oscula sind unregelmäßig auf der hügeligen Oberfläche verteilt. Die wasserführenden Kanäle sind unter der durchscheinenden Oberfläche sichtbar. Die Art lebt auf Hartsubstraten. Über ihre bathymetrische und geographische Verbreitung ist wenig bekannt.

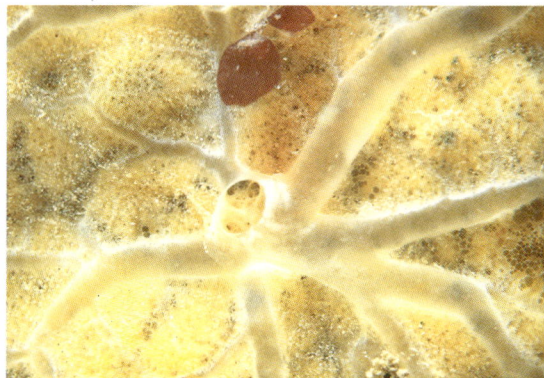

In der ersten Fassung meines Buches hielt ich diesen (bei Trebeurden fotografierten) krustenbildenden Schwamm für einen Grubenschwamm. Annie Girard, eine Spezialistin von A.D.M.S., versicherte mir, daß es sich um Crella rosea handelt.

Desmacidon fructicosum
Orangefarbener Schornsteinschwamm (D), Orange chimney-sponge (GB), Éponge à cheminées orange (F), Esponja de chimenea anaranjada (E), Oranje schoornsteenspons (NL), Esponja chaminé alanjada (P), Orange skorsteinsvamp (N)

Massiger Schwamm, bildet flache Erhebungen, die einen Durchmesser von 50 cm und mehr erreichen können. Charakteristische 5–20 cm hohe Schlote richten sich zur Oberfläche auf und verbinden sich oft miteinander. Feste Konsistenz, orangefarben. Der Schwamm enthält viel Schleim. Infralitorale Art, örtlich recht häufig; von den Britischen Inseln bis Portugal. In der Bretagne findet man diesen Schwamm in etwa 70 m Tiefe.

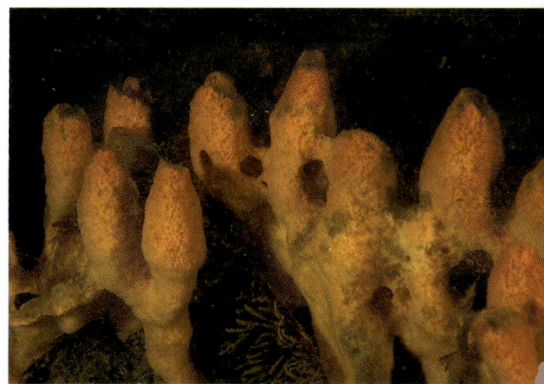

Dieser massige Schwamm ist leicht an seinen miteinander verbundenen Schloten und seiner orangen Farbe zu erkennen.

Esperiopsis (Amphilectus) fucorum

Karottenschwamm (D), Carrot-sponge (GB), Éponge mousse de carotte (F), Esponja zanahoria (E), Geraspte-wortelspons (NL), Esponja-cenoura (P), Gulrotsvamp (N)

Im turbulenten Wasser (nahe der Oberfläche) bildet *Esperiopsis* Krusten; in ruhigem Wasser (in der Tiefe) bildet er feine, dünne Fäden, die sich miteinander verschlingen. Die zarte, elastische und nicht klebrige Oberfläche ist von kleinen Poren durchsiebt. Von der Oberfläche (unter Steinen und *Fucus*-Arten) bis in 20 m Tiefe, häufig unter Überhängen und um Haftwurzeln der Laminarien herum.

Unter einem Überhang, umgeben von Corynactis, *die typische Form von* Esperiopsis fucorum *mit seinen orangefarbenen Fäden.*

Ciocalypta penicillus

Pinselschwamm (D), Brush sponge (GB), Éponge pinceau (F), Esponja pincel (E, P), Penseelspons (NL)

Rundes Polster (Durchmesser: bis zu 10 cm), auf dem sich etwa 5–10 cm hohe und an der Basis 0,5 cm breite Kegel aufrichten. Gewöhnlich sieht man nur die Kegel, da sich das Polster unter dem Sediment verbirgt. Aufgrund der Durchsichtigkeit der dünnen, kegelförmigen „Pinsel", die für diesen Schwamm charakteristisch sind, ist die faserige, zentrale Achse sichtbar. Sedimentbedeckte Hartsubstrate (Sand, Maerl). Britische Inseln, atlantische Küsten bis Westafrika, Mittelmeer.

Die „Pinsel" von Ciocalypta *erheben sich immer aus Weichböden.*

Hohltiere (Coelenterata) oder Nesseltiere (Cnidaria)

Der Name „Coelenterata" kommt von griechisch koilos (hohl) und enteron (Inneres). Obwohl der Ausdruck „hohles Inneres" ein Pleonasmus ist, beschreibt er sehr gut die gewöhnliche Anatomie des Hohltieres, das entweder *polypenförmig* (A) oder *medusenförmig* (B) ist. Beide Formen sind durch einen von *Tentakeln* (2) umgebenen *Mund* (1) charakterisiert. Die Mundöffnung mündet in einen *Magenraum* oder *Gastralraum* (3). Die Abfallstoffe werden zwangsläufig durch die einzige Öffnung ausgeschieden, die daher Mund und After zugleich ist! Auf der Abbildung kann man deutlich erken-

nen, daß der Polyp nichts anderes als eine auf den Kopf gestellte und am Boden haftende Meduse ist: Sie sehen, wie eine Seeanemone einer Meduse angenähert wird! Was bei der einen als *Fuß* (4) bezeichnet wird, ist bei der anderen die *Glocke* (5). Eine detaillierte Ansicht der Zellwand dieser Tiere (C) verdeutlicht die dreischichtige Struktur: Sie besteht aus einer äußeren Zellschicht, dem *Ektoderm* (6), einer gallertartigen mittleren Schicht, der *Mesogloea* (7) und einer inneren Zellschicht, dem *Entoderm* (8). Bei den Medusen stellt die Mesogloea die Hauptsubstanz des Tieres dar – daher

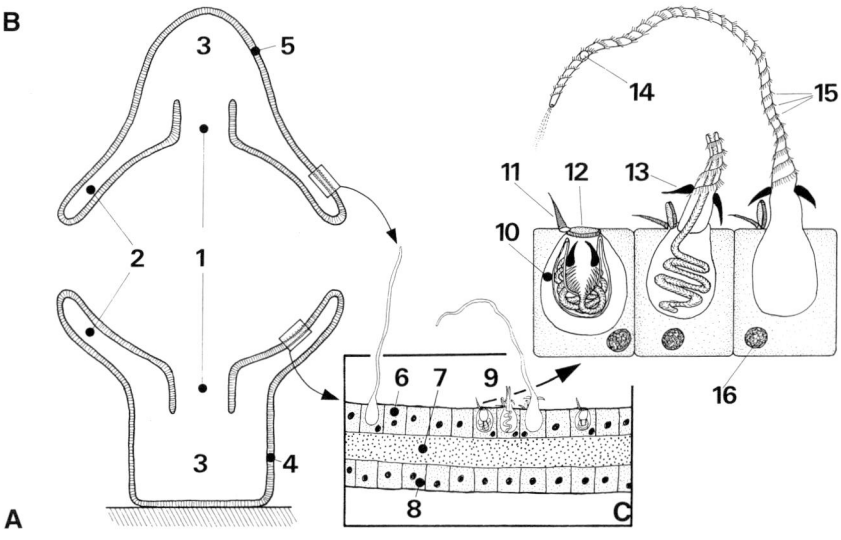

auch ihr gallertartiges Aussehen. Im Ektoderm befinden sich die Nesselzellen, auch *Nematocyten* oder *Cniden* (9) genannt. Sie charakterisieren diesen Tierstamm, der daher noch eine andere Bezeichnung trägt: Cnidaria (von griechisch knidé, Brennessel). Ausschnitt (D) zeigt ihre Wirkungsweise. Jede Nesselzelle enthält eine *Kapsel (Nematocyste)* (10), die von einem *Cnidocil* (11) und einem *Deckel* (12) überragt wird. Der *Nesselfaden* (14) ist in der mit Gift gefüllten Kapsel eingerollt. Wenn das Cnidocil von einem Fremdkörper berührt wird, explodiert die Kapsel: Der Deckel öffnet sich, der Nesselfaden wird herausgeschleudert und dringt in den Körper der Beute oder des Tieres ein, das das Hohltier in Unruhe versetzt hat. Der Nesselfaden trägt einige *Stilette* (13) und zahlreiche *Widerhaken* (15), die den Halt sichern, während das Gift durch eine Öffnung am Ende des Nesselfadens ausgestoßen wird. Man erkennt außerdem in jeder Zelle einen *Kern* (16).

Erste Hilfe

Glücklicherweise sind nicht alle Cnidaria für den Menschen gefährlich. Die Berührung der meisten Blumentiere (Anthozoa) und Hydrozoen ist harmlos, obwohl man sich vor einigen Hydroiden in acht nehmen sollte. Besonders unter den Medusen findet man einige stark nesselnde Arten, wie die Würfelquallen („Wespen des Meeres") und die Portugiesischen Galeeren, die

zu traurigem Ruhm gelangten, weil ihre Verbrennungen ernsthafte Probleme, in einigen Fällen sogar den Tod verursachen können. Was ist im Falle einer schmerzhaften Berührung zu tun? Erste Hilfe: Einnahme schmerzstillender Mittel (Aspirin, Paracetamol); die betroffenen Stellen mit Olivenöl oder einer Natriumbicarbonatlösung (Alka Seltzer) einreiben. Wenn das Opfer das Bewußtsein verliert, ist eine künstliche Beatmung erforderlich. Zögern Sie bei starken Beschwerden nicht, einen Arzt aufzusuchen, der Ihnen bei Bedarf starke Schmerzmittel, Antihistamine und herzunterstützende Medikamente verschreiben kann.

Systematik

Hohltiere sind in vier Klassen unterteilt: Hydrozoen (Hydrozoa), Schirmquallen (Scyphozoa), Blumen- oder Korallentiere (Anthozoa) und Würfel- oder Feuerquallen (Cubozoa). Die Hydrozoa beinhalten die Hydroiden (Hydroidea), die in einem gesonderten Kapitel besprochen werden, sowie die Staats- oder Röhrenquallen (Siphonophora), die ich aus praktischen Gründen gemeinsam mit den Schirmquallen zu den „Medusen" gruppiert habe. Die Blumentiere beinhalten zwei Unterklassen: die Hexacorallia und die Octocorallia. Aufgrund der Wichtigkeit dieser beiden Gruppen für Ihre Unterwasserbeobachtungen habe ich jeder von ihnen ein Kapitel gewidmet. Manche Blumentiere haben in ihrem Gewebe einzellige, symbiontische Algen, sogenannte Zooxanthellen, die dem Gewebe ihres Wirtes eine bräunliche Färbung verleihen. Die Symbiose ist perfekt: Das Tier profitiert von dem von der Alge produzierten Sauerstoff und der organischen Materie, während die Alge die Abfallprodukte des Polypen (Phosphate, Nitrate) weiterverwertet. Die Würfelquallen werden in diesem Buch nicht besprochen.

Hydroiden

Die Hydroiden oder Hydroidea kommen in Form von am Boden festsitzenden Kolonien, sogenannten *Hydropolypen* (A), oder als pelagisch lebende *Hydromedusen* (B) vor. Obwohl beide Formen innerhalb derselben Art wechseln („Generationswechsel"), tragen das Hydromedusen- und das Hydropolypenstadium oft unterschiedliche Namen, weil nicht immer eindeutig bestimmt werden kann, welche Meduse zu welchem Polypen gehört. Die Hydropolypen bilden meistens Kolonien mit unterschiedlichen Formen, was zu einer Unterteilung in Familien und Gattungen führt. Hier werden einige Beispiele typischer Vertreter gezeigt. Sie gehören zur Gattung *Bougainvillea* und *Eudendrium* (A), zur Gattung *Antenella* (C) und zu den Gattungen *Aglaophenia, Kirchenpaueria, Thecocaulus* und *Plumularia* (D). Die Kolonie besteht aus einem *Stolon* (oder einer *Hydrorhiza*) (1), der von einem aufgerichteten Teil, dem *Hydrocaulus* überragt wird. Hier erkennt man das aus Chitin bestehende *Periderm* (a), das

den *Gastralraum (Magenraum)* (b) umgibt. Die Tentakel der *Freßpolypen* (2) tragen *Nematocysten* (c), die entweder *entfaltet* (2) oder *eingezogen* (3) sein können. Hydroiden ernähren sich von Plankton. Die Kolonien wachsen durch *Knospung* neuer Polypen (4). Besondere *Geschlechtspolypen* oder *Gonotheken* (5) können schließlich *Medusen* (B) hervorbringen. Diese scheiden ihre Geschlechtsprodukte ins Wasser aus: Aus der Befruchtung entsteht eine Planulalarve, die eine neue Kolonie (A) entstehen läßt, sobald sie sich am Boden festsetzt.

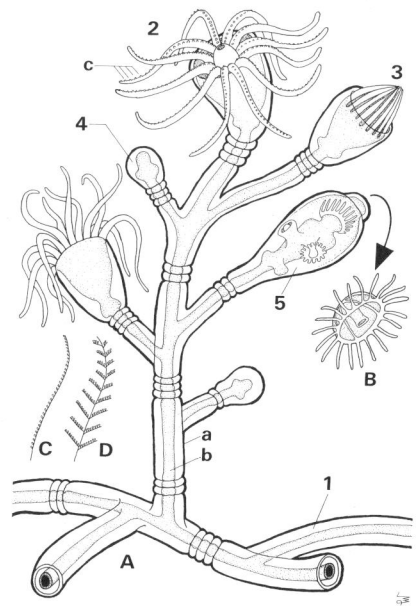

Tubularia larynx

Röhrenpolyp (D), Flower-head, Organ pipe (GB), Petite tubulaire (F), Tubularia pequeña (E), Orgelpijppoliep, schrijfpen, penneschaft (NL), Pequena tubulária (P), Lille rørhydroide (N)

Dieses Büschel Röhrenpolypen mit seiner charakteristischen rosa Farbe lebte am Rumpf eines Tauchboots: Die Art liebt starke Strömungen!

Man erkennt die Hydroiden der Familie Tubulariidae an der doppelten Tentakelreihe um den Mund. Der Durchmesser der Hydropolypen beträgt 10–15 mm; der Stiel von *Tubularia larynx* mißt 3–4 cm. Typische Art verschlammter Felsböden, die starke Strömung liebt. Im Frühling bilden sich zwischen den Tentakeln in Trauben stehende, rote Gonaden (Sexualorgane), die jene dann schließlich vollkommen verdecken. Die nach der Befruchtung entstehenden Medusen bleiben mit dem Polypen verhaftet, und jede bringt eine einzige Actinulalarve hervor, die mit Hilfe ihrer zehn Tentakel „dahinschreitet", um sich dann am Stiel oder am Fuß des erwachsenen Tieres zu befestigen. Im Frühling, nach der Vermehrung, verschwinden die Polypen. Im Laufe des Sommers bilden sich die „Köpfe" auf den Stielen neu. Mehrere Nacktschnecken (Nudibranchia) ernähren sich von Röhrenpolypen: *Dendronotus frondosus, Facelina spp.* und *Coryphella spp. Tubularia indivisa*, eine verwandte Art, zeichnet sich durch eine lebhafte Färbung aus und wird 3–40 (!) cm groß. Man findet diese Tiere von der Oberfläche bis in 300 m Tiefe. Von der Nordsee bis zum Mittelmeer.

Campanularia sp.
Campanularia (D, GB, E, NL, P, N),
Campanulaire (F)

Die Kolonie bildet ein Geflecht aus sehr feinen Stolonen, auf denen sich einfache Polypen von 5–15 mm Höhe aufrichten. Jeder Polyp besteht aus einem nicht verzweigten Stämmchen (Hydrocaulus) und einer tulpenförmigen Polypenhülle (Hydrothek). Epibiontische Art (auf Algen, Schalen, anderen Hydroiden), die in Tiefen zwischen 5 und 200 m lebt. Von Island bis zum Mittelmeer, an den niederländischen und belgischen Küsten eher selten.

Bei dieser Campanularia (vermutlich Campanularia hincksii), *die ihr Zuhause auf der Alge* Halidrys siliquosa *gefunden hat, trägt jeder Stiel nur einen einzigen Polypen.*

Hydractinia echinata
Stachelpolyp (D), Rough hydroid (GB), Hydraire encroûtant, hydractinie (F), Hidrozoo áspero (E), Ruwe zeerasp (NL), Hidrária rugosa (P), Grov hydroide (N)

Die Hydropolypen von *Hydractinia echinata* sind etwa 1–1,5 cm hoch; sie erheben sich von einer rauhen Scheibe, die feine, das Substrat verkrustende Zähne hat. Typische Art verschlammter Felsböden oder epibiontisch auf vom Einsiedlerkrebs *Pagurus bernhardus* bewohnten Gehäusen, da er kommensalisch mit diesem zusammenlebt. Der Stachelpolyp profitiert von den Essensresten des Krebses, ohne diesem zu schaden. Er lebt von der Oberfläche bis in 30 m Tiefe; von der Arktis bis Marokko und Mittelmeer. Verwandte Art: die blasser gefärbte *Podocoryne carnea,* die vor allem auf den Schneckengehäusen der Gattung *Nassa* lebt.

Zwei geschäftige kleine Einsiedlerkrebse in einem Gezeitentümpel bei Ebbe. Der rosafarbene Flaum, der ihre Gehäuse teilweise bedeckt, wird von Stachelpolypen gebildet.

Typischer Busch einer Eudendrium-*Kolonie; wahrscheinlich ist es* E. rameum.

Eudendrium sp.
Bäumchenpolyp (D), Tree-hydroid (GB),
Hydraire dendriforme (F),
Arbolillo (E), Boompjeshydroïd (NL),
Hidrária-arbusto (P), Trehydroide (N)

Die kleinen Eudendriumbäumchen sind zwischen 5 und 25 cm groß. Das Periderm hat eine rötliche oder dunkelbraune Farbe. Diese Hydroiden leben gewöhnlich nicht sehr dicht an der Oberfläche. Man findet sie ab etwa 5 m bis in 100 m Tiefe. Ihr bevorzugtes Substrat scheinen Austernschalen zu sein. Sie sind auf der ganzen Welt zu Hause. Es gibt mehrere verwandte Arten: *E. ramosum, E. arbusculum* und *E. annulatum.* Die Unterscheidung ist wieder einmal eine Aufgabe für Spezialisten!

Man erkennt den Glockenpolyp auf einen Blick an seinen schlichten, zickzackförmigen Stielen.

Obelia geniculata
Glockenpolyp (D), Bell-Hydroid (GB),
Obélie (F), Hidroideo-campanilla (E),
Geknoopte zeedraad (NL), – (P), Bjelle-
hydroide (N)

Die sehr feinen Stolonen dieses Hydropolypen bilden Geflechte, die sich deutlich von den Wedeln oder Stielen von Laminarien und *Fucus*-Arten abheben. Auf diesen Stolonen richten sich unverzweigte, 2–5 cm hohe Stiele auf, die sich durch ein charakteristisches Zick-Zack-Wachstum auszeichnen und in jeder „Kurve" einen glockenförmigen Polyp tragen. Von der Nord- und Ostsee bis zum Mittelmeer.

Sertularella sp.
Zwergmoos (D), Sea-oak (GB),
Sertularelle (F), Sertularella (E, P),
Zee-eik (NL), Sjøeik (N)

Kolonien von nur 5–6 cm; die Polypen stehen wechselständig an den Ästen. Mehrere Arten, die als Aufwuchs oder auf Hartsubstraten leben. Sie sind immer gelb gefärbt. *Sertularella ellisi* ist wenig oder gar nicht verzweigt, *S. gayi* ist regelmäßig und in einer Ebene verzweigt, *S. polyzonias* ist unregelmäßig und in alle Richtungen verzweigt.

Dieses Zwergmoos richtet sich auf einem mit dem krustenbildenden Moostierchen Membranipora membranacea *bedeckten Laminarien-Stiel auf. Die wechselständigen Polypen sind charakteristisch.*

Tamarisca tamarisca
See-Tamarinde (D), Sea-tamarind (GB),
Tamaris de mer (F), Tamariz de mar (E),
Zeetamarinde (NL), Tamariz do mar (P),
Sjøtamarind (N)

Die Kolonie ist zwischen 15 und 60 cm groß. Die sehr verzweigten Äste sind kräftig und fühlen sich leicht stachelig an. Die Art lebt auf verschiedenen Hartsubstraten (Wracks!) in Tiefen zwischen 10 und 250 m; von der Arktis bis zum Golf von Biscaya.

Die kräftigen, großen und reich verzweigten Kolonien sind leicht zu erkennen. Beachten Sie die Gonotheken (Geschlechtsorgane) in den Zweigen.

Aglaophenia tubulifera

*Federpolyp (D), Sea-fern (GB), Plumu-
laire (F), Plumularia (E), Veerhydroïd
(NL), Plumulária (P), Fjørhydroide (N)*

Die dicken, gelben Federn mit
ihren dicht gedrängten Fiedern sind
bis zu 7 cm hoch. Sie sind selten
verzweigt. Die Art lebt auf verschiedenen Hartsubstraten in Tiefen zwischen 10 und 80 m; von den
Britischen bis zu den Kapverdischen Inseln.

*Die kleinen gelblichen Federn bilden
manchmal richtige „Rasenflächen" auf den
Felsen. Man kann* Aglaophenia *anhand der
Corbulae (sofern welche vorhanden sind)
von* Gymnangium *unterscheiden, die niemals
welche besitzt.*

Aglaophenia sp.

*Federpolyp (D), Sea-fern (GB), Plumu-
laire (F), Plumularia (E), Plumulária (P), Fjørhydroide (N)*
(NL), Plumulária (P), Fjørhydroide (N)

Die „Federn" der verschiedenen
Arten messen zwischen 2 und
15 cm. Die meisten Federpolypen
leben bis in 10 m Tiefe, gewöhnlich
an stark beströmten Stellen. Man
kann sie aber auch in größeren
Tiefen finden. Es gibt mehrere
Aglaophenia-Arten, aber auch andere Federpolypen, die ihnen
ähneln: *Plumularia* und *Kirchenpaueria,* um nur einige zu nennen!
Auch hier ist eine genaue Bestimmung schwierig und kann nur nach
mikroskopischen Kriterien vorgenommen werden.

Ein verzweigter Federpolyp, wahrscheinlich
Aglaophenia pluma *oder* A. acacia.
*Die eiförmigen Strukturen sind Gonotheken.
Sie entwickeln sich im Frühjahr und dienen
der Fortpflanzung.*

Gymnangium montagui
Goldfederpolyp (D), Gold sea-fern (GB),
Plume d'or, grand plumulaire (F),
Plumularia de oro (E), Gouden
veerhydroïd (NL), Plumulária de ouro
(P), Gyllen fjørhydroide (N)

Die seitlichen Fiedern der federförmigen Kolonien stehen sehr dicht; jede „Feder" wird 7–15 cm hoch. Die Kolonien bestehen aus einer Vielzahl dicht aneinander gedrängter und parallel zueinander verlaufender „Federn". Die Büschel besetzen manchmal große Flächen des Substrats. Die Art mag keine allzu starke Hydrodynamik; man findet sie vor allem in der Tiefe (20–40 m), sie kann aber in Spalten oder an geschützten Standorten in weniger als 10 m Tiefe aufsteigen. Geographische Verbreitung: Britische Inseln, Bretagne, Straße von Gibraltar bis Dakar.

Die goldene Farbe, die dichtstehenden Fiedern und das dreieckige Ende sind für Gymnangium montagui *typisch.*

Faden-Hydrozoen-Büschel, bei dem jeder Stiel von kurzen Zweigen umgeben ist, die ihm das Aussehen einer Flaschenbürste verleihen.

Nemertesia antennina

Faden-Hydrozoe-Antennenpolyp (D), Sea beard, antenna-hydroid (GB), Hydraire-antenne (F), Hidroideo-antena (E), Zeespriet, zeebaard (NL), Hidrária-antena (P), Antennehydroide (N)

Aufrechte, unverzweigte Hauptachse von bis zu 30 cm Höhe, auf der sich kurze Seitenzweige aufrichten, die der Achse ein haariges Aussehen verleihen. Gelb-braune Farbe. Die Kolonie besteht aus einem Stiel. Mehrere Stiele (bis zu 50) können sich zu einem Büschel zusammentun, ein Ergebnis des Schwarmverhaltens der Planulalarven. Man findet die Art ab 10 m Tiefe, von Island bis Nordafrika. Sehr häufig auf Wracks. *Nemertesia ramosa* ist eine verwandte Art, die sich dadurch unterscheidet, daß ihre verzweigten Achsen isoliert stehen, statt sich zu Büscheln zusammenzufinden. Diese Art wird nicht höher als 20 cm.

Halecium halecinum

Fiederzweigpolyp (D), Herring-bone hydroid, lesser sea-fir (GB), Petit sapin beige (F), Abeto de mar pequeno (E), Haringgraat (NL), Pequeño pinheiro bege (P), Liten sjogran (N)

Die wechselständig verzweigte Kolonie (wie ein Tannenzweig) hat geradlinige Zweige. Größe: 5–25 cm. Die Farbe variiert von blaßgelb über Rottöne bis braun. Die Kolonie ist relativ starr und richtet sich in einer Ebene senkrecht zur Hauptströmung auf, um das Plankton mit einer maximalen Wirksamkeit einzufangen. Infralitorale Art, im ganzen Atlantik häufig.

Die geraden, wechselständigen Zweige sind für Halecium halecinum *charakteristisch.*

Sechsstrahlige Blumentiere (Hexacorallia)

Die Mehrzahl der Blumen- oder Korallentiere (Anthozoa) gehört zur Unterklasse der Sechsstrahligen Blumentiere (Hexacorallia). Sie haben glatte, oft sehr zahlreiche Tenkakel, im Prinzip (aber nicht immer!) ein Vielfaches von sechs, woher sie auch ihren Namen haben. Man unterscheidet fünf Ordnungen. Zylinderrosen (Ceriantharia) sind in länglichen Röhren lebende Seeanemonen. Dörnchenkorallen (Anthipatharia) bilden buschige Kolonien. Ihr hornartiges Skelett trägt winzige Dornen; zu ihnen gehört die berühmte „Schwarze Koralle" der tropischen Meere. Krustenanemonen (Zoantharia) sind koloniebildende Seeanemonen, die gewöhnlich krustenförmige Kolonien, seltener aufrechte Kolonien entwickeln. Actiniaria sind nichts anderes als solitäre Seeanemonen. Und schließlich die Steinkorallen (Madreporaria oder Scleractinia); sie sind solitäre oder koloniebildende Hexacorallia mit einem kompakten Kalkskelett. Sie bilden die Korallenriffe der tropischen Meere. Das Schaubild zeigt die Anatomie einer *Seeanemone* (A) und einer solitären *Steinkoralle* (B). Beide sind sich sehr ähnlich. Sie haben eine *Tentakelkrone* (1), die einer *Mundscheibe* oder *Peristom* (2) entspringen und den Mund umgeben. Ein Schlundrohr, das sogenannte *Stomadaeum* (4), führt zum *Magenraum* (5). Dieser hat mehrere dünne, *radiäre Scheidewände* (6), deren Ränder dicker

werden und fadenförmige Nesselorgane *(Akontien)* (7) bilden. Die Seeanemone heftet sich mit ihrer *Fuß-Scheibe* (8) am Untergrund fest. Zwischen Fuß-Scheibe und Tentakelkrone ist bei einigen Anemonen eine kräftige Seitenwand (Mauerblatt oder Scapus genannt) ausgebildet. Die Körperwände des Tieres bestehen aus den drei für Hohltiere charakteristischen Schichten: *Ektoderm* (a), *Mesogloea* (b) und *Entoderm* (c). Bei den Steinkorallen sondert die *Fuß-Scheibe* (8) ein *Kalkskelett* (9) ab. Dieses besitzt Septen zwischen den Scheidewänden des Polypen. Wenn man das Skelett einer Steinkoralle (C) untersucht, entdeckt man in der Kalkbehausung, die den Polyp schützte, oft *primäre* (d), *sekundäre* (e) und *tertiäre Septen* (f) und eine zentrale *Columella* (g). Eine *Kolonie* (D) entsteht, wenn sich die *Polypen* (10) durch Knospung vermehren, ohne sich zu trennen.

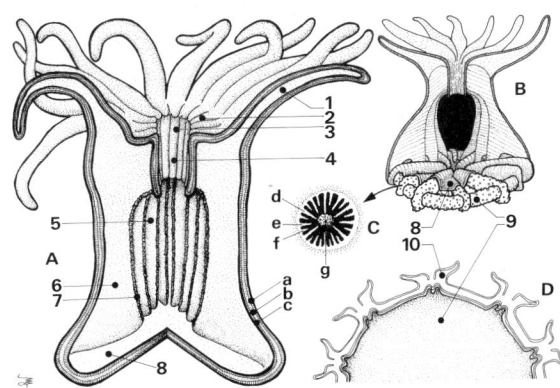

Actinia equina

Pferdeaktinie, Purpurrose (D), Beadlet anemone, red sea anemone (GB), Actinie rouge, actinie commune, tomate de mer, cubasseau (F), Actinia roja, tomato marino (E), Paardeanemoon, zeeroos (NL), Anémona do mar vermelha (P), Hesteaktinie (N)

Gleich unter der Oberfläche entfaltet eine von Seepocken und Napfschnecken umgebene Pferdeaktinie ihre Tentakel.

Eine Erdbeerrose (Actinia fragacea) *zeigt sehr schön die charakteristische Färbung ihres Scapus.*

Die Basis der Pferdeaktinie wird bis zu 5 cm groß. Die Tentakelkrone kann an die 200 spitze und bis zu 2 cm lange Tentakel und einen maximalen Durchmesser von 7 cm besitzen. Art der Gezeitenzone: supralitorale Fluttümpel, Eulitoral, bis in 20 m Tiefe. Geographische Verbreitung: Atlantik und Nordsee, von Nordrußland (Kola-Halbinsel) bis zu den Küsten Äquatorialafrikas, Mittelmeer. Seeanemone mit veränderlicher Farbe: rot, braun oder grün, manchmal mit Linien oder Flecken. Man findet auch zweifarbige Tiere, z. B. mit einem grünen Körper (Scapus) und rötlichen Tentakeln. Es gibt auch farblose Exemplare, die lichtgeschützt in Höhlen oder unter großen Felsblöcken leben. Die Art kann dank ihres hohen Schleimgehalts (hält das Wasser zurück) bei Ebbe trocken fallen. Die Tentakel werden dann eingezogen, so daß das Tier einer kleinen, leuchtenden Tomate ähnelt. Die Pferdeaktinie ist vivipar, d. h. sie vermehrt sich, indem sie junge, vollkommen ausgebildete Seeanemonen aus dem Mund ausstößt. Es gibt verwandte Arten, die oft mit *A. equina* verwechselt werden und vielleicht Spielarten von ihr darstellen: *A. fragacea;* sie ist rot und hat grünliche Punkte auf ihrem Scapus; die vollkommen grüne *A. prasina; A. striata,* deren Scapus senkrechte Streifen trägt, und *A. cariaux* mit waagerechten Streifen.

Anemonia viridis (sulcata)
*Wachsrose, Grüne Seerose, Fadenrose
(D), Snake-locks anemone, opelet
anemone (GB), Anémone de mer verte,
ortique, anémone à beignets (F),
Actinia común, anémona de mar
común, ortiga de mar (E), Wasroos,
draadroos (NL), Anémona do mar
común (P), Grønn sjøanemone (N)*

Der braune oder rötliche Körper
kann 5 cm hoch werden und einen
Durchmesser von 12 cm haben. Die
150 bis 200 nicht einziehbaren, langen Tentakel werden 15 cm lang.
Die Art lebt hauptsächlich nahe der
Oberfläche. In Buchten und geschützten Häfen kann sie ganz
dicht am Ufer Teppiche von mehreren Quadratmetern bilden. Man
kann sie jedoch auch bis in ungefähr 20 m Tiefe antreffen. Die in
der Tiefe lebenden Exemplare sind
nicht so farbig wie diejenigen, die in Oberflächennähe leben. Geographische Verbreitung: Mittelmeer und Atlantik, von den Kanarischen Inseln bis Schottland.

Die Nematocysten sind äußerst klebrig:
Wenn man die Tentakel berührt, haften sie an
den Fingern fest – falls Sie sie berührt haben
sollten, vermeiden Sie jeden Kontakt
mit den Schleimhäuten (Lippen, Augen…).
Die Wachsrose ist ein Zufluchtsort für bestimmte Tiere, die unempfindlich gegen ihre
stark nesselnden Tentakel sind. In diesem
Mikrokosmos trifft man Widderkrebschen
und Anemonen-Seespinnen *(Inachus pha-
langium).* Die Breitwarzige Fadenschneke
(Aeolidia papillosa) ist ein Räuber, der sich
an die Tentakel der Wachsrose heranwagen
kann. Auch der Mensch ist ein Feind von
Anemonia: Sie wird gegessen, nachdem zuvor ihre Nesselkapseln zur Entschärfung mit
Essig gespült wurden!

*Dicht an der Oberfläche werden die
geschmeidigen Tentakel der* Anemonia
*von symbiontischen Algen grün und rosa
gefärbt. Die Farben verwischen sich mit
der Tiefe, so daß man dort nur einfarbig
graue Exemplare findet.*

Eine Seedahlie an ihrem typischen Standort: am Fuße eines Felsens; der Körper ist im Sediment vergraben.

Urticina felina *hat sehr veränderliche Farben. Die „Flammenmuster" um die Tentakel sind charakteristisch.*

Urticina (Tealia) felina

Seedahlie, Dickhörnige Seerose (D), Dahlia anemone (GB), Dahlia de mer, anémone-dahlia (F), Dalia de mar (E), Zeedahlia (NL), Dália do mar (P), Fjøresjørose (N)

Große, massige Seeanemone. Das Tier besitzt bis zu 160 dicke Tentakel. Der Durchmesser des warzigen Körpers, an dem oft Schalenreste und Sandkörner haften, kann 6–8 cm betragen (selten 10–15 cm). Das kontrahierte Tier ähnelt einem kleinen Sandhaufen. Die Färbung der einzelnen Tiere ist sehr unterschiedlich: weiß, gelb, orange, rot, purpur, braun, blau, grün und grau; ein und dasselbe Exemplar kann sogar mehrere Farben aufweisen. Es handelt sich um ein gefräßiges Tier, das große Beute verschlingen kann: Krabben, Seesterne, Muscheln und Schnecken. Die Art lebt auf Hartsubstraten, manchmal verborgen im Sediment; man findet sie aber auch zwischen den Haftwurzeln von Laminarien. Man sieht sie von supralitoralen Fluttümpeln bis in 100 m Tiefe. Vorkommen: von Rußland bis zum Golf von Biscaya; es ist eine boreal-arktische Art.

Urticina eques (?)
Rote Seedahlie (D), Red dahlia anemone (GB), Dahlia de mer rouge, Dalia de mar roja (E), Rode zeedahlia (NL), Dália do mar vermelha (P), Rød fjøresjørose (N)

Diese Art ist im allgemeinen etwas größer als die vorhergehende (der Durchmesser der Basis beträgt 20 cm und derjenige der Tentakelkrone 30 cm und mehr); sie ist durchscheinend, und die vorherrschende Farbe ist rot. Ihr Körper trägt keine Warzen, und sie sammelt keine Schalenreste an wie *U. felina*. Die Art lebt in größeren Tiefen. Ihre Verbreitung nimmt nach Norden hin zu.

Urticina eques unterscheidet sich von U. felina durch ihre fast einheitliche rote Farbe.

Sagartia troglodytes (?)
Witwenrose (D), Mud-Sagartia (GB), Sagartie de vase (F), Sagarcia de fango (E), Slibanemoon, zeemadeliefje (NL), Sagártia de areia (P), Muddersjø-anemone (N)

Der zumeist eingegrabene Körper kann bis zu 12 cm hoch werden, der Durchmesser der Tentakelkrone erreicht 3–5 cm, und die Anzahl der Tentakel beträgt annähernd 200. Der säulenartige Körper ist immer weißlich, er ist jedoch gewöhnlich vom Schlamm, in dem dieses Tier lebt, bedeckt. Der Fuß haftet immer an einem harten Substrat wie Fels, Kieselsteinen oder Muschelschalen fest, selbst wenn diese im Schlamm vergraben sind. Die Art lebt auf verschlammten Böden. Von Island und Skandinavien bis zum Mittelmeer.

Die Farbe von Sagartia ist sehr veränderlich.

Der fein gestreifte Scapus, an dem keine Sedimentpartikel haften, und die zarte, transparente Tentakelkrone sind typisch für Sagartiogeton undatus.

parenten Tentakel zeigen oft an der Basis cremefarbene Flecke. Da der säulenartige Scapus keine Saugwarzen hat (es haften niemals Sand oder andere Partikel fest), kann man diese Seeanemone gut von *Cereus pedunculatus* und *Sagartia troglodytes* unterscheiden, die beide an demselben Standort leben. Die Art lebt an dunklen und verschlammten Orten, von der Oberfläche bis in 100 m Tiefe. Geographische Verbreitung: von Skandinavien bis zum Mittelmeer.

Cereus pedunculatus
Seemannsliebchen, Sonnenrose (D),
Daisy anemone, sea-daisy (GB),
Anémone palmée, anémone solaire (F),
Actinia solar (E), Zonne-anemoon (NL),
Anémona solar (P), Solsjøanemone (N)

Verwechseln Sie diese große Seeanemone, deren Durchmesser und Höhe an die 10–15 cm erreichen können, nicht mit Sagartia! Die Tentakelkrone kann mehr als 700 Tentakel besitzen. Veränderliche Farbe: grau, grünlich, bräunlich, bläulich, oft marmoriert oder gesprenkelt. Manchmal sieht man ein oder zwei große, helle Tentakel. Es ist schwierig, das Tier zu lösen, ohne es zu beschädigen. Die Saugwarzen am Scapus sind gut sichtbar, da hier gewöhnlich Grobsedimente festhaften. Diese Art lebt befestigt auf Schalen oder Kieselsteinen; der Körper ist meistens im Weichboden vergraben: Detritus-,

Sagartiogeton undatus
Schlammrose (D), Small snakelocks anemone (GB),
Sagartiogeton (F, P, N), Sagarciogeton (E),
Weduweroos (NL)

Der Basisdurchmesser kann 6 cm erreichen, und das voll ausgestreckte Tier ist 12 cm hoch und kann annähernd 200 schlanke Tentakel besitzen. Der Scapus hat eine beigegelbe Farbe und vertikale Streifen. Die trans-

Sand- oder Schlammböden, aber auch in supralitoralen Fluttümpeln und Felsnischen, in die sich das Tier bei Störung zurückziehen kann. Die Sonnenrose lebt in Tiefen zwischen 0 und 25 m (90 m?). Geographische Verbreitung: Atlantik und Nordsee, vom Süden der Britischen Inseln bis Westafrika, Mittelmeer.

Aiptasia mutabilis (couchii)

Siebanemone (D), Trumpet anemone (GB), Anémone-trompette, aiptasie verte, aiptasie de Couch (F), Aiptasia marrón (E), Groene glasanemoon (NL), Anémona trombeta (P), Trompetsjøanemone (N)

Die Siebanemone trägt etwa 100 charakteristische Tentakel: An der Basis sind sie dick und verjüngen sich deutlich gegen die Spitzen. Bei Berührung ziehen sie sich ruckartig zusammen. Die Seeanemone zieht sie jedoch nicht vollständig ein. Farbe: vorwiegend braun, manchmal mit einigen weißen Streifen, grünlicher oder bläulicher Schimmer. Große Seeanemone. Höhe: 12 cm; Körperdurchmesser: 3 cm; Länge der Tentakel: 6 cm (folglich ein Gesamtdurchmesser von 15 cm). Man findet sie von supralitoralen Fluttümpeln bis in 30 m Tiefe, vom Süden der Britischen Inseln bis Westafrika. Im Atlantik eher selten, häufig im Mittelmeer, wo sie eine charakteristische, grün marmorierte Farbe hat.

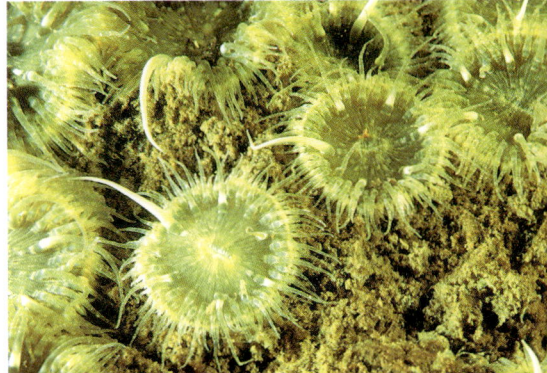

Die großen, auf dem Substrat ausgebreiteten Mundscheiben und die vielen kurzen Tentakel sind charakteristisch. Beachten Sie, daß einige Seemannsliebchen einen einzelnen größeren und helleren Tentakel besitzen.

Zur Bestimmung von Aiptasia mutabilis *sind deren braune Farbe mit grünlichem Schimmer und die spitzen Tentakel ausreichend.*

Dieser Einsiedlerkrebs wird vollkommen von seiner Aktinie geschützt, die gerade ihre Nesselfäden (Akontien) ausgeschleudert hat.

Adamsia carciniopados (palliata)

Mantelrose, Mantelaktinie, Bunte Aktinie (D), Cloak anemone, mantle-anemone (GB), Actinie commensale (F), Anémona comensal (E, P), Mantelanemoon (NL), Eremittkreps-sjørose (N)

Diese Seeanemone befestigt sich auf Gehäusen, in denen Einsiedlerkrebse *(Pagurus prideaux)* Schutz suchen, und umhüllt dann den Krebs wie ein Mantel. Die Basis kann einen Durchmesser von 10 cm erreichen, die Tentakelkrone überschreitet selten 5 cm. Schmutzig-weiß mit charakteristischen violetten Punkten. Die Art lebt auf Sand- und Detritusböden, von der Oberfläche bis in 200 m Tiefe. Von Norwegen bis zum Mittelmeer.

Calliactis parasitica

Schmarotzerrose, Einsiedler-Seerose (D), Hermit-crab anemone, parasite anemone (GB), Anémone solitaire (F), Actinia del ermitaño (E), Heremietanemoon (NL), Anémona do ermitão (P), Eremittkrepsaktinie (N)

Diese Seeanemone wird bis zu 10 cm hoch, hat einen Durchmesser von 4 cm und trägt 300 bis 700 Tentakel. Helle Farbe mit braunen oder rötlichen Längsstreifen. Man findet sie auf Detritus- und Sandböden, in Tiefen von wenigen Metern bis 60 m, insbesondere auf von Einsiedlerkrebsen bewohnten Gehäusen. Vom Ärmelkanal und Südirland bis zum Mittelmeer und den Kanarischen Inseln. Die Verbindung zwischen der Seeanemone und dem Krebs ist eine echte Symbiose und daher für beide Partner zum Vorteil.

Die geraden, wechselständigen Zweige sind für Halecium halecinum *charakteristisch.*

Actinothoe sphyrodeta (anguicoma)

Schlangenhaarrose (D), Daisy-anemone (GB), Marguerite (F), Anémona-margarita (E), Weduweroosje, margrietje (NL), Margarida do mar (P), Tusenfrydaktinie (N)

Anmutige kleine Seeanemone von maximal 5 cm Höhe. Der Durchmesser der Basis beträgt nicht mehr als 2 cm, die Tentakelkrone hat einen Durchmesser von weniger als 3 cm. Die Art kann 120 Tentakel tragen. Der schmutzig-weiße oder gelbe Körper hat weiße Längsstreifen. Die spitzen Tentakel werden von einer weißen Linie verziert. Der Fuß haftet auf hartem Substrat fest, häufig unter mit *Corynactis* oder *Caryophillia* besiedelten Überhängen, bis in 40 m Tiefe. Man findet die Schlangenhaarrose auch auf Laminarien. Sie meidet gewöhnlich Löcher und Spalten. Die Art lebt in der Nordsee bis zu den Shetland-Inseln und Norwegen, im Atlantik von Irland bis zum Golf von Biscaya. Geschlechtliche (Ausstoßen von Planulalarven) und ungeschlechtliche Vermehrung (durch Längsteilung); letztere kann zu Flächen von mehreren hundert, ja sogar mehreren tausend Individuen führen.

Die weiße Spielart von Actinothoe, *umgeben von orangefarbenen, krustenbildenden Moostierchen, wahrscheinlich* Schizomavella linearis.

Die gelbe Spielart von Actinothoe.

Die charakteristischste Form der Seenelke sieht aus wie ein Federbusch auf einer langen aufrechten Säule. Beachten Sie auch die Seesterne Asterias rubens, *die Lederkoralle* Alcyonium digitatum *und die Schnecke* Calliostoma zizyphinum.

Metridium senile

Seenelke (D), Plumose anemone, sea pink (GB), Œillet de mer, anémone plumeuse (F), Actinia plumosa, anémona plumosa (E), Zeeanjelier (NL), Cravo do mar (P), Sjønellik (N)

Es sind zwei Formen dieser See-anemone bekannt, die wahrscheinlich eine ganze Reihe Zwischenformen aufweisen. Veränderliche Farbe, meistens weiß oder orange, es gibt aber auch bräunliche und sogar zweifarbige Exemplare mit orangefarbenem Körper und weißen Tentakeln. Die Varietät *dianthus* ist die typischste. Sie kann eine Höhe von 30 cm und einen Durchmesser von 15 cm erreichen und hat ein federbuschähnliches Aussehen, da Tausende Tentakel dicht gedrängt auf einer Scheibe mit gelapptem Rand stehen. Die Varietät *pallidus* ist wesentlich kleiner (Durchmesser: 2,5 cm) und hat nicht mehr als 200 Tentakel. Sublitorale Art bis in mindestens 100 m Tiefe, die von Island bis zum Golf von Biscaya, aber auch im nordwestlichen Atlantik und Nordpazifik bekannt ist. Sie befestigt sich auf unterschiedlichen Substraten und ernährt sich von Planktonorganismen.

Nur wenn die Tausende feiner, schlanker Tentakel sichtbar sind, kann man Metridium senile *eindeutig bestimmen.*

Diadumene cincta
Strandrose, Hafenrose (D), Orange-striped anemone (GB), Anémone flammée (F), Actinia anaranjada (E), Golfbrekeranemoontje, baksteenanemon (NL), Anémona alaranjada (P), Orange sjøanemone (N)

Diese kleine Seeanemone erkennt man leicht an ihrer orangen Farbe und den Rillen auf dem Scapus.

Kleine, gewöhnlich 3–4 cm große Seeanemone, die nicht höher als 6–7 cm wird und einen Durchmesser von 0,5–1 cm hat. Sie trägt bis zu 200 lange, dünne Tentakel. Oft ist die ruckartige Kontraktion auf der einen Seite stärker ausgeprägt als auf der anderen, so daß das Tier ein etwas merkwürdiges Aussehen hat. Die Farbe variiert von rosa-orange bis ziegelrot. Man findet die Art von supralitoralen Fluttümpeln bis in 40 m Tiefe, sie bevorzugt allerdings den Brandungsbereich und erträgt leicht brackiges Wasser (Mündungen, Häfen, etc.). Verbreitung: Britische Inseln, Westfrankreich, Niederlande. Es gibt eine verwandte, grün gefärbte Art: *D. luciae.*

Andresia parthenopea
Andresia (D, GB, E, NL, N), Andrésie (F), Andrésia (P)

Diese Seeanemone ist etwa 20 cm groß. Die 48 Tentakel sind in 4 Kreisen angeordnet und liegen immer auf dem sandig-schlammigen Sediment. Weiße Farbe. Diese vor allem mediterrane Art ist auch von Roscoff bis Cherbourg bekannt, wo man sie in Tiefen zwischen 10 und 15 m findet.

(Foto: Philippe Le Granché)

Andresia lebt ausschließlich auf Weichböden.

(Foto: Fredrik Ehrenström)

Der kurze orangefarbene Scapus und die langen durchscheinenden Tentakel kennzeichnen die nur in Nordeuropa bekannte Protanthea.

Protanthea simplex
Protanthea (D, GB, NL, N),
Protanthée (F), Protantea (E, P)

Verglichen mit der Tentakelkrone, deren Durchmesser mehr als 7 cm betragen kann, ist der Scapus relativ kurz (2 cm). Weiche Konsistenz, nicht rückziehbare Tentakel. Der Scapus ist weiß, rosa oder orange gefärbt, und die durchscheinenden Tentakel haben eine weiße, vereist aussehende Spitze. Das paßt gut zu der nordischen Verbreitung dieser Art, die die ruhigen Gewässer von Schottland und Skandinavien bevorzugt. Diese Seeanemone zeigt äußerst lebhafte Reaktionen auf unterschiedliche Reize (Nahrung, Berührung): Sie kann ihre Tentakel heftig bewegen, ihren Körper verdrehen oder so vollkommen entspannen, daß sie ganz lasch von ihrem Felsen herabhängt. Sie hat sehr „klebrige" Nesselkapseln; ihre Tentakel haften ebenso stark wie die von *Anemonia viridis*.

Peachia cylindrica

Zylinderanemone (D), Cylinder-
anemone (GB), Anémone cylindrique (F),
Actinia cilindrica (E), Cilinder-
anemoon (NL), Anémona cilindrica (P),
Sylinderaktinie (N)

Der Scapus hat eine veränderliche Form; ausgegraben ist er fast kugelförmig, und eingegraben nimmt er eine längliche Form (wie ein Würstchen) an, bei einem Durchmesser von 2–3 cm und einer Länge von 30 cm. Die 12 flach auf dem Sand liegenden Tentakel sind relativ lang und tragen ein typisches Muster. Die Art lebt im Sand vergraben, von der Gezeitenzone bis in 50 m Tiefe. Von den Nordseeküsten bis zum Mittelmeer.

Diese im Sand vergraben lebende Seeanemone kann leicht an ihren 12 Tentakeln, die ganz typische Verzierungen tragen, erkannt werden.

Edwardsiella (Fagesia) carnea

Edwardsiella (D, GB, F, E, NL, P, N)

Kleine orangefarbene und durchscheinende Seeanemone mit etwa 30 Tentakeln. Durchmesser: 4 mm, Höhe: 25 mm. Das Tier lebt in sedimentgefüllten Felslöchern, vorzugsweise unter Überhängen und an Höhleneingängen, wo eine gewisse Dunkelheit herrscht. Örtlich können sich relativ dichte Populationen bilden. Die Art lebt auf den ersten 10 m unter der Wasseroberfläche. Sie ist von Südskandinavien bis Nordfrankreich und von den Britischen Inseln bekannt.

Eine dichte Edwardsiella-Population in einer mit der krustenbildenden Kalkalge Litho-phyllum incrustans *bedeckten Felsspalte.*

Die zwei Reihen mit den an ihren Enden „geschwollenen" Tentakeln sind charakteristisch für diese eingegrabene Seeanemone.

Form: Eine Verengung an der Tentakelspitze schnürt einen kugelförmigen „Knopf" ab. Farbe: weiß, braun, orange oder rötlich, oft mit kleinen Punkten. Die Art lebt auf verschiedenen Weichböden: Grobsediment, Sand oder Schlamm, zwischen 20 und 650 m Tiefe. Man findet sie von Skandinavien bis zum Mittelmeer. Wenn sie gestört wird, vergräbt sie sich ganz schnell im Sand.

Corynactis viridis
Juwelenanemone, Schmuckanemone (D), Jewel-anemone (GB), Anémone-bijou, anémone-perle (F), Actinia-piedra preciosa (E), Juweelanemoon (NL), Anémona-pérola (P), Edelstenaktinie (N)

Die Mundscheibe ist etwa 1 cm groß. Die Tentakel, deren Ende immer „angeschwollen" ist, sehen aufgrund ihrer Nesselkapselbatterien körnig aus. Die Mundscheibe trägt unterschiedliche Tentakel: Der äußere Tentakelkranz besteht aus langen, randständigen Tentakeln, der innere Kranz aus kurzen „Mund"-Tentakeln in Dreier- bis Achterreihen. Die Farbe ist sehr variabel: grün, rosa, violett, weiß, braun, orange. Da sich die Art durch Längsteilung vermehrt, findet man immer große Flächen, die mit Individuen derselben Farbe („Klon") bedeckt sind und an andersfarbige, zu einem anderen Klon gehörende Flächen grenzen. Die Art gedeiht unter widersprüchli-

Anemonactis mazeli
Anemonactis (D, GB, F, E, NL, P, N)

Der Durchmesser des Scapus beträgt 2–3 cm, die Höhe 12 cm. Die Tentakelkrone besteht aus zwei Reihen mit jeweils 10 Tentakeln (auf dem Foto sind zwei Tentakel des äußeren Kranzes im Sediment verborgen). Die Tentakel haben eine charakteristische

chen Bedingungen wie bewegtem Wasser und relativer Dunkelheit. Man muß sie deshalb immer in Oberflächennähe, aber an schattigen Plätzen wie z. B. Grotteneingängen oder Überhängen suchen. Sie kommt im nordöstlichen Atlantik häufig vor, wo sie Felsflächen von mehreren Quadratmetern bedecken kann; man findet sie von Schottland bis zu den Kanarischen Inseln. Im Mittelmeer ist sie recht selten.

Corynactis ist aufgrund ihrer inneren Anatomie keine echte Seeanemone. Sie ist vielmehr eine Steinkoralle ohne Skelett.

Corynactis *bildet dichte, vielfarbige Teppiche. Sie gehört zu den „Juwelen" unserer kalten Gewässer und hat ihren Namen wirklich verdient!*

Leptopsammia pruvoti
Gelbe Nelkenkoralle (D), Yellow solitary coral, sunset coral (GB), Corail solitaire jaune, madrépore-chrysanthème (F), Coral solitario amarillo (E), Geel solitair koraal (NL), Corál solitário amarelo (P), Gul begerkorall (N)

Die Skelette werden bis zu 20 mm breit und bis zu 60 mm hoch. Man findet die Art von der Oberfläche bis in 40 m Tiefe. Unter Überhängen und in Höhlen können sich dichte Populationen bilden. Sie lebt an den Atlantikküsten vom Ärmelkanal und den Britischen Inseln bis zum Mittelmeer, wo sie häufig vorkommt. Nicht mit *Balanophyllia regia* zu verwechseln, die kleiner ist und immer ganz streng solitär auf gut belichteten, horizontalen Flächen lebt.

Leptopsammia pruvoti *kann anhand ihrer großen Polypen (Durchmesser: 20 mm) von der ebenfalls gelben* Balanophyllia regia *(Durchmesser: 15 mm) unterschieden werden.*

Eine kleine Kolonie der Runden Nelken-koralle unter einem Überhang. Man kann die Septen des Kalkskeletts sehr schön erkennen. Die Tentakel sind eingezogen.

Caryophyllia inornata (Coenocyathus dohrni)

Runde Nelkenkoralle, Kreiselkoralle (D), Carnation coral, Devonshire cup-coral (GB), Caryophylle, madrépore-œillet, dent-de-chien (F), Madrepora clavel (E), Anjelierkoraal (NL), Coral-cravo (P), Begerkorall (N)

Die Skelette haben einen Durchmesser zwischen 15 und 20 mm. Man findet die Art von der Oberfläche bis in 100 m Tiefe, insbesondere unter Überhängen. Verbreitung: vom Mittelmeer bis zur Bretagne. Weiter nördlich wurde sie bisher nicht gesichtet.

Caryophyllia smithi (smithii)

Becherkoralle, Nelkenkoralle (D), Carnation coral, Devonshire cup-coral (GB), Caryophylle, madrépore-œillet, dent-de-chien (F), Madrepora clavel (E), Anjelierkoraal (NL), Cravo do mar (P), Begerkorall (N)

Die Skelette werden zwischen 15 und 20 mm hoch, bei einem Durchmesser von 10 bis 20 mm. Der Polyp kann bis zu 80 recht lange, in einem runden „Knopf" endende Tentakel tragen. Er kann sich mit Wasser vollsaugen und sich in voller Ausdehnung 3 cm über das Skelett erheben. Die Färbung des durchscheinenden Polypen ist veränderlich: braun, grün, rosa, rot oder weiß. Man findet *Caryophyllia* auf Hartsubstraten, insbesondere unter

Überhängen. Zwischen der Oberfläche und 100 m Tiefe handelt es sich hauptsächlich um die Varietät *smithi;* zwischen 50 und 1.000 m ist die Varietät *clavus* häufiger, die eine wesentlich kleinere Basis hat. Man findet sie von Schottland bis zu den Kanarischen Inseln sowie im Mittelmeer.

Bei diesem voll ausgebreiteten Exemplar sieht man gut die in einer Schwellung endenden Tentakel; auch die für diese Art charakteristische grüne Färbung ist ein wenig zu erkennen.

Hoplangia durotrix

Zwergkoralle (D), Carpet coral, dwarf coral (GB), Corail nain (F), Coral enano (E), Dwergkoraal (NL), Coral-anão (P), Dvergkorall (N)

Die Kolonien sind zwischen 10 und 50 mm groß und können sich aus 10 bis 200 Polypen zusammensetzen. Der Durchmesser der Kelche beträgt einige Millimeter (in seltenen Fällen 6 mm); sie können eine Höhe von 30 mm erreichen. Sciaphile Art, die wahrscheinlich keine Verschlammung erträgt und sich besonders unter Überhängen zwischen der Oberfläche und 50 m Tiefe entwickelt, wo man sie häufig mit anderen, für diesen Standort typischen Arten (z. B. Blätter-Moostierchen) antrifft. An Höhlendecken kann man große Flächen finden, die größtenteils von *Hoplangia durotrix* bedeckt sind. Verbreitung: vom Süden der Britischen Inseln bis Portugal, Madeira und den Kanarischen Inseln; im Mittelmeer häufig.

Hier ist gut zu erkennen, daß Zwergkorallen koloniebildende Steinkorallen sind.

Parazoanthus axinellae

Gelbe Krustenanemone (D), Yellow encrusting anemone (GB), Anémone encroûtante jaune, anémone-bouquet jaune (F), Actinia incrustrante amarilla (E), Gele korstanemoon (NL), Anémona encrostante amarela (P), Gul skorpeanemone (N)

Ausschnitt einer Kolonie von Gelben Krustenanemonen.

Die Polypen dieser Krustenanemone sind 15 mm hoch und haben einen Durchmesser von ungefähr 5 mm, die Kolonien können jedoch mehrere Quadratdezimeter Fels bedecken und die Populationen sogar einige Quadratmeter. Die Art lebt an Felsüberhängen, Höhleneingängen oder anderen dunklen, sedimentfreien Stellen, wo jedoch eine beständige Strömung die Erneuerung der Nahrungszufuhr gewährleistet. Die Art lebt auch als Aufwuchs von Schalen, auf den Röhren von Würmern und auf Schwämmen der Gattung *Axinella* (daher auch ihr Name). Sie lebt in Tiefen von 1 m bis über 200 m, von den Britischen bis zu den Kanarischen Inseln; auch im Mittelmeer häufig. Man unterscheidet zwei Formen von *Parazoanthus axinellae:* Die eine hat schlanke, die andere gedrungene (Varietät *brevitentacularis*) Polypen. Es könnte sich um zwei Arten handeln; die Ordnung der Krustenanemonen (Zoantharia) ist jedoch noch relativ schlecht erforscht.

Parazoanthus anguicomus

Weiße Krustenanemone (D), White encrusting anemone (GB), Anémone encroûtante blanche (F), Actinia incrustante blanca (E), Witte korstanemoon (NL), Anémona encrostante branca (P), Hvid skorpeanemone (N)

Bis auf die weiße Färbung und die etwas größeren Polypen (Breite: 8 mm, Höhe: 25 mm) ähnelt die Art

Parazoanthus axinellae. Jeder Polyp trägt etwa 40 Tentakel. Sie überzieht Felsen, die Röhren von Würmern, Schalen, Schwämme und Korallen. Man findet sie gewöhnlich in der Tiefe (100–400 m), im Schutz von Überhängen und Höhlen kann sie jedoch bis in 15–20 m Tiefe aufsteigen. Die Art ist von den Britischen Inseln und der Südseite der Bretagne (Glénans, Belle-Île) bekannt, ist aber wahrscheinlich noch weiter verbreitet. Begeben Sie sich auf die Suche!

Eine Kolonie der Weißen Krustenanemone unter einem Überhang.

Epizoanthus couchi (couchii)

Braune Krustenanemone (D), Brown encrusting anemone (GB), Anémone encroûtante brune (F), Actinia incrustante marrón (E), Bruine korstanemoon (NL), Anémona encrostante castanha (P), Brun skorpeanemone (N)

Die Polypen dieser Krustenanemone sind ungefähr 1 cm hoch; der Durchmesser des Scapus beträgt 4 mm, und die Tentakelkrone hat einen Durchmesser von etwa 15 mm. Die Kolonien können große Flächen bedecken. Die Tentakelkrone besteht aus 24–32 Tentakeln. Die Polypen sind beige gefärbt. Man findet die Art unter Überhängen und auf Wracks, in Tiefen zwischen 0 und 100 m. Sie ist von den Britischen Inseln und von der französischen Atlantikküste bekannt.

Eine typisch beige gefärbte Epizoanthus couchi-*Kolonie.*

Zylinderrosen sind eindrucksvolle Tiere, denen man sich vorsichtig nähern muß: Sie ziehen sich bei der geringsten Gefahr in ihre weiche Röhre zurück.

Cerianthus sp.
Große Zylinderrose (D), Greater cylinder-anemone (GB), Grande cérianthe (F), Cerianto grande (E, P), Grote viltkokeranemoon, bonte cilinderroos (NL), Stor sylinderanemone (N)

Gewöhnlich wird jede große Zylinderrose als *Cerianthus membranaceus* bezeichnet, weil es so in den Büchern steht. Aber tatsächlich weiß niemand so ganz genau, was sich hinter dem Namen *Cerianthus membranaceus* verbirgt: Die erste Beschreibung der Art (von Spallanzani im Jahre 1784) ist unvollständig. Es gibt sowohl im Atlantik als auch im Mittelmeer mehrere große Zylinderrosen. Manche von ihnen gehören nicht einmal zur Gattung *Cerianthus,* sondern zur Gattung *Pachycerianthus...* Im Zweifelsfall enthält man sich also besser der Stimme und sagt einfach „Zylinderrose"! Im Gegensatz zu dem, was man gewöhnlich liest, besteht die Röhre der Zylinderrosen nicht aus Sand und einem Schleim aus Eiweißsubstanzen, sondern aus einem Geflecht entladener Nesselkapseln. Zylinderrosen besitzen eine doppelte Tentakelkrone, die aus langen Marginaltentakeln und kurzen Labialtentakeln (um den Mund) besteht. Erstere fangen (am Rand der Mundscheibe) kleine Beute ein und leiten diese dann an letztere weiter.

Cerianthus lloydii

Nordsee-Zylinderrose (D), Lesser cylinder-anemone (GB), Petite cérianthe (F), Cerianto pequeno (E), Kleine viltkokeranemoon, grauwe cilinderroos (NL), Cerianto pequeño (P), Liten sylinderanemone (N)

Die Nordsee-Zylinderrose ist nicht so farbenfroh wie die Große Zylinderrose.

Der Körper wird bis zu 7 cm lang; er haust in einer weichen Röhre (2 cm Durchmesser), die eine Größe von 20 cm erreichen kann. Der Mund ist von zwei konzentrischen Tentakelreihen umgeben. Die inneren Labialtentakel sind nur einige Millimeter lang, während die Tentakel des äußeren Kranzes 3 cm groß werden, so daß der Durchmesser der Tentakelkrone etwa 6–8 cm beträgt. Die Art lebt in Tiefen zwischen 1 und 40 m (max. 100 m) auf Weichsubstraten, vor allem auf sandig-schlammigen Böden. Sie erträgt eine leichte Verschmutzung. Die Farbe der Zylinderrosen ist sehr veränderlich: Der Scapus ist braun, beige oder rosa gefärbt, die Tentakel der äußeren Krone sind hell mit dunkelbraunen Streifen, und die Tentakel der inneren Krone sind immer einfarbig. Verbreitung: von Grönland und Spitzbergen bis zum Golf von Biscaya und Mittelmeer. Man hat sie ebenfalls bei den Azoren verzeichnet.

Achtstrahlige Blumentiere (Octocorallia)

Die Vertreter der achtstrahligen Blumentiere (Octocorallia) bilden Kolonien mit zwei Charakteristika: Jeder Polyp hat acht Tentakel (nicht immer leicht zu erkennen!), und das Gewebe hat fast immer feine Skelettelemente (außer bei einigen tropischen Arten ist es fast unmöglich, sie mit dem bloßen Auge zu erkennen). Man unterteilt sie in vier Ordnungen, die sich durch ihre allgemeine Morphologie unterscheiden. Die Stolonifera (A) werden von Polypen gebildet, die aus am Boden festgewachsenen Stolonen hervorkommen. Die Lederkorallen (Alcyonacea) (B) bilden fleischige, aufrechte Kolonien. Sie haben ein Hydroskelett, d. h. sie saugen sich mit Wasser voll. Die Hornkorallen (Gorgonacea) (C) sind baumförmig verzweigt und haben ein zentrales Achsenskelett, welches von einer Rinde umgeben ist. Diese Achse besteht aus Horn oder aus Kalk (bei der Edelkoralle). Die Form der Seefedern (Pennatulacea) ist auf der Abbildung nicht dargestellt. Man sieht diese Bewohner der tiefgelegenen Weichböden nur selten. Der Ausschnitt eines Hornkorallenzweiges (D) zeigt die *Polypen* (1), die aus dem *Coenenchym* (2) hervorkommen. Die Seitenansicht zweier Polypen (E), von denen einer entfaltet und einer zurückgezogen ist, und ein von oben gesehener Polyp (F) zeigen einige für Octocorallia charakteristische Details: Die *acht Tentakel* (a), die selbst seitliche *Fiedern* (b) tragen und die *Sklerite* (c), Skelettelemente des Coenenchym, die sich allerdings auch auf den Polypen befinden können. Spezialisten stützen sich zur Unterscheidung der Arten auf die Morphologie der Sklerite. Abbildung (G) zeigt einige typische Formen.

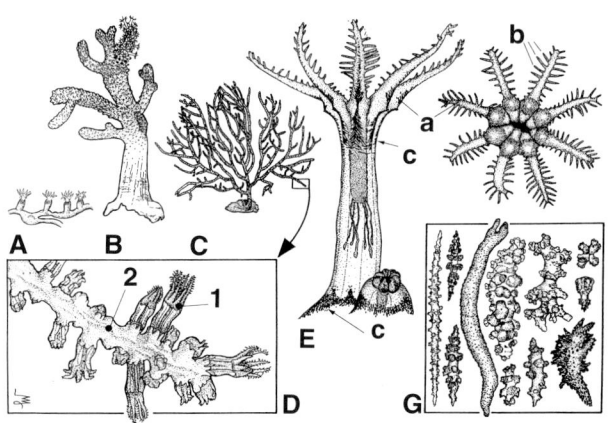

Alcyonium digitatum
Meerhand, Tote Manneshand, Nordische Korkkoralle, Bastardschwamm (D), Dead man's fingers (GB), Alcyon jaune, alcyon commun, alcyon atlantique (F), Mano de muerto (E), Dodemansduim (NL), Mão do mar (P), Dødningehånd (N)

Die Kolonien bilden dicke, fleischige und gelappte Massen. Meist übersteigt der Durchmesser der Lappen 2 cm. Die einzelne Kolonie besteht aus einem Dutzend ein wenig abgeflachter Lappen und kann breiter und höher als 20 cm werden. Die häufigsten Farben sind gelb und blaßorange, örtlich können aber auch braune oder weiße Kolonien vorherrschen (Cornwall, Wales). Die ausgebreiteten Polypen verleihen der Kolonie ein flaumiges Aussehen. Die Spelzenschnecke *Simnia patula* ernährt sich von den Polypen. Es sei denn, daß sie die Eier frißt… man sieht sie nämlich nur im Winter, zur Reifezeit der Gonaden dieser Weichkoralle.

Das erklärt, warum das kleine, schwierig zu erkennende Weichtier (Mimese) den Ruf hat, eine seltene Art zu sein. Die kleine Nacktschnecke *Tritonia hombergi* ist ebenfalls ein Räuber der Polypen. *Alcyonium digitatum* lebt auf Hartsubstraten, meidet Stellen mit dichter Algendecke und bevorzugt eine starke Strömung. Man findet sie auf kleinen Steilwänden und unter Überhängen am Fuße der Laminarienwälder, von wenigen Metern Tiefe bis in etwa 50 m; auch auf Wracks reichlich vorhanden. Geographische Verbreitung: von Nordportugal bis Island. An der nordamerikanischen Ostküste gibt es eine Zwillingsart: *A. siderium*. Seitdem die alte *A. digitatum/siderium*-Population aufgrund des Kontinentaldrifts (die Arten leben in Küstennähe) in zwei Untergruppen aufgeteilt wurde, hat die Evolution kleine Veränderungen mit sich gebracht, die heutzutage erkennbar sind.

Typische Kolonie von Alcyonium digitatum mit ihren entfalteten Polypen. Es gibt auch weiße Kolonien, die aber seltener sind.

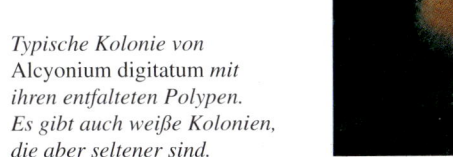

Alcyonium glomeratum (couchii)

*Rote Meerhand (D), Red dead man's fingers (GB),
Alcyon rouge, doigts de Neptune (F), Mano de
muerto roja (E), Rode dodemansduim (NL),
Mão do mar vermelha (P), Rød dødningehånd (N)*

*Die rote Farbe und die schlanken länglichen
Lappen sind charakteristisch für* Alcyonium
glomeratum.

Die Kolonien bilden lange, fingerförmige Stöcke, die gewöhnlich einen Durchmesser von 10–15 mm
haben. Die großen Kolonien können aus 20 bis 30 „Fingern" zusam-
mengesetzt sein und eine Größe
(Höhe und Breite) von 10 bis 20 cm
erreichen. Sie sind meistens rost-
farben oder rot, seltener blaßorange
oder gelb. Die weißen Polypen sind
nicht so dicht verteilt wie bei *A. digitatum* und heben sich sichtbar
vom farbigen Untergrund der Kolonie ab. Man findet diese Weichkoralle vor allem an strömungsge-
schützten Stellen, oft unter Überhängen oder an Höhleneingängen,
in Tiefen zwischen 10 und 50 m.
Die geographische Verbreitung dieser nicht sehr häufigen Art ist wenig bekannt: Man findet sie von
Schottland bis zur spanischen Atlantikküste. Trotz ihrer Ähnlichkeit
kann sie nicht mit zwei im Mittelmeer lebenden Lederkorallen *(A.
palmatum* lebt ausschließlich auf
Weichböden, und *A. acaule* ist
eine gedrungenere Art) verwechselt werden.

Alcyonium (Parery-
thropodium) coralloides

*Krustenbildende Lederkoralle (D),
Encrusting alcyonarian (GB), Alcyon
encroûtant, alcyon rose (F), Mano de
muerto incrustante (E), Korstvormende
dodemansduim (NL), Mão do mar encrostante (P), Skorpedødningehånd (N)*

Die Kolonien können krustenbil-
dend sein, unregelmäßige Auswüchse zeigen oder echte kleine
Lederkorallen, mit einem oder

mehreren Lappen von 1 bis 4 cm bilden. Die Krustenbildende Lederkoralle fühlt sich „trocken" und rauh an. Die Farbe der Kolonien ist äußerst veränderlich: weiß, rosa oder dunkelrot. Im Atlantik findet man meistens die blaßrosafarbenen Spielarten, während im Mittelmeer die dunklen Kolonien häufiger sind. Im Mittelmeer ist diese Lederkoralle ein verblüffender Raumparasit: Sobald es einer Larve gelingt, sich auch nur an der kleinsten entblößten Stelle einer Hornkoralle festzuheften, ist deren Todesurteil quasi besiegelt. Das Gewebe der Hornkoralle wird ganz schnell von der Lederkoralle, die die gesamte Achse überdecken wird, zurückgeschoben. Im Atlantik wurde dieses Verhalten noch nicht beobachtet. Falls Sie es dennoch irgendwo entdecken, möchte ich Sie bitten, mir ein Foto zu senden oder die betreffende Hornkoralle mitzunehmen (ausnahmsweise, und weil es für wissenschaftliche Zwecke ist!). *A. coralloides* ist eine eher seltene Art, die örtlich jedoch häufig zu sehen ist. Man findet sie an Standorten, die vor Licht und starker Hydrodynamik geschützt sind: Höhlen und Überhänge, von der Oberfläche bis in 200 m Tiefe. Geographische Verbreitung: von Schottland bis Portugal, Mittelmeer. Bis vor kurzem wurden die bretonischen Exemplare noch als *Alcyonium pusillum* und die Tiere von Lough Ine (Irland) als *Parerythropodium hibernicum* bezeichnet.

Im Atlantik und im Ärmelkanal sind zwei Varietäten der Krustenbildenden Lederkoralle bekannt: die eine ist blaßrosa (sie ist die häufigere) und die andere weinrot gefärbt.

Eine charakteristische Eunicella verrucosa-*Kolonie mit entfalteten Polypen.*

Beide Farbvarianten, Seite an Seite fotografiert. Die Polypen sind eingezogen; ihre Kelche bilden die für die Art typischen Warzen. Beachten Sie auch die Nacktschnecke Tritonia nilsodhneri *auf der linken Hornkoralle.*

Eunicella verrucosa

Warzige Fächerkoralle (D), Common sea-fan, warty gorgonian (GB), Gorgone verruqueuse (F), Gorgonia verrugosa (E), Wrattig hoornkoraal (NL), Gorgónia verrugosa (P), Vortehornkorall (N)

Die fächerförmigen Kolonien erreichen eine Höhe von 25 bis 30 cm (in seltenen Fällen 60–80 cm). Die Kelche der Polypen ragen stark hervor, daher das warzenartige Aussehen, dem die Art ihren Namen verdankt. Farbe: lachsrosa oder blaßorange, seltener weiß. Langsames Wachstum, d. h. etwa 1 cm pro Jahr. Denken Sie immer daran, daß es ein Vierteljahrhundert dauert, um einen abgebrochenen Zweig zu ersetzen! Zwei mimetisch angepaßte Schnecken ernähren sich von den Polypen dieser Hornkoralle: die Spelzenschnecke *Simnia patula* und die Nacktschnecke *Tritonia nilsodhneri.* Letztere ist äußerst schwierig ausfindig zu machen; oft wird ihre Anwesenheit nur von ihrem spiralförmigen Gelege auf den Zweigen verraten. *Eunicella verrucosa* lebt auf Felsen oder Wracks, mit einer Vorliebe für vertikale Flächen oder Überhänge. Man findet sie in Tiefen zwischen 10 und 200 m. Geographische Verbreitung: Ostatlantik von Schottland bis Angola; im Mittelmeer (außer in großen Tiefen) seltener.

Leptogorgia sarmentosa (Lophogorgia ceratophyta)

Orangefarbene Fächerkoralle (D),
Orange Gorgonian (GB), Gorgone
orange, gorgone sarmenteuse (F),
Gorgonia anaranjada (E), Oranje
hoornkoraal (NL), Gorgónia alaranjada
(P), Orange hornkorall (N)

Die Kolonien erreichen eine Höhe
von 20 bis 60 cm, die Endverzwei-
gungen haben einen Durchmesser
von 1 mm. Die Polypen sind sehr
klein (1 bis 1,5 mm). Die Färbung
variiert zwischen weiß über zitro-
nengelb und rosa-violett bis ziegelrot, aber die häufigste Farbe ist sicherlich orange. Die Art ist aufgrund der Feinheit und Vielzahl ihrer Verzweigungen leicht zu erkennen. Ihre Äste sind gerade und zu-
gespitzt. Sie wächst mit einer Geschwindigkeit von 2,5 bis 5 cm pro
Jahr. Diese Art lebt vor allem auf
sedimentbedecktem Felsgestein.
Sie kommt in Tiefen zwischen 10
und 250 m vor. Im Atlantik ist sie
von Sables-d'Olonne (im Norden)
bis Agadir (im Süden) vertreten. Im
westlichen Becken des Mittelmeeres ist sie häufiger. Die violetten
Kolonien von Galicien (Nordspani-
en) waren früher unter dem Namen
Lophogorgia lusitanica bekannt.

Es gibt unzählige Farbvariationen von
Leptogorgia sarmentosa. *Man findet sogar*
zweifarbige Kolonien (siehe Fotos).
Die Feinheit der spitz zulaufenden Zweige
ist charakteristisch.

Paramuricea clavata (chamaeleon)

Rote Gorgonie, Violette Fächerkoralle (D), Purple gorgonian (GB), Gorgone rouge, gorgone pourpre (F), Gorgonia roja (E), Roodpaars hoornkoraal (NL), Gorgónia vermelha (P), Rød hornkorall (N)

Die Kolonien sind stämmig und groß (30 bis 100 cm). Die Äste haben einen Durchmesser von 6 mm, und die Polypen erreichen eine Größe von 8 mm. Die Wachstumsgeschwindigkeit beträgt etwa 1 bis 6 cm pro Jahr. Sciaphile Art, die unter Überhängen, in Höhlen und in der Tiefe lebt. Man findet sie in Tiefen zwischen 7 und 110 m. Bisher glaubte man, daß *Paramuricea clavata* ausschließlich im Mittelmeer vorkäme. Nun habe ich eine bedeutende Population dieser Hornkoralle (vollkommen gelb) in einer Höhle bei Sagres (Portugal), etwa 300 km nordwestlich von Gibraltar, gefunden. Folglich muß man annehmen, daß es eine „atlantische" Art ist. Weitere Hinweise sind willkommen! Die Kolonie hat eine rot-violette Färbung, die Astenden sind manchmal gelb, selten sind die Äste ganz gelb. Das erklärt möglicherweise den alten Namen: *Chamäleon;* ausgenommen, daß diese Bezeichnung nicht von der Tatsache herrührt, daß die Äste ganz schnell ihre Farbe verlieren und aschgrau werden, wenn man sie an die Oberfläche bringt. Ich möchte diese anekdotische Tatsache nutzen, um die Lust am Einsammeln von Meerestieren (das übrigens manchmal verboten ist) zu nehmen: Sammeln Sie bei Ihren Tauchgängen lieber gute Erinnerungen oder schöne Fotos statt übelriechende Tiere, die ihre ganze Pracht verlieren, sobald sie trocknen!

Diese gelbe Kolonie scheint den Namen der Art zu widerlegen! Während die gelbe Variante im Mittelmeer eine Ausnahme ist, stellt sie für die bisher im Atlantik unbekannte Paramuricea clavata *momentan die einzig bekannte Form dar.*

Medusen, Rippenquallen und Salpen

Ich habe in diesem Kapitel Tiere zusammengefaßt, die zoologisch gesehen sehr unterschiedlich sind, deren Gemeinsamkeit aber darin besteht, daß sie alle große, durchscheinende, planktonisch lebende Organismen sind. Die Hydromedusen gehören zur Klasse der Hydrozoa, Ordnung der Hydroidea. Die Arten der Ordnung Hydroidea können als Medusengeneration wie auch als Polypengeneration auftreten. Sie haben gewöhnlich die Form einer Glocke oder einer kleinen Scheibe (zwischen 2 und 100 mm). Die Staatsquallen (Siphonophora) gehören ebenfalls zur Klasse der Hydrozoa. Es sind Kolonien von mehreren, miteinander verbundenen Einzeltieren, von denen sich manche im Polypenstadium und andere im Medusenstadium befinden. Einige Arten bilden manchmal Ketten von mehreren Metern Länge (z. B. *Apolemia uvaria);* manche Arten werden von einem gasgefüllten Schwimmkörper (Pneumatophor) überragt (z. B. *Physalia physalis).* Andere bilden kleine Blasen oder ein wenige Zentimeter großes „Floß", das manchmal ein Segel trägt (z. B. *Velella velella).* Schirmquallen (Scyphozoa) bilden eine eige-

ne Klasse innerhalb der Hohltiere. Es handelt sich um scheibenförmige „echte Medusen" mit Randlappen am Glockensaum. Rippenquallen (Ctenophora) sind ein eigener Stamm. Es sind keine Nesseltiere (Cnidaria), d. h. sie haben keine Nesselkapselzellen, auch wenn sie den Medusen ähneln. Sie haben eine bilaterale Symmetrie (keine Radiärsymmetrie wie die Nesseltiere). Bis auf die acht Wimpernreihen, die die Oberfläche des durchsichtigen Körpers durchqueren und in denen sich das Licht in vielen Farben bricht, sind sie nur schwer zu erkennen. Die Rippenquallen dienten in vergrößerter Form als Modell für die außerirdischen Wesen in dem Film „Abyss". Oft ähneln sie einem kleinen Rugbyball, manchmal haben sie zwei „Flügel" oder ziehen lange, sich verzweigende, einziehbare Fäden hinter sich her. Der „Venusgürtel", ein gallertartiges Band, kann länger als 1 m werden und ist die spektakulärste Rippenqualle. Die Salpen stehen dem Menschen zweifellos näher als die Medusen. Wie die Seescheiden gehören auch sie zum hoch entwickelten Stamm der Manteltiere (Tunicata).

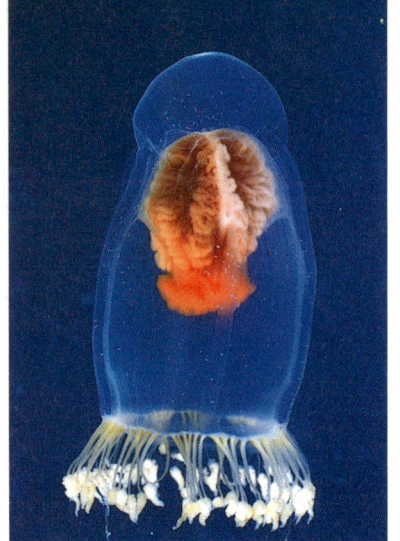

Neoturris pileata

Neoturrisqualle (D), Neoturris jellyfish (GB), Méduse Néoturris (F), Medusa Neoturris (E, P), Neoturriskwal (NL), Neoturrismanet (N)

Kleine Hydromeduse von 3 bis 4 cm Größe. Planktonisch lebende Art, die man in Oberflächennähe antrifft. Geographische Verbreitung: Atlantik, Nordsee, Mittelmeer.

Die schöne Hydromeduse Neoturris pileata *ist recht häufig im Plankton zu finden, besonders im Frühling. Die roten Organe sind Gonaden, die die Geschlechtsprodukte bilden.*

Hydromedusae

Hydromedusen (D, NL, N), Hydromedusae (GB), Hydroméduse (F), Hidromedusas (E, P)

Wenn man sich auf der Dekompressionsstufe ein wenig Zeit nimmt und den Blick in die Runde schweifen läßt, dann sieht man oft ganz kleine, planktonisch lebende Medusen, die heftig mit ihrem Schirm schlagen. Hier handelt es sich offensichtlich um eine Hydromeduse, aber mehr kann ich leider nicht dazu sagen.

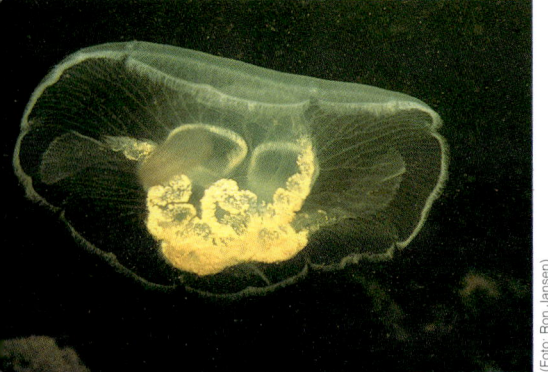

(Foto: Ron Jansen)

Diese recht harmlose Meduse kann man ganz sicher an ihren vier „Ohren" und dem kleinen Tentakelsaum erkennen.

Aurelia aurita
Ohrenqualle (D), Moon jellyfish, common jellyfish (GB), Aurélie (F), Medusa aurelia, aurelia (E), Oorkwal (NL), Medusa aurélia (P), Glassmanet (N)

Scyphomeduse. Der Schirm kann einen Durchmesser von 40 cm erreichen. Aufgrund der Durchsichtigkeit zeichnen sich im Schirm vier undurchsichtige, hufeisenförmige „Ohren" ab, die in Wirklichkeit Geschlechtsorgane sind (weiß bis orange bei den Männchen und violett bei den Weibchen). Das Tier besitzt vier Mundtentakel und einen Saum mit unzähligen kleinen Tentakeln am Schirmrand. Die pelagisch lebende Form trifft man in Küstennähe an, z. B. (manchmal sehr zahlreich) in Lagunen und Häfen. In allen Meeren der Welt zu finden. Die Ohrenqualle ist in Lehrbüchern das klassische Beispiel zur Erklärung des Generationswechsels bei den Schirmquallen (Scyphozoa). Die getrenntgeschlechtlichen Medusen geben ihre Geschlechtsprodukte ins Wasser ab. Wenn der Samen eine Eizelle befruchtet, entwickelt sich eine pelagisch lebende Planulalarve, die schließlich zum Grund wandert, um sich dort in einen Scyphopolypen zu verwandeln. Dieser bildet dann durch eine Serie von aufeinander folgenden „Einschnürungen" (Strobilation) eine Aufschichtung scheibenförmiger Segmente. Diese Scheiben lösen sich nacheinander ab und werden zu jungen Medusen, die sich wieder zu erwachsenen Scyphomedusen entwickeln.

Scyphopolypen sind die festsitzenden Stadien der Ohrenqualle. Man findet sie vor allem unter Überhängen, wo sie im Frühling ganz besonders zahlreich sein können.

Diese Blumenkohlqualle ist in einem Fluttümpel an der Küste gestrandet. Die dicken, blumenkohlförmigen Tentakel sind charakteristisch.

Rhizostoma octopus (pulmo)

Blumenkohlqualle, Gelbe Lungenqualle (D), Rhizostome (GB, F), Aguamala, acalefo azul (E), Longkwal, zeepaddesto-el (NL), Rizostoma (P), Lungemanet (N)

Massige Scyphomeduse, die einen Durchmesser von 20 bis 60 cm (manchmal 100 cm!) erreichen kann. Der Schirm wird von 80 bläulichen Lappen gesäumt. Unter dem Schirm befinden sich acht derbe Klöppel, die Enden der Mundarme. Pelagisch lebendes Tier, dessen Entwicklung in Küstengewässern besonders stark ist. Häufige Art im Mittelmeer, im Atlantik und in der Nordsee. Diese Qualle hat keine echten Tentakel: Sie saugt das Plankton durch die acht Klöppel an. Oft flüchten sich junge Fische *(Trachurus, Boops, Seriola)* unter die Schirme. *Rhizostoma* stellt trotz ihrer eindrucksvollen Ausmaße keine Gefahr für den Menschen dar; sie verursacht nur ein leichtes Brennen.

Pelagia noctiluca
Leuchtqualle, Feuerqualle (D),
Luminescent jellyfish, pink jellyfish (GB),
Pélagie, acalèphe brillante (F), Acalefo
luminescente (E), Parelkwal (NL),
Acalefo brilhante (P), Lysmanet (N)

Scyphomeduse. Der pilzförmige
Schirm wird nicht größer als 7 cm,
und die vier großen Mundarme erreichen eine Länge von 10 bis
15 cm, während die acht Tentakel
am Schirmrand 50 cm lang werden
können. Man findet diese Qualle
im Atlantik von den Azoren bis
zum Ärmelkanal und im Mittelmeer. Wie der Name schon ankün-
digt, ist sie in der Lage zu leuchten.
Die langen Tentakel haben sehr
wirksame Nesselkapseln, die starke
Verbrennungen verursachen. Sie
können Brandblasen und sogar Fie-
beranfälle hervorrufen. Es gibt jedoch noch giftigere Arten an unseren Küsten, insbesondere die Portugiesische Galeere *(Physalia physa-*
lis). Erste-Hilfe-Maßnahmen: siehe
Einführung zu den Hohltieren.

Der rosa-blaue Schimmer ist charakteristisch für
die Leuchtqualle. Vorsicht (!), hinter ihrer Schön-
heit verbergen sich furchtbare Tentakel.

Chrysaora hysoscella
Kompaßqualle (D), Compass jellyfish
(GB), Acalèphe rayonnée, chrysaore (F),
Medusa de compases, aguamar,
acalefo radiado (E), Kompaskwal (NL),
Acalefo raiado (P), Kompassmanet (N)

Scyphomeduse, deren Schirm einen Durchmesser von 30 cm erreicht. Die typischen braunen Lini-
en auf ihrem Schirm erinnern an eine Kompaßrose. Das Tier hat vier
lange Mundarme und zahlreiche fadenförmige Tentakel am Schirmrand, die sich bis auf 2 m Länge
ausstrecken können.

Das an eine Kompaßrose erinnernde Muster auf
dem Schirm ist charakteristisch für diese große Qualle.

Cyanea lamarcki

Blaue Nesselqualle (D), Lion's mane jellyfish (GB), Cyanée (F), Medusa orticante azul (E), Blauwe haarkwal (NL), Cianeia (P), Blå brennmanet (N)

Scyphomeduse. Blauer Schirm mit gelapptem Rand; erreicht einen Durchmesser von 15 cm. Die feinen, in acht Gruppen angeordneten Tentakel können über 1 m lang werden. Achtung! Die Art nesselt sehr stark. Bewundern Sie sie aus der Ferne...

Wenn Sie so einen blauen Schirm mit gelapptem Rand sehen, dann hüten Sie sich vor den sehr feinen, äußerst stark nesselnden Tentakeln!

Lucernariopsis (Lucernaria) campanulata(?)

Becherqualle (D), Stalked jellyfish (GB), Lucernaire (F), Medusa pedunculata (E), Vastzittende kwal (NL), Lucernária (P), Begerpolypp (N)

Scyphomeduse. Nicht alle Medusen leben pelagisch! Die Becherqualle ist eine kleine gestielte Meduse (2–3 cm), die auf Rotalgen, Laminarien und Seegrasblättern (Zostera) festsitzt. Sie hat acht kreuzförmig angeordnete Tentakel, die oft in vier Zweiergruppen aufgeteilt sind. Anfang des Jahrhunderts war sie noch sehr häufig, hat dann aber stark unter einer Krankheit gelitten, die in den dreißiger Jahren ihren bevorzugten Standort (Seegraswiesen an den amerikanischen und europäischen Küsten) dezimierte. Ein Vierteljahrhundert lang waren Becherquallen selten, aber seit den fünfziger Jahren steigt ihre Zahl von neuem an. Weder im Meer noch an Land bleibt alles so, wie es einmal war. Was die Art betrifft, so handelt es sich wahrscheinlich um *Lucernariopsis campanulata*, obwohl es auch ähnliche Arten *(Lucernariopsis cruxmelitensis, Lucernaria quadricornis)* gibt. *Haliclystus auricula* und *H. salpinx* besitzen im Gegensatz zu den zuvor genannten Arten warzenförmige Randanker zwischen den 8 tentakeltragenden Lappen. Diese dienen der zeitweiligen Anheftung am Substrat.

Eine auf dem Thallus einer Rotalge (Palmaria palmata?) *festsitzende Becherqualle. Beachten Sie auch die Nacktschnecke* (Polycera quadrilineata) *rechts von der Meduse.*

Physalia physalis
*Portugiesische Galeere (D),
Portuguese man-o'-war, bluebottle (GB),
Physalie, galiote portugaise, vaisseau
portugais, vessie de mer (F), Fragata,
carabela portuguesa (E), Portugees
oorlogsschip (NL), Fisália, caravela (P),
Portugisisk krigsskip (N)*

Staatsqualle. Der Schwimmkörper (Pneumatophor) ist zwischen 10 und 20 cm lang, die Tentakel können eine Länge von 30 m erreichen. Pelagisch lebendes Tier des tropischen Atlantik, das mit dem Golfstrom bis an die französischen Küsten vordringen kann. Diese Staatsqualle kann schlimme Verbrennungen verursachen: Es sind sogar Todesfälle bekannt! Falls Sie in schmerzhaften Kontakt mit diesem Tier kommen, sollten Sie unbedingt einen Arzt aufsuchen. Erste Hilfe: siehe Einleitung zu den Hohltieren.

(Foto: John Neuschwander)

Der typische, ins Violette spielende Schimmer des Schwimmkörpers einer Portugiesischen Galeere. Hier sind die langen Tentakel unter der Wasseroberfläche zusammengezogen.

(Foto: Peter Wirtz)

Diese große, dicht unter der Oberfläche schwimmende Rippenqualle hat einen eiförmigen Körper und zwei unregelmäßige „Flügel".

Bolinopsis infundibulum

Glas-Lappenqualle (D), Bolinopsis (GB, F, E, NL, N)

Ungefähr 15 cm große Rippenqualle mit flachen Fortsätzen („Flügel"), die ihre Schwimmfähigkeit erhöhen. Planktonisch lebendes Tier, das von der Nordsee bis zum Mittelmeer häufig ist. Wie die meisten planktonisch lebenden Tiere ist wahrscheinlich auch diese Art auf der ganzen Welt zu Hause. Massive Vermehrung zu bestimmten Zeiten.

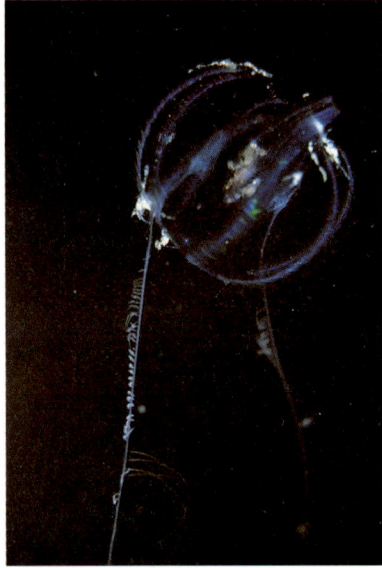

Die Seestachelbeere kann ihre langen Tentakel mit den seitlichen Fortsätzen, die dem Fang kleiner Planktonorganismen dienen, ganz schnell einziehen.

Pleurobrachia pileus

Seestachelbeere (D), Sea-gooseberry (GB), Groseille de mer (F), Grosella de mar (E), Zeedruif (NL), Groselha do mar (P), Sjøstikkelsbør (N)

Rippenqualle. Der fast kugelförmige Körper ist 2–3 cm groß. Acht Wimpernreihen bilden die „Rippen", in denen sich das Licht in allen Farben bricht. *Pleurobrachia* ernährt sich von anderen Planktonorganismen; sie fängt diese mit ihren zwei langen (10 cm) Tentakeln ein, die mit seitlichen Fortsätzen versehen sind. Im Frühjahr findet eine rasante Vermehrung dieser Tiere statt, die an den Küsten des Ärmelkanals und der Nordsee in großer Zahl stranden und die dort gelegenen Kernkraftwerke vorübergehend außer Betrieb setzen können, indem sie die Kühlwasserleitungen verstopfen.

Pegea confoederata
Salp (D, GB, NL), Salpe (F, N),
Sálpido (E), Salpa (P)

Diese Tiere bestehen im Prinzip aus einem durchsichtigen Schlauch, der an beiden Enden geöffnet ist, dessen Öffnungen aber durch Klappen verschlossen werden können. Salpen pumpen mit Muskelkontraktionen Wasser durch ihren Körper, um sich fortzubewegen und um Planktonorganismen einzufangen. Man unterscheidet zwei Generationen: eine ist solitär (Amme) und vermehrt sich ungeschlechtlich; die andere (das Ergebnis der ersten) ist eine durch Knospung entstandene Generation, die sich aus langen Ketten von Geschlechtstieren zusammensetzt. Örtlich und zeitweilig können Salpen bedeutende, aber kurzlebige Populationen bilden. Die solitären Einzeltiere von *Pegea confoederata* können 8–12 cm und die in Ketten befindlichen Individuen 10–15 cm groß werden. Die Art ist auf der ganzen Welt zu Hause. Man findet sie im Oberflächenwasser aller Ozeane. Es sind noch mehrere andere Gattungen bekannt, darunter *Salpa, Thalia, Cyclosalpa...*

Ein solitäres Einzeltier (Ammengeneration) hat durch ungeschlechtliche Vermehrung eine Kette mit Geschlechtstieren hervorgebracht; diese werden sich von der Amme lösen und die geschlechtliche Fortpflanzung vollziehen.

Eine doppelte Salpenkette treibt im offenen Meer. Sie ist das Ergebnis einer ungeschlechtlichen Vermehrung. In gewisser Weise ist jedes Einzeltier eine pelagisch lebende Seescheide.

Würmer

Sie werden wahrscheinlich nicht in die Verlegenheit geraten, ständig „Weg mit Euch Ihr Würmer!" zu rufen; und dennoch fehlt es nicht an Würmern, auch wenn man die meisten von ihnen nicht sieht. Es wimmelt von ihnen im Sand, sie tummeln sich in Löchern, bauen biegsame und starre Behausungen, leben als Parasiten auf Seeigeln, Krabben und Fischen... Für den „Normalbürger" sind Würmer weiche, längliche Tiere. Wenn es doch nur so einfach wäre... Unter der Bezeichnung „Wurm" verbirgt sich für den Zoologen eine Vielzahl von Tieren, die sehr unterschiedlichen Gruppen angehören.

Versuchen wir, uns ein wenig Klarheit zu verschaffen!

Würmer unterteilen sich in acht verschiedene Stämme: Plattwürmer (Plathelminthes), Schnurwürmer (Nemertini), Schlauchwürmer (Aschelminthes), Priapswürmer (Priapulida), Igelwürmer (Echiurida), Spritzwürmer (Sipunculida), Ringelwürmer (Annelida) und Hemichordata. Die Plathelminthes oder Plattwürmer werden weiter hinten, in einem gesonderten Kapitel besprochen. Schnurwürmer sind weiche, längliche Tiere mit einem abgerundeten oder abgeflachten Querschnitt. Folglich sind sie die echten „Würmer". Sie haben einen Rüssel und einen Darm, der den ganzen Körper durchläuft und in einem After endet. Ihr Körper ist mit Wimpern bedeckt.

Die Größe der Atlantikarten kann zwischen 1 und 25 m *(Lineus longissimus)* variieren. Sie verstecken sich besonders gern im Sand, im Grobsediment, unter Steinen, in Algen und zwischen den Haftwurzeln der Laminarien. Und sie verstecken sich wirklich gut! Sie müssen richtig suchen, um sie zu finden... Schnurwürmer sind äußerst zerbrechlich. Jedes Stück kann einen neuen Wurm hervorbringen. Schlauchwürmer (Aschelminthes oder Nemathelminthes) sind sehr klein (gewöhnlich von 0,1 bis 5 mm) und haben sehr unterschiedliche Formen. Diese Tiere sind deshalb eine Aufgabe für Spezialisten. Wir wollen sie unbeachtet lassen! Priapswürmer sind stämmige, muskulöse Tiere, die 20 cm lang werden können. Sie leben auf Schlammböden, wo sie nicht gerade reichlich vorhanden sind. Wir werden sie nicht besprechen. Igelwürmer sind nur durch wenige Arten repräsentiert; zu ihnen gehört die bemerkenswerte *Bonellia,* die im Mittelmeer häufig vorkommt, die aber (wenn auch selten) ebenfalls im Atlantik bis Norwegen gesichtet wurde. Spritzwürmer sind kräftige Tiere (von 1 bis 40 cm Größe), die sich in den Vertiefungen von Felsen oder Kalkalgen oder im Sand verstecken. Da Sie sie normalerweise nicht sehen, werden wir sie schweigend übergehen. Am häufigsten finden wir Ringelwürmer, insbesondere diejenigen, die zur Klasse der Vielborster (Polychaeta) gehören. Ringelwürmer haben einen Körper, der sich aus mehreren ringförmigen Segmenten zusammensetzt. Jedes Segment trägt sehr harte Haare oder „Borsten". Man unterscheidet Errantia (Umherirrende) wie die Nereis, die sich aktiv bewegen, und Sedentaria (Festsitzende), die in Röhren leben, wie die Schrauben-Sabelle. Diese Würmer werden hauptsächlich in diesem Buch dargestellt. Hemichordata schließlich umfassen Eichelwürmer und andere ähnliche Würmer; sie haben ein eichelförmiges Organ, mit dem sie den Boden umgraben. Wenn Sie diese Tiere sehen möchten, dann müssen Sie ebenfalls buddeln! Die Bartträger (Pogonophora), eine andere Hemichordata-Gruppe, findet man gewöhnlich nur in großen Tiefen, insbesondere in der Nähe heißer Quellen von ozeanischen Gräben.

Tubulanus superbus
Tubulanus (D, GB, F, E, NL, P, N)

Dieser Schnurwurm hat einen Durchmesser von 5 mm und kann länger als 150 cm werden. Farbe: dunkelrot mit vier weißen Längsbinden (zwei seitliche, eine auf dem Rücken und eine auf dem Bauch) und bis zu 200 weißen Querbinden. Er lebt in groben Sedimenten des Infralitorals, bis in 80 m Tiefe, seltener in der Gezeitenzone; von Skandinavien bis zum Mittelmeer. Ein naher Verwandter ist *T. annulatus,* der einen Durchmesser von 3–4 mm hat und 75 cm lang wird; er hat nur drei Längsbinden (die Bauchbinde fehlt) und etwa 50 weiße Querbinden.

Auf dem Foto ist nur der mittlere Teil dieses mehr als 1 m langen Wurms zu sehen. Die rotbraune Farbe und die weißen Längs- und Querbinden sind charakteristisch.

Lineus sp. (?)
Lineus (D, GB, F, E, NL, P, N)

Dieser kurz an die Oberfläche des feinen Sandes vorgedrungene Schnurwurm könnte ein Lineus *sein, vielleicht* Lineus ruber. *Mehr kann ich dazu nicht sagen – ich war ebenso überrascht, ihn zu sehen, wie Sie es vielleicht eines Tages sein werden. Gibt es unter meinen Lesern einen Spezialisten, der mich aufklären könnte?*

Bei Ebbe können Sie im Sandwatt oder in Lagunen Tausende Exkremente von unter der Oberfläche lebenden Köderwürmern sehen. Die Vertiefungen gehören zum Kopf des Tieres, das in einer U-förmigen Röhre lebt; die Exkremente gehören selbstverständlich zum hinteren Teil des Wurms.

Arenicola marina
Köderwurm (D), Lugworm, lob-worm (GB), Arénicole (F), Arenícola (E, P), Zeepier (NL), Fjøremakk (N)

Dieser zur Klasse der Vielborster (Errantia) gehörende Ringelwurm ist der bekannteste aller Würmer. In der Naturwissenschaft braucht man ihn zum Sezieren, und bei Anglern ist er der meistbenutzte Köder. Länge: 10–20 cm (maximal 30 cm). Farbe: rot, dunkelgrün oder schwarz. Auf den Körpersegmenten befinden sich Borsten und verzweigte Kiemen. Die Tiere leben in 20–30 cm tiefen U-förmigen Röhren, die sie selbst in Sandböden oder sandig-schlammige Böden graben und mit einer Schleimschicht verstärken. Man erkennt ganz leicht deren Ausgänge an den charakteristischen Kothügeln („Sandspaghetti"). Der Eingangstrichter hat einen Durchmesser von 1,5–2 cm und ist niemals sehr weit entfernt. Im Sandwatt können die Populationen aus mehr als 50 Individuen pro Quadratmeter bestehen!

Phyllodocidae
Phyllodocide (D, NL, N),
Phyllodocid (GB), Phyllodocidé (F),
Fillodocide (E, P)

Aphrodita aculeata
Seemaus, Seeraupe, Filzwurm (D),
Sea-mouse (GB), Aphrodite, souris de
mer, taupe de mer (F), Ratón de mar (E),
Zeemuis, fluwelen zeemuis (NL),
Rato do mar (P), Gullmus (N)

Der ovale, hinten ein wenig spitz
zulaufende Körper ist 10–20 cm
lang und 3–7 cm breit. Der gewölbte Rücken ist von einem dichten
Filz grauer Haare bedeckt, aus dem
dicke, dunkle Borsten herausragen.
Die Seiten werden von Borsten ge-
schmückt, die in allen Farben
schimmern: blau, grün, gelb und
bronze. Das Tier lebt im Sand des
Infralitorals vergraben, ist aber
nach Unwettern manchmal am
Strand zu sehen. Dieser Räuber
ernährt sich von anderen Würmern
und Weichtieren. Unter seinem
Rückenfilz befinden sich Schuppen, die er in regelmäßigen Abständen hebt und senkt, um einen Wasseraustausch auf seinen Kiemen si-
cherzustellen. Man kennt die Seemaus an allen europäischen Küsten
von Skandinavien bis zum Mittelmeer.

Dieser Vielborster gehört wahrscheinlich zur Fami-
lie der Phyllodocidae (es sei denn, daß es sich um
einen Vertreter der Nereidae handelt?). Aufgrund
seiner Größe (10 cm), seines Standorts (unter einem
Stein, den der Autor umgedreht hat) und seiner Far-
be, könnte es auch Eulalia viridis *sein. Aber es gibt*
noch Dutzende anderer Vielborsterarten, die man
bei Ebbe finden kann...

Diese bei Ebbe ausfindig gemachte Seemaus stellt
ihre leuchtenden Borsten zur Schau.

Durch den Zusammenschluß ihrer Röhren bilden Sandkorallen entlang bestimmter Sandküsten Riffe. Treten Sie nicht darauf, denn sie sind sehr zerbrechlich!

Sabellaria alveolata
Pümpwurm, Sandkoralle (D), Honeycomb worm (GB), Hermelle (F), Gusano-panal (E), Honingraatworm, zandkokerworm (NL), Verme alveolar (P), Bikubemakk (N)

Jeder Wurm ist ungefähr 3–4 cm lang und lebt in einer aus groben Sandkörnern gefertigten Röhre. Sandkorallenkolonien bestehen aus einer Anhäufung dieser Röhren (bis zu 60.000 pro Quadratmeter!); auf den Felsen einer überwiegend sandigen Küste bilden sie mehrere Zentimeter bis mehrere Dezimeter hohe Krusten. Diese Kolonien werden so groß, daß sie wahre Riffe von mehreren hundert Metern Länge bilden (Bucht von Mont-Saint-Michel). Die Gesamtheit der Öffnungen erinnert an eine Wabe. Es handelt sich um eine eulitorale Art: Bei Ebbe kommen die Kolonien zum Vorschein. Verbreitung: von der Nordsee bis zum Mittelmeer.

Spirorbis spp.
Posthörnchenwurm (D), Posthornworm (GB), Spirorbe (F), Gusano-corneta (E), Posthoornworm (NL), Spirórbis, verme-corneta (P), Posthornmakk (N)

Die kleinen, spiralförmig eingerollten Röhren haben nur einen Durchmesser von 2–3 mm; man erkennt sie jedoch leicht aufgrund ihrer großen Anzahl, die auf ein Schwarmverhalten der Larven zurückzuführen ist. Sie befestigen sich auf Algen (insbesondere *Fu-*

cus-Arten), Schalen und unter Steinen. Wie alle Sedentaria ist auch dieser Wurm ein Planktonfiltrierer. Es sind mehrere *Spirorbis*-Arten bekannt. Man kann sie nur mit Hilfe einer Lupe unterscheiden! Es ist hingegen leicht, *Spirorbis* von dem sehr ähnlichen *Janua pagenstecheri* zu unterschieden: Die Spirale von *Spirorbis* verläuft vom Zentrum aus im Uhrzeigersinn, und die von Janua genau entgegengesetzt. Es handelt sich um eulitorale Arten, die von der Nordsee bis zum Mittelmeer häufig sind.

Röhren von Posthörnchenwürmern auf einem Fucus-*Thallus. Wahrscheinlich handelt es sich um* Spirorbis spirorbis *oder* S. borealis, *aber es gibt noch andere sehr ähnliche Arten.*

Pomatoceros lamarcki

Dreikantwurm (D), Keelworm, three-face tubeworm (GB), Serpule triangulaire, ver tubicole triangulaire, petit ver à fourreau (F), Gusano incrustante (E), Driekantige kokerworm (NL), Sérpula triangular (P), Trekantmakk (N)

Die Röhre hat einen dreieckigen Querschnitt und kann eine Länge von 3–10 cm erreichen. Die Tentakel können braun, rot und manchmal auch blau sein. Man findet *Pomatoceros* von der Oberfläche bis in 3.000 m Tiefe. Es handelt sich um einen Pionier, der unberührte Flächen schnell besiedelt (Bojen, Schiffsrümpfe, Molen etc.). Man findet ihn auch unter Steinen. An allen europäischen Küsten häufig. Man unterscheidet zwei Arten: *P. triqueter* hat nur einen Mittelkiel, während *P. lamarcki* noch zwei zusätzliche Seitenkiele besitzt.

*Dreikantwürmer (*Pomatoceros lamarcki*) haben sich auf einer Flasche befestigt. Charakteristisch ist die dreieckige Kalkröhre sowie ein deutlicher Stachel an deren Mündung. Beachten Sie auch die doppelte Tentakelkrone.*

Serpula vermicularis

Bunter Kalkröhrenwurm, Roter Kalkröhrenwurm, Kleiner Kalkröhrenwurm (D), Red tube worm (GB), Serpule, petite serpule, serpule rose (F), Sérpula roja, gusano tubicola rojo (E), Rode kalkkokerworm (NL), Sérpula vermelha (P), Rød kalkrørmakk (N)

Die oftmals gewundene und freistehende Kalkröhre ist 5 bis 12 cm groß, und ihr Durchmesser beträgt 5 mm. Der Kiemenapparat hat eine Breite von 2 cm. Die Art lebt auf Felsböden, insbesondere an Wänden und Überhängen. Man findet sie von der Oberfläche an; von der Nordsee bis zum Mittelmeer. Die Art kann aufgrund des Schwarmverhaltens der Larven örtlich bedeutende Bänke bilden, wenn sich die Röhren der jungen Würmer auf den alten festsetzen. Wie bei allen Röhrenwürmern kann man sich auch Bunten Kalkröhrenwürmern nur sehr schwer nähern. Sie ziehen sich bei der geringsten Schwingung im Wasser blitzschnell in ihre Kalkröhre zurück.

Die Farbe und die doppelte Tentakelkrone sind ebenso charakteristisch wie der kleine trichterförmige Deckel, mit dem der Wurm seine Röhre verschließen kann, wenn er sich Hals über Kopf zurückzieht. Sie müssen sich ganz behutsam nähern!

Protula sp.

Glatter Kalkröhrenwurm (D), Smooth calcareous tube-worm (GB), Protule lisse (F), Prótula lisa (E), Gladde kalkkokerworm (NL), Verme tubícola liso (P), Glattrørmakk (N)

Die Länge der glatten Kalkröhre beträgt 10 bis 15 cm, ihr Durchmesser 8 bis 10 mm. Dieses Tier lebt auf Felsböden, von der Oberfläche bis in 100 m Tiefe. Der hintere Teil der Röhre haftet am Fels, während der vordere Teil frei steht. Von der Nordsee bis zum Mittelmeer.

Der Glatte Kalkröhrenwurm unterscheidet sich vom Kleinen Kalkröhrenwurm durch kleine helle Punkte auf der Tentakelkrone und durch das Fehlen eines Deckels.

Spirographis spallanzanii

Schrauben-Sabelle (D), Spiral tube-worm (GB), Spirographe (F), Plumero de mar, espirógrafo, palmereta (E), Spiraalkokerworm (NL), Espirógrafo (P), Spiralmakk (N)

Die Schrauben-Sabelle, mit ihrer eleganten Tentakelkrone, gehört zu den spektakulärsten Arten im Atlantik. Sie ist der größte Röhrenwurm unserer Küsten: sie kann bis zu 30–50 cm groß werden. Die geschmeidige Röhre ist nicht vergraben, sondern mit grauem Schlamm überzogen und oft in voller Länge sichtbar. Der Durchmesser der Tentakelkrone bewegt sich in einer Größenordnung von 10 bis 15 cm. Die Farbe ist veränderlich, entweder einheitlich (weiß, orange) oder bunt (weiß, orange, braun, violett). Die Art lebt von der Oberfläche bis in etwa 40 m Tiefe. Sie befestigt sich auf Pontons, in Felsspalten und auf anderen Hartböden. Von der Nordsee bis zum Mittelmeer häufig. Örtlich bildet das Tier dichte Populationen. Wie die meisten Röhrenwürmer reagieren auch die Schrauben-Sabellen äußerst empfindlich auf Schwingungen. Sie ziehen sich bei der geringsten Gefahr blitzschnell in ihre Röhre zurück.

Die spiralförmige Tentakelkrone der Schrauben-Sabelle, die mit ihren Tausenden feiner Borsten das Plankton einfängt, gehört zu den Naturschönheiten, die man unter Wasser betrachten kann.

Bispira volutacornis
Fächerröhrenwurm (D), Fan-worm (GB),
Bispire (F), Bispira (E, P, N),
Waaierworm (NL)

Gewöhnlich trifft man Fächerröhrenwürmer in Gruppen an. Wenn sie ihre Tentakelkronen einziehen, bleibt nur noch eine weiche graue Röhre mit einer 8-förmigen Öffnung zurück (links).

Weiche, 6–15 cm lange Röhre, von einer dünnen grauen Schlammschicht bedeckt, mit einer 8-förmigen Öffnung. Die doppelte gelbe, spiralförmige Tentakelkrone ist charakteristisch. Lebt in Gruppen, oft in Felsspalten oder Löchern mit einer deutlichen Vorliebe für dunkle Überhänge (zwischen *Corynactis*). Man findet die Art von der Oberfläche bis in 20–30 m Tiefe; Atlantik und Ärmelkanal. Sie ist wahrscheinlich in der Nordsee und im Mittelmeer nicht vertreten.

Sabella pavonina (penicillus)
Pfauenfederwurm (D), Peacockworm (GB),
Sabelle, sabelle-paon (F), Sabela (E), Pauw-
kokerworm, waaierkokerworm (NL), Sabela
(P), Påfluglmakk (N)

Die Röhre hat einen Durchmesser von 8 mm und ist 10 bis 25 cm lang; der Teil jedoch, der sich über dem Sand aufrichtet, ist gewöhnlich nicht größer als 5 bis 10 cm. Man findet diese sandige und schlammige Böden liebende Art von der Oberfläche an; von der Nordsee bis zum Mittelmeer. Es gibt mehrere ähnliche Röhrenwürmer mit sehr variabler Färbung (Tentakelkrone braun bis violett, mit Streifen). Eine einfache Tentakelkrone, manchmal in zwei halbkreisförmige Partien geteilt, charakterisiert den Pfauenfederwurm. *Branchiomma vesiculosum* unterscheidet sich durch dunkle Augen am Ende der Strahlen des Siebapparates. Bei *Myxicola infundibulum* sind die Tentakel durch eine Membran verbunden. *Spirographis spallanzanii* hat eine schneckenförmige, aus mehreren „Etagen" bestehende Tentakelkrone, und *Bispira volutacornis* besitzt zwei spiralförmige Tentakelkronen.

Sabella discifera (variabilis) (Branchiomma linaresi)

Kleiner Pfauenfederwurm (D), Lesser peacock worm (GB), Petite sabelle (F), Sabela pequena (E), Kleine pauwkokerworm, kleine waaierkokerworm (NL), Sabela pequeña (P), Liten påfluglmakk (N)

Ein Pfauenfederwurm streckt seine Tentakelkrone aus der Röhre heraus, die hier vollkommen im Sand vergraben ist. Nicht mit Branchiomma vesiculosum *zu verwechseln, der seine Tentakelkrone nach außen umbiegt.*

Der Röhrendurchmesser beträgt 2–3 mm, die Länge 5 cm. Die trichterförmige Tentakelkrone hat Querbinden in mehreren Farben (gewöhnlich weiß, gelb und violett). Im Gegensatz zum solitär lebenden *S. pavonina* findet man diesen Röhrenwurm oft in Gruppen, weil er sich ungeschlechtlich, d. h. durch Teilung (Bildung von „Ablegern") fortpflanzt. Die Art reagiert äußerst empfindlich auf Schwingungen: Häufig hat der Wurm Sie bereits bemerkt, bevor Sie ihn gesehen haben – so daß Sie nur noch eine Gruppe kleiner „leerer" Röhren vorfinden. Dieser Wurm befestigt sich an sehr unterschiedlichen Substraten: Fels, kleine Steine und Hornkorallen, besonders an stark beströmten Stellen. Er ist von den Britischen Inseln und der Bretagne bekannt, wahrscheinlich aber auch darüber hinaus verbreitet.

Man findet oft Gruppen mit mehreren Kleinen Pfauenfederwürmern, die auf unterschiedlichen Substraten festsitzen, wie hier auf der Hornkoralle Eunicella verrucosa.

Myxicola infundibulum

Schlicksabelle (D), Mud tube-worm (GB), Myxicole, sabelle de vase (F), Gusano de funda (E), Modderkokerworm (NL), Mixícola (P), Mudderrørmakk (N)

Wie allen Röhrenwürmern muß man sich auch Myxicola *ganz behutsam nähern, ohne die kleinste Wasserbewegung und ohne zu atmen, sonst zieht er sich sofort in seine Röhre zurück.*

Der Wurm selbst ist 10–20 cm groß; man sieht ihn jedoch gewöhnlich nicht, da er sich in einer schleimigen, im Sand vergrabenen Röhre befindet. Seine braun-violette, auf dem Sediment entfaltete Tentakelkrone hat einen Durchmesser von 4–6 cm. Die dunklen Tentakel sind mit einer feinen Membran verbunden, aus der nur die Tentakelspitzen herausragen. Der gesamte Apparat ist von einer schleimigen Substanz umgeben. Der Wurm kann seine Röhre leicht verlassen und sich anderswo eine neue bauen. Er hat ein Schwarmverhalten: Örtlich findet man ganze Ansammlungen von *Myxicola*. Die Art bevorzugt schlammige bis sandig-schlammige Gründe; vom Flachwasser bis in größere Tiefen. Geographische Verbreitung: von der Nordsee bis zum Mittelmeer.

Lanice conchilega

Bäumchenröhrenwurm, Sandröhrenwurm (D), Sand-mason (GB), Lanice, petit palmier, ver tubicole du sable (F), Lanice (E), Schelpkokerworm (NL), Verme tubícola da areia (P), Sandrørmakk (N)

Der Körper dieses Röhrenwurmes ist im Sand vergraben. Es ist nur ein Teil der aus Sandkörnern und zusammengehäuften Gehäusebruchstücken bestehenden Röhre mit ihren charakteristischen Verzweigungen sichtbar. Der Wurm selbst kann 15 bis 30 cm groß werden; aber der Teil, der sich über dem Sand aufrichtet, ist gewöhnlich nicht höher als 5 cm. Weltweit verbreitete Art, die man von der Oberfläche an auf sandigen Böden findet. Dieser Wurm baut seine Röhre aus Sandkörnern und Schleim. Der verzweigte Teil der Röhre hält Nahrungspartikel fest, die dann von den Tentakeln wegtransportiert werden. Dieses Tier kann dichte Populationen – sogenannte „*Lanice*-Rasen" – bilden.

Filograna (Salmacina) spp.
Verflochtener Kalkröhrenwurm (D),
Salmacina (GB, E, NL, P, N),
Salmacine (F)

Nach einem heftigen Wellenschlag liegt ein Teil der Röhren dieser Bäumchenröhrenwürmer frei. Gewöhnlich ragen nur die Verzweigungen aus dem Sand hervor.

Manche Biologen betrachten *Filograna* und *Salmacina* als Synonyme, andere halten sie hingegen für zwei verschiedene Gattungen. Jedenfalls kann man die verschiedenen Arten, ob sie sich nun *Salmacina dysteri* oder *Filograna implexa* nennen, im Meer (oder auf meinem Foto) kaum voneinander unterscheiden. Der Durchmesser der Röhren beträgt etwa 0,5 mm, die Röhrenansammlungen können jedoch 20 cm erreichen. Man findet Kolonien von Verflochtenen Kalkröhrenwürmern an gleichmäßig durchströmten, nicht turbulenten Stellen, da sie sehr zerbrechlich sind. Die Art ist erst ab 5 m Tiefe anzutreffen und hat eine Vorliebe für Felswände. Sie ist auch als Aufwuchs von Blattzweig-Moostierchen und Hornkorallen zu finden; von den Britischen Inseln bis zum Mittelmeer.

Die Kalkröhren von Verflochtenen Kalkröhrenwürmern sind lang und sehr zart. Sie bilden ein weißes, äußerst zerbrechliches Geflecht. Die Kiemenapparate sind aufgrund ihrer geringen Größe kaum zu sehen.

Moostierchen und Hufeisenwürmer (Bryozoa und Phoronidea)

Moostierchen (Bryozoa) sind koloniebildende Tiere, die aus einer Vielzahl von Individuen, sogenannten Zooiden bestehen. Die Kolonie (oder das Zoarium) kann einige Millimeter bis einige Dezimeter groß werden. Die Einzeltiere sind im allgemeinen kleiner als 1 mm: Man kann sie nur unter einer Lupe erkennen. Jeder Zooid (A) besteht aus einer Hülle (Cystid) und einem lebendigen Innenteil (Polypid). Jedes Individuum ist ein aktiver Filtrierer, der eine *Tentakelkrone* (1), *Lophophor* genannt, im Wasser aufstellt. Die bewimperten Tentakel transportieren kleine Planktonorganismen zum *Mund* (2), um den sie kreisbogenförmig angesiedelt sind. Ein Pharynx führt zum *Magen* (3). Der *After* (4) befindet sich außerhalb des Tentakelkranzes. Die *Hülle* oder *Cystid* (5) besteht aus einer Chitin- oder Kalkwand. Ein *Retraktormuskel* (6) kann das Polypid in das Cystid zurückziehen. Die Kolonien (B) bestehen aus Anlagerungen zahlreicher Zooiden, die meistens in sehr regelmäßigen Reihen angeordnet sind. Man erkennt *Cystidwand* (5), *Lophophor* (1) und *Deckel* (7); dieser verschließt die Cystidöffnung, wenn sich das Polypid zurückzieht. Außer den hier dargestellten Autozooiden gibt es gestaltlich und funktionell stark abgewandelte Individuen, welchen Darm und Tentakelkrone fehlen. So unterscheidet man die speziellen Geschlechtstiere (Gonozooide), schnabelähnliche Greifapparate (Avicularien) und Brutkapseln (Ooecien), in denen sich die Larven entwickeln. Die

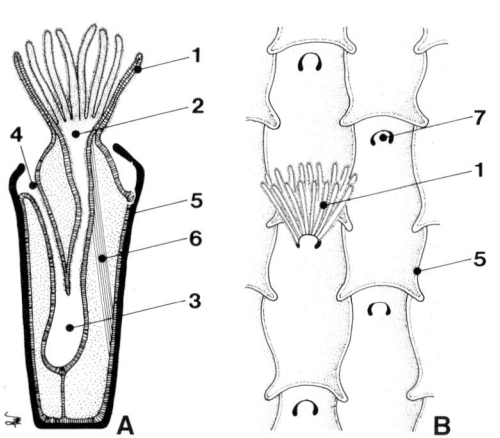

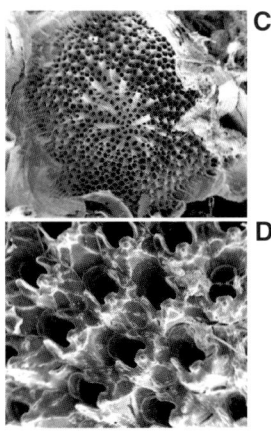

Avicularien haben die Aufgabe, die Kolonie zu verteidigen und zu reinigen; sie fangen aber auch große Planktonorganismen, von deren Abfallprodukten sich die benachbarten Autozooide ernähren.

Die Fotos (C: *Disporella hispida* und D: *Umbonula ovicellata)* zeigen einige Moostierchenkolonien im Detail. (Bilder: Gérard Breton). Wenn sich eine Larve auf einem Untergrund festsetzt, verwandelt sie sich in einen Primärzooiden (Ancestrula). Die anderen Einzeltiere entstehen durch Knospung. Individuen derselben Kolonie stehen durch Poren in den Cystidwänden miteinander in Verbindung. Feinde der Moostierchen sind einige Nackt-schnecken, Seeigel und einige kleine Krebstiere (Gespensterkrebse und Asselspinnen). Die Moostierchen fürchten jedoch mehr die räumliche Konkurrenz mit Algen, da sie Gefahr laufen, von diesen erstickt zu werden. Aus diesem Grund sind die meisten Moostierchen sciaphil. Die Hufeisenwürmer (Phoronidea) bilden eine getrennte Klasse; ich habe sie hier eingeordnet, weil ihr Lophophor dem der Moostierchen sehr ähnlich ist. Die Einzeltiere sind allerdings wesentlich größer (mehrere Zentimeter), haben eine längliche Form und leben in Röhren, die an diejenigen der Röhrenwürmer erinnern.

Membranipora membranacea

Seerinde (D), Sea-mat (GB), Membranipore, écorce marine (F), Membranípora (E), Fijne vliescelpoliep (NL), Briozoo encrostante (P), Membranmosdyr (N)

Sehr häufige, krustenbildende Art, deren weißliche Kolonien mehrere Quadratdezimeter bedecken können; auf Blättern und Stielen von Laminarien, Felsen und Schalen. Die jungen Kolonien sind kreisrund, die älteren unregelmäßig mit abgerundeten Rändern. Die Art hat mehrere Feinde, insbesondere die Nacktschnecke *Limacia clavigera.*

Ein Laminarienwedel wird von der Kruste einer Seerinde mit ihrem charakteristischen abgerundeten Rand überwuchert. Diese wird ihrerseits von einer Kreiselschnecke abgeweidet.

Eine Electra pilosa-*Kolonie auf einer Rotalge. Der Rand ist nicht abgerundet wie bei* Membranipora, *sondern verzweigt, und die Zooide sehen anders aus. Beachten Sie auch die beiden anderen krustenförmigen Moostierchen (grau), vielleicht handelt es sich um* Celleporella.

Electra pilosa

Zottige Seerinde (D), Hairy sea-mat (GB), Écorce pileuse (F), Corteza pilosa (E), Harige vliescelpoliep (NL), Briozoo encrostante piloso (P), Hårete membranmosdyr (N)

Krustenbildendes, weißes Moostierchen, wie *Membranipora membranacea,* hat jedoch im Gegensatz zu diesem eine zottige Oberfläche und einen unregelmäßig gezackten Rand. Wie alle Moostierchen wachsen auch *E. pilosa*-Kolonien durch Knospung und können innerhalb einer Woche mehrere Quadratzentimeter Substrat überwuchern. Man findet sie von der Oberfläche an, insbesondere auf bestimmten Rotalgen und auf *Fucus serratus.* Von den Feinden der Zooide möchte ich die Nacktschnecke *Limacia clavigera* erwähnen, deren ganzer Lebenszyklus mit diesem krustenbildenden Moostierchen verbunden ist.

Alcyonidium spp.

Gallert-Moostierchen (D), Jelly-bryozoan (GB), Doigts-de-feu, bryozoaire gélatineux (F), Briozoo gelatinoso (E, P), Doorschijnende zeevinger (NL), Gelemosdyr (N)

Die teilweise recht großen Kolonien (5–30 cm oder mehr) sind knorpelig und weich, aber nicht zäh. Sie bilden charakteristische weißliche, gelbliche, braune, violette oder grünliche, oft durchscheinende Lappen. Dieses Moostierchen bedeckt verschiedene Substrate: Fels, Kiesel, Schalen, Algen. Wenn es in Schleppnetzen gefangen wird, kann es durch eine von ihm abgesonderte ätzende Substanz bei den Fischern Hautverletzungen verursachen, wenn sie das Moostierchen mit bloßen Händen anfassen. Es gibt mehrere verwandte Arten: *A. hirsutum,* deren Oberfläche mit kleinen Papillen bedeckt ist; *A. diaphanum,* die eine aufrechte Form hat; *A. gelatinosum,* die Algen verkrustet, und *A. parasiticum,* die verschiedene Substrate (darunter Hydrozoen und andere Moostierchen) mit einer dünnen Schicht überzieht.

Escharoides coccinea und Umbonula littoralis

Orangefarbenes Krustenförmiges Moostierchen (D), Orange encrusting bryozoan (GB), Bryozoaire encroûtant orange (F), Briozoo anaranjado incrustante (E), Oranje korstvormend mostiertje (NL), Briozoo encrostante alaranjado (P), Orange skorpemosdyr (N)

Eine durchscheinende Alcyonidium-*Kolonie auf von der Ebbe freigelegtem* Fucus. *Es handelt sich vermutlich um* A. hirsutum.

Es gibt zahlreiche Orangefarbene Krustenförmige Moostierchen. Die meisten von ihnen können nur mit Hilfe eines Mikroskops eindeutig bestimmt werden. Die Zooide sind etwa 0,5 mm groß; die Kolonien bilden rauhe runde, ovale oder unregelmäßige Krusten von mehreren Zentimetern, die aber auch einige Dezimeter groß werden können. Oft sind sie Pioniere, die ein unberührtes Substrat schnell überwuchern können. Ihr Wachstum ist rasant: Nach drei Monaten bedecken die Kolonien bereits eine Fläche von 10 cm². *Schizomavella linearis* ist glatt und hat eine rosa-orange Farbe; *S. auriculata* ist leuchtend orange gefärbt; die Farbe von *S. sanguinea* variiert zwischen leuchtend rot und schwarz, während man *Umbonula littoralis* an seinem grünlichen Zentrum und den orangefarbenen Rändern erkennt.

Krustenförmige Moostierchen ähneln Schmirgelpapier. Bei diesem leuchtend orangefarbenen Moostierchen mit grünlichem Zentrum handelt es sich um Escharoides coccinea.

Zwei Cellepora-*Kolonien und die verzweigten Tentakel der Seegurke* Aslia lefevrei *in einer Querspalte.*

Cellepora pumicosa

Orangefarbenes Steinförmiges Moostierchen (D), Orange stony bryozoan (GB), Bryozoaire pierreux orange, cellépore pierreuse (F), Briozoo anaranjado pedroso (E), Oranje steenachtig mosdiertje (NL), Briozoo pedroso alaranjado (P), Orange stenmosdyr (N)

Massige, halbkugelförmige Kolonien von 2–3 cm Dicke und einem Durchmesser von 10–15 cm. Farbe: orange oder grünlich (durch symbiontische Algen verursacht). Ihre buckelige Oberfläche fühlt sich rauh an. Es gibt mehrere ähnliche Arten: die nicht ganz so rauhe *Celleporina hassali* und die braune *Turbicellepora avicularis.*

Die jungen Kolonien sind fächerförmig, während die älteren bandförmige Riemen ausbilden.

Flustra foliacea

Großes Blätter-Moostierchen (D), Greater hornwrack (GB), Grand flustre, flustre feuillue (F), Briozoo foliáceo grande, rosa de coral grande (E), Groot bladachtig hoornwier (NL), Briozoo foliaceo grande (P), Stor bladlignende mosdyr (N)

Die geschmeidige Kolonie wird zwischen 5 und 20 cm groß. Sciaphile Art, die man in Höhlen und unter Überhängen findet, von der Oberfläche bis in mehr als 100 m Tiefe. Sie ist grau gefärbt und trägt auf beiden Blattseiten Zooide. Man findet sie oft am Strand angespült.

Chartella (Flustra) papyracea
Kleines Blätter-Moostierchen (D), Lesser hornwrack (GB), Petite flustre (F), Briozoo foliáceo pequeño, rosa de coral pequeña (E), Klein bladachtig hoornwier (NL), Briozoo foliaceo pequeno (P), Liten bladlignende mosdyr (N)

Die etwa 2–5 cm hohen und verzweigten blättchenförmigen Lamellen tragen auf beiden Seiten die kleinen „Wohnungen" der Moostierchenpolypen. Farbe: weiß bis blaßbraun, manchmal mit deutlich sichtbaren Wachstumsstreifen. Man findet die Art von der Oberfläche bis in 10 m Tiefe. Es gibt zwei ähnliche Arten: die gelbe *Flustra (Securiflustra) securifrons* und *Carbasea (Flustra) papyrea*, die nur auf einer Seite der Kolonie Zooide hat.

Das Kleine Blätter-Moostierchen ist gewöhnlich viel verzweigter als das Große Blätter-Moostierchen.

Bugula plumosa
Federmoostierchen (D), Feather-bryozoan (GB), Bryozoaire-plume, bugule plumeuse (F), Briozoo plumoso (E), Gepluimde hoorncelpoliep (NL), Briozoo plumoso (P), Fjørmosdyr (N)

Die gleichmäßig spiralige Kolonie kann eine Länge von 8–10 cm und mehr erreichen. Sie hat sehr feine Zweige und ist sehr geschmeidig. Farbe: hellbeige. Man findet sie von der Oberfläche bis in größere Tiefe. Sie heftet sich an ganz verschiedenen Substraten fest. In ruhigem, sinkstoffreichem Wasser vermehrt sich die Art schnell (z. B. in Häfen, wo sie Pfahlwerke und Pontons überwuchern kann).

Das Federmoostierchen bildet lange Kolonien, die an sehr geschmeidige Flaschenbürsten erinnern.

Das Spiralmoostierchen ist gedrungener und kräftiger als das Federmoostierchen.

Bugula turbinata

Spiralmoostierchen (D), Spiral-bryozoan (GB), Bugule spiralée (F), Briozoo espiral (E, P), Spiraalhoorncelpoliep (NL), Spiralmosdyr (N)

Die ganz gleichmäßig spiralige Kolonie wird 3–6 cm groß. Ihre Zweige sind kräftiger als die von *B. plumosa*, und sie ist gelblicher gefärbt. Sie lebt an strömungsreicheren Stellen als *B. plumosa*, ab 5 m Tiefe. Es gibt weitere Arten, wie beispielsweise *B. flabellata*, deren Kolonie das Aussehen eines mehr oder weniger eingerollten Fächers hat, die aber nie gleichmäßig spiralig ist.

Eine Bunte Kreiselschnecke (Calliostoma zizyphinum) *weidet einen Laminarienstiel ab. Über der Schnecke sieht man ein Büschel Crisia.*

Crisia spp.

Crisia (D, GB, E, NL, P, N), Mousse blanche, crisidé (F)

Crisia sieht aus wie weißes Moos, dessen Enden in charakteristischer Weise nach innen gebogen sind. Höhe: 10–25 mm. Man findet sie häufig an geschützten Standorten (Spalten, Überhänge). Es gibt mehrere Arten, die man aber mit dem bloßen Auge nicht erkennen kann.

Cellaria spp.
Cellaria (D, GB, E, NL, P, N),
Petite salicornaire, cellaire (F)

Weiße, dichotom verzweigte Kolonien, von 4–5 cm Höhe. Die Verzweigungen bestehen aus harten zylindrischen Gliedern, die durch biegsame Gelenke verbunden sind. Man findet die Art ab wenigen Metern Tiefe. Es gibt mehrere Arten: *C. fistulosa, C. salicornioides* und *C. sinuosa.*

Die geraden Verzweigungen mit rundem Querschnitt und die Y-förmigen Enden sind typisch für Cellaria.

Scrupocellaria sp.
Scrupocellaria (D, GB, E, NL, P, N),
Scrupocellaire (F)

Kleine Kolonie mit dichotomen Verzweigungen von 2 bis 5 cm Größe. Man findet die Art häufig auf Algen, anderen Moostierchen *(Flustra!)* oder an Steilwänden in Tiefen zwischen 0 und 30 m.

Eine Scrupocellaria-Kolonie (Scrupocellaria scrupea) *mit ihren charakteristischen abgeflachten, dichotomen Verzweigungen.*

Eine Kolonie des Blattzweig-Moostierchens (Pentapora fascialis) mit ihrem charakteristischen dichtgewachsenen Aussehen.

Pentapora foliacea

Blattzweig-Moostierchen (D), Rose coral (GB), Rose de mer, bryozoaire orange (F), Pentápora anaranjada (E), Oranje zeeroos (NL), Rosa do mar (P), Orange sjørose (N)

Größtes Moostierchen im Atlantik. Die Kolonien können eine Höhe von 10–20 cm und einen Durchmesser von 15–50 cm (manchmal sogar mehr als 1 m) erreichen. Man findet dieses Moostierchen auf Felsböden (wo es ihm manchmal gelingt, Hornkorallen zu überwuchern); von den Britischen Inseln bis zum Mittelmeer, wo man auch eine verwandte Art antrifft: *P. fascialis.*

Phoronis hippocrepia

Kleiner Phoronide, Hufeisenwurm (D), Horseshoeworm, Lesser phoronid (GB), Petit phoronidien (F), Foronídeo pequeño (E), Kleine phoronide (NL), Foronide pequeno (P), Liten foronide (N)

Die einzelnen Tiere leben in Röhren von einigen Zentimetern Länge. Es ist allerdings schwierig, die Einzelröhre zu erkennen. Man sieht jedoch die Tentakelkronen, die einen Durchmesser von ungefähr 5–10 mm haben. Der Kleine Phoronide ist ein Bewohner harter, sonniger Substrate, von der Oberfläche bis in 10 m Tiefe. Die Phoroniden sind keine Moostierchen, sie stehen ihnen aber nahe. Sie bilden eine eigene Klasse, die man zusammen mit den Moostierchen und Armfüßern (Brachiopoda) in den Stamm der Tentakelträger (Tentaculata) einordnet.

Man erkennt den Kleinen Phoroniden an seinen zarten, hufeisenförmigen Tentakelkronen.

Seescheiden (Ascidiacea)

Die Klasse der Seescheiden gehört zum Stamm der Manteltiere (Tunicata). Es handelt sich um Einzel- oder Kolonietiere. Wir wollen uns Anatomie und Funktion eines Einzeltieres anhand eines Längsschnittes (A) und eines Querschnittes (B) ansehen. Der *Körper* (1) ist von einer gallertartigen *Hülle* oder *Tunica* (2) umgeben. Auf der Spitze befindet sich eine *Einströmöffnung* oder *Ansaugsiphon* (3), durch den das Wasser angesogen wird. Das Wasser wird anschließend im *Kiemendarm* (4), auch *Filterschlund* (siehe Ausschnitt C) genannt, filtriert und durchläuft dann einen Raum, den man *Atrium* (5) nennt, bevor es durch die *Ausströmöffnung* oder *Kloakensiphon* (6) wieder ausströmt. Die im Kiemendarm zurückgehaltene Nahrung wird dann zum *Magen* (7) transportiert. Die Abfallstoffe werden durch einen in der Ausfuhröffnung befindlichen *After* (8) wieder ausgeschieden. Solch ein vereinfachtes Beispiel einer Seescheide ist schematisch in Abbildung (D) dargestellt, die die breite Basis verdeutlicht, mit der das Tier am Untergrund festhaftet (Beispiele: *Ciona, Ascidia, Phallusia*). Es gibt auch gestielte (E) Individuen (Beispiel: *Clavelina)* und in Gruppen (F) oder Kolonien lebende Tiere (Beispiele: *Stolonica, Diazona*). Und schließ-

lich gibt es noch die echten Koloniebildenden Seescheiden oder Synascidien (G). Bei diesen Tieren sind die Einströmöffnungen der Zooide (a) ganz regelmäßig um eine gemeinsame *Kloake* (b) gruppiert. Das ist bei den Gattungen *Botryllus, Aplidium* und *Didemnum* der Fall. Die letzte Gruppe besitzt in ihrem Gewebe die typischen *Sklerite* (c), die auf Abbildung (H) zu sehen sind. Seescheiden werden trotz ihres primitiven Anscheins von den Zoologen als die am höchsten entwickelten Wirbellosen Tiere angesehen; sie sind sogar höher entwickelt als Krebstiere und Kraken! Das ist auf die Tatsache zurückzuführen, daß Seescheiden im *Larvenstadium* (I), in dem die Tiere noch mit Hilfe ihres Schwanzes schwimmen, eine dorsale Chorda (Rückenstützstab) haben, den Vorläufer der Wirbelsäule. Betrachtet man die schwimmende Larve mit ihrem „Mund" (d), ihrem „After" (e), ihrer

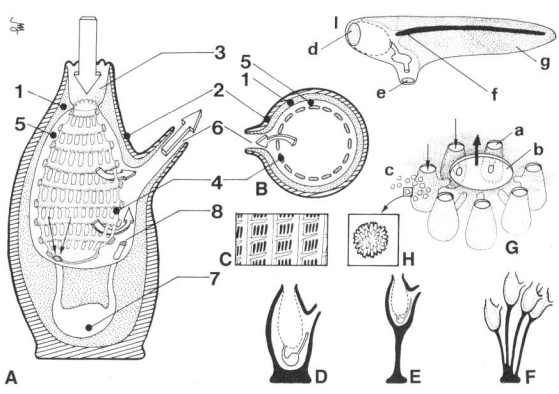

Chorda (f) und ihrem muskulösen Schwanz (g), dann wird leicht verständlich, daß man nicht weit von einem primitiven Fisch und folglich nicht weit von den Vorfahren der Wirbeltiere entfernt ist!

Die braune Farbe, die gestreiften Siphonen und die faltige Oberfläche dieser von Schwämmen (Leuconia fistulosa) umgebenen Seescheide sind charakteristisch für Styela clava. *Der schmale Stiel, mit dem das Tier am Substrat haftet, ist auf dem Foto nicht zu erkennen.*

Styela clava
Falten-Ascidie (D), Folded sea-squirt (GB), Ascidie plissée (F), Ascidia plisada (E), Knotszakpijp, japanse zakpijp (NL), Ascidia japonesa (P), Japansk sjøpung (N)

Die Basis der Tunica ist verengt und bildet so eine Art „Stiel", der dem Tier ein keulenartiges Aussehen verleiht. Diese Seescheide kann 12 cm lang werden. Sie hat eine äußerst zähe Konsistenz (wie Leder), und ihre Ober-

fläche ist faltig und runzlig. Nahe der gestreiften Siphonen findet man zahlreiche Höcker. Die Tunica lockt eine reiche Epifauna an. Die Art lebt im seichten Wasser, insbesondere an künstlichen Substraten wie z. B. an Hafeneinrichtungen und Schiffsrümpfen. Sie stammt aus Japan, Korea und von den sibirischen Küsten und wurde 1953 wahrscheinlich an einem Schiffsrumpf nach Plymouth (Großbritannien) eingeführt. Seitdem hat sie sich mit einer schwindelerregenden Geschwindigkeit ausgebreitet. 1970 hatte sie den Ärmelkanal durchquert; 1975 hatte sie den Norden der Bretagne und die Niederlande erreicht; seit 1980 ist sie auch in Skandinavien zu finden, und seit 1981 gibt es sie an beiden nordamerikanischen Küsten.

Ascidiella aspersa
Spritz-Ascidie (D), Dirty sea-squirt (GB), Ascidie sale (F), Ascidia sucia (E), Gore zakpijp (NL), Ascidia suja (P), Grå sjøpung (N)

Eiförmige, an der Basis befestigte und sich nach oben verengende Tunica. Sie ist 5–13 cm lang, und ihre rauhe Oberfläche ist von einer reichen Epifauna bedeckt. Die Tunica hat eine knorpelige Konsistenz und eine veränderliche Farbe – von schmutziggrau bis braun. Die Einströmöffnung ist endständig, und die Ausströmöffnung steht etwa ein Drittel der Körperhöhe tiefer. *Ascidiella aspersa* wächst mit ihrer Basis auf Felsen, Algen und Hafeneinrichtungen fest und lebt von der Oberfläche bis in 50 m Tiefe; von Norwegen bis zum Mittelmeer. Es gibt eine kleinere (2–5 cm) verwandte Art: *A. scabra.* Diese lebt manchmal in Gesellschaft mit *A. aspersa* und befestigt sich sogar auf deren Tunica, so daß man sie für junge *A. aspersa* halten könnte.

In ruhigem und sedimentreichem Wasser (Häfen!) kann Ascidiella aspersa *dichte Populationen bilden. Ihre rauhe Oberfläche hält oft eine Sedimentschicht zurück.*

Ascidiella scabra

Rauhe Seescheide (D), Hairy sea-squirt (GB), Ascidie rugueuse (F), Ascidia rugosa (E, P), Harige zakpijp (NL), Hårete sjøpung (N)

Ascidiella scabra ähnelt *A. aspersa,* ist jedoch kleiner (2–5 cm) und hat eine mit kleinen Spitzen übersäte Oberfläche. Ihre Siphonen liegen dichter beieinander. Sie sitzt oft mit der Seite am Substrat fest; auf allen Substraten, vom Eulitoral bis in 300 m Tiefe; von Skandinavien bis zum Mittelmeer.

Ascidiella scabra *läßt sich durch ihre stachelige Oberfläche und ihre geringere Größe von* A. aspersa *unterscheiden.*

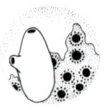

Eine große weiße Phallusia *mit ihren charakteristischen Höckern.*

Phallusia mammillata

Weiße Warzenseescheide, Warzen-Ascidie (D), White sea-squirt (GB), Ascidie blanche, phallusie, ascidie mamillaire (F), Ascidia blanca, piña de mar (E), Witte zakpijp (NL), Ascidia branca (P), Hvit sjøpung (N)

Dieses große Manteltier kann eine Höhe von 15 bis 20 cm erreichen. Es hat einen dicken, knorpeligen Mantel mit charakteristischen Höckern. Farbe: schmutzig-weiß bis bräunlich. Die Seescheide ist auf gut durchströmten Hartsubstraten anzutreffen: Steine auf Schlammgründen, Wracks, Molen und andere Hafenstrukturen, von der Oberfläche bis in 200 m Tiefe. Geographische Verbreitung: von den Britischen Inseln bis zum Mittelmeer. Nicht mit einer anderen weißen Seescheide, *Ascidia mentula,* zu verwechseln, die dünner, weich und glatt ist.

Ciona intestinalis

Gelbe Seescheide, Schlauch-Ascidie (D), Yellow sea-squirt, tube sea-squirt (GB), Ascidie jaune, cione (F), Ascidia amarilla, buddell (E), Gele zakpijp, doorschijnende zakpijp, waterpijp (NL), Ascidia amarela (P), Ciona, gul sjøpung (N)

Höhe: 10 bis 15 cm. Sie fühlt sich glatt und gallertartig an und hat eine weiche Konsistenz. *Ciona intestinalis* ist gelb und durchsichtig. Der Einströmsiphon besteht aus 8 Lappen, der Ausströmsiphon aus 6. Die Lappen werden oft von einem gelben oder roten Punkt verziert. Gewöhnlich solitär lebend, die Einzeltiere können sich jedoch zu

Gruppen zusammenfinden. Man findet die Art in Felsspalten zwischen der Oberfläche und 500 m Tiefe. Sie erträgt recht gut das verschmutzte Wasser in Häfen, wo man bis zu 2.000 Individuen pro Quadratmeter antreffen kann! Vorkommen: alle europäischen Küsten. Dieser aktive Filtrierer reichert Vanadium in seinem Gewebe an. Ein 100 g schweres Tier kann bis zu 3 mg Vanadium in seinem Gewebe enthalten. Nun enthält das Meerwasser aber nur eine Spur dieses Metalls, d. h. 0,3 ppm (0,3 Milligramm Vanadium pro Tonne Meerwasser). Das zeigt, welche enormen Wassermengen durch ein Tier hindurchlaufen.

An Standorten, die ihre Entwicklung begünstigen, können Gelbe Seescheiden mehrere Quadratmeter Substrat bedecken.

Ascidia mentula
Stumpen-Ascidie (D), Pink sea-squirt (GB), Ascidie rose, ascidie à siphons écartés (F), Ascidia común, ascidia rosada (E), Roze zakpijp (NL), Ascidia rosada (P), Rosa sjøpung (N)

Diese glatte Seescheide ist 5–18 cm hoch. Die Ausströmöffnung ist mehr als die halbe Körperlänge von der Einströmöffnung entfernt. Das solitär lebende Tier hat eine knorpelige Konsistenz, seine Farbe ist meistens rosa. Oft sitzt es mit der Seite am Substrat fest. Es lebt auf Felsen, Steinen und Muschelschalen, vom Eulitoral bis in 200 m Tiefe. Von den norwegischen Küsten bis zum Mittelmeer.

Diese Stumpen-Ascidie scheidet gerade ihre Abfallstoffe durch den seitlich gelegenen Ausströmsiphon aus. Man kann dieses Phänomen bei allen großen Seescheiden, besonders bei den Arten der Gattung Phallusia, beobachten.

Die glatte Oberfläche und das rechteckige Profil sind für Ascidia virginea *typisch.*

Ascidia virginea

Rechteckige Seescheide (D), Rectangular sea-squirt (GB), Ascidie rectangulaire (F), Ascidia rectangular (E, P), Rechthoekige zakpijp (NL), Ascidia rosada (P), Rectangulør sjøpung (N)

Diese ein wenig eckige (rechteckig), mit der Seite am Substrat festsitzende Seescheide erreicht eine Länge von 3–8 cm. Sie ist *A. mentula* sehr ähnlich, lebt aber in Tiefen zwischen 10 und 400 m. Von Norwegen bis zum Mittelmeer.

Molgula manhattensis

Meertraube (D), Molgula (GB), Molgule (F), Uva marina (E), Zeedruif, zijker (NL), Uva marinha (P), Sjødrue (N)

Kugelförmige Seescheide mit einem Durchmesser von 1–3 cm, aus der zwei etwa 1 cm hohe Siphonen hervorragen. Die Einströmöffnung trägt 6 spitze Lappen, die Ausströmöffnung 4. Farbe: grünlichgrau. Die Tunica ist mit Haaren bedeckt, in denen Sand- und Schlammpartikel hängenbleiben. Manchmal bilden die Tiere sehr dichte Populationen. Diese Seescheiden sitzen auf Hartsubstraten fest, manchmal auf Kieselsteinen oder im Sand vergrabenen Muscheln. Dann sieht man nur noch die Siphonen aus dem Sediment herausragen. Man findet sie vom Eulitoral bis in 90 m Tiefe; von Nordskandinavien bis Portugal sowie entlang der nordamerikanischen Atlantikküsten.

Die faserige Oberfläche und die kugelförmige Gestalt mit den nahe beieinanderstehenden Siphonen sind charakteristisch für Molgula manhattensis.

Molgula oculata (?)

Sandseescheide (D), Sand sea-squirt (GB), Ascidie de sable (F), Ascidia de arena (E), Zandzakpijp (NL), Ascidia de areia (P), Sandsjøpung (N)

Molgula oculata erreicht einen Durchmesser von 8 cm, *M. occulta* hingegen nur 3 cm. Beide leben im Sand oder Schlamm vergraben, und nur ihre gelappten Siphonen ragen aus dem Sediment heraus. Man findet sie vom unteren Eulitoral bis in etwa 100 m Tiefe. Verbreitung: von Norwegen bis Portugal; *M. occulta* scheint häufiger zu sein.

Zwei gelappte Siphonen ragen aus dem Sand hervor. Es handelt sich um eine Seescheide, wahrscheinlich Molgula oculata, *es könnte aber auch* M. occulta *sein. Wenn man die Siphonen anschauen möchte, muß man sich ganz langsam nähern, sonst verschwinden sie im Sand.*

Pyura microcosmus

Kleine Mikrokosmos-Seescheide (D), Small microcosm (GB), Petit microcosme (F), Probecho pequeño (E), Kleine mikrokosmos (NL), Microcosmo pequeno (P), Liten mikrokosmos (N)

3 cm hohe Seescheide mit höckeriger roter Oberfläche. Die Art sitzt in geringer Tiefe auf Felsen, kleinen Steinen und Muscheln fest. Von den Britischen Inseln bis zum Mittelmeer. Sie scheint in der Nordsee nicht vorzukommen.

Eine Kleine Mikrokosmos-Seescheide hat sich auf einem Maerlboden niedergelassen.

Die kleinen Schläuche von Stolonica socialis *können „Rasenflächen" bilden und mehrere Quadratdezimeter Fels bedecken.*

Stolonica socialis
Orangefarbene Seescheide (D),
Orange sea-squirt (GB), Mirabelle (F),
Ascidia anaranjada (E), Oranje
zakpijp (NL), Ascidia alaranjada (P),
Orange sjøpung (N)

Die Einzeltiere haben endständige Siphonen, werden bis zu 2 cm hoch und leben in Gruppen, die durch Stolonen miteinander verbunden sind. Farbe: gelblich oder orange. Die Art lebt auf Felsen, in Tiefen zwischen 5 und 35 m. Man kann sie in Grotten finden, die während der Springtiden freigelegt werden. Sie ist nur von den Britischen Inseln und den bretonischen und normannischen Küsten bekannt. Nicht mit der Tangbeere *(Dendrodoa grossularia)* zu verwechseln, die eine ähnliche Größe hat, aber rot gefärbt ist, und deren erwachsene Individuen oft junge Tiere auf ihrer Tunica tragen.

Distomus variolosus
Kleine Tangbeere (D), Lesser gooseberry
sea-squirt (GB), Ascidie varioleuse (F),
Ascidia-grosella (E), Kleine zeebes (NL),
Ascidia bago marinho (P), Liten
sjørips (N)

Kleine (1 cm), rot-bräunliche Seescheiden. Die Einzeltiere sind dicht aneinander gedrängt und bilden eine einheitliche Schicht. Dadurch kann die Art nicht mit *Dendrodoa grossularia* verwechselt werden, die außerdem größer ist (1,5–2 cm; vgl. Foto von *Tethya aurantium* auf S. 147). Die Wuchsform resultiert aus einer ungeschlechtlichen Vermehrung durch Knospung. Man findet dieses Tier auf Felsen, aber vor allem auf den Haftwurzeln und Stielen von Laminarien, um die herum *Distomus* wahre Mäntel bilden kann. Die Art ist vom Eulitoral bis in etwa 30 Meter Tiefe vertreten; von den Britischen Inseln bis Portugal.

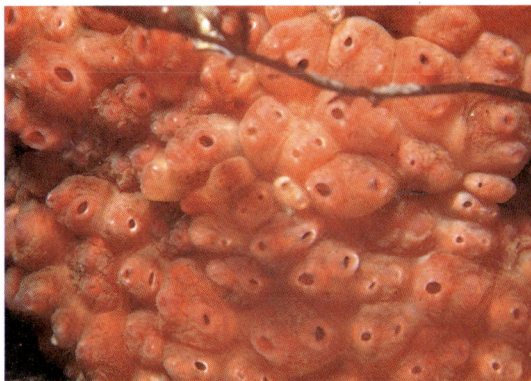

Die Kolonien von Distomus *bilden Schichten aus eng beisammen stehenden Individuen.*

Clavelina nana

Zwerg-Seescheide (D), Midget sea-squirt (GB), Claveline naine (F), Clavelina enana (E), Dwergzakpijp (NL), Clavelina anã (P), Dvergsjøpung (N)

Kleine Individuen von 8 bis 10 mm Höhe. Man findet die Zwerg-Seescheide auf Hartböden in Tiefen zwischen 1 und 40 m. Sie gilt als endemische Mittelmeerart, ich habe sie jedoch an der Algarve gesehen; das bedeutet eine erste (?) Beobachtung im Atlantik. Tiere mit veränderlicher Farbe: durchsichtig, durchscheinend weiß oder gelb. Jedes Einzeltier ist mit einem Stiel auf dem Untergrund befestigt. Obwohl die Zwerg-Seescheiden so klein sind, kann man sie dennoch leicht erkennen, da sie gewöhnlich Kolonien bilden, die wie richtige Büschel aussehen.

Ein Büschel Zwerg-Seescheiden mit ihren charakteristischen „Rippen".

Clavelina lepadiformis

Durchscheinende Seescheide, Keulen-Synascidie (D), Transparent sea-squirt, light-bulb tunicate (GB), Claveline, claveline transparente, clochette de cristal (F), Clavelina (E), Doorzichtige zakpijp (NL), Clavelina transparente (P), Gjennomsiktig sjøpung (N)

Keulen-Synascidien sind nicht immer so durchsichtig wie auf diesem Foto. Es gibt so beträchtliche Varianten, daß man sich fragen muß, ob der Name Clavelina lepadiformis *nicht in Wirklichkeit viele Arten umfaßt.*

Die Zooide sind im allgemeinen 10 bis 20 mm groß, können aber auch 30 mm erreichen. Die Kolonien bestehen aus 3 bis 300 Individuen. Die Durchscheinende Seescheide lebt auf Hartböden von der Oberfläche bis in 50 m Tiefe. Sie heftet sich an Felsen, Hornkorallen, Algen und sogar unter Bojen fest. Geographische Verbreitung: atlantische Küsten von Norwegen über Irland bis Portugal, Nordsee, Ärmelkanal und westliches Mittelmeer. Die Tiere sind oft durchsichtig wie Glas. Der Kiemendarm (weiß oder gelb) ist immer sichtbar, ebenso eine weiße oder gelbe Borte, die die Öffnungen der Siphonen und den Rücken säumt. Die gestielten Einzeltiere sind durch Stolonen miteinander verbunden und bilden manchmal Kolonien von beträchtlicher Größe. Ganzjährige Vermehrung, jedoch mit erhöhter Aktivität im Sommer. Lebendgebärende Tiere; die Larven werden im Innern der Zooide ausgebrütet.

Pycnoclavella aurilucens

Kleine Neon-Seescheide (D), Small neon-sea-squirt (GB), Ascidiole-néon (F), Ascidiola neon (E), Neon-zakpijpje (NL), Ascidia-néon (P), Liten neon-sjøpung (N)

Kleine (6 mm) Seescheide, deren Kiemendarm immer lebhaft gefärbt ist (weiß, gelb oder fluoreszierend orange). Sie lebt in Tiefen zwischen 10 und 30 m auf Felsen, überwuchert aber auch Hornkorallen und Hydroiden *(Nemertesia!)*. Man findet die Art von den Britischen Inseln bis zur Bretagne, möglicherweise auch weiter südlich.

Diazona violacea

Koloniebildende Seescheide (D), Diazona (GB, E, NL, P), Diazone, estouffat, ascidie glauque (F), Kolonibyggende sjøpung (N)

Man erkennt diese winzigen Seescheiden an ihrer intensiven gelben Farbe und an dem Stiel, mit dem jedes Individuum am Substrat festsitzt.

Die Einzeltiere sind 10 bis 40 mm groß, die gelben oder blaßgrünen Kolonien können eine Höhe von 5 bis 20 cm und einen Durchmesser von 5–40 cm erreichen. Diese in Tiefen zwischen 15 und 200 m lebende Art setzt sich auf allen harten Substraten fest, oft auf Kieselsteinen in Sandnähe. Geographische Verbreitung: atlantische Küsten von den Britischen Inseln bis Portugal, Mittelmeer. Das Tier besteht aus einer gallertartigen, relativ harten Masse, aus der die Zooide hervortreten. Diese sind gelb-grünlich, ein wenig undurchsichtig und ähneln *Clavelina*. Charakteristisch ist jedoch, daß die Öffnungen der Siphonen von einer senkrechten weißen Linie und einem weißen Ring umgeben sind, während der Kiemendarm nicht wie bei *Clavelina* sichtbar ist.

Eine hübsche Diazona-*Kolonie von mehr als hundert Individuen, die alle an ihrer Basis zu einer gemeinsamen gallertartigen Masse verschmelzen. Links sieht man einen Schwamm* (Cliona celata) *und unten rechts ein achtstrahliges Blumentier* (Alcyonium glomeratum).

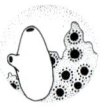

Eine Rote Synascidie. Die mit sechs weißen Punkten verzierten Einfuhröffnungen sind charakteristisch für eine Seescheide aus der Familie der Didemnidae und können nicht mit den Poren eines Schwammes verwechselt werden.

Polysyncraton lacazei

Rote Synascidie (D), Red synascidian (GB), Synascidie rouge, tunicier-caillot (F), Sinascidia roja (E), Rode korstzakpijp (NL), Sinascidia vermelha (P), Rød dekketsjøpung (N)

Die Kolonien bilden eine Kruste von nur 5 bis 10 mm Dicke, können aber einen Durchmesser von 30 cm erreichen. Die kleinen Einströmöffnungen haben einen Durchmesser von 0,25 mm, und die Ausströmöffnungen sind etwa 1 mm groß. Diese Tiere bedecken Felsen oder andere Hartböden von der Oberfläche bis in 40 m Tiefe. Man findet die Art vorwiegend im Mittelmeer, sie ist aber auch in den bretonischen Gewässern nicht selten. Die Farbe ist sehr veränderlich: schwarz, violett, bläulich, rot, orange, gelb. Die häufigste Form ist jedoch die rotgefärbte.

Die Gelbe Synascidie ist nur an den Küsten der Bretagne bekannt.

Polysyncraton bilobatum

Gelbe Synascidie (D), Yellow synascidian (GB), Synascidie jaune (F), Sinascidia amarilla (E), Gele korstzakpijp (NL), Sinascidia amarela (P), Gul dekketsjøpung (N)

Die Krusten sind dünn (etwa 2 mm), können jedoch Flächen von bis zu 50 cm² bedecken. Man findet die Art auf Felsen, vom Ebbeniveau bis in 40 m Tiefe. Ähnliche Art: *Didemnum fulgens.*

Diplosoma spongiforme
Gallert-Synascidie (D), Jelly-synascidian (GB), Synascidie gélatineuse (F), Sinascidia gelatinosa (E, P), Geleikorstzakpijp (NL), Dekket gelesjøpung (N)

Die Kolonien bilden eine Kruste, die nur wenige Millimeter dick ist, aber einen Durchmesser von 15 cm erreichen kann. Diese Tiere bedecken Felsen oder andere Hartböden, von der Oberfläche bis in 40 m Tiefe. Verbreitung: Mittelmeer und bretonische Gewässer. Synascidien werden oft mit Schwämmen verwechselt. Diese Art kann man jedoch nicht verwechseln: Es gibt keine so durchscheinenden Schwämme. Es gibt allerdings eine verwandte Art: *D. listerianum.*

Ausschnitt einer Gallert-Synascidie. Beachten Sie die Durchsichtigkeit der Kolonie und die typische Form der Öffnungen.

Didemnum maculosum
Krusten-Ascidie, Kleine Didemnide (D), Lesser didemnid (GB), Petit Didemnidé (F), Didemnide pequeno (E), Kleine Didemnide (NL), Didemnide pequeño (P), Liten Didemnide (N)

Sehr veränderliche Art: glatt oder rauh, mit Skleriten gespickt. Farbe: von rein weiß über grau und gelb bis violett. Diese infra- und circalitorale Art setzt sich auf einer Vielzahl von Substraten fest: Felsen, Kieselsteine und Algen; sie hat eine Vorliebe für die Haftwurzeln von Laminarien.

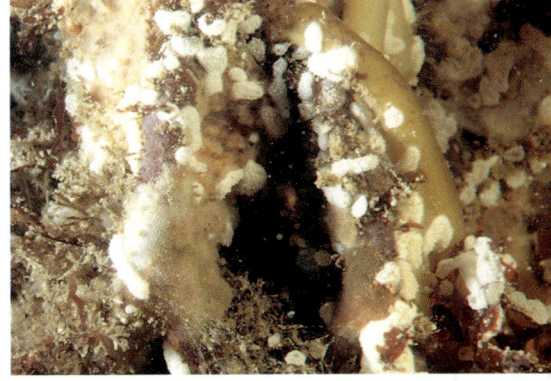

Kleine weiße Didemnum maculosum *und* D. coriaceum-*Kolonien überwuchern die Haftwurzeln einer Laminarie. Man kann sie nicht mit bloßem Auge voneinander unterscheiden. Unten links ein weißes krustenförmiges Moostierchen.*

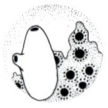

Didemnum fulgens (?)
Synascidie (D, F, N), Synascidian (GB),
Sinascidia (E, P), Korstzakpijp (NL)

Es bestehen Verwechslungsmöglichkeiten mit der gelben Form von *D. maculosum* und mit *Polysyncraton bilobatum.*

Die Bestimmung der meisten Synascidien ist normalerweise eine Aufgabe für Spezialisten, und die müssen sich auch mit Lupen und Mikroskopen aus der Affäre ziehen. Jetzt wissen Sie, warum ich ein Fragezeichen hinter die Art gesetzt habe...

Auf diesem Foto sind die Zooide „bei der Arbeit": Die Ein- und Ausströmöffnungen sind weit geöffnet. Innerhalb jeder Kolonie sind die Individuen genetisch identisch (da sie aus derselben Larve hervorgegangen sind) und haben deshalb auch dieselbe Farbe.

Botryllus schlosseri
Stern-Seescheide (D), Star tunicate (GB),
Botrylle étoilé (F), Botrillo (E), Gesterde geleikorst, paarse geleikorst, puienmoer, sterretje (NL), Botrilo (P), Botryllus, dekket stjernesjøpung (N)

Jede Gruppe von 3 bis 12 Zooiden mißt etwa 5 mm. Die einzelnen Individuen entstehen durch Knospung, die von einem „Gründertier" ausgeht (ein sogenannter Klon). Die Gesamtheit der Individuen bildet eine weiche Kruste, die einen Durchmesser von mehreren Zentimetern erreichen kann. Die Farbe der Kolonien ist sehr variabel: gelb, blau, rötlich, grün, braun... Häufige Art im Flachwasser; lebt unter Steinen oder als Aufwuchs von Seescheiden, Algen oder Seegräsern *(Zostera)*. Von Skandinavien bis zum Mittelmeer.

Wenn die Öffnungen geschlossen sind (Ruhephase der Seescheide), bildet jede Zooidengruppe einen charakteristischen „Stern" um eine gemeinsame Ausfuhröffnung. Das krustenbildende Moostierchen ist Electra pilosa.

Botrylloides leachi
*Botrylloid, Mäander-Ascidie (D),
Botrylloid (GB, N), Botrylloïde (F),
Botrilloide (E), Botrylloides (NL),
Botrilóide (P)*

Jedes Individuum ist ungefähr 2 mm groß. Die Kolonie kann sich über eine Fläche von mehreren Zentimetern ausbreiten. Die ökologische und geographische Verbreitung der Art ähnelt der von *Botryllus schlosseri;* sie ist jedoch weniger häufig.

Die Anordnung in gewundenen Linien ist charakteristisch für Botrylloides.

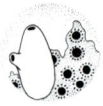

Die Kolonie besteht aus einer Ansammlung von Zooiden, die mit einem Stiel am Substrat festsitzen. Der rote Punkt in jedem Zooid ist ein Bestimmungsmerkmal für diese Art.

Aplidium punctum
Orangefarbene Sproß-Synascidie (D), Orange flake-ascidian (GB), Flocon pédonculé orange (F), Sinascidia pedunculada anaranjada (E), Oranje vlokkige zakpijp (NL), Sinascidia pedunculada alaranjada (P), Orange Aplidium (N)

Die Kolonie setzt sich aus etwa 40 gestielten Zooiden zusammen und erreicht ein Ausmaß von 1 bis 4 cm. Die Art lebt im felsigen Infralitoral und Eulitoral und ist vom Ärmelkanal bis in den Süden der Bretagne bekannt.

Die keulenförmige Gestalt ist typisch für Aplidium punctum.

Aplidium (Sidnyum, Fragarium) elegans
See-Erdbeere (D), Sea-strawberry (GB),
Fraise de mer (F), Fresa de mar (E),
Zee-aardbei (NL), Morango do mar (P),
Sjøjordbør (N)

Die rosa Polster sind 1–3 cm hoch und haben einen Durchmesser von 6–8 cm. Die Zooide gruppieren sich entlang der gewundenen Kloakenkanäle. Ihre Einströmöffnungen werden von 8 charakteristischen Auswüchsen gesäumt. Vom Eulitoral bis in etwa 20 m Tiefe.

Man erkennt die See-Erdbeere sehr leicht an ihrer kissenartigen Gestalt, der rosa Farbe und den sternförmigen Öffnungen.

Aplidium proliferum (nordmani)
Kissen-Synascidie (D), Pillow-synascidian (GB), Synascidie-coussinet (F), Sinascidia cojín (E), Kussenvormige koloniezakpijp (NL), Ascidia almofada (P), Putesjøpung (N)

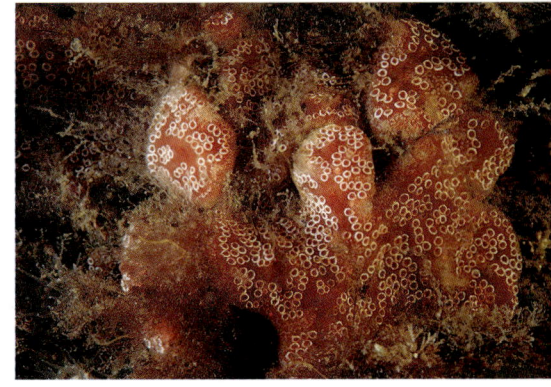

Die Kolonie kann eine kissen- oder keulenförmige Gestalt haben und eine Größe von 2–6 cm erreichen. Infralitorale Art, die von den Britischen Inseln bis zum Mittelmeer bekannt ist.

Aplidium proliferum *hat im Gegensatz zu* A. elegans *runde statt sternförmige Öffnungen. Hier könnte es sich auch um* A. ocellatum *handeln.*

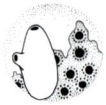

Das flockige Aussehen ist für Aplidium pallidum *charakteristisch. Bei der Rotalge handelt es sich vermutlich um* Rhodymenia pseudopalmata.

Aplidium pallidum

Weiße Sproß-Synascidie (D), White flake-ascidian (GB), Flocon pédonculé blanc (F), Sinascidia pedunculada blanca (E), Witte vlokkige zakpijp (NL), Sinascidia pedunculada branca (P), Hvit Aplidium (N)

Die Art ähnelt *A. punctum*, hat jedoch nicht deren charakteristische rote Punkte. Sie lebt auf Felsen und Algen (Korallenmoose!), in der Nähe sandiger Böden. Vom Infralitoral bis in 200 m Tiefe; an den Küsten des Ärmelkanals und der Bretagne.

Bei Ebbe kann man Morchellium *unter Steinblöcken oder an freigelegten Felswänden finden.*

Morchellium (Sidnyum) argus

Rote Sproß-Synascidie (D), Red flake-ascidian (GB), Flocon pédonculé rouge (F), Sinascidia pedunculada roja (E), Rode vlokkige zakpijp (NL), Sinascidia pedunculada vermelha (P), Morchellium (N)

Die gelappten Kolonien können eine Größe von 4 cm und mehr erreichen. Der Kopf ist rötlich und durchscheinend, der Stiel mit Sand überzogen. Die Art lebt im felsigen Eulitoral und ist stellenweise massenhaft vertreten. Man findet sie unter Steinblöcken und felsigen Überhängen, die bei Ebbe freigelegt werden. Es können sich Büschel aus etwa 20 „Keulen" bilden, deren Durchmesser mehr als 10 cm betragen kann. Man findet *Morchellium* argus vom Süden der Britischen Inseln bis zur Bretagne.

Stachelhäuter (Echinodermata)

Die Stachelhäuter sind durch eine fünfstrahlige Symmetrie (Pentamerie) und durch ein hoch entwickeltes Skelett unter der Haut, das oft Stacheln hervorbringt, charakterisiert. Obwohl in diesem Buch mehrere Klassen besprochen werden, beschränken sich unsere anatomischen Studien auf den Vergleich zwischen einem Seestern und einem Seeigel. Der typische Seestern (A) hat fünf Arme. Bei manchen Arten weicht die normale Anzahl der Arme aufgrund einer aus der Art schlagenden Entwicklung oder aufgrund von Neubildungen von fünf ab. Man erkennt einen *After* (1) auf der Oberseite und daneben eine exzentrisch liegende *Madreporenplatte* (2). Abbildung B zeigt das komplizierte Wassergefäßsystem. Das Wasser tritt durch die Madreporenplatte, einer mit kleinen Löchern durchsetzten Kalkplatte, ein. Es handelt sich um einen Filter, der Sandpartikel zurückhalten soll. Der *Steinkanal* (3) führt zum *Ringkanal* (4).

Von dort münden die *Radiärkanäle* (5) in jeden Arm. Diese Kanäle haben auf beiden Seiten eine Reihe von Saugfüßchen (Ambulakralfüßchen), von denen jedes aus einer *Ampulle* (6) und einer *Saugscheibe* (7) besteht. Das Ganze bildet ein komplexes hydraulisches System, mit dem sich der Seestern bewegen oder eine furchterregende Kraft ausüben kann, z. B. auf die Schalen einer Muschel. Lassen Sie uns den Schnitt eines Seesterns (C) mit dem eines Seeigels (D) vergleichen. Beide haben auf der Oberseite einen

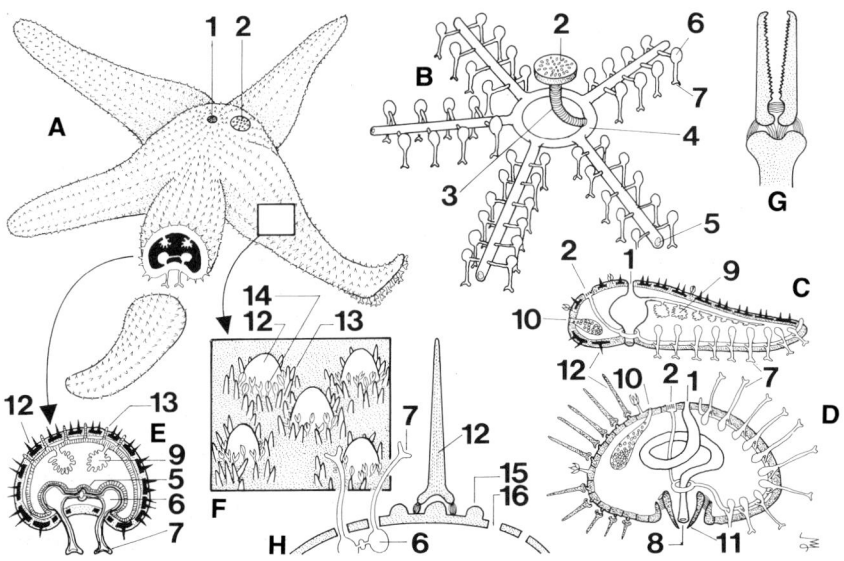

After (1), die *Madreporenplatte* (2), *Ambulakralfüßchen* (7), den *Mund* auf der Unterseite (8), *Geschlechtsorgane* oder *Gonaden* (10) und *Kalkstacheln* (12). Der Seestern besitzt einen zahnlosen Mund, an den sich der sackförmige Magen mit seinen fünf *Pylorischen Schläuchen* (9) anschließt, während der Seeigel einen aus fünf Zähnen bestehenden Kauapparat, die berühmte „*Laterne des Aristoteles*" (11), hat. Der Querschnitt eines Seesternarmes (E) zeigt nochmals die Anordnung der *Radiärkanäle* (5), die *Ampullen* (6) und die *Saugfüßchen* (7). Die *Pylorischen Schläuche* (9) und die *Stacheln* (12) sind deutlich erkennbar. Aus den kleinen Öffnungen kommen hohle Membranstrukturen, die *Papulae* (13), heraus. Diese Hautausstülpungen dienen der Atmung. Der Oberflächenausschnitt eines Seesterns (F) zeigt die *großen Stacheln* (12), die von

Papulae und *Pedicellarien* (14) umgeben sind. Pedicellarien sind kleine Greifzangen, die der Reinigung der Stacheln dienen. Man findet sie auch bei Seeigeln. Eine Vergrößerung (G) zeigt diese Pedicellarien mit ihren Muskeln im Detail. Und schließlich zeigt ein Querschnitt durch die Seeigelschale (H) die *Ampullen* (6) und die *Saugfüßchen* (7), die durch die *Poren* (16) der *Ambulakralplatten* nach außen dringen. Man erkennt außerdem einen *Stachel* (12), der von Muskeln an seiner Basis bewegt werden kann. Die tiefer liegende Stachelbasis wird von den *Warzen* (15) der *Ambulakralplatte* eingerahmt. Wir werden die unterschiedlichen Klassen der Stachelhäuter getrennt betrachten: Haarsterne (Crinoidea), Seegurken (Holothuroidea), Seeigel (Echinoidea), Seesterne (Asteroidea) und Schlangensterne (Ophiuroidea).

Haarsterne (Crinoidea)

In manchen Meeren sind die Haarsterne sehr zahlreich vertreten; an den europäischen Atlantikküsten sind sie jedoch nicht sehr häufig. Ihre Arme verzweigen sich und sind gefiedert. Gewöhnlich heften sich die Tiere mit ihren Cirren am Untergrund fest. Sie sind aber auch in der Lage, mit Hilfe ihrer Arme zu schwimmen.

Antedon bifida
Haarstern, Federstern (D), Feather-star
(GB), Comatule, encrine, danseuse (F),
Comátula común, antedon (E), Haarster
(NL), Comátula (P), Fjørstjerne (N)

Das Tier wird etwa 15 bis 20 cm groß.
Die Farbe kann von leuchtend gelb
über braun bis karminrot variieren. Die
Arme sind gefiedert. Der Haarstern
lebt auf dem Rücken und klammert
sich mit den Rückencirren am Untergrund (Algen, Hornkorallen, Moostierchen, etc.) fest; er kann sich aber auch
mit Hilfe seiner Arme schwimmend
fortbewegen. Das Tier hat fünf Arme,
die sich aber dicht an der Basis teilen,
so daß es scheinbar zehn Arme hat. Die
Fiedern der Arme dienen als „Netz",
das Nahrung in Form kleiner Teilchen
oder Plankton einfängt. Die Nahrung
wird dann entlang der Arme durch die
stark bewimperten Ambulakralrinnen

transportiert; diese befinden sich auf
der Bauchseite und führen zum Mund.
Tagsüber versteckt sich der Haarstern
oft im Dunkeln (unter Steinen, in
Schwämmen etc.). Die Befruchtung
findet außerhalb des Körpers statt, und
die Eier werden bis zum Ausschlüpfen
der Larven auf den Fiedern getragen.
Es entwickelt sich eine planktonisch
lebende Larve, die sich nach einigen
Stunden mit Hilfe eines Stiels am Boden festheftet. In diesem Stadium
(Pentacrinus-Stadium) erinnert das nur
wenige Millimeter große Tier sehr
stark an fossile Seelilien, die Vorfahren
der Haarsterne. Nach einigen Monaten
trennt sich *Antedon* von seinem Stiel
und beginnt ein unabhängiges Leben.
Man findet die Art im Flachwasser, in
Tiefen von 30 oder 40 m (max. 200 m)
kommt sie jedoch wesentlich häufiger
vor. Von Norwegen bis Portugal.

Eine sehr dichte Haarstern-Population
breitet ihre gefiederten Arme in der
Strömung aus, um Plankton einzufangen.
Man erkennt ebenfalls mehrere Arme
eines Zerbrechlichen Schlangensterns.
Die Rückencirren von Antedon bifida
sind auf diesem Foto nicht zu sehen.

Seesterne (Asteroidea)

(Foto: John Neuschwander)

Sternförmige Tiere, die charakteristischerweise fünf Arme ringsum eine zentrale Scheibe haben. Es gibt auch untypische Formen, z. B. *Luidia ciliaris* (7 Arme) und *Solaster endeca* (7–15 Arme). Diese Tiere haben ein großes Regenerationsvermögen. Die Saugfüßchen befinden sich auf der Bauchseite.

An diesem sonderbaren, in der Bretagne fotografierten Exemplar eines Henricia oculata *sieht man sehr gut das außerordentliche Regenerationsvermögen der Seesterne.*

Astropecten irregularis

Nordischer Kammstern, Dorniger Kammstern, Kleiner Kammstern (D), Small comb-star, spiny comb-star, sand star (GB), Étoile peigne (F), Estrella de arena pequeña (E), Kleine kamster (NL), Estrela-do-mar espinhosa (P), Liten kamstjerne (N)

Der Durchmesser eines erwachsenen Tieres kann 10 bis 20 cm erreichen. Dieser kleine Kammstern vergräbt sich tagsüber im Sand und verläßt sein Versteck nur nachts. Mit Hilfe seiner Ambulakralfüßchen kann er sich in weniger als einer Minute im Sand eingraben. Er ernährt sich von Weichtieren, Würmern, Schlangensternen und Sandseeigeln. Man sieht ihn recht häufig während seiner nächtlichen Ausflüge auf Pflanzen klettern. Man findet dieses Tier vor allem auf Sand und in Seegraswiesen *(Zostera),* in Tiefen zwischen 2 und 1.000 m; von Norwegen bis Marokko, Mittelmeer.

Der Kleine Kammstern ist ein furchterregender Jäger, der sich erstaunlich schnell bewegen kann.

Asterias rubens
Gemeiner Seestern (D), Common starfish (GB), Astérie, étoile de mer commune (F), Estrella de mar común (E), Gewone zeester (NL), Estrela-do-mar comun (P), Vanlig korstroll (NL)

Seine durchschnittliche Größe beträgt etwa 12–15 cm, in tiefem Wasser kann er jedoch 50 cm groß werden. Er ist braun-gelb, oberseits orange oder rosa, unterseits heller und hat fünf Arme (selten vier oder sechs). Am Ende jedes Armes befindet sich ein lichtempfindlicher Fühler, der den Seestern über die Helligkeit seiner Umgebung aufklärt. Mit seinen vier Reihen von Ambulakralfüßchen unter jedem Arm bewegt er sich recht langsam voran (8 cm pro Minute). Der Gemeine Seestern ernährt sich vorzugsweise von Miesmuscheln; die Schalen werden durch geduldiges Ziehen mit Hilfe der zahlreichen Saugnäpfe auf seinen Armen auseinander gezogen. Wenn das Weichtier seine Schalen ein wenig öffnet, stülpt der Seestern seinen sehr beweglichen Magen heraus und läßt ihn zwischen die Schalen gleiten. Er verdaut seine Beute auf der Stelle und nimmt dessen nahrhafte Substanzen in sich auf. Dieses Mahl kann sich über ungefähr zehn Stunden hinziehen. Der anpassungsfähige Seestern verschlingt sogar Kadaver. Die Vermehrung findet im Frühjahr und Sommer statt. Das Weibchen richtet sich auf seinen fünf Armen auf und kann innerhalb von zwei Stunden mehr als 2 Millionen Eizellen ausstoßen. Gleichzeitig geben die Männchen ihr Sperma ab. Die Befruchtung findet im freien Wasser statt. Die Eier verwandeln sich dann in planktonisch lebende Larven, die nach zwei Monaten zu benthisch lebenden Seesternen werden. Die Verluste sind riesig: Von 1 Million Eizellen wird nur eine zu einem erwachsenen Seestern! Dessen Lebenserwartung beträgt etwa vier bis fünf Jahre. Er lebt vom Eulitoral bis in 650 m Tiefe; von Island und Finnland bis zu den Kapverdischen Inseln. Die Art ist vor allem in der Ostsee häufig; sie dringt nicht ins Mittelmeer vor.

Asterias rubens ist der häufigste Seestern unserer Küsten. Seine Farbe ist veränderlich: Die Oberseite variiert von weiß über gelb, orange und braun bis violett; die Unterseite ist immer hell.

Man erkennt den Siebenarmigen Seestern an der untypischen Anzahl (7) seiner Arme und an seinen großen Ausmaßen: Er ist mit einem Durchmesser von 0,5 m der größte Seestern unserer Küsten.

Sie sind abgeflacht und oft ungleichmäßig lang, weil sich *Luidia* der Autotomie (reflexartiges Abwerfen von Gliedmaßen) bedient, um seinen Feinden zu entkommen. Die Arme brechen sehr leicht ab, regenerieren aber schnell wieder. Dieses Tier kann drei bis vier Jahre alt werden. Es lebt auf sandig-schlammigen Böden (häufig im Sand vergraben), vom Eulitoral bis in 400 m Tiefe. Die Art ist von den Faröer Inseln bis zu den Kapverden häufig zu finden, im Mittelmeer ist sie recht selten.

Luidia ciliaris

Siebenarmiger Seestern, Schmalarmiger Großplattenstern (D), Seven-armed starfish (GB), Luidia, étoile de mer à sept bras (F), Estrella de hondura, estrella de mar de siete brazos (E), Zevenarmige zeester (NL), Estrela-do-mar com sete braços (P), Syvarmet sjøstjerne (N)

Dieser Seestern kann einen Durchmesser von 40 bis 60 cm erreichen. Seine orangefarbenen Arme haben an den Seiten lange Stacheln. Bei Madeira gibt es eine dunkelbraune Variante. Es ist ein großes gefräßiges Tier, das genau wie *Astropecten* Sandseeigel *(Echinocardium)* und Muscheln angreift. Sein Hauptmerkmal sind die sieben Arme.

Marthasterias glacialis

Eisseestern, Warzenstern (D), Spiny starfish (GB), Étoile de mer glaciaire, étoile épineuse (F), Estrella espinosa común (E), Ijszeester (NL), Estrela-do-mar glaciar (P), Piggsjøstjerne (N)

Der Durchmesser beträgt im allgemeinen 30 bis 40 cm, kann aber auch 50 cm erreichen. Der Eisseestern hat fünf sehr starre Arme, die mit Stachelreihen gespickt sind. Jeder Stachel ist von einem Büschel Greifzangen (Pedicellarien) umgeben, die an Warzen erinnern. Die Farbe ist veränderlich: weißlich, rosa, violett, braun, grün, bläulich. Gefräßiger Seestern, der sich von lebenden Tieren oder Kadavern ernährt: Muscheln, Krebstiere, Fische und sogar andere Stachelhäuter. Für die Austern- und Muschelzucht ist er manchmal eine echte

Plage. *Marthasterias* ist von der Oberfläche bis in 180 m Tiefe vor allem auf Hartböden, aber auch auf groben Sandgründen anzutreffen. Von Island bis zu den Azoren, den Kapverdischen Inseln und im Mittelmeer.

Echinaster sepositus

*Purpurseestern, Roter Seestern (D),
Red starfish (GB), Étoile de mer rouge,
étoile de feu, étoile écarlate (F),
Estrella espinosa roja (E), Oranjerode
zeester (NL), Estrela-do-mar vermelha
(P), Rød sjøstjerne (N)*

Ein Eisseestern mit seinen typischen großen Stacheln, von denen jeder von einem warzenförmigen Büschel Greifzangen umgeben ist.

Der Durchmesser dieses Tieres liegt in einer Größenordnung zwischen 10 und 20 cm (selten 30 cm). Man erkennt den Purpurseestern schon von weitem an seiner auffälligen Färbung. Er hat normalerweise fünf lange, runde Arme (manchmal vier, sechs oder sieben), die kleine Vertiefungen haben. Diese stehen mit unter der Haut befindlichen Skelettplatten in Verbindung. *Echinaster sepositus* ernährt sich hauptsächlich von organischer Materie, die er auf dem Grund findet; gelegentlich frißt er aber auch Schwämme. Im Gegensatz zu *Asterias* rubens richtet sich hier das Männchen auf seinen Armen auf, um sein Sperma abzugeben. Der Purpurseestern ist von der Oberfläche bis in 1.000 m Tiefe auf allen Hartböden anzutreffen. Im Mittelmeer und im Ärmelkanal häufig, ansonsten im Atlantik selten.

Der Purpurseestern ist im Atlantik selten zu sehen; er scheint nur im Ärmelkanal häufig zu sein.

Man kann die Art aufgrund ihrer sehr rauhen Haut von Henricia oculata *unterscheiden. Außerdem gibt es bei den Verbreitungsgebieten beider Arten fast keine Überschneidung.*

Henricia sanguinolenta

Nördlicher Blutstern (D), Northern blood-starfish (GB), Étoile de cuir boréale, étoile de mer sanguine (F), Estrella de sangre boreal (E), Nordse bloedzeester (NL), Estrela sanguínea boreal (P), Nordisk blodsjøstjerne (N)

Dieser Seestern erreicht eine Größe von 10 cm, manchmal auch mehr (max. 20 cm). Er hat steife, runde Arme, die mit kleinen Stacheln bedeckt sind. Seine Oberseite ist rot bis rosa-violett, die Unterseite weiß. Er lebt auf Weichböden, Kieselsteinen und Felsen, in Tiefen zwischen 0 und 2.500 m. Boreale Verbreitung, von Grönland und Island bis zum Ärmelkanal. Das Tier ernährt sich von Schwämmen, Hydrozoen und Moostierchen.

Obwohl der Blutstern meistens einfarbig ist, kann er manchmal auch bunt gefärbt sein.

Henricia oculata

Blutstern (D), Blood-starfish (GB), Étoile de cuir (F), Estrella de sangre (E), Bloedzeester (NL), Estrela-do-mar sanguínea (P), Blodsjøstjerne (N)

Größe: 10 cm. Die Art ist *Henricia sanguinolenta* sehr ähnlich, unterscheidet sich aber dadurch, daß die Hautstacheln vollkommen mit einer Haut bedeckt sind. Außerdem ist die Farbe veränderlich (von orange bis violett). Und schließlich hat dieser Seestern einen Verbreitungsschwerpunkt an den portugiesischen Küsten. Der Ärmelkanal stellt die Nordgrenze dar. Man findet ihn von der Oberfläche bis in etwa 100 m Tiefe.

Asterina gibbosa
*Fünfeckstern, Kleiner Buckelstern (D),
Cushion-star, starlet (GB), Astérie penta-
gonale, astérie bossue (F), Estrella de
capitán (E), Vijhoekige zeester (NL),
Estrela-do-mar pentagonal (P), Femkan-
tet sjøstjerne (N)*

Das Tier hat einen Durchmesser
von 4 bis 7 cm. Es ähnelt einem
kleinen fünfeckigen Kissen, das
dick und starr ist und eine gelbliche
bis olivgrüne Färbung besitzt. *Asterina gibbosa* ernährt sich hauptsächlich von Muscheln, Schnecken
und Schlangensternen. Man findet
ihn in supralitoralen Fluttümpeln,
aber vor allem auf Felsböden dicht
an der Oberfläche, unter Steinblöcken und in Seegraswiesen (*Zostera*). Er ist im allgemeinen nicht
in Tiefen über 20 m anzutreffen.

*Unter einem Überhang in geringer Tiefe bewegt
sich ein Fünfeckstern zwischen* Corynactis *und
verzweigten Moostierchen (Crisia sp.) hin und her.*

Von den westlichen Küsten der Britischen
Inseln und des Ärmelkanals bis zu den Azoren und im Mittelmeer.

Anseropoda placenta
(Palmipes membranaceus)
*Gänsefußstern (D), Goose-foot star
(GB), Patte-d'oie, pied-d'oie, anséropo-
de, étoile palmée (F), Pie de ganso (E),
Ganzevoetje (NL), Pé de ganso (P),
Gåsefot sjøstjerne (N)*

(Foto: Georges Berron)

Der Gänsefußstern hat einen
Durchmesser von etwa 10 bis 20
cm. Sein Körper ist sehr flach und
besitzt eine leicht unregelmäßige
fünfeckige Form. Die Oberfläche
ist fein gekörnt. Der Seestern hat
eine rote oder rot-weiße Oberseite
und eine gelbe Unterseite. Man findet ihn von den Shetland-Inseln bis
zum Mittelmeer, in Tiefen zwischen 10 und 200 m (selten 400 m).

*Der Gänsefußstern ernährt sich von Krebstieren
und Schlangensternen.*

Der Kurzarmige Seestern ist eine nordische Art, die man an ihrer glatten Oberfläche und der aufgeblähten Gestalt erkennt.

Porania pulvillus
Kurzarmiger Seestern (D), Porania (GB, E, P, NL), Poranie (F), Sypute (N)

Dieser Seestern kann einen Durchmesser von 11 cm erreichen. Meistens ist er leuchtend rot gefärbt, manchmal ist die Oberseite gelblich. Diese fühlt sich glatt an, da sie weder Stacheln noch Pedicellarien hat. Dafür sind Büschel heller Bläschen (Papulae) deutlich zu erkennen. Es handelt sich um einen dicken, fleischigen Seestern, der auf schlammigen oder felsigen Böden in Tiefen zwischen 10 und 300 m lebt (selten 1.000 m). Verbreitung: von Trondheim in Norwegen bis zum Golf von Biscaya; im Norden ist er allerdings wesentlich häufiger.

Man erkennt diesen fünfeckigen Seestern auf einen Blick an seiner starren Gestalt und dem Saum aus dicken Marginalplatten.

(Foto: Fredrik Ehrenström)

Ceramaster granularis
Kornstern (D), Sea-bisquit (GB), Bisquit de mer (F), Estrella carnosa (E), Zeekoekje (NL), Biscoito do mar (P), Sjøkjeks (N)

Der Kornstern erreicht einen Durchmesser von 8 cm. Er lebt auf Sand- und Algengründen in Tiefen zwischen 20 und 400 m. Man weiß nur sehr wenig über seine Lebensweise. Verbreitung: vermutlich vom Golf von Biscaya bis zur Nordsee. Nicht mit dem größeren (15 cm) *Ceramaster placenta* zu verwechseln, der eher im Süden verbreitet ist (vom Golf von Biscaya bis zum Mittelmeer).

Hippasterias phrygiana

*Pferdestern (D), Horse-starfish (GB),
Étoile chevalina (F), Estrella-caballo
(E), Paardester (NL), Estrela cavalo (P),
Hestestjerne (N)*

(Foto: Fredrik Ehrenström)

Die Art ähnelt *Ceramaster granularis,* unterscheidet sich jedoch von
diesem durch einen wesentlich
größeren Durchmesser (bis zu
40 cm) und große runde Stacheln.
Diese nordische Art ist nicht sehr
häufig; sie lebt auf unterschiedlichen Böden in Tiefen zwischen 20
und 800 m; von Grönland und Island bis in den Süden der Britischen Inseln.

*Dieser fünfeckige Seestern unterscheidet sich durch
große runde Stacheln auf der Oberseite von anderen
fünfeckigen Seesternen.*

Crossaster (Solaster) papposus

*Sonnenstern (D), Common sun-star
(GB), Crachat d'amiral, étoile solaire
(F), Estrella sol (E), Zonnester (NL),
Estrela sol (P), Vanlig solstjerne (N)*

Das Tier hat acht bis fünfzehn
Arme (meistens zehn bis zwölf).
Sein Durchmesser beträgt 15 bis
35 cm, und sein Körper ist mit deutlich sichtbaren Stacheln bedeckt.
Farbe: oberseits orange, rot oder
braun, oft mit weißen Mustern, unterseits cremefarben. Ernährt sich
von anderen Stachelhäutern. Der
Sonnenstern lebt auf Weichböden
und Felsen, von der Oberfläche bis
in 1.200 m Tiefe; von der Arktis bis
zur Bretagne und beiderseits des
nordamerikanischen Kontinents.

*Die sehr große zentrale Körperscheibe und die
zahlreichen Arme kennzeichnen diese eher nordische Art.*

Solaster endeca
Violetter Sonnenstern (D), Purple sun-star (GB), Étoile solaire violette (F), Estrella sol violeta (E), Negenvoeter (NL), Estrela sol violeta (P), Lilla solstjerne (N)

Das Tier hat 7–15 Arme (meistens 9–11). Sein Durchmesser beträgt 20 bis 40 cm, die Oberfläche ist gekörnt. Farbe: oberseits orange, rot oder violett, unterseits weiß bis orange. Die Art lebt auf felsigen Böden in Tiefen zwischen 20 und 90 m (selten 450 m); von der Arktis bis zu den Britischen Inseln, fehlt im südlichen Teil der Nordsee und des Ärmelkanals.

Man kann diesen Sonnenstern nicht mit dem vorhergehenden verwechseln: Dieser hier hat keine stachelige, sondern eine körnige Oberfläche. Beachten Sie auch den Schwarzen Schlangenstern (Ophiocomina nigra).

Schlangensterne (Ophiuroidea)

Fünf schlanke, schlangenförmige Arme (mit oder ohne Stacheln) sind um eine Körperscheibe herum verwurzelt. Diese Arme verzweigen sich im allgemeinen nicht (mit Ausnahme des bemerkenswerten Gorgonenhauptes). Sehr bewegliche Tiere und zugleich die schnellsten Stachelhäuter.

Ophiothrix fragilis
Zerbrechlicher Schlangenstern (D), Common brittle-star (GB), Ophiure fragile, ophiure à piquants, singe (F), Ofiura fina, ofiura de espinas finas, estrella frágil (E), Brokkelster (NL), Ofiúro fágil (P), Hårstjerne (N)

Der Scheibendurchmesser beträgt etwa 2 cm, die Arme können 7 cm lang werden. Die Farbe variiert von gelb-braun über rosa bis rot. Oft ist die Färbung bunt, während die langen Stacheln durchsichtig sind. Diese Schlangensterne sind passive Filtrierer. Sie fangen Teilchen organischer Materie mit Hilfe der zahlreichen Stacheln ihrer fünf Arme, die sie senkrecht im Wasser aufstellen. Diese Partikel werden dann von den beweglichen Saugfüßchen zum zentralen Mund transportiert. Man findet *Ophiothrix* in den Oscula von Schwämmen und zwischen den Algen des Infralitorals; eher auf felsigen, aber auch auf sandig-schlammigen Böden. In manchen Gebieten, besonders dort, wo die Strömung sehr stark ist, findet man dichte Populationen. Das Tier ist von der Oberfläche bis in 500 m Tiefe (in Ausnahmefällen 4.000 m) anzutreffen, meistens jedoch zwischen 20 und 50 m. Ganzer östlicher Atlantik, von Norwegen bis Südafrika.

Die Wand eines Wracks ist von einer dichten Schlangenstern-Population bedeckt; die Tiere filtrieren das Wasser mit Hilfe ihrer behaarten Arme, die mit langen Stacheln übersät sind.

Ophiura sp.

Schlangenstern (D), Serpent star (GB), Ophiure (F), Ofiura serpentina (E), Slangster (NL), Ofiúro serpentiforme (P) Slangestjerne (N)

Die meisten Schlangensterne leben auf Weichböden. Die europäischen Arten sind oft weit verbreitet, d. h. an den Küsten Skandinaviens, Nordafrikas und an denen des Mittelmeeres.

Schlangensterne können gewöhnlich erst nach einer mikroskopischen Untersuchung bestimmt werden. Hier handelt es sich wahrscheinlich um Ophiura affinis.

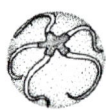

Schwarze Schlangensterne können sich sehr schnell fortbewegen. Man muß nur einen großen Siebenarmigen Seestern zwischen sie legen, um sie in aller Eile Reißaus nehmen zu sehen!

Ophiocomina nigra

Schwarzer Schlangenstern (D), Black brittle-star (GB), Ophiure noire (F), Ofiura negra (E), Zwarte brokkelster (NL), Ofiúro negro (P), Svartstjerne (N)

Der Scheibendurchmesser beträgt etwa 2,5 cm, die Arme können 10 cm lang werden. Das Tier lebt unter Steinen und auf Felsen, aber auch auf Weichböden, besonders in verschmutztem Wasser in Tiefen zwischen 0 und 40 m (selten 250 m); von Skandinavien bis Madeira, Mittelmeer. Dieser Schlangenstern ist *Ophiothrix* sehr ähnlich, aber im Gegensatz zu diesem schwarz gefärbt. Seine schwarzen Stacheln sind kürzer als die des Zerbrechlichen Schlangensterns. Filtrierer, der Verschmutzungen gut verträgt.

Das Gorgonenhaupt ist ein lichtscheuer Filtrierer, der tagsüber seine Arme einrollt und sie nachts wieder entfaltet, um Plankton einzufangen.

(Foto: Fredrik Ehrenström)

Gorgonocephalus caputmedusa

Gorgonenhaupt (D), Basket star, Gorgon's head (GB), Gorgonocéphale, tête de méduse (F), Gorgonocefalo (E), Medusahoofd (NL), Cabeça de medusa (P), Medusahode (N)

Der Körperdurchmesser kann bis zu 9 cm betragen, während die Arme 20 cm lang werden können, so daß das Tier ein Ausmaß von etwa 50 cm erreichen kann. *Gorgonocephalus* lebt im tiefen Wasser, gewöhnlich in mehr als 100 m Tiefe. Dieses Tier ist recht selten, man trifft es häufiger in nördlichen (borealen) Gewässern an. Die sehr beweglichen Arme sind zahlreich verzweigt.

Seeigel (Echinoidea)

Seeigel sind Tiere, deren Skelettplatten einen kugelförmigen hohlen Panzer – das Gehäuse – bilden. Dieser trägt auf den Interambulakralplatten bewegliche Stacheln und auf den Ambulakralplatten Saugfüßchen. Fünf mit kleinen Poren durchlöcherte Ambulakralplatten wechseln sich mit fünf Interambulakralplatten ab, die halbkugelförmige Stachelwarzen tragen. Da das Gehäuse rund ist, die Platten sich regelmäßig abwechseln und sich Mund (Bauchseite) und After (Rückenseite) in der Mitte befinden, spricht man von einem Regulären Seeigel (insbesondere Seeigel an Felsen). Bei den Irregulären Seeigeln ist der Gehäuseumriß hingegen langgestreckt; der Mund befindet sich am Körperanfang und der After am Körperende (das gilt für die meisten Sandseeigel).

Echinus esculentus
Eßbarer Seeigel (D), Edible sea-urchin (GB), Oursin commun, oursin comestible, oursin globuleux (F), Erizo de mar comestible (E), Eetbare zeeëgel (NL), Ouriço-do-mar comestível (P), Spiselig kråkebolle (N)

Der Durchmesser des stark gewölbten Gehäuses beträgt etwa 10 cm, kann aber auch 15–17 cm erreichen. Die Stacheln sind kurz (ungefähr 2 cm). Das Gehäuse ist rötlich, die Stacheln weißlich, bläulich oder rötlich mit roten oder violetten Spitzen. Dieser Allesfresser ernährt sich sowohl von Laminarienwedeln als auch von Moostierchen und Seepocken. Die Weibchen legen Millionen von Eiern, die im freien Wasser befruchtet werden und sich zu planktonisch lebenden Larven entwickeln. Der Eßbare Seeigel kann acht Jahre alt werden. Sein Name ist darauf zurückzuführen, daß früher seine Keimdrüsen (Gonaden) gegessen wurden; heutzutage ist das Tier bei Liebhabern von Meeresfrüchten nicht mehr sehr begehrt. Man findet die Art im felsigen Infralitoral und auf den Thalli von Laminarien, von der Oberfläche bis in 50 m Tiefe (in seltenen Fällen 1.200 m). Von Island bis Portugal.

Die Färbung des Eßbaren Seeigels ist äußerst variabel.

Echinus acutus
Weißer Seeigel (D), White sea-urchin (GB),
Oursin blanc (F), Erizo blanco (E), Witte zeeëgel
(NL), Ouriço-do-mar branco (P), Hvit kråkebolle (N)

Ein typisches Exemplar von Echinus acutus, *in Norwegen fotografiert. An den französischen Küsten trifft man eher auf Kreuzungen (Hybride) zwischen* E. acutus *und* E. esculentus.

Großer Seeigel, dessen Durchmesser gewöhnlich 10 bis 12 cm, manchmal sogar bis zu 16 cm beträgt. Das kegelförmige Gehäuse ist weißlich mit braunen Längsstreifen. Die Farbe der Stacheln ist veränderlich, ihre Spitzen sind jedoch weiß. Abgesehen von der Bauchseite sind sie recht spärlich und stehen nicht sehr dicht. Der Weiße Seeigel lebt auf Fels- und Weichböden, in Tiefen zwischen 20 und 1.200 m. Von der Arktis bis Nordafrika.

Psammechinus miliaris
Kletterseeigel, Strandigel (D), Green sea-urchin (GB), Oursin grimpeur, petit oursin vert (F), Ericillo de mar verde (E), Gewone zeeappel (NL), Ouriço-do-mar verde (P), Grønn kråkebolle (N)

Gehäusedurchmesser: maximal 4–5 cm; die Stacheln werden nicht länger als 1,5 cm. Die durchschnittliche Größe des gesamten Tieres beträgt 3 bis 4 cm.
Die Stacheln sind grau-grün mit violetten Spitzen. Allesfresser. *Psammechinus miliaris* ist ein sciaphiles Tier, das man auf Felsen, unter Steinen und in Seegraswiesen *(Zostera)* antrifft. Man findet es von der Oberfläche bis in 100 m Tiefe. Geographische Verbreitung: Von Island bis Marokko und zu den Azoren. Im Mittelmeer wird *P. miliaris* von einer verwandten Art *(P. microtuberculatus)* abgelöst, die bis Portugal verbreitet ist.

Ein kleiner Kletterseeigel auf der Unterseite eines mit den spiraligen Kalkröhren von Spirorbis borealis *bedeckten Steins.*

Sphaerechinus granularis
Violetter Seeigel (D), Purple sea-urchin, violet sea-urchin (GB), Oursin violet, oursin bleu, oursin granuleux, oursin émoussé (F), Erizo violáceo, erizo de mar violeta (E), Paarse zeeëgel (NL), Ouriço-do-mar violeta (P), Lilla kråke-bolle (N)

Die dicken Stacheln mit weißen Enden sind für Sphaerechinus granularis *charakteristisch. Im Vordergrund ist eine gelbe* Alcyonium digitatum-*Kolonie zu sehen.*

Großer Seeigel, dessen Durchmesser 13 cm erreichen kann. Der Gehäusedurchmesser beträgt im allgemeinen 6 bis 7 cm. Die recht dicken Stacheln sind ungefähr 2 cm lang. Sie sind kurz, stumpf und an ihrem Ende oft weiß gefärbt. In einigen seltenen Fällen sind die Stacheln vollkommen weiß. Der Violette Seeigel ist genau wie andere Seeigel ein Weidegänger, der sich von Algen ernährt. Im flachen Wasser trifft man nur selten junge Tiere an. Das liegt daran, daß diese weißen oder rötlichen Tiere auf Küstendetritus-Böden (oft in großen Tiefen) aufwachsen. Dieser Seeigel bedeckt sich oft mit verschiedenen Materialien, ein instinktives Verhalten, das häufig als Schutz gegen Licht fehlinterpretiert wurde. Das Gehäuse dieses großen Tieres ist leicht an den zehn kleinen Auskerbungen (etwa 2 mm) im Umkreis der Mundöffnung zu erkennen. Die Art ist in Tiefen zwischen 0 und 100 m auf Felsen, aber auch in Zosterawiesen anzutreffen. Sie lebt hauptsächlich im Mittelmeer; im Atlantik stellt der Ärmelkanal die nördliche und die Kapverdischen Inseln und die Azoren die südliche Verbreitungsgrenze dar.

Eine dichte Steinseeigel-Population verdeutlicht die Veränderlichkeit der Farbe innerhalb der Art. Diese Seeigel leben an einem Standort, der von den Wellen des Golfes von Biscaya stark aufgewühlt wird; so klammert sich jedes Tier an seiner in den Fels gebohrten Wohnhöhle fest.

Paracentrotus lividus

Steinseeigel (D), Brown sea-urchin, rock-urchin (GB), Oursin brun, oursin comestible, oursin-pierre, oursin femelle, châtaigne de mer (F), Erizo de mar común, castaña de mar, erizo marrón (E), Bruine zeeëgel (NL), Ouriço-do-mar castanho (P), Brun kråkebolle (N)

Der Schalendurchmesser kann 7 cm erreichen; die violetten, olivgrünen oder bräunlichen Stacheln werden bis zu 3 cm lang, so daß der Gesamtdurchmesser 13 cm betragen kann. Die durchschnittliche Größe des Tieres beträgt jedoch 8 cm. Der Steinseeigel weidet Algen ab; wenn die Algen knapp werden, wird er auch zum Allesfresser. Die Längsrillen der Stacheln spielen beim Transport der Nahrungspartikel eine Rolle. Das Tier bohrt mit Hilfe seiner Stacheln und Dre-

hungen um die eigene Achse kreisrunde Wohnhöhlen in den Fels (besonders in Kalkfelsen). Tagsüber hält er sich in dieser Behausung auf und kommt nachts zum Weiden heraus. Der Steinseeigel kehrt immer wieder in seine Wohnhöhle zurück (homing). Er maskiert sich mit Hilfe seiner mit Saugnäpfen ausgestatteten Ambulakralfüßchen häufig mit verschiedenen Materialien (Algen, Schalen, kleine Steine). Man findet *Paracentrotus* in Tiefen zwischen 0 und 30 m. Er lebt auf felsigen Böden (manchmal in Fluttümpeln) und in Zosterawiesen, vorzugsweise auf (sub)horizontalen Flächen. Das Tier ist im Mittelmeer und im Atlantik sehr häufig; es steigt bis zu den Kanal-Inseln, Cornwall und Irland auf und bis Marokko, den Kanarischen Inseln und den Azoren ab. Es gibt eine Art, die ihm sehr ähnelt: *Strongylocentrotus droebrachensis*, deren Verbreitungsgebiet sich von der Arkis bis zur Nordsee erstreckt. Es ist fast ausgeschlossen, beide Arten gleichzeitig zu finden.

Spatangus purpureus

Violetter Herzigel (D), Purple heart-urchin (GB), Spatangue pourpre, oursin de vase violet (F), Erizo de corazón purpúreo (E), Purperen zeeklit, paarse hartegel (NL), Ouriço-do-mar púrpura (P), Purpur sjømus (N)

Das Gehäuse kann 12 cm lang werden. Die Art lebt auf groben Sandgründen (selten auf sandig-schlammigen Böden) zwischen 5 und 900 m Tiefe. Dieses Tier, bei dem die radiale Symmetrie in eine bilaterale Symmetrie umgewandelt ist, gehört zu den „Irregulären" Seeigeln. Der Violette Herzigel trägt auf der Oberseite kurze, biegsame Stacheln, die an Haare erinnern; vorne hat er einen schaufelförmigen Mund und hinten einen After. Er frißt den organischen Detritus aus dem Sediment. Tagsüber vergräbt sich dieses sciaphile Tier direkt unter der Sedimentoberfläche. Wenn man es ausgräbt, taucht es sofort wieder in den Sand ein. Das Gehäuse hat eine graue Färbung und ist zerbrechlich.

(Foto: Fredrik Ehrenström)

Spatangus kommt nur nachts aus dem Sediment hervor.

Echinocardium cordatum

Kleiner Herzigel (D), Sea potato, heart-urchin (GB), Oursin-cœur, échinocarde mineur (F), Erizo de corazón (E), Zeeklit, hartegel (NL), Ouriço-do-mar cordiforme (P), Vanlig sjømus (N)

Das Gehäuse kann 6–9 cm lang werden. Dieses gelblich gefärbte Tier lebt tief (8–15 cm) im feinen Sand vergraben. Es handelt sich um eine hauptsächlich eulitorale Art, die jedoch bis in eine Tiefe von 230 m absteigen kann. Der Kleine Herzigel ist eine kosmopolitische Art, die man von Norwegen über Südafrika und dem Mittelmeer bis Japan findet.

Herzigel sind „Irreguläre" Seeigel mit bilateraler statt strahlenförmiger Symmetrie. Dieses Tier wurde tagsüber vom Fotografen ausgegraben und tauchte sofort wieder in den Sand ein, um dem Licht zu entfliehen.

Seegurken (Holothuriodea)

Seegurken sind wurstförmige Tiere mit lederartiger Haut, von einem Kranz einziehbarer Tentakel umgebener Mundöffnung am Vorderende und Kloakenöffnung am Hinterende. Die Ambulakralfüßchen sind gewöhnlich in drei Bauchreihen und zwei Rückenreihen angeordnet. Die Haut ist mit zahlreichen Wärzchen (Papillen) gespickt. Das Hautskelett ist auf kleine Kalkplatten (sogenannte Sklerite) reduziert, die auf der Haut verstreut sind. Einige Arten besitzen baumförmig verzweigte Wasserlungen (Kiemen) am Enddarm, die im Dienst der Atmung stehen. Die Größe der einzelnen Arten ist sehr unterschiedlich (2 mm bis 30 cm). Zahlreiche Parasiten leben in den Eingeweiden einiger großer Seegurken, darunter die Schnecke *Entoconcha mirabilis* und der Fisch *Carapus (Fierasfer) acus.*

Dieser verzweigte, zweifarbige, aus einer horizontalen Felsspalte herausragende Tentakelkranz signalisiert die Anwesenheit einer Kletterholothurie.

Aslia lefevrei (Cucumaria normani)
Kletterholothurie (D), Climbing seacucumber, sea gherkin (GB), Cornichon de mer, lèche-doigts (F), Pepinillo de mar (E), Klimmende zeekomkommer (NL), Pepino-do-mar trepador (P), Klatrende sjøagurk (N)

Der etwa 15 cm lange Körper dieser weißlichen oder bräunlichen Holothurie bleibt meistens unsichtbar: *Aslia lefevrei* lebt in Felsspalten verborgen. Sie „leckt" in regelmäßigen Abständen die Nahrungspartikel ab, die an ihren Tentakeln hängenbleiben. Es gibt noch andere, ähnliche Arten, die an demselben Standort leben: *Pawsonia (Cucumaria) saxicola, Ocnus lactea* und *Paracucumaria hyndmani.*

Holothuria forskali

Variable Seegurke (D), Black sea-cucumber, niggerspinner, cotton-spinner (GB), Holothurie noire, bêche de mer, concombre de mer, fileuse de coton (F), Cohombro de mar negro (E), Zwarte zeekomkommer, Gestippelde zeekomkommer (NL), Holotúria negra (P), Sort sjøagurk (N)

Die Variable Seegurke wird 15 bis 40 cm lang. Sie hat eine veränderliche Färbung: schwarz, braun, gelblich, oft mit weißen Spitzen übersät. Sie ernährt sich von Detritus, vorwiegend von demjenigen, den sie mit dem Sediment aufnimmt. Charakteristisch ist der Besitz von klebrigen weißen Fäden (Cuviersche Schläuche) im Inneren des Tieres, die zur Verteidigung durch die Kloakenöffnung ausgestoßen werden und sich innerhalb eines Monats neu bilden. Sie unterscheiden *H. forskali* von anderen ähnlichen Arten. Die Variable Seegurke kann bis zu fünf Jahre alt werden. Es handelt sich um eine häufige Art, die man auf Felsen, sandig-schlammigen Böden und in Seegraswiesen *(Zostera)* antrifft. Man findet sie in Tiefen von 5 m bis über 100 m. Ärmelkanal, Atlantik und Mittelmeer.

Seegurken sind oft schwierig zu erkennen. Holothuria forskali bildet eine Ausnahme: Wenn man sie berührt, schleudert sie ihre klebrigen Cuvierschen Schläuche aus, um sich zu verteidigen.

Eine Weiße Seegurke kriecht über einen mit Röhrenwürmern bedeckten Grund in einem norwegischen Fjord.

Holothuria sp.

Weiße Seegurke (D), White seacucumber (GB), Holothurie blanche (F), Cohombro de mar blanco (E), Witte zeekomkommer (NL), Holotúria branca (P), Hvit sjøagurk (N)

Manchmal erlebt man Überraschungen. Dieses Tier ist ungefähr 20 bis 30 cm lang. Die Art ähnelt bis auf ihre helle Färbung und das Fehlen der Cuvierschen Schläuche *Holothuria forskali*. Es war dem Autor nicht möglich, diese Art zu bestimmen. Wer kann ihm helfen?

Wenn Sie so einen verzweigten Tentakelkranz aus dem Sediment herausragen sehen, dann handelt es sich um eine im Sand vergrabene Sand-Seegurke. Man muß sich ganz vorsichtig nähern, sonst zieht sie sofort ihre Tentakel ein.

Neopentadactyla mixta

Sand-Seegurke (D), Burrowing seacucumber (GB), Holothurie de sable (F), Holoturia de arena marròn (E), Graafzeekomkommer (NL), Holotúria de areia (P), Sandsjøagurk (N)

Der zylindrische Körper erreicht eine Länge von 20 cm. Farbe: violett bis gelblich. Zehn große Tentakel stehen abwechselnd mit zehn kleinen Tentakeln und bilden eine Tentakelkrone mit einem Durchmesser von 10 cm, die sich über der Sandoberfläche entfaltet. Man findet die Art auf groben Sand- und Detritusböden, von der Ebbelinie bis in 200 m Tiefe. Geographische Verbreitung: von Norwegen bis zur Bretagne.

Plattwürmer (Plathelminthes)

Plattwürmer sind extrem abgeflachte Würmer, die im allgemeinen keinen After haben, da sie alles, was sie fressen, verdauen. Abgesehen von zahlreichen parasitären Formen gibt es einige große, spektakuläre Formen, die zur Ordnung der Polycladida innerhalb der Klasse der Strudelwürmer (Turbella-

ria) gehören. Da sie teilweise sehr lebhaft gefärbt sind, kann man sie leicht mit Nacktschnecken verwechseln. Diese haben jedoch einen massigen Körper, während Plattwürmer im allgemeinen nicht dicker als 1 Millimeter sind!

Prostheceraeus vittatus
Weiße Bandplanarie (D), White flatworm (GB), Planaire blanche (F), Platelminto blanco (E), Witte platworm (NL), Planária branca (P), Hvit flatworm (N)

Man findet diesen äußerst flachen, etwa 3 cm langen Strudelwurm unter Steinen und auf verschlammten Felsböden, in Tiefen zwischen 5 und 50 m. Es ist nicht genau bekannt, wovon sich Planarien ernähren: von Seescheiden, Schwämmen oder Moostierchen. Sie gleiten mit Hilfe ihrer Wimpernhärchen über den Grund und sind aufgrund ihrer lebhaften Färbungen leicht zu erkennen. Man kann sie anhand ihrer Form und Färbung leicht bestimmen. Mittelmeer und Atlantik.

Diese Planarie ist trotz ihres Aussehens keine Schnecke! Sie ist ein Strudelwurm oder Plattwurm. Sie hat weder Kiemen oder Körperanhänge wie die Nacktschnecken, noch ein Gehäuse wie die Vorderkiemerschnecken.

Weichtiere (Mollusca)

Weichtiere sind weiche Wesen, sowohl im eigentlichen als auch im übertragenen Sinn. Die echten Weichtiere, von denen dieses Kapitel handelt, bilden oft ein Gehäuse aus, um sich zu schützen. Es gibt aber auch Weichtiere ohne Gehäuse, wie Nacktschnecken und Kraken. Die Gehäuse sind von einer einzigartigen architektonischen Schönheit und von unvergleichlicher Vielfalt. Und sie halten sich gut. Man kann sie unbegrenzt aufbewahren, da sie aus Kalk bestehen. Das führt dazu, daß Gehäuse bevorzugte Sammelobjekte sind. Deshalb gibt es bereits zahlreiche hervorragende Werke über die Gehäuse unserer Küsten. In diesem Buch sollen insbesondere die „weichen" Tiere besprochen werden, die in den Konchyliologie-Büchern fehlen und die beim Tauchen am spannendsten zu entdecken sind. Ich werde trotzdem einige „Gehäuse" vorstellen, die man häufig findet. Die unterschiedlichen Weichtierklassen weisen trotz ihrer enormen Vielfalt anatomische Homologien auf. Dies ist darauf zurückzuführen, daß sich im Laufe der Evolution alle aus demselben Vorfahren entwickelten, den die Biologen liebevoll Archimollusken (A) nennen. Dieses Tier hatte einen Mantel (punktiert) und einen muskulären Fuß (schraffiert). Ein Verdauungskanal durchquerte den Mantel, vorne mit einem Mund, einem Magen und hinten mit einem After. Kiemen (farblos) vergrößerten die Atmungsoberfläche des Tieres. Und schließlich schützte es sich mit einem kegelförmigen Gehäuse (schwarz). Dieses Basisprinzip findet man mit einigen Abwandlungen bei den einzelnen Vertretern der verschiedenen Weichtierklassen wieder. Bei den Käferschnecken (Placophora) (B) besteht das Gehäuse aus acht Kalkplatten, die wie Dachziegel ineinander greifen. Die Kiemen bilden einen Saum um den ganzen Mantel herum. Bei den Schnecken (Gastropoda) (C) hat der Mantel eine Drehung durchgemacht, die den After und die Mantelhöhle nach vorne führte. Oft ist das Gehäuse spiralförmig. Dies trifft auf die Vorderkiemer-Schnecken (Prosobranchia) zu. Sie haben die

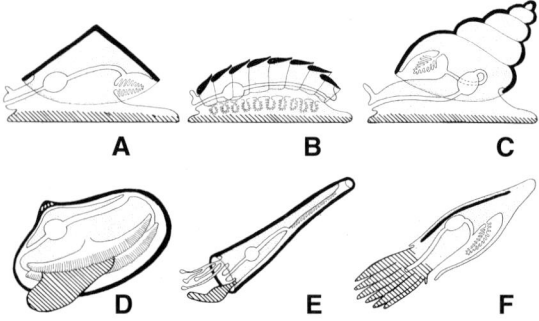

A   B   C

D   E   F

Kiemen vorne. Bei den Hinterkiemer-Schnecken (Opisthobranchia) befinden sich die Kiemen hinten. Für uns unterscheiden sich allerdings die meisten Tiere der letzteren Unterklasse durch das Fehlen des Gehäuses: Es sind die vielfarbigen „Nacktschnecken".
Das Gehäuse der Muscheln (Bivalvia, Lamellibranchiata) (D) besteht aus zwei Schalen. Diese Schalen fügen sich um ein Gelenk (Schloß) herum mit kleinen Haken ineinander und sind durch ein elastisches Band (Ligament) verbunden. Kräftige Schließmuskeln schließen die Schalen. Die Kiemen sind hier sehr gut entwickelt. Der Fuß ist häufig verkümmert, da er eher selten der Fortbewegung dient. Bei manchen Arten dient er noch zum Graben im Sand. Die Grabfüßer (Scaphopoda) haben ein röhrenförmiges Gehäuse, das einem Elefantenstoßzahn von einigen Zentimetern Länge ähnelt. Man findet sie am Strand und auf manchen sandig-schlammigen Böden. Die Kopffüßer (Cephalopoda) sind die am weitesten entwickelten Weichtiere. Ihr Fuß hat sich in Arme verwandelt, die mit Saugnäpfen versehen sind. Kalmare und Sepien (Tintenfische) besitzen acht kurze und zwei lange Arme und haben eine unentwickelte innere Schale. Kraken (Octopoda) besitzen dagegen nur acht Arme und haben überhaupt keine Schale.

Käferschnecken (Placophora)

Die Zeichnung vergleicht eine Käferschnecke (A) mit einer Vorderkiemer-Schnecke (B). Beide sind durch ein *Gehäuse* (1) geschützt; bei den Käferschnecken besteht dieses aus acht Platten, bei den Schnecken aus einem (oft zusammengerollten) Trichter. Sie kriechen auf einem *Muskelfuß* (2). Das Verdauungssystem besteht aus *Mund* (3), *Magen* (4), *Darm* (5) und *After* (6). Im Mund befindet sich eine *Raspelzunge* oder *Radula* (7) mit kleinen Chitinzähnen; die Abbildung C zeigt deren Details. Sie kann eine *Speicheldrüse* (8) besitzen. Die *Mitteldarmdrüse* (9) kann einen beträchtlichen Raum einnehmen. Die *Kiemen* (10) bieten dank ihrer Lamellenstruktur eine große Gasaustauschfläche. Des Weiteren findet man ein *Nervensystem* (11). Manche Vorderkiemer besitzen einen *Deckel* (12), mit dem sie ihr Gehäuse verschließen können.

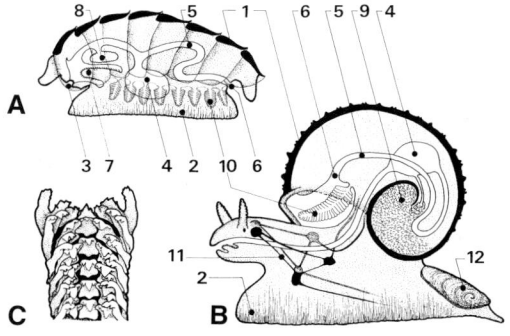

Eine kleine Graue Käferschnecke unter einem Stein (links); man sieht außerdem die großen flachen Schalen der Sattelmuschel (Anomia ephippium) *und die kleinen eingerollten Röhren von* Spirorbis borealis.

Lepidochitona cinerea

Graue Käferschnecke (D), Grey chiton (GB), Chiton cendré, chiton gris (F), Chitón gris (E), Asgrauwe keverslak (NL), Quiton (P), Grå skallus (N)

Größe: 10 bis 15 mm, in seltenen Fällen 25 mm lang. Eulitorale oder infralitorale Art, die auf Felsen oder unter Steinen lebt. Sie ist die häufigste Käferschnecke; man kann sie entlang der europäischen Küsten finden.

Vorderkiemer-Schnecken (Prosobranchia)

Die Anatomie dieser Tiere ist auf der vorhergehenden Seite beschrieben. Es gibt Hunderte Vorderkiemer-Arten im Atlantik; fünfzehn davon werden im folgenden Abschnitt besprochen.

Haliotis tuberculata

Grünes Seeohr, Meerohr (D), Ear-shell, common ormer, green abalone (GB), Ormeau, oreille-de-Neptune, oreille-de-Saint-Pierre, oreille-de-mer, ormet, gofiche (F), Oreja de mar verde, peneira, criba, oreja de fraile, grexera (E), Groene zeeoor (NL), Orelha do mar (P), Sjøøre (N)

Nach fünfzehn Jahren können dicke Exemplare 13 cm groß und 300 g schwer werden. Man kann dieses Tier eindeutig an seiner charakteristischen Perforierung erkennen. Das Gehäuse ist außen grau oder braun; innen ist es mit hübschem Perlmutt ausgekleidet, wodurch es zu einem der sehenswertesten Gehäuse des Atlantiks wird. Das Meerohr heftet sich an Steinen fest, besonders an deren Unterseite. Von der Laminarienzone bis in etwa 20 m Tiefe, d. h. bis zur Wachstumsgrenze der Algen, von denen sich das Tier ernährt. Von den Küsten des Ärmelkanals bis zum Mittelmeer häufig. Eßbares Tier, das leider übermäßig ausgebeutet (von Tauchern!) und deshalb seltener wird. Das Grüne Seeohr fürchtet sich vor Seesternen.

Legt man einen Seestern auf sein Gehäuse, wird dieser (am Geruch?) vom Seeohr erkannt. Das Seeohr richtet sich daraufhin auf seinem Fuß auf und vollführt mit einer erstaunlichen Geschwindigkeit einen ruckartigen Tanz, indem es sich hin und her dreht, um sich von seinem Feind zu befreien.

Ein Grünes Seeohr auf der Suche nach Algen, von denen es sich ernährt. Beachten Sie seinen Mantelsaum und die gestielten Augen.

Patella vulgata

Gemeine Napfschnecke (D), Common limpet (GB), Patelle, patelle commune, bernique (F), Lapa, lapa vulgar, lepas, lámparo, cuco (E), Gewone schaalhoren, puntkokkel, hoedschelp (NL), Lapa (P), Albuskjell (N)

Die konische, graue, gelbliche oder grünliche Schale hat einen Durchmesser von 5–7 cm. Tiere, die im Brandungsbereich leben, sind flacher als diejenigen der strömungsberuhigten Zonen. Bei Hochwasser verläßt die Gemeine Napfschnecke ihren Standort und weidet mit ihrer Raspelzunge (Radula) winzige Algen von den Felsen ab. Bei ablaufendem Wasser kehrt sie dann an ihren Wohnort zurück. Der Rand ihrer Schale paßt sich ganz eng an den Felsen an und bohrt manchmal einen runden Schlitz in ihn hinein. Das Tier heftet sich mit seinem Fuß am Felsen fest und bewahrt sich eine Wasserreserve bei Ebbe, um das Trockenfallen zu überleben. Von Norwegen bis zum Mittelmeer häu-

fig. Es gibt noch weitere Arten: *Patella lusitanica* und *P. aspera*. Erstere hat eine bis zu 4 cm lange, dunkle, schwarz gefleckte und gerippte Schale und ist vom Mittelmeer bis zum Golf von Biscaya verbreitet. *P. aspera* sieht ähnlich aus, ist aber zwischen Norwegen und Cornwall zu Hause.

Die Gemeine Napfschnecke lebt in der Fucus-Zone *oder leicht darüber.*

Auf einem Laminarienwedel findet eine kleine Versammlung von Durchscheinenden Häubchenschnecken und einigen jungen Seerinden-Kolonien (Membranipora membranacea) statt.

in das sie schließlich eine Behausung bohren. Durchscheinende Häubchenschnecken leben in kleinen Gruppen zusammen, in Tiefen bis zu 30 m. Von Island bis Portugal häufig, fehlen jedoch an den belgischen und niederländischen Küsten.

Crepidula fornicata

Pantoffelschnecke, Porzellanpantoffel (D), Slipper limpet (GB), Crépidule, crépidule des moules, crépidule américaine, pantoufle (F), Seba, zueco (E), Muiltje, slippertje (NL), Lapa-pantufa (P), Tøffelsnegl (N)

Die an der Spitze gewölbte Schale wird 2–6 cm groß. Farbe: hell, schmutzigrosa-grau, braun gefleckt. Die toten Gehäuse sind innen weiß und haben eine charakteristische Scheidewand. Man findet Pantoffelschnecken im gesamten Infralitoral von der *Fucus*-Zone an. Sie befestigen sich an Felsen, Austern, Miesmuscheln oder Kieselsteinen. Pantoffelschnecken bilden häufig Tierketten. Die großen Individuen an der Kettenbasis sind Weibchen, die von den kleinen, am Kettenende lebenden Männchen befruchtet werden. Bei einigen in der Mitte lebenden Individuen ist die Geschlechtsumwandlung noch nicht ganz vollzogen. Sie müssen nicht denken, daß die Bezeichnung *fornicata* (vgl. lat. fornicator = Lüstling) eine unanständige Anspielung auf das Sexualverhalten

Helcion pellucidum (Patina pellucida)

Durchscheinende Häubchenschnecke, Durchsichtige Napfschnecke (D), Blue-rayed limpet, translucid limpet (GB), Helcion, helcion transparent, patine (F), Lapa listada (E), Blauwgestreepte schaalhoor (NL), Lapa raiada (P), Blåsnegl (N)

Kleine konische, an der Spitze ein wenig gewölbte Schale mit einer maximalen Größe von 2 cm. Hübsche leuchtend blaue, strahlenförmige Streifen verzieren diese braune Schale. Die Art besetzt eine ganz besondere ökologische Nische. Die jungen Tiere leben ausschließlich auf Laminarienwedeln, wo sie mikroskopisch kleine Algen abweiden; die älteren Exemplare wagen sich auch an das Gewebe von Braunalgen-Stielen heran,

dieser Tiere ist: *fornicata* bedeutet „gewölbt" und ist eine Beschreibung für die Form der Schale. Pantoffelschnecken sind Filtrierer, die sich von Plankton und Detritus ernähren.

Die Anordnung in Ketten, die wie kleine Hügel aussehen, bewirkt für die Filtrierung günstige Turbulenzen. Die Art stammt aus Amerika; sie wurde im Laufe des letzten Jahrhunderts mit importierten Austern *(Crassostrea virginica)* eingeschleppt. Erstmals wurde sie im Jahre 1887 in England entdeckt. Im Jahre 1922 erreichte sie das Festland, wo sie an der niederländischen Küste gesichtet wurde. Seitdem ist sie an den gesamten europäischen Atlantik- und Nordseeküsten häufig geworden.

Die Wellen haben eine Pantoffelschnecken-Kette von ihrem Substrat gelöst und an den Strand gespült. Die jungen Tiere am Ende der Kette (links) sind Männchen, die älteren Individuen sind Weibchen. Die Scheidewand im Schaleninnern ist typisch.

Simnia patula
Spelzenschnecke (D), Simnia (GB, E, P), Simnie (F), Gorgoonslakje (NL), Hornkorallsnegl (N)

Das weißliche oder cremefarbene Gehäuse ist etwa 20–25 mm lang. Das Tier lebt auf Horn- und Lederkorallen. Da sich die Spelzenschnecke von den Polypen der Hornkorallen ernährt, nimmt ihr Mantel die Farbe der Hornkoralle an. Die Eigelege haben ebenfalls eine Schutzfärbung. Die Art lebt in Tiefen zwischen 10 und 75 m; von den Küsten des Ärmelkanals bis Spanien. Weiter südlich und im Mittelmeer nimmt *Neosimnia spelta* ihren Platz ein.

Diese Spelzenschnecke frißt die Polypen einer Warzigen Fächerkoralle. Sie hat die Farbe ihrer Beute angenommen und ist deshalb nur schwierig zu erkennen.

Neosimnia spelta

Offene Spelzenschnecke (D), White Simnia (GB),
Simnie blanche (F), Simnia blanca (E),
Wit gorgoonslakje (NL), Simnia branca (P),
Hvit hornkorallsnegl (N)

Das weiße oder lachsfarbene Gehäuse ist etwa 15–20 mm lang. Der Mantel ist sehr farbenfroh: weiß mit braunen oder roten Flecken, manchmal vollkommen purpurfarben. Das Tier ernährt sich von Hornkorallen *(Eunicella, Leptogorgia)*, und sein Mantel nimmt häufig deren Farbe an. Die Art lebt in Tiefen zwischen 10 und 50 m. Man hält sie für eine endemische Mittelmeerart, ihr Verbreitungsgebiet erstreckt sich jedoch im Atlantik bis Nordspanien.

Eine Offene Spelzenschnecke kriecht über die Äste der Hornkoralle Leptogorgia sarmentosa.

Trivia arctica

Gerippte Kauri, Gerippte Porzellanschnecke, Europäische Kerfe (D),
Ribbed cowrie, European cowrie,
coffee bean (GB), Porcelaine-puce,
grain-de-café, pucelage (F),
Porcelanita (E), Koffieboontje (NL),
Grão de café (P), Kaffebønne (N)

Kleines beigefarbenes Gehäuse von 8 bis 15 mm Größe; charakteristische Form. Dieses Weichtier ernährt sich von kolonialen Seescheiden (Synascidien). Es lebt auf Felsen und unter Steinen, von der Oberfläche bis in 100 (manchmal 1.000) m Tiefe; von Norwegen bis zum Mittelmeer. Man findet dort auch eine verwandte Art *(T. monacha)*, die 3 oder 4 schwarze Flecken auf ihrem Gehäuse hat. Diese kommt jedoch häufiger im Süden vor, während *T. arctica* eher im Norden zu finden ist.

Eine Gerippte Kauri auf einer Roten Synascidie (Polysyncraton lacazei), *von der sich das kleine Weichtier ernährt und in die es seine Eier legt.*

Gibbula umbilicalis
Genabelte Buckelschnecke, Purpur-kreisel (D), Flat topshell, purple topshell (GB), Troque ombiliquée, gibbule (F), Peonza plana (E), Tolhoren (NL), Burrié (P), Kjeglesnegl (N)

Das Gehäuse kann 15–25 mm groß werden. Die Art ist an Felsküsten sehr häufig zu finden; sie lebt sowohl unter Steinen als auch im Schutz von Algen; von Fluttümpeln des Supralitorals bis in etwa 30 m Meter Tiefe. Sie ernährt sich von Algen und Detritus. Man findet sie von den Britischen Inseln bis Gibraltar. Es gibt mehrere verwandte Arten, darunter *G. cineraria* (kleiner, grau mit violetten Punkten), *G. magus* (größer, stufenförmiges Profil) und andere.

Zwei Buckelschnecken zwischen Sternseepocken (Chthamalus stellatus) *in einem supralitoralen Fluttümpel.*

Calliostoma zizyphinum
Bunte Kreiselschnecke, Bunter Jujuben-kreisel, Spitzkreiselschnecke (D), Painted topshell, common topshell (GB), Troque-jujube, calliostome (F), Trompo, peonza pintada (E), Priktol-hoorn (NL), Caliostoma (P), Mange-farvet kjeglesnegl (N)

Das Gehäuse wird bis zu 30 mm groß. Die Art lebt auf Hartsubstraten von der Oberfläche bis in 300 m Tiefe. Man findet sie von Norwegen bis zu den Azoren und im Mittelmeer. Sie ernährt sich von Algen und möglicherweise auch von Hydrozoen.

Eine Bunte Kreiselschnecke auf dem Schwamm Cliona celata.

Littorina obtusata (littoralis)
Stumpfe Strandschnecke (D), Flat periwinkle (GB),
Littorine tronquée, bigorneau jaune (F),
Stompe alikruik (NL), Butt strandsnegl (N)

Bei Ebbe ist es für Kinder ein Spiel, Strand-
schnecken in allen Farben zu suchen. Legt man die
Strandschnecken auf ihr natürliches Substrat, d. h.
auf die Braunalge Fucus vesiculosus, *gibt das Spiel*
der Kinder den Erwachsenen Anlaß zum Nach-
denken: Welche Rolle spielt bei diesen Tieren die
Farbe? Warum sind sie nicht alle grünlich und
somit gut getarnt?

Eine kleine Population von Littorina saxatilis
weidet den mikroskopisch kleinen Algenfilm auf
den Felsen des Eulitorals ab.

Das recht glatte, fast kugelförmige Gehäuse wird 8–17 mm groß. Die Farbe ist sehr variabel: gelb, oran-ge, braun, grün, schwarz. Man fin-det die Art im Eulitoral und auf dem ersten Meter des Infralitorals, wo sie auf *Fucus vesiculosus* und *Ascophyllum nodosum* lebt. Von Norwegen bis Gibraltar und im westlichen Mittelmeer.

Littorina saxatilis und Littorina rudis
Dunkle Strandschnecke, Kleine Strand-
schnecke (D), Rock periwinkle, rough
periwinkle (GB), Littorine de rocher,
bigorneau des rochers, littorine striée
(F), Ruwe alikruik, rotsalikruik (NL),
Spiss strandsnegl (N)

Manche Autoren halten beide für unterschiedliche Arten, andere sind der Ansicht, daß es sich um Va-rietäten derselben Art handelt. Das 8–18 mm große Gehäuse ist gerillt. Es ist dunkel gefärbt, manchmal mit einer etwas helleren, spiralför-migen Linie.

Es handelt sich um eine lebendge-bärende Art: Das Weibchen behält die Eier bis zum Ausschlüpfen der Larven in ihrer Mantelhöhle. Es lebt in der Zone von *Pelvetia cana-liculata,* von der Arktis bis zum Mittelmeer. Es gibt verwandte Ar-ten, wie z. B. die Eßbare Strand-schnecke *(Littorina littorea);* ihre Schale ist nur leicht gerillt und bei den älteren Exemplaren, die mehr als 30 mm hoch werden, fast glatt. Farbe: schwarz oder braun-grau, seltener rötlich, orange oder weiß.

Nucella (Thais) lapillus
Nordische Purpurschnecke, Steinchen (D), Common dogwhelk (GB), Pourpre, pourpre petite-pierre (F), Piedrecita púrpura (E), Purperslak (NL), Nucela purpúrea (P), Purpursnegl (N)

Die 1–4 cm hohe Schale hat eine veränderliche Farbe: von schmutzig-weiß über eine ganze Serie von Grau- und Brauntönen bis violett. Die Art lebt an Felsküsten, vom Supralitoral (Muschelbänke) bis in 40 m Tiefe. Es handelt sich um ein boreales Tier, das man von der Arktis bis zur Bretagne antrifft. Im Frühling wird das aus einer Anhäufung walzenförmiger weißer Eikapseln (manchmal mit purpurfarbenen Flecken) bestehende Gelege am Fuße von Algen oder unter Steinen deponiert. Die Nordische Purpurschnecke ist der erklärte Feind von Miesmuscheln und anderen Muscheln: Sie bohrt mit Hilfe ihrer Radula und einer von ihr abgesonderten Säure ein Loch in deren Schalen; anschließend bricht sie durch diese Öffnung in das Gehäuse ein und verschlingt ihre Beute. Sie braucht sechs bis zwölf Stunden für die gesamte Aktion. Das Tier attackiert auch Napfschnecken und Seepocken. Die Nordische Purpurschnecke stellt jedoch nicht nur eine Bedrohung dar, sondern sie ist auch selbst bedroht. Das in manchen Antifouling-Farben enthaltene Tributyl (TBT) interferiert mit ihrem Hormonsystem, d. h. die Weibchen können männliche Eigenschaften entwickeln – ein Phä-

Eine Nordische Purpurschnecke zwischen Sternseepocken des Supralitorals, die ihre Nahrung darstellen. Sie hat eine untypische Färbung; gewöhnlich ist die Schale dieser Art braun, beige oder weißlich.

nomen, das „Pseudozwittertum" genannt wird. Die Weibchen werden steril, so daß manche Populationen an den europäischen Küsten auszusterben drohen. Früher extrahierte man (wie bei der Mittelmeerschnecke *Murex*) das begehrte Purpur aus dieser Schneckenart.

Hinia (Nassarius, Nassa) reticulata

Netzreusenschnecke (D), Netted dogwhelk (GB), Nasse réticulée (F), Margarita reticulada (E), Gevlochten fuikhoorn (NL), Caracol reticulado (P), Nettsnegl (N)

Die Netzreusenschnecke bewegt sich sehr schnell durch den Sand. Sie hat einen stark ausgeprägten Geruchssinn und kann die Kadaver, von denen sie sich ernährt, von weitem ausfindig machen.

Massive, 3 cm hohe, braune oder grau-grüne Schale, deren Oberfläche durch Rippen und Streifen in winzige Quadrate unterteilt ist. Die Netzreusenschnecke ist ein Aasfresser. Sie lebt in geringer Tiefe (max. 15 m), wo sie sich in Weichböden eingräbt und nur hervorkommt, um Kadaver zu fressen. Sie können es ausprobieren: Der Geruch einer toten Krabbe oder eines toten Fisches lockt in ganz kurzer Zeit alle Netzreusenschnecken im Umkreis von mehreren Metern an. Man findet das Tier von Norwegen bis zu den Azoren.

Lunatia (Natica) catena

Halsband-Mondschnecke (D), Large necklace shell, necklet moonshell (GB), Natice, natice porte-chaîne (F), Caracol de luna (E), Tepelhoorn (NL), Caracol de lua (P), Månesnegl (N)

Glattes, kugelförmiges, 40 mm großes Gehäuse. Farbe: beige mit feinen violetten Rillen. Die Halsband-Mondschnecke lebt vergraben im Sand, wo sie nach Beute sucht: Muscheln, wie z. B. Tellmuscheln und Koffermuscheln. Wenn das Opfer aufgespürt ist, wird es vom Fuß der Schnecke festgehalten, der dann mit Hilfe seiner Radula ein kreisrundes Loch von etwa 1 mm Durchmesser in die Schale bohrt. Durch dieses Loch spritzt das Weichtier zunächst Verdauungsenzyme und saugt dann seine Mahlzeit ein. Das Gelege besteht aus einem charakteristischen runden Band, das wie ei-

ne Halskette aussieht und mit Sand-
körnern befestigt ist. Die Halsband-
Mondschnecke lebt von der Ober-
fläche bis in 50 m Tiefe (in seltenen
Fällen bis 2.000 m), vom Skagerrak
bis zum Mittelmeer. Es gibt ähnli-
che Arten, die aber alle kleiner sind:
L. montagui (kleiner als 9 mm),
L. alderi (kleiner als 16 mm) und
L. fusca (kleiner als 25 mm).

Charonia lampas
(Triton nodiferus)

Tritonshorn, Kinkhorn, Trompeten-
schnecke *(D)*, Triton's horn, trumpet shell
(GB), Triton, trompe-des-dieux *(F)*,
Tritón, bocina, caracola *(E)*, Tritons-
hoorn *(NL)*, Buzina, trombeta *(P)*,
Tritonshorn *(N)*

*Trotz ihrer Schönheit ist die Halsband-Mond-
schnecke ein grausamer Jäger, der sich für die Jagd
in Sandböden eingräbt.*

Das Gehäuse kann bis zu 40 cm
groß werden. Die Art lebt auf felsigen und sandigen Böden bis in
50 m Tiefe. Sie ernährt sich von
Muscheln und Krebstieren. Man
findet das Tier von Irland und der
Bretagne bis Portugal und im westlichen Mittelmeer. In der Bretagne
(Nordgrenze) ist es selten, im Baskenland hingegen häufig anzutreffen. *Charonia tritonis* ist eine verwandte, im östlichen Mittelmeer lebende Art. Wenn man die Spitze
des Gehäuses entfernt und hinein-
bläst, entsteht ein tiefer Ton. Die
Mittelmeeranwohner benutzen es
seit dem Altertum als Musikinstru-
ment oder Kommunikationsmittel.
Diese Gehäuse sind auch zum Han-
delsgegenstand geworden, man hat
sie bis Süddeutschland in prähisto-
rischen Siedlungen gefunden.

*Ein großes Tritonshorn auf der Suche nach Nah-
rung. Sein Gehäuse ist mit Kalkalgen überzogen.
Beachten Sie auch die gelben Fühler (rechts) mit
ihren charakteristischen schwarzen Binden.*

Hinterkiemer-Schnecken (Opisthobranchia)

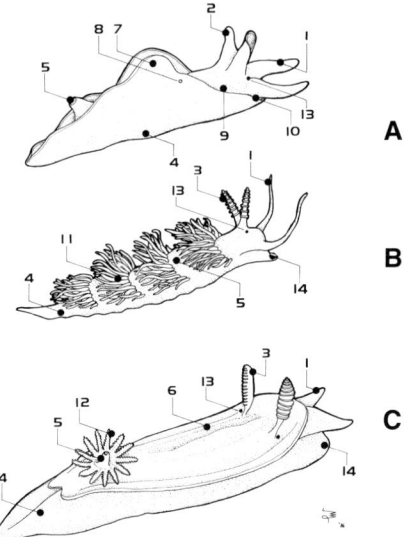

Man findet in unseren Gewässern wahrhafte Kleinode: Gemeint sind die Hinterkiemer (Opisthobranchia), die häufig kein Gehäuse haben; daher der Name „*Nacktschnecken*" oder „*Nudibranchia*" für eine große Gruppe der Hinterkiemer-Schnecken. Man kann vor allem drei morphologische „Typen" von Hinterkiemern unterscheiden: Den Seehasen-Typ (A), den Fadenschnecken-Typ (B), den Sternschnecken-Typ (C) und die Dendronotacea (Baumschnecken) mit ihren baumartigen Kiemen zu beiden Seiten des Körpers. Die *Labialtentakel* (1) und die *Fühler* (2) sind Tastorgane. Die *Rhinophoren* (3) dienen dem Geruchssinn, und der sehr muskulöse *Fuß* (4) dient der Fortbewegung. Der dorsale *After* (5) ist bei den Aeolidacea (Fadenschnecken) leicht seitlich gelegen. Der *Mantel* (6) ist bei den Doridacea (Sternschnecken) besonders ausgeprägt, während die Anaspidea (Seehasen) durch segelartige *Parapodien* (7) gekennzeichnet sind, mit denen sie manchmal schwimmen können. Diese Tiere sind Zwitter und besitzen eine *weibliche* (8) und eine *männliche Genitalöffnung* (10). Ein Schlitz kann als *Spermaductus* (9) dienen. Die Aeolidacea erkennt man vor allem an ihren *Rückenanhängen* (11). Die Doridacea haben gefiederte *Kiemen* (12), die den After säumen. Die *Augen* (13) sind einfach, und die *Tentakelfortsätze* (14) fehlen manchmal.

Aplysia punctata
Punktierter Seehase, Getupfter Seehase (D), Dotted sea-hare (GB), Lièvre de mer moucheté, aplysie (F), Liebre de mar punteada (E), Gestippelde zeehaas (NL), Vinagreira tintureira (P), Sjøhare (N)

Einer der größten Hinterkiemer: Dieses Tier (Ordnung Anaspidea) ist gewöhnlich 5–15 cm groß, kann aber auch eine Größe von 20 cm erreichen. Farbe: rötlich bis braun-grünlich, mit weißen Flecken und einigen schwarzen Punkten. Diesen Pflanzenfresser findet man in geringen Tiefen zwischen Algen oder in Seegraswiesen, manchmal sogar in supralitoralen Fluttümpeln (Jungtiere) der Nordsee, des Ärmelkanals, des Atlantiks und des Mittelmeeres. Das Tier verdankt seinen Namen den löffelförmig eingerollten Fühlern, die an Hasenohren erinnern. Ein in Unruhe versetzter Seehase sondert eine purpurfarbene „Tinte" ab, um Feinde zu verwirren. Er besitzt eine zerbrechliche dünne Schale. Während der Vermehrung kann er lange Tierketten bilden, die sich gegenseitig befruchten.

Die Seehasen wurden aufgrund ihrer riesigen Nervenzellen zu „Versuchskaninchen" für neurophysiologische Versuche. Verwandte Arten: *A. depilans* (max. 30 cm groß und 1 kg schwer; von Südengland bis Madeira, vor allem im Mittelmeer) und *A. fasciata* (sehr dunkel mit einem roten Saum und einer maximalen Größe von 40 cm; von der Bretagne bis Westafrika, Mittelmeer).

Ein junger Seehase kriecht über einen Laminarienwedel. Die Parapodien sind auf dem Rücken zusammengerollt. Die erwachsenen Tiere sind nicht so stark gefleckt und können auch rot oder grünlich gefärbt sein.

Elysia viridis
Grüne Samtschnecke (D), Green Elysia (GB), Élysie verte (F), Elisia verde (E, P), Groene zeenaaktslak (NL), Grønn Elysia (N)

Dieser Hinterkiemer der Ordnung Saccoglossa (Schlundsackschnecken oder Saftsauger) wird max. 45 mm lang und lebt auf Algen und Blütenpflanzen des Infralitorals. Farbe: grün, bräunlich, rötlich oder schwärzlich mit leuchtend grünen, blauen oder roten Punkten. Er ernährt sich von Algen, insbesondere *Codium* und *Cladophora*. Die Chloroplasten, die dieser Saftsauger zu sich nimmt (man spricht von „Kleptoplasten", d. h. „gestohlene Plasten"), leben noch wochenlang in seinem Gewebeinnern weiter und setzen die Synthetisierung von Kohlenhydraten fort, wovon das Tier unmittelbar profitiert. Es muß also nicht jeden Tag Nahrung zu sich nehmen, weil es einen kleinen Gemüsegarten in sich herumträgt! Verbreitung: von Norwegen bis Gibraltar, Mittelmeer.

Eine Grüne Samtschnecke auf einem Zweig der Grünen Gabelalge (Codium tomentosum). Die Samtschnecke durchbohrt die Alge und nimmt deren Chloroplasten in sich auf, denen sie ihre Färbung verdankt.

Eine Gestreifte Tritonia zwischen Rotalgen (Plocamium cartilagineum).

Tritonia lineata

Gestreifte Tritonia (D), Striped Tritonia (GB), Tritonia rayée (F), Tritonia rayada (E), Gestreepte Tritonia (NL), Tritónia estriada (P), Stripete Tritonia (N)

Diese Nacktschnecke (Dendronotacea, Baumschnecken) ernährt sich von Octocorallia-Polypen. Länge: 15–35 mm. Das Tier hat 4–6 Paar verzweigte Kiemenanhänge. Verbreitung: von Norwegen bis Portugal, im Mittelmeer eher selten.

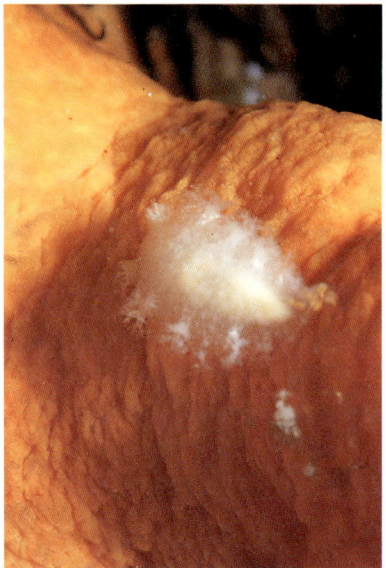

Eine kleine Tritonia hombergi *auf einer* Alcyonium digitatum-*Kolonie, die ihre Polypen vollkommen eingezogen hat.*

Tritonia hombergi

Hombergs Tritonia (D, N), Homberg's Tritonia (GB, NL), Tritonia de Homberg (F, E, P)

Das Tier kann die beachtliche Größe von 20 cm erreichen; gewöhnlich sieht man jedoch nur wesentlich kleinere Exemplare. Seine Farbe variiert zwischen weiß (bei den Jungtieren) bis dunkelbraun bei den großen Exemplaren. Man findet die Art in Tiefen zwischen 5 und 80 m; von Norwegen bis Portugal und entlang der spanischen und französischen Mittelmeerküste. Es scheint, daß sie sich ausschließlich von dem achtstrahligen Blumentier *Alcyonium digitatum* ernährt; allerdings stellt sich dann die Frage, wovon sich die im Mittelmeer lebenden Tiere ernähren, denn dort kommt diese Lederkoralle nicht vor.

Tritonia nilsodhneri
Hornkorallen-Tritonia (D), Gorgonian-Tritonia (GB), Tritonia des Gorgones (F), Tritonia de gorgonias (E), Gorgoonnaaktslakje (NL), Tritónia de gorgónias (P), Hornkorall-Tritonia (N)

Das Tier wird selten länger als 35 mm. Die weiße oder rosa Färbung dieser Art vermischt sich perfekt mit den *Eunicella verrucosa*-Kolonien, auf denen sie lebt; auch die Kiemenanhänge (bis zu 8 Paar) ähneln sehr stark den Polypen der Hornkoralle. In Nordspanien konnte ich diese Nacktschnecke auch auf der Hornkoralle *Leptogorgia sarmentosa* beobachten. Sie lebt vom Flachwasser bis in 40 m Tiefe. Die Art wurde erst vor dreißig Jahren bei der Île de Ré entdeckt, ist mittlerweile aber recht häufig an den französischen Küsten zu sehen. Taucher sichteten sie von Irland bis Nordspanien.

Eine Tritonia *auf einem Zweig von* Eunicella verrucusa, *deren Polypen halb eingezogen sind.*

Ein typisches Gelege von Tritonia nilsodhneri *auf einer* Leptogorgia sarmentosa-*Kolonie.*

Die bäumchenförmigen Fortsätze sind charakteristisch für Dendronotus, *deren Farbe von weiß bis braungefleckt variieren kann.*

(Foto: Lena Ehrenström)

Dendronotus frondosus
Bäumchenschnecke (D), Frond eolis (GB), Limace arborescente (F), Limaco arborescente (E), Boompjesslak (NL), Limácida arborescente (P), Busknegl (N)

Sehr langgezogene, 3–10 cm große Nacktschnecke. Farbe: auf einem weißlichen oder grauen Untergrund zeichnen sich Marmorierungen oder kleine gelb-rötliche bis braune Flecken ab. Die 4–9 Paar dorsalen Papillen sind sehr stark verzweigt, so daß diese Schnecke wie ein kleines wandelndes Algenbüschel aussieht. Sie ernährt sich von den Polypen verschiedener Hydrozoen; die jungen Tiere greifen vor allem *Sertularia cupressina* an, während die erwachsenen *Tubularia*-Kolonien bevorzugen. Vom Eulitoral bis in 100 m Tiefe. Geographische Verbreitung: von der Arktis bis zum Becken von Arcachon.

Eine erwachsene Trapania maculata *auf einem Elefantenhautschwamm* (Pachymatisma johnstonia). *Frißt sie diesen Schwamm?*

Trapania maculata
Trapania (D, GB, E, NL, N), Trapanie (F), Trapânia (P)

Diese maximal 20 mm große Sternschnecke (Doridacea) ernährt sich von Moostierchen. Sie ist von den Küsten des Ärmelkanals und der Bretagne bekannt, lebt aber ebenfalls im Mittelmeer.

Adalaria proxima

*Weiße Warzensternschnecke (D), White
warty Doris (GB), Doris blanc à verrues
(F), Dorisa de verrugas blanco (E),
Witte wrattendoris (NL), Doris verrugosa
branca (P), Hvit vortedoris (N)*

Die Art wird maximal 25 mm groß.
Farbe: weiß bis orange, wobei letztere eher eine nordische Varietät ist.
Das Tier ernährt sich von krustenbildenden Moostierchen *(Membranipora, Electra)*. Es lebt von der
Oberfläche bis in 20 m Tiefe, von
der Arktis bis zur Bretagne. Leicht
mit *Onchidoris muricata* zu verwechseln, die maximal 15–20 mm
groß wird und deren Farbe von
weiß bis blaßgelb variiert.

Eine beeindruckende Ansammlung von Adalaria
proxima, *die sich von dem Moostierchen* Membranipora membranacea *ernähren.*

Adalaria loveni

*Gelbe Warzensternschnecke (D), Yellow
warty Doris (GB), Doris jaune à verrues
(F), Doris de verrugas amarillo (E),
Gele wrattendoris (NL), Doris verrugosa
amarela (P), Gul vortedoris (N)*

Maximale Größe: 32 mm. Farbe:
cremefarben oder blaßgelb. Nordische Art; in Schweden, Norwegen,
Schottland und Irland häufig. Sie
lebt von wenigen Metern Tiefe bis
in 200 m und scheint sich von
Moostierchen *(Securiflustra securifrons)* zu ernähren.
Verwechslungsmöglichkeit mit den
jungen Exemplaren von *Doris verrucosa*.

Eine große Adalaria loveni; *die Art ist nur
aus nordischen Gewässern bekannt.*

Die zahlreichen kegelförmigen Papillen und die großen Kiemen charakterisieren Acanthodoris pilosa.

Acanthodoris pilosa

Gestachelte Doris (D), Thorny Doris (GB), Doris épineux (F), Doris espinoso (E), Stekeldoris (NL), Doris dentado (P), Piggete Doris (N)

Diese große Sternschnecke (Doridacea) kann 4–6 cm lang werden. Sie hat eine veränderliche Farbe (weißlich bis braun) und sehr große Kiemen. Auf ihrer Oberfläche hat sie eine Vielzahl kegelförmiger Papillen. Man findet die Art von der Oberfläche bis in mehr als 100 m Tiefe; von der Arktis bis zum Mittelmeer sowie entlang der Ost- und Westküsten des nordamerikanischen Kontinents. Sie ernährt sich von Moostierchen, darunter Blätter-Moostierchen *(Flustra)* und *Alcyonidium.*

Crimora papillata

Crimora (D, GB, F, E, NL, P, N)

Diese maximal 35 mm große Sternschnecke (Doridacea) trägt charakteristisch verzweigte Knötchen. Sie ernährt sich hauptsächlich von Moostierchen und ist in Tiefen zwischen 5 und 40 m anzutreffen. Geographische Verbreitung: Britische Inseln bis Marokko, Mittelmeer.

Crimoras ernähren sich von Moostierchen, wie z. B. den Blätter-Moostierchen (Flustra).

Polycera faeroensis
Polycera (D, GB, NL, N), Polycéra (F),
Policera (E, P)

Diese Nacktschnecke kann bis zu 45 mm groß werden. Farbe: weiß mit gelben Flecken. Der halbrunde Kopf trägt 6–8 fingerförmige gelbe Papillen, wodurch man die Art von *P. quadrilineata* unterscheiden kann, die nur 4 oder 6 Papillen hat. Man findet *Polycera faeroensis* vom Eulitoral bis in 35 m Tiefe. Sie ist von Skandinavien und den Färöer-Inseln (daher der Name) bis zur Bretagne bekannt.

Eine typisch gefärbte Polycera faeroensis.

Polycera quadrilineata
Vierstreifen-Nacktschnecke (D),
Polycera (GB, NL, N), Polycéra (F),
Policera (E, P)

Diese Schnecken können 40 mm groß werden. Man erkennt sie an den 4 bis 6 „Hörnern" am Kopf. Die Tiere sind gewöhnlich weiß mit gelben oder orangefarbenen Fortsätzen (Foto). Es gibt allerdings innerhalb der Art mehrere Farbvarietäten, die früher für unterschiedliche Arten gehalten wurden. Die gegenseitige Befruchtungsfähigkeit dieser Tiere (egal, ob sie gelbe oder orangefarbene Muster auf einem weißen Untergrund haben oder schwarze auf einem grauen Grund) ist jedoch ein Beweis dafür, daß es sich nur um eine einzige Art handelt. *Polycera quadrilineata* ernährt sich von Moostierchen. Man findet sie von geringer Tiefe bis in 160 m; von der Arktis bis zum Mittelmeer.

Zusammentreffen von zwei Polycera *auf einem Laminarienstiel. Das rechte Exemplar ist eine typische* P. quadrilineata *mit 4 frontalen Papillen. Das linke Tier hat eine untypische Papillenanzahl.*

(Foto: Ron Jansen)

Eine hübsche Thecacera mit charakteristischer Färbung: gelbe Flecken und schwarze Punkte auf weißem Untergrund.

Thecacera pennigera
Thecacera (D, GB, NL, N), Thécacère (F), Tecacera (E, P)

Die Art ist ungefähr 30 mm groß und hat gelbe und schwarze Flecken auf einem weißen Untergrund, wobei die schwarzen Flecken immer kleiner sind als die orange-gelben. Thecacera ernährt sich Moostierchen *(Bugula spp.)*. Man findet sie von der Oberfläche bis in 20 m Tiefe. Obwohl die Art eher selten ist, ist sie weltweit verbreitet: Britische Inseln, Becken von Arcachon, Mittelmeer, Brasilien, Südafrika, Pakistan, Australien, Neuseeland und Japan. Möglicherweise konnte sie sich gemeinsam mit *Bugula* (von denen sie sich ernährt) an den Schiffsrümpfen so weit verbreiten.

Limacia clavigera
Keulen-Nacktschnecke (D), Limacia (GB, F, E, NL, P, N)

Man findet diese 20–40 mm große Sternschnecke auf krustenbildenden Moostierchen (oder in deren Nähe), von denen sie sich auch ernährt. Die von den Zooiden der Moostierchen abgegebenen chemischen Substanzen stimulieren die Metamorphose der Larven in der Weise, daß sich die Jungtiere genau dort befinden, wo reichlich Nahrung vorhanden ist. Von der Oberfläche bis in 80 m Tiefe; von Bergen (Norwegen) bis Südafrika; Mittelmeer.

Man kann diese Schnecke leicht an den großen keulenförmigen Auswüchsen am Mantelsaum erkennen. Beachten Sie, daß die Auswüchse an der Stirn winzige Papillen tragen.

Cadlina laevis
Cadlina (D, GB, E, NL, P, N),
Cadeline (F)

Die Art ist 30 bis 35 mm groß, weiß
gefärbt und trägt winzige gelbe Papillen. Man findet sie vom Infralitoral bis in 800 m Tiefe; von der
Arktis bis zur Bretagne. Beobachtungen aus dem Mittelmeer wurden
bisher nicht bestätigt. Das Tier
ernährt sich von krustenbildenden
Schwämmen.

Auf diesem Foto erkennt man die Rhinophoren
(links); die Kiemen, die den After (rechts) umgeben,
hat das Tier eingezogen.

Doris verrucosa
Warzensternschnecke (D), Warty
Doris (GB), Doris à verrues (F), Doris
de verrugas (E), Wrattendoris (NL),
Doris verrugosa (P), Vortedoris (N)

Große (bis zu 70 mm) gelbliche
oder graue Sternschnecke. Die
größten Warzen (auf dem Rücken)
erreichen einen Durchmesser von
4 mm, die Warzen am Mantelsaum
sind jedoch kleiner. Trotz der Ähnlichkeit mit *Adalaria loveni* ist keine Verwechslung möglich: Letztere
ist kleiner und eine nordische Art
(die südliche Verbreitungsgrenze
ist der Ärmelkanal), während *D.*
verrucosa nicht nördlicher als bis
zu den Britischen Inseln aufsteigt.
Ansonsten sieht man diesen Weidegänger von Schwämmen in der
Bretagne, dem Baskenland, Portugal, im Mittelmeer, bei den Azoren
und jenseits des Atlantiks von Mas-
sachusetts bis Brasilien.

Ein großes Doris verrucosa-*Exemplar erforscht*
einen Maerlboden.

Eine Warzige Sternschnecke sucht nach einer Mahlzeit, d. h. nach Schwämmen. Die Kiemen, die den After umgeben, sind eingezogen. Sie bestehen aus einem Federbusch mit 8–10 „Federn".

Archidoris pseudoargus (tuberculata)

Warzige Sternschnecke, Meerzitrone (GB), Sea lemon (GB), Citron de mer (F), Limón de mar (E), Zeecitroen (NL), Limão do mar (P), Smørsnegl (N)

Diese Nacktschnecke kann 12 cm lang werden. Farbe: Auf einem gelblichen Untergrund zeichnen sich braun-grünliche, rote, weiße oder ins Violette spielende Flecken ab. Auf der ganzen Haut sind kleine Knötchen verstreut. Das Tier ernährt sich vor allem von dem Schwamm *Halichondria panicea* und lebt auf Fels- und Detritusböden; von der Oberfläche bis in 300 m Tiefe. Verbreitung: von Island und Norwegen bis Portugal, Mittelmeer.

Discodoris rosi

Orangefarbene Doris (D), Orange Doris (GB, N), Doris orange (F), Doris anaranjado (E), Oranje doris (NL), Doris alaranjada (P)

Sehr kleine Sternschnecke (10–16 mm) mit charakteristischer Färbung. Sie wurde erst vor wenigen Jahren entdeckt und im Jahre 1979 von dem spanischen Biologen Ortea zum ersten Mal beschrieben. Er fand entlang der spanischen Nordküste von der Gezeitenzone bis in 1 m Tiefe einige Exemplare. Es scheint, als wäre ein weiteres Exemplar 1958 in Marokko entdeckt worden. Das macht mein Foto besonders interessant: Es wurde im September 1992 in etwa 10 m Tiefe unter einem Überhang bei den Glénans-Inseln aufgenommen. Das würde die geographische Verbreitung dieser Art (500 km nördlicher) sowie ihre ökologischen Vorlieben erheblich erweitern. Die Art ist noch wenig bekannt, und jede Beobachtung würde mich sehr interessieren. Man müßte vom Baskenland bis zur Bretagne nach ihr forschen! Michel Balan (ein Leser der ersten Ausgabe dieses Buches) berichtete mir, daß er das Tier bei Arcachon und Socoa gesehen hat.

Diese kleine Sternschnecke, die zum ersten Mal (?) in französischen Gewässern fotografiert wurde, kann an ihrer orangefarbenen Färbung und den weißen Kreisen eindeutig bestimmt werden.

Discodoris (Peltodoris) atromaculata
Leopardenschnecke, Gefleckte Doris (D), Dotted sea-slug (GB), Doris dalmatien, Doris maculé (F), Doris moteado, vaquita suiza (E), Luipaardslak, bruingevlekte zeenaaktslak (NL), Doris-dálmata (P), Brunflekkete Doris

Große, massige Sternschnecke von harter, rauher Konsistenz. Sie kann bis zu 70 mm groß werden. Das Tier hatte den Ruf, eine endemische Mittelmeerart zu sein, wo es sich vom Schwamm *Petrosia ficiformis* ernährt. Nun habe ich mehrere Tiere auf offener See vor Biarritz und Saint-Jean-de-Luz beobachtet. Das beweist, daß die Art ebenfalls im Atlantik lebt. Es stellt sich die Frage, wovon sich *Discodoris atromaculata* im Atlantik ernährt, da der Steinschwamm dort nicht vorkommt. Ihre Beobachtungen sind mir sehr willkommen!

Eine typische Discodoris atromaculata *an einem erstaunlichen Ort: Socoa, im Baskenland. Bisher war die Art nur aus dem Mittelmeer bekannt.*

Hypselodoris cantabrica
Kantabrische Sternschnecke (D), Cantabric Doris (GB), Doris cantabrique (F), Doris cantábrico (E, P), Cantabrische Doris (NL), Cantabriadoris (N)

Ein Schwammfresser, der 50 bis 100 mm groß werden kann. Es handelt sich um eine eher im Atlantik vorkommende Art, die vom Becken von Arcachon bis zur westlichen Spitze Spaniens häufig ist, die man aber auch am westlichen Ende des Mittelmeeres finden kann. Ich habe sie von der Oberfläche bis in 30 m Tiefe beobachtet.

Eine Kantabrische Sternschnecke und ihr Gelege, auf einem Pfahlwerk in knapp 3 m Tiefe fotografiert.

Hypselodoris webbi (elegans, valenciennesi)
Gelbviolette Sternschnecke, Riesen-Doris (D), Giant Doris (GB), Doris géant (F), Doris gigante (E, P), Reuzendoris (NL), Kjempedoris (N)

Diese große Sternschnecke kann 200 mm lang werden! Sie hat den Ruf, eine endemische Mittelmeerart zu sein, ich habe sie jedoch auf mehreren Tauchgängen im angrenzenden Atlantik vor den portugiesischen Küsten gefunden.

Zwei Gelbviolette Sternschnecken befruchten sich gegenseitig. Dieses Tier ist ein Zwitter.

Chromodoris (Glossodoris) purpurea
Rosa Sternschnecke (D, N), Pink Doris (GB),
Doris rose (F), Doris rosada (E, P),
Roze Doris (NL)

Tier von maximal 30 mm Größe, das sich anscheinend ausschließlich von Schwämmen der Gattung *Ircinia* ernährt. Seine intensiven Farben (Schutzfärbung) verkünden ganz deutlich, daß es ungenießbar ist. Wenn das Tier von einem Feind in Unruhe versetzt wird, sondert es eine Säure ab, zu der spezialisierte Drüsen abstoßende Terpene hinzufügen. Die Art lebt auf Felsböden und im Koralligen. Verbreitung: Mittelmeer und Atlantik mit dem Becken von Arcachon als nördliche Grenze.

Die Färbung ist typisch: ein blaßrosa Körper mit gelbem Saum, violetten Kiemen und Rhinophoren.

Chromodoris (Glossodoris) krohni
Gelbrand-Sternschnecke, Krohn-Doris (D),
Krohn's Doris (GB), Doris de Krohn (F),
Doris de Krohn (E), Doris van Krohn (NL),
Krohnes Doris (N)

Kleine Sternschnecke (Doridacea) von maximal 15 mm Größe, die sich von Schwämmen der Gattung *Ircinia* ernährt. Die Art war bisher nur aus dem Mittelmeer bekannt, dennoch wurde dieses Exemplar bei Belle-Île fotografiert! Ganz offensichtlich mangelt es noch an Beobachtungen bezüglich der Verbreitung und Ökologie vieler Tiere... Machen Sie sich ans Werk!

Eine Gelbrand-Sternschnecke, umgeben von Corynactis *und der solitären Koralle* Caryophyllia.

Chromodoris (Glossodoris) luteorosea
Lilagelbgefleckte Sternschnecke (D),
Purple-yellow spotted Doris (GB),
Doris tacheté mauve (F), Doris violeta-
con-amarilla (E), Paarsgeelgevlekte
Doris (NL), Doris violácea manchada
(P), Gulflekkete lila Doris

Dieses maximal 50 mm große Tier ernährt sich von Schwämmen. Die Art war bisher nur aus dem Mittelmeer bekannt. Man kann sie jedoch bereits entlang der baskischen Küsten beobachten!

Die Lilagelbgefleckte Sternschnecke ist eine der schönsten Nacktschnecken Europas und braucht ihre tropischen Verwandten um nichts zu beneiden.

Diaphorodoris luteocincta
Diaphorodoris (D, GB, F, NL, N),
Diaforodoris (E, P)

Diese ungefähr 10 mm große Sternschnecke ernährt sich von Moostierchen. Es gibt noch zwei verwandte Arten. Alle haben einen weißen Körper mit einem gelben Mantelsaum. Die Rückenanhänge von *D. papillata* sind rot. Die Rückenanhänge von *D. reticulata* sind weiß mit roten Linien, während die Rückenanhänge von *D. luteocincta* die gleiche weiße Farbe haben wie der Mantel. Infralitorales Tier. Mittelmeer, Atlantik und Nordsee.

Diaphorodoris ist trotz ihrer geringen Größe leicht an ihrer hellen Färbung zu erkennen.

Janolus (Antiopella) cristatus
Gestreifte Dickkolbenschnecke (D),
Antiopella (GB, E, N), Antiopelle (F),
Blauwtipje (NL), Antiopela (P)

Die Art ist maximal 75 mm groß
und ernährt sich von Moostierchen.
Man findet sie von der Oberfläche
bis in 40 m Tiefe; von Norwegen
bis Marokko sowie im Mittelmeer.

Die weißen Extremitäten mit den bläulich
schimmernden Papillen charakterisieren
diese Nacktschnecke. Die braunen
Fasern im Innern der Papillen sind
Verzweigungen der Mitteldarmdrüse.

Coryphella pedata
Rosa Coryphella (D), Pink Coryphella
(GB), Coryphelle mauve (F), Corifella
rosada (E), Roze Coryphella (NL),
Corifela rosada (P), Rosa Coryfella (N)

Die Mittelmeerexemplare dieses
Vertreters der Fadenschnecken
(Aeolidacea) werden 20 mm groß,
die des Atlantik 50 mm. Verbreitung: von Norwegen bis zum Mittelmeer. Die Art ernährt sich von
Hydrozoen *(Eudendrium, Obelia,*
Sertularella) in geringen Tiefen
(bis 40 m).

Eine Rosa Coryphella zwischen Röhrenwürmern
(Pomatoceros triqueter) *und Rotalgen. Sie ist im*
Atlantik die einzige Fadenschnecke mit dieser
Färbung (im Mittelmeer ist sie leicht mit Flabellina
affinis *zu verwechseln).*

Die weißen Linien auf diesem Exemplar sind typisch für Coryphella lineata.

Coryphella lineata

Weiße Coryphella (D), White Coryphella (GB), Coryphelle blanche (F), Corifella blanca (E), Witte Coryphella (NL), Corifela branca (P), Hvit Coryfella (N)

Diese Fadenschnecke (maximale Größe: 50 mm) ernährt sich von Hydrozoen, vor allem von Arten der Gattung *Tubularia*. Man findet sie von der Oberfläche bis in 40 m Tiefe.
Verbreitung: von der Arktis bis Gibraltar, Mittelmeer.

Man weiß nicht immer alles: Ist dies wirklich eine Facelina?

Facelina bostonensis (drummondi) (?)

Facelina (D, GB, E, NL, N), Facéline (F)

Ein rätselhaftes, ungefähr 40 mm großes Tier. Ich habe es in der Nähe von Bergen in einem norwegischen Fjord in 20 m Tiefe entdeckt. Ich habe vier Hinterkiemer-Spezialisten befragt, aber sie konnten sich nicht einigen. Wenn es uns nicht gelingt, dieser Fadenschnecke einen Namen zu geben, ist sie dann weniger hübsch? Im Gegenteil: Ihr Geheimnis treibt uns an, noch genauer hinzusehen und zu beobachten und auch besser zu erforschen!

Cuthona caerulea
Cuthona (D, GB, F, E, NL, P, N)

Fadenschnecke von etwa 25 mm Größe, die sich von Hydrozoen ernährt. Die dorsalen Papillen haben ein blaues Band, das von einem gelben Ring begrenzt wird. Mittelmeer- und Atlantikart, von Gibraltar bis Südnorwegen; von wenigen Metern Tiefe bis in mehr als 250 m.

Diese auf einem Hydrozoenzweig sitzende Cuthona erfreut sich an einer guten Polypen-Mahlzeit.

Facelina coronata
Große Facelina (D), Facelina (GB),
Grande facéline (F), Facelina grande (I),
Gran Facelina (E), Grote Facelina (NL)

Diese Fadenschnecke wird maximal 40 mm groß und hat eine sehr veränderliche Färbung. Man findet sie auf Hydrozoen *(Tubularia, Obelia, Laomedea)* und Algen *(Codium, Laminaria)*. Verbreitung: von Norwegen bis zum Mittelmeer; von der Gezeitenzone bis in etwa 30 m Tiefe.

Man erkennt Facelina coronata *an ihren violetten Papillen mit weißen Spitzen und den roten oder schokoladenbraunen Mitteldarmdrüsen.*

Diese Aeolidia papillosa *scheint die kleine* Sagartia *zu verschmähen; normalerweise wagt sie sich an wesentlich größere Seeanemonen heran.*

Aeolidia papillosa
Breitwarzige Fadenschnecke (D), Common grey sea-slug (GB), Éolidien à papilles (F), Eolidia con papilas (E), Vlokkige zeeslak (NL), Eolídia papilar (P), Stor frynsesnegl (N)

Eine der größten Fadenschnecken der Welt: Sie kann 2 cm breit und 12 cm lang werden. Farbe: blaßrosa bis bräunlich. Die Antennen und die Rückenanhänge sind dunkler und haben weiße Spitzen. Diese Nacktschnecke ernährt sich von Seeanemonen *(Anthopleura ballii, Anemonia viridis, Metridium senile)* und Zylinderrosen. Sie erkennt ihre Beute am Geruch. In der Tat strömen von jeder lebendigen Art ihr eigene Substanzen aus, gewissermaßen eine Art chemischer Fingerabdruck! Sobald sich die Seeanemonen mit Akontien (Fäden mit Nesselkapseln) verteidigen, schützt sich das Weichtier durch eine dicke Schleimschicht. Man findet die Art von der Oberfläche bis in 800 m Tiefe; vom Weißen Meer bis zum Golf von Biscaya als Südgrenze; sie ist aber ebenfalls an den Ost- und Westküsten Nordamerikas und bei den Falkland-Inseln bekannt.

Muscheln (Bivalvia)

Dieses Werk stellt von den Hunderten im Atlantik bekannten Arten

neun vor. Ebenso wie bei den Schnecken sollte derjenige, der sich näher für die Muscheln des Atlantiks interessiert, ein Spezialbuch zu diesem Thema konsultieren.

Mytilus edulis

Miesmuschel, Eßbare Miesmuschel (D), Mussel, common mussel, blue mussel (GB), Moule, moule commune, moule atlantique, moule de Hollande, moule comestible (F), Mejillón, mejillón común, mejillón atlántico, mocejón (E), Mossel (NL), Mexilhão (P), Blåskjell (N)

Die Länge der Schalen variiert zwischen 2 und 8 cm (selten 11 cm, in Ausnahmefällen 20 cm). Farbe: blau oder schwarz, manchmal bräunlich. Häufige Art, die im Eulitoral im Einfluß der Brandung lebt. Nahe der Oberfläche können diese Muscheln einen festen Gürtel bilden, der manchmal über 30 cm dick ist; seine Obergrenze hängt von der Trockenheit ab und seine Untergrenze vom Konkurrenzkampf mit anderen Arten. Die Tiere heften sich mit ihren in einer klebrigen Scheibe endenden Byssusfäden (seidenartige zähe Fäden) am Grund fest und können so der Kraft der Brandung sehr gut widerstehen. Die getrenntgeschlechtlichen Miesmuscheln geben ihre Geschlechtsprodukte ins Wasser ab. Diese aktiven Filtrierer sind wahr-

Miesmuscheln sind meistens blau-schwarz gefärbt; die jungen Exemplare können jedoch bräunlich sein und blaue Streifen besitzen.

hafte Klärwerke: Eine große Miesmuschel kann täglich bis zu zehn Liter Wasser pumpen und durch die Kiemen filtrieren. Diese in Küchen sehr geschätzte Muschel wird gezüchtet, da die natürlich vorkommenden Bänke für die starke Nachfrage nicht ausreichen. Verbreitung: von der Arktis bis zum Mittelmeer. Eine verwandte Art ist die 4 bis 8 cm lange Bartmuschel oder Bärtige Pferdemuschel *(Modiolus barbatus),* die sich unter Steinen und in Spalten festheftet.

Ostrea edulis

Auster, Eßbare Auster, Europäische Auster, Spei-
seauster (D), Oyster, flat oyster, common oyster,
edible oyster (GB), Huître comestible, huître plate,
belon, pied-de-cheval (F), Ostra, ostra común, ostra
blanca (E), Oester (NL), Ostra (P), Østers (N)

Unsere endemische Auster hat eine sehr verän-
derliche Form; oft ist die Schale unregelmäßig
geformt und hat eine leicht schuppige Oberfläche.

Die unregelmäßige Schale kann 5–10 cm, in seltenen Fällen sogar 15 cm groß werden. Diese von der Oberfläche bis in 80 m Tiefe lebende Art bevorzugt turbulente Standorte. Verbreitung: von Norwegen bis Gibraltar und im Mittelmeer. Sehr geschätzte eßbare Art, deren natürlich vorkommende Bänke unter dem Druck eines immer stärker werdenden Fangs im Laufe des 19. Jahrhunderts fast verschwunden sind. Nur in einigen Austernzuchten ist sie noch reichlich vorhanden; allerdings findet man dort vor allem importierte Arten. Sammeln Sie keine Austern und Miesmuscheln im Meer. Im Sommer kommt es regelmäßig vor, daß diese sehr aktiven Filtrierer (zwischen 25 und 150 Liter pro Tag) giftige Algen in ihrem Gewebe anreichern. Vielleicht ist es deshalb günstiger, wenn Sie Ihre Meeresfrüchte in einem Restaurant verzehren, wo sie vom Gesundheitsamt kontrolliert werden.

Crassostrea gigas
(Gryphaea angulata)

Portugiesische Auster, Greifmuschel (D),
Portuguese oyster, Japanese oyster (GB),
Huître creuse, huître portugaise (F),
Ostra portuguesa, ostión (E), Portugese oester (NL),
Ostra portuguesa (P), Portugisisk Østers (N)

Diese Auster hat eine längliche Form und sehr markante, scharfkantige Zuwachsstreifen. Sie wird bis zu 7 cm breit und 15 cm (in seltenen Fällen 23 cm) lang. Die Art wurde erstmalig in der Mündung des Rio Tejo, in

der Nähe von Lissabon, registriert; man hielt sie für einen lebenden Vertreter der fossilen Auster *Gryphaea*. Im Jahre 1819 bot der Naturforscher Lamarck eine astronomische Summe, um ein Exemplar davon zu bekommen. Ende des 19. Jahrhunderts wurde diese aus Portugal stammende Art für die Austernzucht in Frankreich eingeführt.
Seitdem hat sie sich ausgebreitet

und lebt auch außerhalb der Austernzuchten in der freien Natur. Einige Forscher sind der Ansicht, daß die portugiesischen Exemplare im 16. oder 17. Jahrhundert zufällig mit portugiesischen Schiffen aus Japan eingeführt wurden. Und in der Tat ist die *Crassostrea gigas* des Pazifik unserer Portugiesischen Auster sehr ähnlich. Mehr noch: Kürzlich stellte man fest, daß sich beide *Crassostrea*-Arten gegenseitig befruchten können und daher per Definition eine einzige Art darstellen! Deshalb habe ich in diesem Buch den Namen *angulata* als Synonym verwendet.

Die Portugiesische Auster (Crassostrea gigas) *ist ein exotisches Tier, das zufällig nach Europa importiert wurde; mittlerweile ist sie die häufigste Art in Austernzuchten und auf unseren Tellern.*

Acanthocordia (Cardium) echinata

Dornige Herzmuschel, Große Herzmuschel (D), Spiny cockle, prickly cockle shell, red nose (GB), Coque épineuse, bucarde épineuse (F), Marolo (E), Gedoornde hartschelp (NL), Berbigão dentado (P), Piggete hjerteskjell (N)

Die bis zu 8 cm große Dornige Herzmuschel besitzt stumpfe Stacheln. Sie lebt im Sand, ab etwa 10 m Tiefe; von Norwegen bis zu den Kanarischen Inseln, Mittelmeer. *Acanthocordia aculeata* ist etwas größer (10 cm) und hat spitzere Stacheln, während die Gewöhnliche Herzmuschel *Cerastoderma (Cardium) edule* keine derartigen Unebenheiten aufweist und maximal 5 cm groß wird.

Normalerweise lebt dieses Tier im Sand vergraben, und nur die Siphonen richten sich über dem Substrat auf. Dieses Exemplar wurde möglicherweise durch einen Wellenschlag ausgegraben.

Wenn man eine Große Pfeffermuschel ausgräbt, streckt sie ihren muskulösen Fuß heraus und beginnt sich sofort wieder mit ruckartigen Bewegungen im Sediment zu vergraben.

Scrobicularia plana

Große Pfeffermuschel, Flache Pfeffermuschel, Gemeine Pfeffermuschel (D), Peppery furrow-shell, flat tellin (GB), Scrobiculaire, lavignon, pisse-en-l'air (F), Almeja del perro, cadela (E), Platte slijkgaper (NL), Lamejinha, lambejinha (P)

Die weißliche, bis zu 65 mm lange Schale ist manchmal mit konzentrischen gelben, braunen oder grauen Streifen verziert. Häufige Art auf verschlammten Sandböden der Gezeitenzone, wo sie wenige Zentimeter unter der Wasseroberfläche lebt. Geographische Verbreitung: von Norwegen bis Nordafrika, Mittelmeer. Man findet die Tiere anhand ihrer zwei aneinanderstoßenden, strahlenförmigen Löcher im Sediment, welche von den Siphonen hinterlassen werden. Die Nahrung besteht aus einzelligen Algen.

Die Siphonen von Lutraria lutraria *durchbohren die Sandoberfläche. Es ist sehr schwierig, sich zu nähern, ohne daß das Tier vollkommen im Sediment verschwindet!*

Lutraria lutraria

Ottermuschel, Elliptische Trogmuschel (D), Common otter shell, lutraria clam (GB), Lutraire, lacogne (F), Arola, navallón (E), Ovale slijkschelp (NL), Concha-lontra (P), Oterskjell (N)

Große elliptische, beid-endig klaffende Schale von 13 cm Größe. Man findet die Art vom unteren Rand der Gezeitenzone bis in ungefähr 100 m Tiefe; von Norwegen bis zum Mittelmeer und Westafrika. Ähnlichkeit mit der Gattung *Mya*.

Pecten maximus

*Große Kammuschel, Große Pilger-
muschel (D), Great scallop, St. James'
shell (GB), Coquille Saint-Jacques,
grand peigne (F), Vieira, aviñeira,
venera grande (E), Sint Jakobsschelp
(NL), Vieira (P), Kamskjell (N)*

Die bis zu 16 cm große Schale hat
(etwa 15) charakteristische abgerundete Rippen; die obere (linke)
Klappe ist flach und die untere
(rechte) gewölbt. Die beiden „Ohren" beiderseits des Scharniers sind
gleichlang. Am Mantelsaum findet
man zahlreiche kleine Augen. Obwohl sie lichtempfindlich sind, dienen sie nicht wirklich der Sicht.

Dieses Detail des Mantelsaumes von Pecten
maximus *zeigt die Tentakel und die charakteristischen kleinen Augen.*

Wie die meisten Wirbellosen reagiert auch die Große Kammuschel
vor allem auf chemische Reize.
Wenn sich ihr größter Feind (der
Seestern *Asterias rubens)* nähert,
schlägt das Weichtier ganz heftig
mit seinen beiden Klappen und
flüchtet so schwimmenderweise!
Versuche haben ergeben, daß der
Geruch des Seesterns dieses spektakuläre Verhalten auslöst. Die
Große Kammuschel ist ein Zwitter;
die Gonaden (Geschlechtsorgane)
produzieren gleichzeitig Eier und
Sperma. Das Tier wird in Küchen
sehr geschätzt. Die Bestände wurden jedoch (von Tauchern) sehr
stark dezimiert. Eine Kontrolle der
Restbestände ist dringend erforderlich. Die Art lebt auf Sand- und Detritusböden, von wenigen Metern
Tiefe bis in über 100 m. Verbreitung: von Norwegen bis Spanien.

*Die Große Kammuschel liegt immer auf ihrer
rechten, gewölbten Klappe, während die linke,
flache Klappe immer oben ist.*

Aequipecten (Chlamys, Pecten) opercularis

Kleine Pilgermuschel, Reisemantel (D),
Queen scallop (GB), Pétoncle blanc, vanneau,
olivette, picheline (F), Volandeira, xelet (E),
Wijde mantel (NL), Vieira pequena (P), Harpeskjell,
høneskjell (N)

Die Kleine Pilgermuschel auf einem Detritusboden.

Schale: bis 9 cm. Die Kleine Pilgermuschel ähnelt einer verkleinerten, fast runden Großen Kammmuschel; ihre Klappen sind jedoch konvex und die „Ohren" sind unterschiedlich lang. Sie hat etwa 20 Rippen. Sehr variable Färbung: von cremefarben bis dunkel mit roten und braunen Flecken. Wie sein großer Bruder hat auch dieses Tier am Mantelsaum Augen und kann sich durch Zusammenschlagen der beiden Schalenklappen aktiv schwimmend vorwärts bewegen. Die Art lebt auf Sand- oder Detritusböden, von der Oberfläche bis in 200 m Tiefe. Verbreitung: von Norwegen bis zu den Kanarischen Inseln, Mittelmeer.

Die orangefarbenen klebrigen Tentakel sind typisch für Lima hians.

Lima hians

Klaffende Feilenmuschel (D), File
scallop, gaping file shell (GB), Lime
bâillante (F), Peinecillo escondido,
lima (E), Gapende vijlschelp (NL),
Lima do mar (P), Reirskjell (N)

Muschel von 20 bis 25 mm Größe. Lebt in Felsspalten und unter Steinen von der Oberfläche bis in 100 m Tiefe. Verbreitung: Mittelmeer und Atlantik, von den Kanarischen Inseln bis in den Süden Großbritanniens. Manchmal baut sie sich mit Hilfe ihrer Byssusfäden ein „Nest". Sie kann flüchten, indem sie ihre zwei Schalenklappen zusammenschlägt.

Kopffüßer (Cephalopoda)

Es sind zahlreiche Kopffüßerarten im Atlantik bekannt. Hier werden wir nur die jenigen zeigen, die man regelmäßig an der Küste, beim Tauchen oder auf den Märkten findet.

Octopus vulgaris

Gemeiner Krake, Oktopus,
Seepolyp (D), Common Octopus,
poulp (GB), Pieuvre, poulpe (F),
Pulpo común, pulpo roquero (E),
Octopus, achtarmige inktvis (NL),
Polvo (P), Åttearmet blekksprut (N)

Die größten Exemplare haben eine Länge von 1 m und demzufolge eine Spannweite von mehr als 2 m! Die durchschnittliche Länge beträgt 20 bis 60 cm. Das Tier lebt auf Felsböden, im allgemeinen in einer Höhle mit mehreren Ausgängen. Im Sommer trifft man es von der Oberfläche bis in etwa 30 m Tiefe an. Im Winter steigt es in größere Tiefen hinab (100 m). Die Art lebt vorwiegend im Mittelmeer. Im Atlantik ist der Ärmelkanal ihre nördliche Verbreitungsgrenze. Ein rauher Winter genügt, um die Populationen dieses Tieres bis an die ökologische Toleranzgrenze zu verringern. Die Gründung neuer Kolonien mit Hilfe von Populationen aus einem milderen Klima

(baskische, spanische, portugiesische Küsten) kann mehrere Jahre dauern. Bei den Männchen dient ein Arm des dritten Armpaares als Befruchtungsorgan (Hektokotylus). Während der Befruchtung führt das Männchen ein Spermienpaket (Spermatophore) mit Hilfe seines Hektokotylus in das Weibchen ein. Die Befruchtung ist im allgemeinen von kurzer Dauer (eine bis acht Minuten), aber einige Genießer lassen das Vergnügen bis zu drei Stunden dauern! Die Eier werden in Felslöcher gelegt, wo sie in Form von dicken, weißen, schwammigen Fäden aufgehängt werden, die vom Weibchen bewacht und befächelt werden. Es gibt mehrere ähnliche Arten. In der Gattung Octopus, die durch eine doppelte Reihe mit Saugnäpfen auf jedem Arm charakterisiert ist, gibt es den gleichgroßen Langarmigen Kraken *(O. macropus),* dessen Arme aber schlanker sind und den Schirm-Kraken *(O. salutii),* dessen Arme mit einer Schirmhaut ausgestattet sind. Bei den Zirrenkraken *(Ozaena (Eledone) cirrhosa)* ist jeder Arm mit nur einer Saugnapfreihe besetzt.

Ein Gemeiner Krake sieht einem herannahenden Taucher ins Auge: Wer beobachtet hier wen? Die Haut kann dank ihrer Chromatophoren die Farbe verändern.

Die marmorierte Färbung dieses Gemeinen Tinten-fisches deutet auf einen Erregungszustand hin: Man sieht dies häufig während der Paarung.

Sepia officinalis

Gemeiner Tintenfisch, Sepia (D), Common cuttlefish (GB), Seiche (F), Sepia, luda, jibia, cachón, choco (E), Zeekat, sepia (NL), Sépia, choco siba (P), Vanlig tiarmet blekksprut (N)

Der Gemeine Tintenfisch kann 40 cm lang werden, wenn man von seinen beiden langen Armen ab-sieht, die sein Ausmaß gewisser-maßen verdoppeln würden. Häufi-ge Art auf Weichböden, in die sie sich eingraben kann. Man trifft sie aber auch auf Felsen, von der Ober-fläche bis in 250 m Tiefe; Mittel-meer, Atlantik und Nordsee. Das Gelege besteht aus Klumpen von schwarzen Eiern, wobei jedes Ei von einer hornartigen Hülle umge-ben ist und in einer Spitze endet. Sehr geschätztes eßbares Tier. Die innere Schale, die zu Unrecht „Tin-tenfischknochen" genannt wird, ist eine Kalziumquelle für Vögel, die in Käfigen gehalten werden. Seine Tinte diente früher zum Schreiben. Weitere Arten: *S. orbignyana* und *S. elegans.*

(Foto: Peter Wirtz)

Flüchtiges Zusammentreffen während eines Nacht-tauchgangs: Im Licht der Lampe taucht ein Ge-wöhnlicher Kalmar auf und verschwindet dann wie-der in der Dunkelheit.

Loligo vulgaris

Gewöhnlicher Kalmar (D), Squid, long-finned squid (GB), Calmar, encornet (F), Calamar, chipirón (E), Pijlinktvis (NL), Lula (P), Tiarmet blekksprut (N)

Der längliche Körper kann 50 cm groß werden. Dieses pelagisch le-bende Tier kann sich den Küsten nähern, um zu jagen und seine Eier abzulegen. Verbreitung: Mittelmeer und Atlantik. Die weißlichen Eier werden in langen, gallertartigen Fäden an Felsen, Hornkorallen oder Algen geheftet. Sehr geschätzte eßbare Art. Es gibt mehrere ähnliche Arten: *Allotheutis media* (15 cm), *Ommastrephes sagittatus* (60 cm), *Illex coindeti* (60 cm).

Ein Gewöhnlicher Kalmar hat sein Gelege an einem Laminarienstiel befestigt.

Sepiola atlantica

Atlantische Zwergsepia, Kleine Sprutte (D), Bob-tailed cuttlefish, little cuttlefish (GB), Sépiole, supion (F), Sepiola, frenética, globito (E), Dwerginktvis (NL), Sepiola, choco-anão (P), Dvergblekksprut (N)

Das Tier ist etwa 4–5 cm groß, die eine Hälfte davon ist Mantel, die andere Kopf und Arme. Häufige Art. Man findet sie im Eulitoral entlang aller Sandküsten vom Ärmelkanal bis Spanien. Wie alle Kopffüßer kann auch die Atlantische Zwergsepia mit Hilfe spezialisierter Zellen (Chromatophoren) ihre Farbe ganz schnell verändern.

Die Atlantische Zwergsepia mit ihrem charakteristischen rundlichen Körper und den rundlichen Seitenflossen ist gut auf dem Sand getarnt. Wenn man genau hinschaut, kann man sie bei Ebbe entdecken!

Krebstiere (Crustacea)

Was sind die Krebstiere doch für eine komplizierte Tiergruppe! Angefangen beim Hummer oder der Languste über die seltsamen Seepocken, die an Felsen haften, die Einsiedlerkrebse in ihren Schneckengehäusen oder die parasitären Ruderfüßer, die eher Würmern oder Larven als gewöhnlichen Krabben ähneln, bis hin zu den Garnelen! Der Körperbau der Zehnfüßigen Krebse (Crustacea, Decapoda) ist am Beispiel einer Garnele (A) illustriert. Man unterscheidet den *Kopf-Brust-Abschnitt (Carapax oder Cephalothorax)* (1) und den *Hinterleib (Abdomen)* (2), der sich aus ringförmigen Segmenten zusammensetzt. Das Tier besitzt *Lauf-* und *Scherenbeine* (3) sowie *Schwimmbeine* (4). Die Sicht wird von *zusammengesetzten Augen* (5) gewährleistet. Die *erste Antenne* (6) ist Geruchsorgan, während die *zweite Antenne* (7) Tastorgan ist. Der Querschnitt eines Segments (B) zeigt die *starre Kutikula* (10) und das *elastische Ligament* (11), das die Beine bewegt. Die Beine bestehen aus mehreren Teilen (C). Beachtenswert ist, daß die *Kiemen* (12) an den Beinen befestigt sind. Die Bewegung der gepanzerten Laufbeine (D) wird von *Muskeln* (15) gewährleistet, die an der *starren Kutikula* (13) befestigt sind. Dieses Gelenk wird durch eine *elastische Verbindung* (14) ermöglicht. Die dorsale Ansicht (E) einer Krabbe zeigt ihren *Carapax* (8), während man auf der Bauchseite (E') das vollkommen zusammengerollte, *unterentwickelte Abdomen* (9) erkennt.

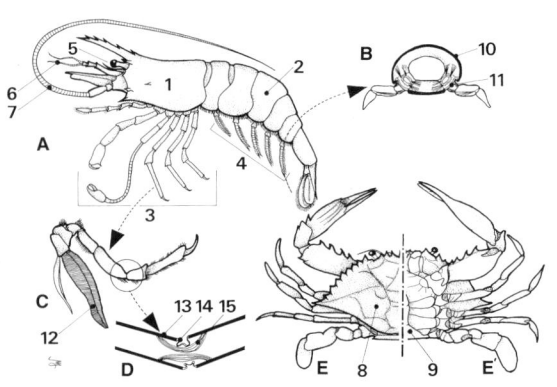

Rankenfüßer (Cirripedia)

Rankenfüßer sind stark modifizierte Krebstiere. Während Cypris-Larven frei schwimmen und mit ihrer zwei-klappigen Schale, den sechs Beinpaaren und Antennen einem gewöhnlichen Krebstier ähneln, machen sie eine bedeutende Metamorphose durch, sobald sie sich am Felsen befestigen; sie werden nun für den Rest ihres Lebens seßhaft bleiben. Das Tier heftet sich auf dem Rücken fest, so daß die Antennen bei den Seepocken zur Haftbasis werden und bei den Entenmuscheln zum Stiel. Die zweiklappige Schale verwandelt sich in ein aus mehreren Kalkplatten zusammengesetztes Gehäuse (Mauerkrone), und die Beine werden zu Rankenfüßen, die durch rhythmisches Harken Nahrung in Form von Plankton aus dem freien Wasser einfangen.

Die Rankenfüße entspringen einer Öffnung, die durch mehrere bewegliche Platten verschlossen werden kann.

Pollicipes pollicipes (cornucopia)

Felsen-Entenmuschel (D), Rock-goose barnacle (GB), Pouce-pied, poussepied (F), Percebe (E), Rots-eendenmossel (NL), Perceve, perceba, percebe (P), Stein-andeskjell (N)

Diese Rankenfüßer können 3–5 cm lang werden. Sie sind mit einem kurzen, von kleinen schwarzen Schuppen bedeckten Stiel am Fels befestigt und besitzen einen „Kopf" (Capitulum), der von zahlreichen weißen oder grauen, durch ein schwarzes Häutchen (Integument) getrennten Kalkplatten (mehr als 13) bedeckt ist. Die Öffnung des Capitulums, aus dem das Tier seine Rankenfüße herausstreckt, um Plankton einzufangen, ist oft rot gesäumt. Die Art lebt in der Miesmuschelzone an Felsküsten mit starker Brandung. Früher fand man an bestimmten Stellen in Portugal, Spanien und im Süden der Bretagne noch große Mengen. Noch vor 50 Jahren konnte man bei Belle-Île bei Ebbe über Felsen-Entenmuscheln wandern! Während sie in Frankreich kaum gegessen wurden, waren die Portugiesen und insbesondere die Spanier so große Liebhaber dieser Tiere, daß sie um 1950 ihre eigenen Bestände aufgebraucht hatten und sich nach Frankreich und vor allem nach Belle-Île begaben. Die einträgliche Ernte wurde in zügelloser Weise betrieben. Heutzutage gibt es nur noch Populationen an schwer zugänglichen Orten, was übrigens bereits einigen allzu gierigen Wilddieben das Leben gekostet hat. *Scalpellum scalpellum,* eine verwandte Art, lebt in Tiefen zwischen 10 und 500 m.

Mancherorts bilden Felsen-Entenmuscheln dichte Populationen aus Tausenden von Individuen. Da sie an exponierten Küsten im unteren Teil des Eulitorals leben, sind sie oft nur mit Mühe zu erreichen.

Lepas anatifera

Entenmuschel (D), Goose barnacle (GB), Anatife (F), Anatifa (E), Eendenmossel (NL), Anatifo (P), Svartstillket andeskjell (N)

(Foto: Peter Wirtz)

Entenmuscheln wachsen an schwimmenden Objekten wie Schiffsrümpfen, Bojen oder Treibholz.

Das Capitulum („Kopf") dieses Rankenfüßers ist etwa 4–5 cm und der schwarze oder dunkelrote Stiel 4–8,5 cm groß. Das Capitulum hat nur wenige Platten (gewöhnlich sind es 5); sie sind weiß, glatt und durchscheinend und durch ein schwarzes Häutchen (Integument) getrennt. Kosmopolitische Art, die sich an schwimmenden Objekten befestigt. *Lepas anatifera* ist die häufigste Art, es gibt jedoch noch weitere, ähnliche Arten, darunter *Lepas ansifera, L. pectinata* und *Dosima fascicularis*. Im Mittelalter glaubte man, daß dieses Tier Enten oder Wildgänse zur Welt bringen würde…

Die eher ovalen Öffnungen unterscheiden Chthamalus montagui *von* C. stellatus, *deren Öffnung abgerundeter ist.*

Chthamalus montagui und C. stellatus

Sternseepocke (D), Star barnacle (GB), Chthamale étoilée (F), Bellota de mar rompiente (E), Sterzeepok (NL), Bálano, craca estelar (P), Stjernfjærerur (N)

Rankenfüßer. Der Durchmesser von *Chthamalus montagui* beträgt 6–10 mm, der von *C. stellatus* 10–15 mm. Die aus 6 Kalkplatten bestehende Mauerkrone ist schmutzig-weiß, grau oder braun gefärbt. Obwohl sich beide Arten vermischen können, lebt *C. montagui* in geschützten Zonen und höheren Ebenen (diese Seepocke widersteht der Trockenheit gut), während *C. stellatus* gewöhnlich tiefer und an exponierten Standorten lebt.

Elminius modestus

Austral-Seepocke (D), Australian barnacle (GB), Balane de Nouvelle-Zélande (F), Bellota de mar de Nueva Zelanda (E), Nieuw Zeelandse zeepok (NL), Bálano, craca da Nova Zelândia (P), Australisk fjaererur (N)

Rankenfüßer. Durchmesser: 5–10 mm. Farbe: weiß bei den Jungtieren, grau bei den älteren Individuen. Die Art stammt aus dem Pazifik und wurde 1940 nach Nordeuropa eingeführt. Sie hat sich rasch verbreitet und ist zu einem häufigen Tier an den Küsten des Ärmelkanals und der Nordsee (insbesondere in Hafennähe) geworden.

Die Mauerkrone von Elminius modestus *besteht aus nur 4 glatten Kalkplatten. Sie sind besonders bei den jungen Tieren gut zu erkennen.*

Balanus perforatus

Durchlöcherte Seepocke, Gemeine Seepocke (D), Commun barnacle (GB), Balane commune, grande balane grise (F), Bellota de mar común (E), Gewone zeepok (NL), Bálano, craca (P), Fjaererur (N)

Diese großen Rankenfüßer können einen Durchmesser und eine Höhe von 15–50 mm erreichen. Sie sind kegelförmig und haben eine kleine Öffnung, so daß sie an einen Vulkan erinnern. Die Mauerkrone hat feine Streifen. Der Mantelsaum (er wird beim Öffnen der Klappen sichtbar) ist braun oder violett mit weißen und blauen Flecken. Die Art lebt in der Brandungszone nahe der Oberfläche, bis in 20 m Tiefe. Verbreitung: vom Süden der Britischen Inseln bis Westafrika, Mittel-

Eine Seepocken-Population dicht unter der Wasseroberfläche.

meer. Im östlichen Teil des Ärmelkanals und in der Nordsee kommt sie nicht vor, da es dort für die Vermehrung zu kalt ist.

Ein Strandfloh sucht zwischen Algenresten, die am Strand angespült wurden, nach Nahrung.

Talitrus saltator
Strandfloh (D), Sand-hopper (GB), Puce de mer (F), Pulga de mar, pulga de playa (E), Strandvlo (NL), Pulga-do-mar (P), Strandflue (N)

Dieser Flohkrebs (Amphipoda) kann bis zu 20 mm groß werden und ist grau oder bräunlich gefärbt. Die Art ist an allen Sandstränden Europas häufig. Sie gräbt Löcher in den feuchten Sand und versteckt sich zwischen Algenresten. Dämmerungsaktives Tier, das sich hüpfenderweise fortbewegt (daher der Name). Verwechslungsmöglichkeit mit *Orchestia gamarella*, einer ähnlichen, am selben Standort lebenden Art.

Eine Klippenassel spaziert auf den Felsen des Supralitorals entlang. Man findet sie vor allem im Schutze feuchter Spalten.

Ligia oceanica
Klippenassel (D), Sea-slater (GB), Ligie des rivages (F), Cochinilla marina (E), Zeepissebed (NL), Lígia oceânica (P), Strandbenkebiter (N)

Große ovale Assel (Isopoda) von maximal 25 mm Länge. Sie ist grau-grünlich gefärbt und oft gescheckt. Häufige Art in Spalten, Höhlen und anderen feuchten Orten des Supralitorals.

Anilocra frontalis (physodes?)

Fischassel, Fisch-Floh (D), Anilocra, fish-flea (GB), Anilocre (F), Anilocra (E, P), Vissevlo, zeepissebed (NL), Fiskeflue (N)

Parasitäre Assel (Isopoda) von etwa 20 mm Länge. Es gibt zwei sehr ähnliche Arten, und zwar *Anilocra frontalis* und *A. physodes*. Erstere ist eher im Atlantik zu finden, letztere eher im Mittelmeer. Da dieses Foto in Socoa (Baskenland) aufgenommen wurde, wo sich das Vorkommen beider Arten überschneidet, ist eine genaue Bestimmung nicht möglich. Diese Tiere saugen ihren Opfern das Blut aus.

Kopfausschnitt eines Lippfisches, der von zwei Fischasseln befallen ist.

Palaemon (Leander) serratus

Große Felsgarnele, Sägegarnele, Steingarnele (D), Common prawn, glass prawn (GB), Bouquet, chevrette, crevette rose (F), Quisquilla, camorón, calaron (E), Steurgarnaal, steurkrab (NL), Camarão (P), Strandreke (N)

Garnele von 5 bis 11 cm Länge. Dieser Zehnfüßige Krebs (Decapoda) lebt dicht an der Oberfläche, insbesondere an schattigen Stellen. Bis in 40 m Tiefe. Man findet ihn auf Felsen des Eulitorals und in supralitoralen Fluttümpeln. Verbreitung: Mittelmeer und Atlantik. Eßbares Tier. Es gibt mehrere verwandte Arten, darunter *Palaemon elegans* (hat gelbe Linien und lebt ausschließlich im Eulitoral, und

Die rötlich-braunen Linien auf dem Körper sind für Palaemon serratus charakteristisch.

zwar in Fluttümpeln) und *P. adspersus* (keine Linien, infralitorale Art). Alle Arten sind durchsichtig wie *P. serratus*. Eine von der anderen zu unterscheiden, ist eine Aufgabe für Spezialisten!

Hippolyte varians *paßt sich dem Untergrund (hier ein Laminarienwedel) gut an.*

Hippolyte varians

Seegrasgarnele, Farbwechselnde Garnele, Chamäleongarnele (D), Chamaeleon prawn sea-weed shrimp (GB), Hippolyte, crevette des herbiers (F), Quisquilla de pradera (E), Zeegrasgarnaal (NL), Camarão-camaleão (P), Sjøgresreke (N)

Zehnfüßiger Krebs (Decapoda) von 15–32 mm Länge. Wie der Name schon sagt, kann sich die Färbung dieser Garnele dem Untergrund anpassen; sie kann von smaragdgrün bis dunkelrot variieren. Nachts ist das Tier durchscheinend. Das Rostrum ist etwas kürzer als der Carapax. Die Art lebt im Infralitoral bis in 150 m Tiefe, insbesondere auf Algen und Zostera. Verbreitung: Nordsee, Atlantik und Mittelmeer. Verwandte Arten: *Hippolyte inermis* (max. Länge: 42 mm, Rostrum ist etwas länger als Carapax) und die kleinere (20 mm) *H. longirostris.*

Pandalus montagui

Rote Garnele (D), Aesop prawn (GB), Crevette rouge (F), Quisquilla roja (E), Rode garnaal (NL), Camarão vermelho (P), Rød reke (N)

Länge: bis zu 10 cm, manchmal 16 cm. Bis auf sein rotes Muster ist dieser Zehnfüßige Krebs (Decapoda) durchscheinend. Man findet ihn in Tiefen zwischen 5 und 230 m auf reinen oder schlamm-vermischten Sandböden. Atlantik, Nord- und Ostsee.

(Foto: Fredrik Ehrenström)

Die hübsche rote Farbe dieser großen Garnele läßt eher eine tropische als eine europäische Herkunft vermuten!

Crangon crangon

Sandgarnele, Nordseegarnele, Granat (D), Common shrimp, brown shrimp, true shrimp (GB), Crevette grise (F), Camarón, quisquilla de arena (E), Garnaal (NL), Camarão cinzento (P), Sandreke, hestereke (N)

Dieser Zehnfüßige Krebs (Decapoda) ist gewöhnlich 4–6 cm lang (maximal 9 cm). Das Tier ist grau oder bräunlich gefärbt und hat unregelmäßig angeordnete Pigmentflecke, wodurch es auf den Sandböden, auf denen es lebt, nur sehr schwierig zu erkennen ist. Die Sandgarnele gräbt sich übrigens häufig tagsüber ein, so daß nur noch Augen und Antennen aus dem Sediment herausragen. Man findet sie von der Gezeitenzone bis in 50 m Tiefe; von der Nordsee bis zum Mittelmeer. Die Art hat eine große wirtschaftliche Bedeutung.

Wenn man ganz genau hinschaut, dann kann man Crangon *bei Ebbe in den Wasserlachen finden.*

Scyllarus arctus

Kleiner Bärenkrebs, Grillenkrebs (D), Lesser slipper lobster (GB), Petite cigale de mer (F), Cigala pequeña, santiaguiño, bujía (E), Kleine beerkreeft (NL), Cigarra pequena (P), Liten tøffelhummer (N)

Länge: 10–15 cm. Die Art lebt in Tiefen zwischen 0 und 50 m, auf felsigen Böden, in Höhlen und auf Detritus-Böden. Verbreitung: Mittelmeer und Atlantik vom südlichen Ende der Britischen Inseln bis Madeira und zu den Azoren.

Ein Kleiner Bärenkrebs unter einem Überhang überrascht. Die Antennen sind in scheuklappenähnliche Platten umgewandelt.

Palinurus elephas (vulgaris)

Europäische Languste, Gemeine Languste (D),
Spiny lobster, crawfish, langouste (GB), Langouste,
langouste européenne (F), Langosta común, lla-
gosta (E), Langoest (NL), Lagosta (P), Langust (N)

Langusten sind prachtvolle Tiere, die eine beacht-
liche Größe erreichen können. Leider werden sie
aufgrund von Überfischung und Meeresverschmut-
zung immer seltener.

Tier von 25 bis 50 cm Größe. Es versteckt sich in den Löchern und Spalten felsiger Böden und ist manchmal in Höhlen sehr zahlreich vertreten. Man findet diese Languste in Tiefen zwischen 0 und 70 m; sie ist aber erst ab 20–30 m sehr häufig. Mittelmeer, Atlantik von den Azoren bis in den Süden der Niederlande. Herdentier, das oft in Gruppen lebt. Im Winter wandert es in tiefere Zonen. Die Languste ist ein Aasfresser, den man leicht mit Reusen fangen kann, wenn man tote Fische hineinlegt. Vom Fang beim Tauchen ist abzuraten: Oft erwischt man nur die Fühler, und dann ist das Tier bis zu seiner nächsten Häutung verstümmelt. Wenn die Languste gefangen wird, stößt sie durch Aneinanderreiben der Glieder ihrer Fühler Grunzlaute aus. Das Tier wird in Restaurants sehr geschätzt.

Nephrops norvegicus

Kaiserhummer, Schlankhummer,
Norwegischer Hummer, Kronenhummer,
Kaisergranat (D), Norway lobster,
Dublin Bay prawn, scampi, langoustine
(GB), Langoustine (F), Lagostino,
cigala, maganto (E), Noorse kreeft,
langoustine (NL), Lagostim (P), Sjø-
kreps, bokstavhummer (N)

Die erwachsenen Tiere sind 12 bis 24 cm groß. Der Kaiserhummer lebt auf tiefgelegenen schlammigen oder sandig-schlammigen Böden in Tiefen zwischen 15 und 800 m. Er hält sich besonders gern in Tiefen ab 50 m auf und steigt manchmal (insbesondere im Winter) in seichtere Gewässer auf. Verbreitung: von Island und Norwegen bis Marokko, Mittelmeer. Dieses Tier lebt tagsüber in selbstgegrabenen Gängen, die es im allgemeinen nur nachts verläßt. Geschätzte Delikatesse auf Fischmärkten (Schleppnetzfang).

Homarus gammarus
Europäischer Hummer (D), European lobster (GB), Homard européen (F), Bogavante, lubricante, hibricante, cabrajo, bugre (E), Europese zeekreeft (NL), Lavagante (P), Hummer (N)

Die großen schwarzen, nierenförmigen Augen sind für den Kaiserhummer charakteristisch.

Normalerweise 35 bis 45 cm groß, kann aber auch größer als 70 cm werden! Der in Restaurants sehr geschätzte Hummer hat eine blauschwarze Färbung auf orangefarbenem Grund und wird erst rot, wenn man ihn kocht. Einzelgänger felsiger Böden, wo er sich in Löchern oder Spalten mit zwei Ausgängen versteckt; man kann ihn aber überraschen, wenn er ungeschützt spazierengeht (manchmal sogar auf Sandböden). Er lebt in Tiefen zwischen 20 und 100 m. Verbreitung: von den Lofoten bis Marokko, im Mittelmeer und im Schwarzen Meer. Vorsicht vor den Scheren: Die großen Exemplare sind in der Lage, einen Finger durchzuschneiden! Die beiden Scheren haben übrigens unterschiedliche Funktionen: Mit der

(Foto: Harry Klerks)

Die bläuliche Färbung und die kräftigen großen Scheren charakterisieren den „König der Krebstiere".

kräftigeren wird geknackt, und mit der feineren, gezähnten Schere wird die Beute zerteilt. Dieser „Handwerker" kann „Rechts- oder Linkshänder" sein; bei den einen ist die große Knackschere rechts und bei den anderen links. Der Hummer ist ein nächtlicher Jäger, der sich von Weichtieren und Würmern ernährt, der aber auch einen Fischkadaver nicht verschmäht.

Pagurus (Eupagurus) bernhardus

Gewöhnlicher Einsiedlerkrebs, Bernhardskrebs (D), Common hermit-crab (GB), Bernard-l'ermite commun (F), Ermitaño soldado (E), Gewone heremietkreeft (NL), Paguro, casa-alugada, bernardo-o-eremita (P), St. Bernhardkreps (N)

Dieser gut durch sein ausgeliehenes Schneckengehäuse geschützte Gewöhnliche Einsiedlerkrebs wirft einen neugierigen Blick auf den Eindringling.

Dieser Einsiedlerkrebs ist 3–10 cm lang und hat eine rötliche Färbung mit grauen oder grünlichen Flecken. Die Scheren sind gelblich oder grünlich mit roten oder braunen Mustern und tragen Stacheln. Die rechte Schere ist größer als die linke. Man findet die Art vom Eulitoral bis in 140 m Tiefe (manchmal sogar 500 m!), auf allen Böden: Felsen, Sand, Seegraswiesen. Verbreitung: von Island und Norwegen bis Portugal, Mittelmeer. Zu den symbiontischen Partnern gehören die Nesseltiere *Calliactis parasitica* und *Hydractinia echinata*.

Der Hinterleib dieses Einsiedlerkrebses ist von dem Fuß der Mantelaktinie (Adamsia palliata), *die gleichzeitig mit ihm wächst, vollkommen eingehüllt.*

(Foto: Fredrik Ehrenström)

Pagurus prideaux (Eupagurus prideauxi)

Anemonen-Einsiedlerkrebs (D), Anemone hermit-crab, deeper hermit-crab (GB), Gonfaron, ermite de Prideaux (F), Ermitaño de Prideaux, ermitaño de hondura (E), Anemoon-heremietkreeft (NL), Paguro das anémonas (P), Anemone-eremittkreps (N)

Dieser 2 bis 6 cm große Einsiedlerkrebs bewohnt schlammige, sandige, detritusreiche und koralligene Böden zwischen 10 und 400 m Tiefe (vor allem zwischen 20 und 40 m). Von Norwegen bis zu den Kapverdischen Inseln, Mittelmeer.

Galathea strigosa
Blaugestreifter Springkrebs, Bunte Galathea (D), Spinous squat lobster (GB), Galathée multicolore (F), Sastre (E), Bonte Galathea (NL), Peixe-diabo (P), Krinakrabbe (N)

Länge: bis zu 9 cm. Farbe: rot mit blauen Querbinden. Häufige Art auf Felsböden, von der Oberfläche bis in 600 m Tiefe (gewöhnlich unterhalb 20 m). Verbreitung: vom Nordkap über die Kanarischen Inseln und das Mittelmeer bis zum Roten Meer.

(Foto: Jos Audenaerd)

Die lebhafte Färbung und die abgeflachte Form sind charakteristisch für den in Felsspalten lebenden Blaugestreiften Springkrebs.

Galathea squamifera
Schuppiger Springkrebs, Schwarze Galathea (D), Black squat lobster (GB), Galathée noire (F), Sastre negro (E), Zwarte Galathea (NL), Peixe-diabo negro (P), Sort krinakrabbe (N)

Dieser kleine Springkrebs ist 2–6 cm lang und braun-grünlich gefärbt. Man findet ihn von der Gezeitenzone (unter Steinen) bis in 70 m Tiefe. Von Norwegen bis zu den Azoren, Mittelmeer. Die Art ist auf bestimmten Maerlböden sehr zahlreich vertreten.

Ein Schuppiger Springkrebs auf einem Maerlboden. Rechts im Hintergrund sieht man eine Graue Kreiselschnecke (Gibbula cineraria).

Porcellana platycheles

Grauer Porzellankrebs (D), Broad-clawed porcelain crab (GB), Porcelaine grise (F), Cangrejo de porcelana peludo (E), Porceleinkrabbetje (NL), Caranguejo de porcelana peludo (P), Porselenskrabbe (N)

Kleiner grauer Krebs mit einem 15 mm langen Carapax. Die breiten Scheren haben eine charakteristische Form. Das Tier lebt unter den Steinen der Gezeitenzone. Von der Nordsee bis zu den Kanarischen Inseln, Mittelmeer.

Wenn man bei Ebbe die Steine umdreht, kann man den Grauen Porzellankrebs entdecken. Dieses Exemplar befindet sich in Begleitung einer Gewöhnlichen Napfschnecke (Patella vulgata) *und dem Rankenfüßer* Balanus improvisus.

Maja (Maia) squinado

Große Seespinne, Teufelskrabbe (D), Greater spider crab, spiny spider crab (GB), Grande araignée de mer, esquina-de (F), Centollo, centolla, cámbara (E), Spinkrab, grote spinkrab (NL), Santola (P), Edderkoppkrabbe (N)

Der Carapax dieses Zehnfüßigen Krebstieres (Decapoda) kann etwa 20 cm lang werden. Man findet die Art auf Felsen und zwischen Algen, von der Oberfläche bis in 50 m Tiefe. Die Tiere sind schwierig zu erkennen, denn ihre mit Stacheln gespickten Panzer sind oft von Algen bedeckt. Verbreitung: von der Nordsee bis zu den Kapverdischen Inseln, Mittelmeer.

Die Große Seespinne ist ein scheues Tier, das nach Möglichkeit vor Tauchern flüchtet. Sie kann sich aber auch verteidigen, wenn man ihr keine andere Wahl läßt.

Lithodes maja
Stachelige Seespinne (D), Thorny spider
crab (GB), Araignée épineuse (F), Araña
espinosa (E), Gedoornde spinkrab (NL),
Santola espinhosa (P), Trollkrabbe (N)

Der Carapax wird 12 cm breit, ist
fast rund und mit langen Stacheln
gesäumt. Auch alle Beine und die
Scheren tragen Stacheln, so daß
man die Art auf einen Blick von
Maja   squinado   unterscheiden
kann. Verbreitung: in Tiefen zwischen 10 und 600 m; von der Arktis
bis zu den Britischen Inseln als
Südgrenze.

Die Stachelige Seespinne ist im südlichen Teil der
Nordsee nicht vertreten. Charakteristisch sind die
Stacheln auf den Scheren und Beinen.

Hyas araneus
Nordische Seespinne (D), Northern
spider crab (GB), Araignée nordique,
hyade (F), Cangrejo araña (E),
Noordse spinkrab (NL), Santola nórdica
(P), Pyntekrabbe (N)

Der Carapax kann länger als 10 cm
und breiter als 8 cm werden und ist
nach hinten abgerundet. Das dreieckige Rostrum trägt zwei Hörner.
Farbe: oben rötlich-braun, unten
weißlich. Die Art lebt auf felsigen
und sandigen Böden, von der
Oberfläche bis in 50 m Tiefe (selten
350 m). Von der Arktis bis zum
Ärmelkanal.

Man erkennt die Nordische Seespinne an ihrem
zweihörnigen Rostrum. Südlich des Ärmelkanals
kommt sie nicht vor.

Inachus phalangium

Anemonen-Gespensterkrabbe, Anemonen-Seespinne (D), Anemone spider-crab (GB), Araignée des anémones (F), Araña de las actinias (E), Anemonen-spinkrab (NL), Aranha das anémonas (P), Anemone-Stankelbeinskrabbe (N)

Schauen Sie genau zwischen die Tentakel der Seeanemone Anemonia viridis: *Man findet dort häufig Anemonen-Gespensterkrabben.*

Panzerlänge: maximal 35 mm. Die Art lebt auf felsigen Böden, vom Eulitoral bis in 55 m Tiefe. Von Norwegen bis Westafrika und den Kapverden, Mittelmeer. Sie lebt zwischen Algen, bildet aber gerne eine Karpose mit der Wachsrose, in deren Tentakeln sie Zuflucht sucht. Die Bezeichnung „Spinne" ist falsch: Es handelt sich um einen Zehnfüßigen Krebs (Decapoda), der den Namen aufgrund seiner langen Beine bekommen hat, mit denen er sich an den Tentakeln der ihm als Wirt dienenden Seeanemone festklammert.

Necora (Macropipus, Liocarcinus, Portunus) puber

Schwimmkrabbe, Samtkrabbe (D), Velvet swimming crab, velvet fiddler, devil crab (GB), Étrille (F), Nécora (E), Fluwelen zwemkrab (NL), Navalheira (P), Svømmekrabbe (N)

Der Carapax ist 5–6 cm lang und 7 cm breit. Das Tier ist gewöhnlich grau, grünlich oder bräunlich gefärbt; die Beine haben blaue Streifen. Charakteristisch sind die roten Augen. Die Schwimmkrabbe ist dank ihrer abgeflachten, paddelförmigen Hinterbeine eine ausgezeichnete Schwimmerin. Sie lebt auf felsigen Böden, vom Eulitoral bis in 70 m Tiefe. Von Norwegen bis Westafrika, Mittelmeer und Schwarzes Meer.

Die roten Augen und die abgeflachten Hinterbeine sind typisch für Necora puber.

Macropodia rostrata

Gespensterkrabbe (D), Long-legged spider-crab (GB), Macropode (F), Araña de mar nariguda (E), Hooiwagenkrab (NL), Aranha do mar nariguda (P), Stankelbeinskrabbe (N)

Panzerlänge: 22 mm. Eine der vielen „Seespinnen", die sich aktiv tarnt: Sie reißt Ableger von Algen, Hydrozoen und Schwämmen aus und steckt sie auf die Stacheln ihres Carapax, wo sie weiterwachsen. Schon bald ist das Tier besser getarnt als ein GI im Vietnamkrieg! Man findet die Art in Tiefen zwischen 4 und 90 m; von Norwegen bis Westafrika und den Azoren, Mittelmeer.

Eine Gespensterkrabbe klammert sich in einer Landschaft von Schwämmen (Halichondria panicea) *und Seeanemonen* (Diadumene cincta) *fest. Obwohl sie so gut getarnt ist, daß man sie nur schwierig erkennen kann, sieht man doch ihre weißen Augen.*

Atelecyclus undecimdentatus

Atelecyclus (D, GB, NL), Atélécycle (F), Ateleciclo (E, P), Atelesyclus (N)

Massige Krabbe. Der knollige und mit kurzen Haaren bedeckte Carapax erreicht eine Länge von 5 cm. Infralitorale Art, die bis in 30 m Tiefe lebt. Vom Ärmelkanal bis Westafrika, Mittelmeer.

Atelecyclus undecimdentatus *trägt auf dem Rand seines Panzers, den Beinen und Scheren Haare. Er gräbt sich im Sand ein, aus dem nur die Antennen und Augen herausragen. Sie müssen ihn ausgraben, wenn Sie ihn sehen wollen!*

Der Taschenkrebs sucht mit dem Rücken zum Felsen Zuflucht in einer Spalte. Wenn man zu ihm gelangen möchte, muß man an seinen kräftigen Scheren vorbeikommen. Nehmen Sie sich vor diesem tückischen Tier mit den dicht beieinander liegenden Augen in acht!

Cancer pagurus
Taschenkrebs (D), Edible crab, puncher (GB), Tourteau, crab-dormeuer (F), Buey, centolla (E), Noordzeekrab (NL), Sapateira (P), Taskekrabbe (N)

Der braune Carapax wird bis zu 9 cm lang und 15 cm breit (einige alte Exemplare sind sogar breiter als 25 cm). Das Tier lebt auf felsigen Böden, von der Gezeitenzone bis in 300 m Tiefe. Häufige Art, die mit Reusen gefangen wird. Von Norwegen bis Westafrika, Mittelmeer.

Diese Strandkrabbe nimmt angesichts des Fotografen eine Verteidigungshaltung ein.

Carcinus maenas
Strandkrabbe, Dwarslöper (D), Common shore crab, green crab (GB), Crabe vert, crabe enragé (F), Cangrejo común, cámbaro (E), Strandkrab (NL), Caranguejo verde (P), Strandkrabbe (N)

Der Carapax wird bis zu 6 cm lang und 7 cm breit. Eulitorale Art, die aus supralitoralen Flußmündungen und Fluttümpeln in 200 m Tiefe hinabsteigen kann. Verbreitung: von Island und Norwegen bis Westafrika. Es ist eine Anzahl von Organismen bekannt, die aus Nordamerika stammen und vom Menschen in europäische Gewässer eingeführt wurden.

Die Strandkrabbe gehört zu den wenigen Vertretern der Meeresfauna, die den Atlantik in umgekehrter Richtung überquert haben. Eine sorgfältige, z. T. mikroskopische Studie über Strandkrabben ergab, daß eine Vielzahl von Parasiten auf einem einzigen Meeresorganismus leben kann. Das kann von den Einzellern (Protozoa) *Zoothamnium carcini,* die die Kiemen befallen, über die Rankenfüßer (Cirripedia) *Sacculina carcini,* die ihren Wirt verstümmeln, indem sie bis zu 50 % seines Körpers befallen, bis hin zu den Ruderfüßern (Copepoda) *Choniosphaera maenalis* gehen, die sich vom Blut ihres Wirtes ernähren.

Vor der Befruchtung ergreift die männliche Strandkrabbe (oben) von einem Weibchen Besitz, das sie so lange mit sich trägt, bis dieses sich häutet. Wenn das Weibchen den alten Carapax wechselt, wird es befruchtet, bevor der neue verhärtet.

Xantho incisus

Bachkrabbe, Kerbkrabbe (D), Grooved crab (GB), Xanthe (F), Xanto (E, P), Gekerfde krab (NL), Xantho (N)

Der Carapax wird bis zu 2 cm lang. Er ist gewöhnlich braun, die Enden der Scheren sind schwarz. Man findet *Xantho incisus* an Felsküsten, von der Oberfläche bis in 40 m Tiefe. Verbreitung: vom Süden der Britischen Inseln bis zu den Kapverden, Azoren und Kanarischen Inseln, Mittelmeer. Eine sehr ähnliche Art *(X. pilipes)* lebt weiter nördlich (von Norwegen bis Westafrika und im Mittelmeer) und hat eine andere Färbung (gelblich mit roten Flecken, die Enden der Scheren sind braun).

Diese bei Ebbe unter einem Stein überraschte Bachkrabbe nimmt eine Verteidigungshaltung ein.

Die ausgesprochen langen Scheren und die gestielten Augen sind für Goneplax rhomboides *charakteristisch.*

Goneplax rhomboides
Goneplax (D, GB, E, NL, P, N),
Gonéplax (F)

Der Carapax eines Männchens ist 2 cm lang und 3–4 cm breit. Die Scheren werden 10 cm groß. Die Weibchen sind kleiner. Farbe: gelb-rötlich. Die Augen sind gestielt. Das Tier vergräbt sich in sandig-schlammigen Böden in Tiefen zwischen 8 und 80 m. Verbreitung: von den Britischen Inseln bis Südafrika, Mittelmeer.

(Foto: Jos Audenaerd)

Diese häufige Krabbe des Supralitorals und Eulitorals erkennt man an ihrem viereckigen Carapax und ihrer Marmorierung.

Pachygrapsus marmoratus
Felsenkrabbe, Rennkrabbe (D), Runner crab (GB), Grapse marbré, anglais (F), Cangrejo corredor, mulata (E), Marmerkrab, renkrab (NL), Caranguejo marmóreo (P), Løpekrabbe (N)

Der fast viereckige Carapax ist 2–4 cm groß. Farbe: gelbliche Muster auf einem fast schwarzen Untergrund. Art mit mediterraner Verwandtschaft, die entlang der Iberischen Halbinsel und der französischen Küste bis zur Île d' Oléron aufsteigt.

Wirbeltiere (Vertebrata)

Was für ein kleiner Stamm sind doch die Wirbeltiere... Mit nur 43.000 bekannten Arten stellen Fische, Lurche, Reptilien, Vögel und Säugetiere nur 4 % der Tierarten auf der ganzen Welt und nur 2 % der lebendigen Welt (Tierreich und Pflanzenreich) dar. Dennoch widmen ihnen die Enzyklopädien im allgemeinen wesentlich mehr Seiten als den Wirbellosen und den Pflanzen. Das hängt damit zusammen, daß wir uns leichter mit einem Zackenbarsch oder einer Möwe identifizieren können als mit einer Seepocke oder einer Schnecke. Außerdem sind wir selbst auch Wirbeltiere! Die häufigsten Wirbeltiere unter Wasser sind die Fische.

Es sind hoch entwickelte Tiere, und jede Art ist ihrer Lebensweise durch Gestalt, Größe und Färbung gut angepaßt. Die Biologen unterscheiden zwei Klassen: Chondrichthyes oder Knorpelfische, die keine Knochen in ihrem Skelett haben, und Osteichthyes oder Knochenfische. Die Knochenfische (A) sind die bekanntesten Fische; zu den Knorpelfischen gehören vor allem Haie (B) und Rochen (C). Fische mit hydrodynamischer Form bewegen sich hauptsächlich mit Hilfe ihrer *Schwanzflosse* (c) fort. Die anderen Flossen dienen vor allem der Steuerung und Stabilisation.

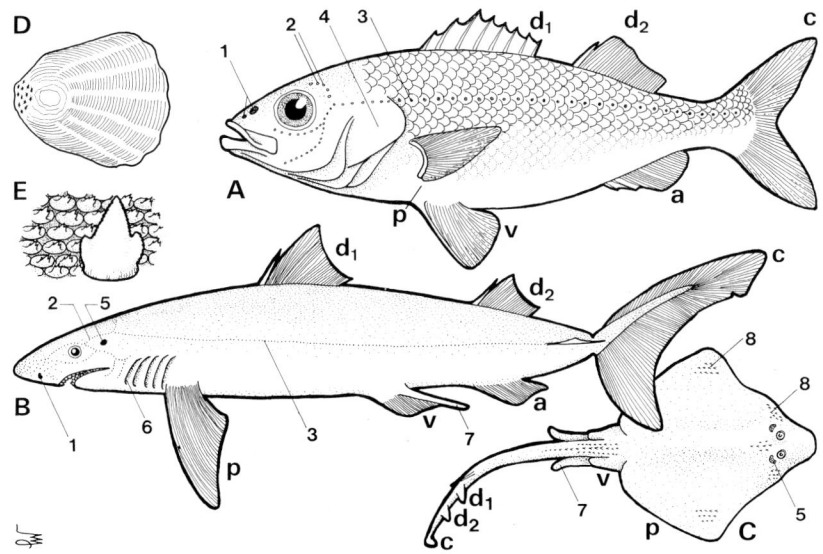

Man unterscheidet *Rückenflossen* (d), *Brustflossen* (p), *Bauchflossen* (v) und *Afterflossen* (a). Fische haben meistens zwei Rückenflossen (d1 und d2), manche Arten haben jedoch nur eine, während andere drei Rückenflossen besitzen. Bei den Rochen ist die Brustflosse zu einem Flügel umgewandelt. Da Fische hoch entwickelte Tiere sind, verfügen sie über eine ganze Reihe von Sinnesorganen. Sie haben Augen, die zum Teil sehr leistungsfähig sind, und *Nasenlöcher* (1), mit denen sie bestimmte Moleküle in äußerst schwachen Konzentrationen aufspüren können. Die *Sinnesknospen* (2) auf dem Kopf und die *Seitenlinie* (3), die über die gesamte Länge der Körperseite verläuft, reagieren auf Schwingungen, die von den Bewegungen anderer Organismen hervorgerufen werden. Die Atmung geschieht mit Hilfe der Kiemen (dünne, gefäßreiche Lamellen), die die Gasaustauschfläche zwischen Blut und Wasser vergrößern. Diese Kiemenlamellen sind an Knochenelementen, sogenannten Kiemenbögen, befestigt. Die Kiemen der Knochenfische werden von einem *Kiemendeckel* (4) bedeckt, während sich bei den Knorpelfischen jeder Kiemenbogen hinter einem *Kiemenspalt* (6) befindet. Das *Spritzloch* (5) dient ebenfalls dem Abtransport des Atemwassers. Fische vermehren sich auf unterschiedlichste Weise. Manche Arten (insbesondere Knorpelfische) sind vivipar oder ovovivipar (lebendgebärend); die meisten Arten sind jedoch ovipar, d. h. sie legen Eier. Ihre Eier sind zumeist pelagisch (die Eier treiben im offenen Meer),

manchmal aber auch benthisch (die Eier werden am Grund abgelegt). Bei den Fischen gibt es in der Regel männliche und weibliche Tiere, manchmal findet aber auch eine Geschlechtsumwandlung statt. Man unterscheidet protogyne Zwitter (zuerst Weibchen, dann Männchen), wie z. B. der Zackenbarsch und gewisse Lippfische, und protandrische Zwitter (zuerst Männchen, dann Weibchen) wie Goldstriemen. Bei manchen Arten, z. B. bei Säge- und Schriftbarschen, sind die Tiere Männchen und Weibchen zugleich (synchrone Zwitter). Die Befruchtung findet meistens äußerlich statt: Das Weibchen legt Eier, und diese werden dann im Wasser von der Milch (Sperma) des Männchens befruchtet. Es kommt aber auch innere Befruchtung vor. Die *Pterygopodien* (7) sind die Befruchtungsorgane der männlichen Knorpelfische. Sie entspringen aus den Bauchflossen und werden von einer Rinne durchzogen, die den Samen zu den paarigen Geschlechtsöffnungen des Weibchens leitet. Bei den meisten Fischen ist der Körper mit *Schuppen* (D) bedeckt. Man erkennt auf der Abbildung die konzentrischen Wachstumslinien.

Die Schuppen der Knorpelfische haben eine ähnliche Form wie Zähne. Schaubild E zeigt einen Haizahn und einen Hautausschnitt vom Hai, der mit Placoidschuppen oder Hautzähnchen bedeckt ist. Bei den Rochen bilden manche dieser Zähnchen *Dornen* und *Stacheln* (8).

Knorpelfische (Haie und Rochen)

Scyliorhinus canicula (caniculus)

*Kleingefleckter Katzenhai (D),
Lesser spotted dogfish, rock salmon,
rough hound (GB), Petite roussette (F),
Pintarroja, pez perro (E), Honds-
haai (NL), Caneja, gata, pata-roxa (P),
Småflekket rødhai (N)*

*Dieser Katzenhai ruht sich auf dem Grund aus.
Beachten Sie seine längliche Form und die
asymmetrische Schwanzflosse.*

Dieser kleine längliche Hai von 40 bis 80 cm Größe lebt auf Weich-böden in einer Tiefe zwischen 20 und 400 Metern. Man findet ihn von den norwegischen Küsten bis Senegal und im Mittelmeer. Kat-zenhaie sind nächtliche Jäger, die tagsüber schlafen. Sie ernähren sich hauptsächlich von Krebstie-ren, Würmern und Weichtieren, selten von kleinen Fischen. Während der Paarung rollt das Männchen seinen Schwanz um das Weibchen. Dieses legt ungefähr al-le zwei Wochen seine Eier. Die rechteckigen Eier sind von einer hornartigen, durchsichtigen Hülle von 5–7 cm Länge und 2 cm Breite umgeben und besitzen Fäden an allen vier Ecken (siehe S. 95). Während der Legezeit schleift das Weibchen am Boden entlang, wo-bei die Fäden bereits aus ihrem Körper heraushängen. Wenn sich diese in den Algen oder Hornkoral-len verfangen, wird das Ei aus dem Mutterleib herausgezogen. Oft werden gleichzeitig zwei Eier her-ausgezogen. Man findet manchmal ganze Eibüschel an irgendwelchen Unterwasser-Hindernissen. Der Katzenhai ist eßbar. Er wird allerdings in Frankreich unter dem Namen „saumonette" und in Großbritannien als „rock salmon" verkauft, damit niemand merkt, daß es sich um einen Hai handelt.

Ein Großgefleckter Katzenhai.
Beachten Sie die Kiemenspalten.

Scyliorhinus stellaris

Großgefleckter Katzenhai (D),
Large spotted dogfish, nurse hound,
bull huss (GB), Grande roussette (F),
Alitán (E), Kathaai (NL), Pata-roxa,
gata (P), Storflekket rødhai (N)

Der Großgefleckte Katzenhai ähnelt dem Kleingefleckten, ist aber seltener. Die Flecken sind gewöhnlich größer, und manche haben in der Mitte eine helle Stelle. Dieser bis zu 150 cm große Katzenhai lebt vorzugsweise in relativ ruhigem Wasser auf felsigen Böden in Tiefen zwischen 10 und 60 m. Von Norwegen bis zum Mittelmeer. Die Eier werden von hornartigen, bräunlichen Hüllen umschlossen, die 3–4 cm breit und 10–13 cm lang sind. Früher benutzte man die gezahnte Haut dieses Tieres zum Polieren von Holz, Alabaster und Kupfer.

Torpedo marmorata

Marmorzitterrochen, Marmorrochen (D), Marbled
electric ray (GB), Raie torpille, torpille marbrée,
tremble (F), Temblón, tembladera, tremolina (E),
Gemarmerde sidderrog (NL), Tremelga (P),
Elektrisk skate (N)

Länge: 40 bis 100 cm. Der Marmorzitterrochen ist ein Bewohner sandig-schlammiger Böden in Tiefen zwischen 2 bis 100 m. Verbreitung: von der Nordsee bis zum Mittelmeer. Zu beiden Seiten der Augen befinden sich modifizierte Muskeln als elektrische Organe, die Stromstöße von 45 bis 80 Volt austeilen können! Diese Stromstöße dauern den Bruchteil einer Sekunde an und können für den Menschen sehr schmerzhaft sein; sie

sind aber normalerweise ungefährlich. Früher bediente man sich dieser Stromstöße, um Epileptikern Schocktherapien zu verabreichen! Der Marmorzitterrochen benutzt seine elektrischen Organe normalerweise für die nächtliche Jagd. Er vergräbt sich im Sand und lauert seiner Beute (kleine Fische oder Krebstiere) auf. Wenn sich das Opfer dem scheibenförmigen Körper bis auf weniger als 4 cm Entfernung genähert hat, wird es durch einen Stromstoß gelähmt. Dann bedeckt der Rochen seine Beute und verschlingt sie. Manchmal ist der

Stromstoß so stark, daß ein kleiner Fisch einen Muskelkrampf erleidet, der ihm die Wirbelsäule brechen kann!
Das elektrische Feld dient außerdem dazu, die Beute ausfindig zu machen. Experimente haben gezeigt, daß Marmorrochen ihre Opfer sogar mit verbundenen Augen immer zielsicher angreifen, ganz unabhängig von deren Geschwindigkeit und Schwimmrichtung. *Torpedo marmorata* bringt zwischen 5 und 36 lebende Junge auf einmal zur Welt.

Raja spp.
Rochen (D), Ray (GB), Raie (F), Raya (E), Rog (NL), Raia (P), Skate (N)

Ein Marmorzitterrochen, nachts überrascht. Die stark gefransten Spritzlöcher genau hinter den dicht zusammenliegenden Augen sind charakteristisch für ihn. Da er sich eingräbt, sieht man ihn tagsüber nur selten. Man sollte vorsichtig sein, wenn man ihn ausgraben möchte; die Stromstöße können äußerst schmerzhaft sein.

Rochen der Gattung *Raja* sind sich alle sehr ähnlich: Sie haben einen rautenförmigen Körper und einen langen Schwanz. Die meisten sind etwa 1 m groß *(Raja asterias* ist 70 cm groß und *Raja batis* 240 cm). Ihre Haut trägt Dornen und der Schwanz zwei kleine Flossen. Sie leben alle auf Weichböden und sind häufig eingegraben, so daß sie fast unsichtbar sind. Sie bewegen sich durch „Flügelschläge" vorwärts. Mancherorts sind sie so zahlreich vertreten, daß man sie leicht mit Schleppnetzen fangen kann. Das Fleisch ist sehr geschätzt. Die Bestimmung der einzelnen Arten ist schwierig, da die Färbung nicht nur bei den Arten variiert, sondern auch bei den Geschlechtern und mit zunehmendem Alter!

Raja montagui hat kleine Rückenflecke, die nicht bis zum Flügelsaum reichen. Er lebt von den Shetland-Inseln bis Marokko und im Mittelmeer.

Knochenfische (Osteichthyes)

Conger conger
Meeraal, Seeaal (D), Conger eel (GB), Congre, anguille de mer, fiélas (F), Congrio (E), Zeepaling, congeraal (NL), Safio, congro (P), Havål (N)

Ein Meeraal streckt seinen Kopf aus einem Wrack heraus. Man kann seine Nasenlöcher deutlich erkennen.

Ein ausgewachsener Meeraal kann ebenso dick wie ein menschlicher Oberschenkel, länger als 2 m und schwerer als 30 kg werden. Es wird sogar von 3 m langen und 50 kg schweren Exemplaren berichtet! Man findet die Art von der Oberfläche bis in 1.000 m Tiefe. Verbreitung: Mittelmeer, Atlantik bis zur Nordsee, selten in der Ostsee. Der Meeraal versteckt sich tagsüber in Löchern, Felsspalten, Wracks und Hafendämmen. Er gleitet rückwärts in sein Versteck, wobei seine Schwanzspitze als Tastorgan dient. Zum Jagen verläßt er nachts sein Versteck. Seine Beute besteht hauptsächlich aus Fischen (der Meeraal scheut sich nicht, diese aus den Netzen der Fischer zu stehlen!), Krebstieren und Kopffüßern. Er reißt den Kraken die Arme aus, indem er sie mit seinem kräftigen Maul einfängt und dann eine schnelle Drehung um seine eigene Achse ausführt. Seine Vermehrung ist ebenso geheimnisvoll wie die der Aale. Bis zum heutigen Tag hat man noch nie einen geschlechtsreifen Meeraal gefangen! Es sind einige Orte im Mittelmeer und zwischen Gibraltar und den Azoren bekannt, in Tiefen, die an 3.000 bis 4.000 m grenzen, wo im Sommer die Vermehrung stattfindet. Es scheint, als würde sich der Meeraal nur ein einziges Mal fortpflanzen, bevor er stirbt. Die Larven treiben mit dem Plankton an die Küste zurück. Das Heranreifen der Larve zum geschlechtsreifen Tier dauert ungefähr zwei Jahre. In den Küstengewässern trifft man hauptsächlich junge Individuen an. Der Meeraal ist ein eßbarer Fisch, der in Reusen oder von Unterwasserjägern gefangen wird. In der Regel ißt man nur den Teil vor dem After, da der Schwanz zu viele Gräten enthält.

Anguilla anguilla
Europäischer Flußaal, Europäischer
Aal (D), Eel (GB), Anguille (F),
Anguila (S, P), Paling, aal (N), Ål (N)

Der Europäische Flußaal wird bis zu 150 cm lang und 6 kg schwer. Er lebt in geringer Tiefe im Süßwasser, seltener in Küstenlagunen (Becken von Arcachon!). Von Skandinavien bis Marokko. Die Art ernährt sich von den Kadavern benthisch lebender Tiere, auch von Fischen. Man unterscheidet zwei Phasen mit unterschiedlicher Färbung: Die jungen, nicht geschlechtsreifen Tiere sind oben olivgrün gefärbt und unten silber- oder goldfarben („Gelbaal"), während die geschlechtsreifen Individuen einen dunkelgrünen bis schwarzen Rücken und einen silberfarbenen Bauch haben („Silber-" oder „Blankaal"). Die Vermehrung dieser Fische ist sagenumwoben. Wenn sie ein geschlechtsreifes Alter erreichen (zwischen 6 und 20 Jahren), verändert sich ihre Physiognomie in auffälliger Weise. Die Eingeweide verkümmern und gleichzeitig schwellen die Gonaden (Geschlechtsdrüsen) an. Die Augen werden größer, damit sie dem Leben in der Tiefe besser angepaßt sind. Wenn diese Veränderungen stattgefunden haben, wandern die Fische Richtung Meer. Sie

Der Oberkiefer des Europäischen Flußaals ist kürzer als der Unterkiefer. Man erkennt hier die weißen Punkte der Seitenlinie.

steigen während der Neumondnächte im Herbst die Flüsse und Ströme hinab. Man weiß nicht sehr viel über den weiteren Verlauf ihrer Reise. Man findet ihre Eier immer im Frühling in den Tiefen der Sargassosee, mitten im Atlantik. Aus diesen Eiern entwickeln sich Leptocephalus-Larven, die mit der Stömung nach Europa gelangen. Während dieser dreijährigen Reise verwandeln sich die Larven in kleine durchsichtige Aale („Glasaale"), die mit Erreichen der Küstengewässer zu jungen Gelbaalen werden. Wenn sie 5–10 cm groß sind, wandern sie die Flüsse hinauf. Nur wenige Tiere bleiben in den Küstengewässern zurück. Glasaale und Silberaale werden bei ihren Massenwanderungen in den Flüssen gefangen. Es sind sehr geschätzte Fische.

Pollachius (Gadus) pollachius
Pollack, Steinköhler (D), Pollack, lythe (GB), Lieu jaune (F), Abadejo, serreta (E), Pollak, witte koolvis (NL), Badejo (P), Lyr (N)

Der Pollack ist der häufigste Dorsch unserer Küsten. Sein Unterkiefer ist deutlich länger als sein Oberkiefer.

Das Tier wird bis zu 80 cm groß; die alten Exemplare (15 Jahre und mehr) können manchmal sogar 130 cm (10 kg) erreichen. Die Farbe ist veränderlich, der Rücken ist jedoch immer dunkel (braun oder olivgrün), die Seiten und der Bauch sind heller und haben oft gelbe Muster. Häufige Art in Küstennähe. Von Island und Norwegen bis Portugal. Der Köhler *(Pollachius virens)* ähnelt dieser Art, ist aber dunkler und von wirtschaftlich wichtigerer Bedeutung.

Trisopterus (Gadus) luscus
Franzosendorsch (D), Bib, pout whiting (GB), Tacaud (F), Faneca (E, P), Steenbolk (NL), Skjeggtorsk (N)

Der Franzosendorsch ist 30–45 cm groß (2 kg) und hat kupferrote Seiten mit 4–5 hellen Querbinden, die mehr oder weniger stark ausgeprägt sind und manchmal auch fehlen. Er hält sich oft unter felsigen Überhängen in Sandnähe in Tiefen zwischen 5 und 100 m (max. 300 m) auf. Große Schwärme stehen unbeweglich gegen die Strömung über Wracks. Von der Nordsee bis zum westlichen Mittelmeer. Die Art ernährt sich hauptsächlich von Krebstieren und Weichtieren, die sie am Boden findet. Die großen Exemplare schnappen auch nach Kopffüßern (Cephalopoda) und kleinen Fischen.

Eine Franzosendorsch-Gruppe mit charakteristischen Querbinden.

Trisopterus (Gadus) minutus

*Zwergdorsch (D), Poor cod (GB),
Capelan, petit tacaud (F), Capellán (E),
Dwergbolk (NL), Fanecão (P),
Sypike (N)*

Der Zwergdorsch ähnelt dem Franzosendorsch, ist jedoch kleiner (20–40 cm), schlanker und hat keine Querbinden. Er hat dieselben ökologischen Vorlieben und dieselbe Lebensweise wie der Franzosendorsch, so daß sich die Schwärme beider Arten oft vermischen.

*Ein Zwergdorsch-Schwarm über einem Wrack,
dem Lieblingsaufenthaltsort für Franzosendorsche
und Zwergdorsche.*

Molva molva

*Leng (D), Ling (GB), Grande lingue,
julienne (F), Berruenda, juliana, maruca
(E), Leng (NL), Lingue (P), Lange (N)*

Das Tier erreicht leicht eine Länge von 100 cm, seltene Exemplare werden sogar über 2 m lang (80 kg). Farbe: bräunlich oder grünlich mit goldenem Schimmer. Die Jungfische (kleiner als 50 cm) leben in geringen Tiefen (ab 10 m), häufig in Felsspalten, während die älteren Tiere in Tiefen zwischen 300–700 m wandern. Sie ernähren sich von Krebstieren, Stachelhäutern und kleinen Fischen. Man findet diesen wirtschaftlich wichtigen Fisch von den arktischen Gewässern bis Portugal, im Mittelmeer selten.

(Foto: Jos Audenaerd)

*Ein Leng mit seinem charakteristischen lang-
gestreckten Körper vor einer Felswand, auf
der sich Lederkorallen* (Alcyonium digitatum)
und ein Schwamm (Cliona celata) *(unten
rechts) aufrichten. Beachten Sie auch die
Schwarze Seegurke* (Holothuria forskali).

Raniceps raninus

Froschdorsch, Seewiesel (D), Tadpole-fish,
lesser fork-beard (GB), Grenouille de mer,
trident (F), Rainunculo negro (E), Vorskwab (NL),
Raniceps (P, N)

Ein Froschdorsch mit seinem charakteristischen
„Froschkopf" zwischen Moostierchen (Bugula
plumosa).

(Foto: John Neuschwander)

Dieser 30 cm große Fisch ähnelt
einer Kaulquappe; der Kopf ist sehr
groß, er ist ebenso lang wie breit
und macht ein Drittel des Tieres
aus. Farbe: braun mit dunklen,
hell gesäumten Flossen. Dieser
benthisch lebende Fisch ernährt
sich von Würmern, Weichtieren,
Stachelhäutern und Krebstieren.
Man findet ihn von der Gezeitenzone bis in 100 m Tiefe; von Norwegen bis zum Golf von Biscaya.

Hippocampus ramulosus (guttulatus)

Langschnäuziges Seepferdchen, See-
pferdchen (D), Seahorse, long-snouted
seahorse (GB), Hippocampe moucheté,
hippocampe à long bec, cheval marin
(F), Caballito de mar (E), Zeepaardje,
langsnuitzeepaardje (NL), Cavalo-
marinho (P), Sjøhest (N)

Länge: 12 bis 16 cm. Farbe: dunkelbraun bis gelb, oft mit kleinen
weißen Punkten gesprenkelt. Die
Art lebt in Seegraswiesen *(Zostera)*
oder zwischen Algen in Tiefen ab
5 m. Verbreitung: von der Nordsee
bis zu den Kanarischen Inseln und
im Mittelmeer. Dieser gut getarnte
Fisch saugt seine kleine Beute mit
seinem trompetenförmigen Maul
ein. Die Männchen haben eine
Bruttasche am Bauch, in der die
befruchteten Eier bis zum Ausschlüpfen der Larven bleiben. So
sind das Langschnäuzige Seepferdchen und seine Verwandten die einzigen Tiere, bei denen die Männchen die Jungen zur Welt bringen!

Das Langschnäuzige Seepferdchen klammert sich mit
Hilfe seines Greifschwanzes an einem Zosterablatt fest.

Syngnathus acus

Große Seenadel (D), Greater pipefish
(GB), Syngnathe aiguille, grande
aiguille de mer, grand syngnathe (F),
Aguja major (E), Grote zeenaald (NL),
Agulhinha grande (P), Stor kantnål (N)

Länge: 30–50 cm. Veränderliche Färbung, oft mit dunklen oder hellen Querbinden. Das Tier lebt gewöhnlich im seichteren Wasser, es kann aber auch in 50 m Tiefe absteigen. Auf allen Böden, hauptsächlich jedoch zwischen Algen und in Seegraswiesen *(Zostera).* Verbreitung: von Norwegen bis Marokko, Mittelmeer.

Wie alle Mitglieder der Familie der Seenadeln und Seepferdchen hat auch dieses Tier eine lange Schnauze, mit der kleine Beute wie mit einer Pipette angesogen wird.

Nerophis ophidion

Kleine Schlangennadel (D), Straight-
nosed pipefish (GB), Nérophis ophidion
(F), Nerofis (E, P), Slangezeenaald (NL),
Liten havnål (N)

Größe: bis zu 30 cm. Das Tier hat keine Schwanz-, Brust- und Afterflosse, sondern nur eine Rückenflosse. Farbe: grünlich oder gelblich und weiß gefleckt, mit blauen Flecken auf dem Kopf und bei den Weibchen auf dem vorderen Körperteil. Häufige Art in Seegraswiesen *(Zostera),* vor allem in Küstenteichen; von Norwegen bis Marokko, Mittelmeer.

Diese Schlangennadel klammert sich an einem Zosterablatt fest, um nicht von der Strömung fortgetrieben zu werden.

(Foto: John Neuschwander)

Der Heringskönig ist ein prächtiger Fisch, dem man sich leicht nähern kann. Laut Legende ist der schwarze Fleck der Fingerabdruck des Apostel Petrus, der auf Christi Geheiß den Fisch gefangen hatte, um ein Goldstück aus seinem Maul zurückzuholen.

Zeus faber

Heringskönig, Petersfisch (D), Dory, John Dory, St. Peter's fish (GB), Saint-pierre, dorée (F), Pez de san Pedro, gallo (E), Zonnevis (NL), Peixe-galo (P), St. Peters fisk (N)

Ein Fisch von etwa 40 cm Größe (max. 75 cm bei 8 kg). Schwimmt im offenen Meer in der Nähe von Sandböden, in Tiefen bis zu 200 m; manchmal nähert er sich jedoch den Küsten. Dieses aus der Lauerstellung jagende Tier ernährt sich von kleinen Fischen, Tintenfischen und Krebstieren. Seine Jagdtechnik ist eindrucksvoll: Der Heringskönig nähert sich sehr langsam seiner Beute und springt dann von oben auf sie drauf, indem er seine Kiefer nach vorne schleudert. Geographische Verbreitung: von Norwegen bis zu den Kanarischen Inseln, Mittelmeer.

Chelon labrosus (Mugil chelo)

Dicklippige Meeräsche (D), Thick-lipped grey mullet (GB), Mulet lippu, labru (F), Lisa (E), Diklipharder (NL), Tainha, garnete (P), Tykkleppet multe (N)

Größe: bis zu 60 cm (2 kg). Ein Schwarmtier, das brackiges und verschmutztes Wasser gut verträgt (Lagunen, Flußmündungen, Häfen). Geographische Verbreitung: von Norwegen bis Senegal, Mittelmeer. Diese Art ist die häufigste, es gibt aber auch noch weitere, ähnliche Arten: die Gewöhnliche Meeräsche (*Mugil cephalo*), die Springmeeräsche (*Liza saliens*) und die Goldäsche (*Liza aurata*).

Meeräschen schwimmen in Schwärmen dicht an der Oberfläche.

Dicentrarchus (Morone) labrax

Wolfsbarsch, Seebarsch (D), Bass (GB), Bar, bar commun, loup, loup de mer, loubine (F), Lubina, robalo, llobarro (E), Zeebaars, wolfsbaars (NL), Robalo (P), Havabbor (N)

Der Wolfsbarsch ist ein Jäger des freien Wassers, den man besonders bei Unwettern an oberflächennahen Felsen antrifft. Länge: 40 bis 80 cm, in seltenen Fällen 1 m (10 kg). Er lebt auf Weichböden oder felsigen Böden mit dichtem Algenbewuchs, von der Oberfläche bis in 100 m Tiefe. Er scheut auch brackiges Wasser nicht (Flußmündungen und salzhaltige Binnenseen). Verbreitung: von Norwegen bis zu den Kanarischen Inseln, Mittelmeer. Der Wolfsbarsch verdient seinen Namen, da er ein Jäger ist. Die erwachsenen Tiere sind Einzelgänger, während die Jungen ein Schwarmverhalten zeigen; sie leben in Gruppen von mehreren Dutzend Einzeltieren. Der Wolfsbarsch schmeckt übrigens hervorragend.

(Foto: Daniel Blin)

Es ist schwierig, sich Wolfsbarschen zu nähern, um sie zu beobachten. Noch schwieriger ist es, sie zu fotografieren!

Serranus cabrilla
(Kleiner) Sägebarsch, Blutstrieme (D), Comber, gaper (GB), Serran, serran chevrette, saran (F), Cabrilla, cabra, serrano (E), Zaagbaars (NL), Cabra (P), Abborkilling (N)

Die Streifen und Querbinden sind für diesen Fisch charakteristisch. Es handelt sich um ein vorwiegend mediterranes Tier, das man jedoch oft in den baskischen Gewässern antrifft.

Der Sägebarsch wird in der Regel 15 bis 20 cm groß, kann allerdings auch eine Länge von 35 bis 40 cm erreichen. Ein Fisch der felsigen Untergründe, der aber auch in Seegraswiesen und auf Detritus-Böden zu finden ist. Er lebt zwischen der Oberfläche und 600 m Tiefe, hauptsächlich jedoch in Tiefen zwischen 10 und 50 m. Verbreitung: Mittelmeer und östlicher Atlantik; im Norden wird er seltener, kann allerdings bis zum Ärmelkanal aufsteigen. Im Atlantik (baskische Küste!) sind die Tiere größer als im Mittelmeer. Es ist ein gefräßiger Fisch, der sich von anderen Fischen, Kopffüßern, Krebstieren und Würmern ernährt und sein Territorium verteidigt. Der Sägebarsch ist ein Zwitter, der die Gonaden zweier Geschlechter (Eierstöcke, Hoden) in einem Tier vereinigt und sich selbst befruchten kann. Die Vermehrung findet zwischen April und Juli statt.

Diplodus cervinus (trifasciatus)
Bänderbrasse, Fünfbindenbrasse (D), Five-banded bream (GB), Sar(gue) à grosses lèvres, sar tambour, sar rubanné, soldat, cervin (F), Sargo soldado, bedao (E), Gestreepte zeebrasem, diklipzeebrasem (NL), Sargo raiado (P), Tykkleppet brasen (N)

Größe: 40 bis 55 cm. Dieser Fisch lebt in der Nähe von Felsküsten in Tiefen zwischen 10 und 300 m.

Verbreitung: Ostatlantik vom Golf von Biscaya bis Südafrika, im Mittelmeer eher selten. Silbriger Fisch mit 4 oder 5 dunklen Querbinden und einem dunklen Band, das von einem Auge zum anderen verläuft. Man weiß nur wenig über die Lebensweise dieser größten Brasse. Sie mischt sich gerne unter Zweibindenbrassen-Schwärme. Ihr Fleisch ist sehr köstlich.

Die dunklen Querbinden unterscheiden die Bänderbrasse von den anderen Brassen.

Oblada melanura
Brandbrasse, Oblada (D),
Saddled bream (GB), Oblade, blade (F),
Oblada (E, NL, P, N)

Größe: ungefähr 20 bis 30 cm. Dieser Fisch lebt in der Nähe von Felsen, ist aber auch relativ häufig im offenen Meer, wenige Meter unter der Oberfläche anzutreffen. Im Winter steigt er in größere Tiefen hinab. Verbreitung: hauptsächlich mediterrane Art, die aber auch im östlichen Atlantik von Angola bis zum Golf von Biscaya zu finden ist. Silbriger Fisch mit einem charakteristischen, weiß gesäumten schwarzen Fleck am Schwanzstiel. Er ernährt sich von Algen und kleinen, auf Felsen lebenden Tieren. Die Vermehrung findet am Frühlingsende statt. Die Larven leben bis zum Ende des Sommers planktonisch.

Die nördliche Verbreitungsgrenze der Brandbrasse ist der Golf von Biscaya. Dieses Exemplar wurde im offenen Meer vor Saint-Jean-de-Luz fotografiert. Es steht vor einer mit Leptosammia pruvoti *bedeckten Felswand.*

Mullus surmuletus
Gestreifte Meerbarbe, Streifenbarbe (D), Striped mullet, red mullet (GB), Surmulet, rouget de roche (F), Salmonete de roca, salmonete rayado (E), Mul, koning van de poon (NL), Salmonete (P), Mulle (N)

Die Gestreifte Meerbarbe sucht mit Hilfe ihrer Bartfäden auf einem Sandboden nach Nahrung.

Länge: 20 bis 40 cm. Dieser Fisch lebt hauptsächlich auf sandigen und schlammigen Böden, man findet ihn aber auch auf Detritus-Böden von der Oberfläche bis in etwa 100 m Tiefe. Verbreitung: von Norwegen bis zu den Kanarischen Inseln, Mittelmeer. Die Färbung dieses Fisches der Weichböden ist veränderlich: Sie ist meist blaß bei Tieren, die sich dicht an der Oberfläche aufhalten, und wird mit zunehmender Tiefe kontrastreicher. Die Färbung kann sich übrigens je nach Situation (z. B. Streß) ganz stark verändern. Die Gestreifte Meerbarbe ernährt sich von kleinen Tieren (Krebstiere, Würmer, Weichtiere), die in den Sand-Zwischenräumen leben. Diese werden mit Hilfe von zwei Bartfäden am Unterkiefer, die gleichzeitig als Tast- und Geschmacksorgane dienen, ausgegraben. Die auf diese Weise im Sand entstehenden Löcher sind beachtlich. Häufig werden andere Fische angelockt, um von der Beute zu profitieren, die die Gestreifte Meerbarbe ausgegraben hat. Das Tier lebt oft in Gruppen. Bei Gefahr warnt es die anderen Fische, indem es seine erste Rückenflosse aufrichtet; anschließend werden die beiden Bartfäden in Schlitzen unter dem Kopf zusammengelegt, und dann ergreift das Tier die Flucht. Das Meerbarbenfleisch wurde schon im Altertum sehr geschätzt. Es heißt, daß ein schöner Fisch bei den Römern wertvoller war als der Mann, der ihn gefangen hatte! Anläßlich eines Festmahls präsentierte man übrigens eine Gestreifte Meerbarbe in einer Vase, um die Tischgenossen mit deren erstaunlichen Farbveränderungen zu unterhalten. Die Vermehrung findet im Sommer statt; zu dieser Zeit werden die Eier auf dem Sand deponiert. Die bläuliche Fischbrut lebt im freien Wasser; ab einer Größe von 5 cm gehen die Jungen jedoch zum benthischen Leben über.

Trachurus trachurus
Stöcker, Bastardmakrele (D), Horse mackerel, scad (GB), Chinchard commun, saurel (F), Chincharro, jurel (E), Horsmakreel (NL), Taggmakrell (N)

Größe: 50 cm. Farbe: bläulichgrauer oder grünlicher Rücken, silberfarbene Seiten. Dieser Jäger des offenen Meeres erinnert an die echte Makrele. Man findet ihn in Tiefen zwischen 10 und 100 m (im Winter bis zu 500 m). Verbreitung: von der Nord- und Ostsee bis zum Mittelmeer, Schwarzes Meer. Über Sandböden kann man große Schwärme finden, z. B. auf offener See vor Holland. Die Jungfische begleiten gerne treibende Objekte und wurden häufig unter dem Schirm großer Quallen bzw. zwischen deren Tentakeln beobachtet.

Die Bastardmakrele ist ein pelagisch lebender Fisch, der sich nur selten den Küsten nähert.

Labrus bimaculatus (mixtus)

Streifenlippfisch, Bunter Lippfisch (D),
Cuckoo wrasse, striped wrasse (GB), Labre mêlé,
coquette, petite vieille, labre varié (F), Gallano,
bodión, gallito de rey (E), Bonte lipvis, koekoek-
slipvis (NL), Bodião (P), Blåstål, rødnebb (N)

Ein Streifenlippfischweibchen. Man erkennt es an seiner orangen Färbung und den drei schwarzen Flecken auf dem Rücken.

Streifenlippfischmännchen haben einen blauen Kopf; zur Zeit der Vermehrung verstärkt sich die Färbung dieses Fisches.

(Foto: Chantal & Pascal Delorme)

Dieser Lippfisch mißt zwischen 20 und 35 cm (maximal 40 cm). Fisch felsiger Küsten, der besonders zwischen Algenbeständen anzutreffen ist. Er lebt im allgemeinen in Tiefen zwischen 0 und 30 m, kann aber in seltenen Fällen sogar in Tiefen von 200 m angetroffen werden. Verbreitung: Ostatlantik, von Senegal bis Schottland, Mittelmeer. Wie bei den meisten Lippfischen ist auch bei dieser Art der Geschlechtsdimorphismus stark ausgeprägt. Die Weibchen und die Jungfische haben eine orange Färbung mit drei dunklen Flecken auf der hinteren Rückenpartie, die oft durch hellere Felder voneinander getrennt sind. Die Männchen haben einen wundervollen blauen Kopf mit dunklen Querstreifen, die sich über die gelben oder orangefarbenen Seiten verlängern. Zur Zeit der Vermehrung (im Sommer) schmückt ein weißer Fleck den Kopf des Männchens. Das Nest besteht aus einer kleinen, in den Kiesgrund gegrabenen Senke. Das Weibchen legt seine Eier hinein, die dann vom Männchen befruchtet und streng bewacht werden. Die Jungtiere leben im Flachwasser. Der Streifenlippfisch kann etwa 20 Jahre alt werden! Er ernährt sich hauptsächlich von Krebstieren und Weichtieren.

Labrus bergylta

Gefleckter Lippfisch (D), Ballan wrasse (GB), Vieille, grande vieille (F), Maragota, durdo (E), Gevlekte lipvis (NL), Bodião manchado (P), Berggylt (N)

Großer Lippfisch, der 40–60 cm lang werden kann. Seine Färbung ist äußerst veränderlich; sie ist abhängig vom Biotop, vom Alter, der Jahreszeit und dem Erregungszustand des Tieres. Oft ist der Fisch grün, grau oder rot mit weißen Punkten, es sind jedoch auch andere Färbungen möglich. Die Art lebt auf Felsböden, wo sie sich unter Blöcken oder in Spalten verstecken kann; von der Oberfläche bis in 20 m (selten 50 m) Tiefe. Sie ernährt sich von Weichtieren, Krebstieren und Stachelhäutern. Verbreitung: von Norwegen bis zu den Kanarischen Inseln; gelangt gelegentlich ins westliche Mittelmeer.

Ein Gefleckter Lippfisch zieht an einem Eisseestern (Marthasterias glacialis) *vorüber.*

Symphodus (Crenilabrus) melops

Goldmaid (D), Corkwing wrasse (GB), Crénilabre commun, crénilabre mélops (F), Porredana (E), Gewone lipvis (NL), Bodião comun (P), Grønngylt (N)

Kleiner Lippfisch von 6 bis 25 cm Größe. Seine Färbung ist sehr veränderlich, er hat aber immer einen dunklen Fleck am Schwanzstiel, entweder auf oder knapp unterhalb der Seitenlinie. Dieser Fisch lebt in Oberflächennähe, oft in den Fluttümpeln der Gezeitenzone. Die Art ist von Norwegen bis zu den Azoren und Marokko häufig, im Mittelmeer eher selten.

Ein Goldmaidweibchen zwischen den Algen (Gracilaria multipartita?) *eines Fluttümpels bei Ebbe.*

Centrolabrus exoletus
*Kleinmäuliger Lippfisch, Centrolabrus
(D), Centrolabrus (NL, P, N), Centro-
labre (F), Rock cock (GB), Tabernero (E)*

Kleiner Lippfisch von ungefähr
15 cm Länge. Farbe: braun mit
orangefarbenen, gelben oder blau-
en Zeichnungen. Die Art lebt im
Infralitoral, zwischen laminarien-
bewachsenen Blöcken. Von Norwegen bis zum Ärmelkanal häufig;
Richtung Süden nimmt die Verbreitung ab. Die Art ist jedoch bis Portugal vertreten.

*Ein Centrolabrus exoletus-Männchen unter
einem mit Schlangenhaarrosen bewachsenen
Überhang. Er stellt die lebhaften Farben der
Paarungszeit zur Schau.*

Coris julis
*Meerjunker (D), Rainbow wrasse (GB), Girelle,
girelle commune, girelle royale (mâles), demoiselle
(F), Doncella, julia, gallito de rey (E), Girelle (NL),
Judia, canário do mar (P), Junkergylt (N)*

Die Männchen werden bis zu 25 cm, die
Weibchen bis zu 18 cm groß. Die Art lebt
von der Wasseroberfläche bis in 120 m Tiefe. Meerjunker halten sich im Sommer im
oberen Litoral auf und wandern im Winter in
die Tiefen. Man findet sie an algenbedeckten
Felsen und in Seegraswiesen. Verbreitung:
Mittelmeer, Atlantik von den Kanarischen
Inseln bis zum Golf von Biscaya, selten bis
Norwegen. Sehr ausgeprägter Geschlechtsdimorphismus: Die Männchen haben auf der
Flanke ein orangefarbenes, zickzackförmi-
ges Längsband auf türkisem Grund und einen schwarzen Fleck hinter den Brustflossen. Die Weibchen haben einen
braunen Rücken und einen gelb-
orangen Längsstreifen auf der
Flanke. Es handelt sich hier um einen transsexuell veranlagten Fisch,
der sein Leben als Weibchen beginnt und im fortgeschritteneren
Alter zum Männchen wird. Die jungen Männchen tragen noch das
Kleid der Weibchen. Die Vermehrung findet im Sommer statt, die
Eier entwickeln sich pelagisch.
Jungfische zeigen manchmal das
Verhalten von Putzerfischen. Meerjunker ernähren sich von kleinen
Tieren. Sie schwimmen mit schnel-
len, ruckartigen Bewegungen, die
von einem häufigen Richtungs-
wechsel gekennzeichnet sind.

Meerjunker sind tagsüber sehr aktiv und vergraben sich nachts und zum Winterschlaf im Sand; sie kommen erst dann wieder hervor, wenn die Temperatur 14–16 °C übersteigt.

Trachinus draco

Großes Petermännchen, Petermännchen (D), Greater weever (GB), Grande vive, vive commune, vive dragon (F), Draco, araña, escorpión (E), Grote Pieterman (NL), Peixe-aranha (P), Fjesing (N)

Die im Atlantik lebenden Meerjunkermännchen sind größer als ihre Verwandten im Mittelmeer. Außerdem haben sie eine etwas andere Färbung: Das rote Zick-Zackband ist nicht so stark ausgeprägt und der hintere Teil des Körpers ist dunkler gefärbt.

Länge: 30 bis 40 cm. Lebt auf sandig-schlammigen Böden zwischen 5 und 100 m Tiefe.
Verbreitung: von Norwegen bis Marokko, Mittelmeer. Es ist ein Fisch der Weichböden, der bis auf die Augen im Sand vergraben (siehe S. 36) aus der Lauerstellung jagt. Er fängt seine Beute – Garnelen oder kleine Fische –, indem er mit kräftigen Schwanzbewegungen schnell aus seinem Versteck hüpft. Das Sekret der Giftdrüsen seiner Rückenflossenstacheln ruft heftige Schmerzen und längere Vergiftungen hervor. Die meisten dieser Verletzungen werden allerdings von einer verwandten Art, dem Kleinen Petermännchen oder Viperqueise *(Echiichthys vipera)* verursacht, die sich häufig an Sandstränden aufhält. Dieses Tier wird nicht länger als 14 cm, und seine erste Rückenflosse ist ganz schwarz. Beide Arten vermehren sich im Sommer; die Eier entwickeln sich pelagisch.

Ein Großes Petermännchen. Die schrägen Körperstreifen kennzeichnen diese Art.

Der Himmelsgucker hat kleine Augen und ein charakteristisches, senkrechtes Maul. Wenn er vergraben ist, sieht man so gut wie nichts von diesem Fisch.

Uranoscopus scaber

Himmelsgucker, Sterngucker (D),
Star gazer (GB), Uranoscope, rascasse
blanche (F), Rata (E), Sterrekijker (NL),
Papatabaco (P), Stjernekikker (N)

Dieser massige Fisch wird 30 cm groß und hat eine dunkle Farbe. Er lebt auf Sandböden, in die er sich so weit vergräbt, daß nur noch die Augen hervorragen. Man findet das Tier in Tiefen zwischen 10 und 50 m. Im Mittelmeer und den warmen Teilen des Atlantiks (von Portugal bis Marokko und Madeira) häufig, wandert selten bis zum Golf von Biscaya. Der Himmelsgucker lockt seine Beute (kleine Fische) mit einem Köder vor sein Maul: Er wedelt geschickt mit einem wurmförmigen Hautlappen, der sich an seinem Unterkiefer befindet. Hinter beiden Augen hat er ein elektrisches Organ, das unangenehme Stromstöße austeilt.

Callionymus lyra

Gestreifter Leierfisch (D), Dragonet
(GB), Dragonnet, dragonnet lyre,
doucet (F), Primita (E), Pitvis (NL),
Peixe-pau (P), Vanlig fløyfisk (N)

Häufiger Fisch; die Weibchen werden 20 cm groß und die Männchen 30 cm. Dreieckiger Kopf mit einer langen Schnauze. Die Färbung ist veränderlich, gewöhnlich ist das Tier jedoch gesprenkelt und vermischt sich mit dem Untergrund.

Der Gestreifte Leierfisch ist ein häufiger Fisch der Sandböden. Wenn Sie sich an seine Tarnung gewöhnt haben, werden Sie Dutzende dieser Tiere sehen.

Nur die Männchen können ein prächtiges Laichkleid zur Schau stellen: Sie breiten ihre segelähnliche, blau-gelbe Rückenflosse aus. Wenn das Weibchen die Einladung annimmt, findet ein kurzer Brauttanz statt, in dessen Verlauf beide Partner Seite an Seite Richtung Oberfläche schwimmen und ihre Geschlechtsprodukte abgeben. Die Art lebt auf sandigen oder schlammigen Böden, von der Gezeitenzone bis in 50 oder 100 m Tiefe. Von Island und Norwegen bis Senegal, Mittelmeer. Der Gestreifte Leierfisch ernährt sich von Würmern, Krebstieren und Weichtieren. Es kommen noch ähnliche Arten vor.

Parablennius (Blennius) gattorugine

*Gestreifter Schleimfisch (D), Tompot blenny (GB),
Cabot, baveuse, perce-pierre, blennie rayée,
blennie gattorugine (F), Babosa, cabruza, perro,
vieja, caboce (E), Gestreepte slijmvis, gehoornde
slijmvis (NL), Lula (P), Stripet slimfisk (N)*

*Der Gestreifte Schleimfisch ist der größte
Schleimfisch des Atlantiks und gewiß derjenige,
den man am häufigsten antrifft. Er beißt ganz
frech in Taucherhände, die sich seinem Revier
allzu dicht nähern!*

Länge: durchschnittlich 15 bis 20 cm, in seltenen Fällen 30 cm. Die Art hat eine Vorliebe für algenbedeckte Felsen in geringen Tiefen (0 bis 5 m), kann aber auch bis in 20 m Tiefe absteigen. Verbreitung: Ostatlantik von Marokko bis Schottland, Mittelmeer und Schwarzes Meer. Diesen großen Schleimfisch kann man an seinen roten Augen und den bäumchenförmigen Tentakeln über den Augen ohne Schwierigkeiten erkennen. Er ist ein neugieriger Fisch, der sein Revier und die umliegenden Felsen genau kennt; sein Verhalten wirkt daher recht „intelligent". Er verteidigt sein Revier mutig gegen jeden, der versucht dort einzudringen, und scheut sich nicht einmal, die Hand eines Tauchers anzubeißen! Die Vermehrung findet im Frühjahr statt. Das Männchen hütet die in einer Spalte abgelegten Eier und stellt die Zufuhr sauerstoffreichen Wassers sicher, indem es die Eier mit Hilfe seiner Flossen befächelt. Die Larven schlüpfen nach einem Monat, durchleben dann eine pelagische Phase und gehen einige Wochen später (bei einer Länge von ungefähr 1,5 cm) zur benthischen Lebensweise über. Der Gestreifte Schleimfisch ernährt sich von kleinen Tieren.

Parablennius (Blennius) rouxi

Streifenschleimfisch, Längsbandschleimfisch (D), Long-striped blenny (GB), Blennie de Roux, baveuse à flanc noir (F), Babosa de banda oscura (E), Zwartbandslijmvis, Roux' slijmvis (NL), Babosa raiada (P), Sortstripet slimfisk (N)

Wie alle Schleimfische ist auch der im Flachwasser lebende Streifenschleimfisch ein neugieriger Fisch, der sich Ihren Fingern nähert, wenn Sie geduldig warten. Das Foto zeigt erstmalig ein atlantisches Exemplar dieser Art.

Kleiner Fisch von 6 bis 8 cm Größe. Bewohner des Flachwassers (ab 1 m), wo er zwischen Algen (*Cystoseira*) lebt; er kommt aber auch recht häufig im Koralligen vor (bis ca. 40 m Tiefe). Verbreitung: Ich habe die Art, die bisher nur als endemische Mittelmeerart bekannt war, an der Algarve gefunden, 300 km westlich von Gibraltar. Es ist ein kleiner weiß-gelblicher Fisch, den man leicht an dem dunklen, vom Kopf bis zum Schwanz verlaufenden Längsstreifen erkennt. Nicht mit *Parablennius pilicornis* zu verwechseln und auch nicht mit der Streifengrundel *(Gobius vittatus)*, da diese zwei Rückenflossen (statt einer sehr langen Rückenflosse wie der Schleimfisch) und keine Augententakel hat. Im Gegensatz zu den meisten Schleimfischen ist der Streifenschleimfisch ein Weidegänger, der sich von Algen, Schwämmen, Würmern und kleinen Krebstieren ernährt. Wie viele kleine Artgenossen auch, versteckt er sich gerne in kleinen Löchern, wie z. B. verlassenen Röhren von Würmern oder in ausgehöhlten Gängen von Muscheln. Wenn das Männchen den Kopf aus seinem Versteck streckt, macht es ruckartige, nickende Bewegungen (als würde es mit dem Kopf nicken und „ja" sagen), um andere Männchen zu verjagen und Weibchen anzulocken. Wenn es aus seinem Schlupfwinkel herauskommt, droht es seinen Konkurrenten durch Öffnen des Mauls und Veränderung der Farbe, wobei auf seinen Flanken dunkle Querstreifen erscheinen.

Tripterygion delaisi (xanthosoma)

Gelber Spitzkopf-Schleimfisch, Gelber Dreiflossen-Schleimfisch (D), Yellow blackfaced blenny (GB), Triptérygion à bec jaune (F), Moma nariguda (E), Gele drievinnige slijmvis (NL), Tripterígio amarelo (P), Gul trefinne slimfisk (N)

Ein männlicher Gelber Spitzkopf-Schleimfisch.

Ein weiblicher Gelber Spitzkopf-Schleimfisch.

Kleiner Fisch mit einer maximalen Länge von 8,5 cm. Man findet ihn in Tiefen zwischen 3 und 25 m. Verbreitung: Die Art lebt vor allem im Mittelmeer, ist aber auch im Atlantik von den Britischen Inseln bis Senegal anzutreffen. Sehr ausgeprägter Geschlechtsdimorphismus: Die Männchen haben einen gelben Körper mit einem dunklen Kopf. Die Weibchen besitzen ein hellbraunes Farbkleid mit dunklen marmorierten Querbinden, von denen die letzte einen dunklen Fleck auf der Rückenseite des Schwanzstiels bildet. Die jungen Männchen (1 Jahr) haben hingegen oft eine dem Weibchen ähnliche Färbung und kennen kein Revierverhalten. Diese „Satellitenmännchen" belauern die territorialen Männchen. Wenn es einem Männchen gelungen ist, ein Weibchen zur Befruchtung anzulocken, startet das Satellitenmännchen im Augenblick der Befruchtung einen Blitzüberfall. Es vermischt sein Sperma mit demjenigen des Territorialmännchens, um die Eier zu befruchten. Letzteres wird streng über die Eier wachen, auch wenn seine Vaterschaft nicht 100 % gesichert ist! Unser Junggeselle wird unterdessen andere Liebespaare belästigen. In seinem zweiten Lebensjahr ist er dann normalerweise nicht mehr so zügellos und zeigt ebenfalls ein Revierverhalten. Es besteht aber auch die Möglichkeit, daß er ein Satellitenmännchen bleibt und weiterhin sein Sperma in aller Eile verteilt! So ist es nicht verwunderlich, daß bei einer derartigen Lebensweise nur wenige Männchen älter als zwei Jahre werden!

Pholis gunnellus
Butterfisch (D), Butterfish, gunnel (GB),
Gonnelle, papillon de mer (F),
Gonela (E), Botervis (NL), Gonela,
borboleta-do-mar (P), Tangsprell (N)

Sehr langgestreckter, bandförmig aussehender Fisch von 25 cm Größe. Farbe: braun-gelblich oder grünlich mit vertikalen Streifen und 9–13 schwarzen, weiß gesäumten Augenflecken. Man findet das Tier von der Ebbelinie bis in 100 m Tiefe, oft zwischen Algen und Haftwurzeln von Laminarien. Verbreitung: von der Arktis bis zum Ärmelkanal, wird weiter südlich immer seltener, jenseits des Golfes von Biscaya gar nicht mehr vertreten. Die Eier werden in Nestern zwischen der Oberfläche und 25 m

Auf diesem Foto ist nur ein gutes Körperdrittel des sehr langgestreckten Butterfisches zu sehen.

Tiefe deponiert und von einem Elternteil gehütet. Meistens ist es das Weibchen; dieses nimmt dann bis zum Ausschlüpfen ihrer Nachkommen keine Nahrung mehr zu sich.

Zoarces viviparus
Aalmutter (D), Eelpout, viviparous
blenny (GB), Blennie vivipare (F), Blenio
viviparo (E), Puitaal (NL), Blénio vivipa-
ro (P), Ålekvabbe (N)

Nordischer Fisch von 45 cm Länge. Vom Weißen Meer bis zum östlichen Teil des Ärmelkanals. Farbe: gelb-grünlich oder bräunlich und gefleckt. Dieser langgestreckte Fisch lebt in Tiefen zwischen 4 und 10 m und steigt nur selten in Tiefen bis 40 m ab. Wie der Name schon sagt, handelt es sich um ein lebendgebärendes Tier. Die Eier werden im Körperinnern des Weibchens befruchtet, welches dann nach vier Monaten etwa 300 Junge zur Welt bringen kann.

(Foto: John Neuschwander)

Eine Aalmutter zwischen Sagartia troglodytes *über einem Schlammboden.*

Selten sieht man einen Seewolf aus seinem Versteck hervorkommen. Dieser seltsame nordische Fisch kann 150 cm lang werden!

(Foto: Nils Aukan)

Anarhichas lupus

Seewolf, Katfisch (D), Catfish, wolf-fish (GB), Loup, loup de mer (F), Lobo de mar (E), Zeewolf (NL), Gråsteinbit (N)

Dieser große Fisch kann 150 cm lang werden. Die einzelnen Exemplare sind unterschiedlich grau gefärbt und haben oft dunkle Querbinden. Charakteristisch ist der massige, runde Kopf des Tieres; sein Maul ist mit kräftigen Eckzähnen und großen Backenzähnen ausgestattet, mit denen dieser furchterregend aussehende Fisch Seeigel, Weichtiere und Krebstiere zermalmt. Er würde sogar einen Taucher angreifen, wenn dieser ihn beunruhigen würde. Der Seewolf lebt in Tiefen zwischen 20 und 400 m; von Island und Norwegen bis zum Ärmelkanal, selten südlicher.

Ein männliche Schwarzgrundel richtet als Territorialgebärde ihre Flossen auf.

Gobius niger

Schwarzgrundel (D), Black goby (GB), Gobie noir (F), Pez del diablo, chaparrudo (E), Zwarte grondel (NL), Caboz negro (P), Svartkutling (N)

Diese etwa 15 cm große Grundel ist gewöhnlich beigefarben mit dunklen Flecken; die Männchen können jedoch zur Paarungszeit schwarz werden. Man findet die Art von der Oberfläche bis in 75 m Tiefe, auf sandigen oder schlammigen Böden. Sie verträgt Brackwasser (Lagunen, Flußmündungen). Verbreitung: von Norwegen bis Mauretanien, Mittelmeer und Schwarzes Meer.

Gobius cruentatus
Blutmund-Grundel, Blutgrundel (D),
Red-mouthed goby (GB), Gobie sanglant,
gobie à bouche rouge (F), Bobi (E),
Roodbekgrondel (NL), Caboz (P), Bløk-
kutling (N)

Größe: 10 bis 18 cm. Bewohner
von Seegraswiesen und Detritus-
Böden zwischen 5 und 40 m Tiefe.
Verbreitung: Mittelmeer und Ostatlantik, von Marokko bis Irland.
Die Blutmund-Grundel ernährt
sich von kleinen Fischen, Krebstieren, Würmern und Weichtieren.

Eine Blutmund-Grundel ruht sich auf einem
Sandboden aus. Manchmal ist der Mund in einem
noch intensiveren Rot gefärbt (daher auch der
Name dieser Art).

Thorogobius ephippiatus
Leopardengrundel (D), Leopard goby
(GB), Gobie léopard (F), Pez leopardo
(E), Luipaardgrondel (NL), Caboz
leopardo (P), Rødflekket kutling (N)

Größe: 13 cm. Bewohner von Spalten und Höhlen, den man oft zwischen Steinblöcken von Molen antreffen kann. Von der Oberfläche
bis in 40 m Tiefe. Verbreitung: Mittelmeer und Ostatlantik, von Madeira bis zu den Britischen Inseln.
Dieser Fisch hat den Ruf, selten zu
sein. Aufgrund seiner Vorliebe für
Vertiefungen und Höhlen wird er in
der Tat nur wenig wahrgenommen;
sucht man ihn aber an den richtigen
Stellen, ist er recht häufig anzutreffen. Sein Kopf und sein Körper
sind hell; auf dem Kopf hat er kleine rötliche Flecken und auf dem
Körper große braune Flecken.

Eine Leopardengrundel in typischer Haltung
vor einer kleinen Höhle, in der sie sich bei der
geringsten Gefahr versteckt.

Gobius xanthocephalus
Gold-Meergrundel (D), Golden goby (GB),
Gobie doré (F), Gobius dorado (E), Goud-
grondel (NL), Caboz dourado (P), Gulkutling (N)

Die Gold-Meergrundel ist nur schwierig zu
beobachten, da sie beim Herannahen des
Tauchers ganz schnell in ein Loch flüchtet.

Größe: etwa 10 cm. Lebt auf Felsen und koralligenen Substraten in Tiefen zwischen 10 und 80 m. Verbreitung: vor allem im Mittelmeer, ist aber auch im angrenzenden Atlantik anzutreffen. Man weiß sehr wenig über diesen charakteristisch gefärbten Fisch: Er hat einen gelben Kopf, einen helleren Körper und ist überall rot gepunktet. Nicht mit *Gobius auratus* zu verwechseln, die goldgelb gefärbt ist und winzige, kaum sichtbare Punkte auf dem Körper hat, und auch nicht mit *Gobius luteus,* die vollkommen gelb ist.

Gobiusculus (Chaparrudo) flavescens
Schwimmgrundel, Fleckgrundel (D),
Two-spotted goby (GB), Gobie nageur,
gobie jaunâtre (F), Gobio moteado (E),
Ruthensparr's grondel (NL), Caboz
manchado (P), Tangkutling (N)

Kleine (6 cm) längliche, recht farbenfrohe Grundel. Farbe: Das Tier besitzt auf einem grün-braunen Untergrund einige blaue und rote Flecken und eine Serie von abwechselnd hellen und dunklen Flecken. Häufiger Küstenfisch, der über algenbedeckten Felsen und zwischen Laminarienwedeln lebt, manchmal auch in supralitoralen Fluttümpeln; bis in 15 m Tiefe. Verbreitung: von Norwegen bis Spanien.

Gobiusculus flavescens ist eine der wenigen
Grundeln, die kein benthisches Leben führen.
Man sieht diesen Fisch oft auf den ersten zehn
Metern unter der Wasseroberfläche in kleinen
Schwärmen über Algen schwimmen.

Pomatoschistus minutus
Kleine Meergrundel, Strandgrundel (D),
Sand goby (GB), Gobie buhotte,
gobie du sable (F), Gobio de playa (E),
Strandgrondel (NL), Sandkutling (N)

Größe: 8–10 cm. Die Färbung dieser Grundel ist den Sandböden, auf denen sie lebt, gut angepaßt. Häufige Art, die man von Norwegen bis zum Mittelmeer antrifft. Sie hält sich in Tiefen zwischen 0 und 20 m auf. Man sieht die Strandgrundel häufig bei Ebbe in den Wasserlachen; sie verrät ihre Anwesenheit durch ihre Bewegungen. Es gibt ähnliche Arten, die aber gewöhnlich kleiner sind, darunter die ein wenig dunklere *P. pictus.*

Es gibt mehrere Pomatoschistus-*Arten. Sie alle haben hoch auf dem Kopf dicht beieinander liegende Augen. Die meisten von ihnen leben auf Sandböden.*

Trigla lucerna
Roter Knurrhahn (D), Tub gurnard,
yellow gurnard, saphirine gurnard (GB),
Grondin perlon, trigle hirondelle (F),
Borracho rojo (E), Rode poon (NL),
Ruivo vermelho (P), Rød knurr (N)

Größe: 30–75 cm (6 kg). Lebt auf Weichböden in Tiefen zwischen 5 und 150 m (manchmal bis zu 300 m). Verbreitung: von Norwegen bis Senegal, Mittelmeer und Schwarzes Meer. Veränderliche Färbung: Rücken und Flanken sind grau, grünlich, gelblich, schmutzigrosa oder rötlich, der Bauch ist bleich. Der Kopf kann rot sein, und die Brustflossen haben einen blauen Schimmer. Die drei ersten Strahlen dieser Flossen sind frei, und ihre Enden enthalten Geschmacks- und Geruchsorgane. Dieser Fisch kann knurrende Laute erzeugen.

Der Knurrhahn „schreitet" mit Hilfe seiner Brustflossenstrahlen über den Grund.

Scorpaena porcus
*Brauner (Kleiner) Drachenkopf, Kleine Meersau
(D), Brown scorpionfish, small-scaled scorpionfish
(GB), Rascasse brune (noire), rascasse porc,
petite rascasse (F), Cabracho de roca (E), Bruine
schorpioenvis (NL), Rascasso (P), Skorpionfisk (N)*

Ein auf der Lauer liegender Brauner Drachenkopf.

Die Art wird 15–30 cm lang. Charakteristischer Kopf mit kleinen Hautlappen zur Tarnung. Das Tier ist oft braun gefärbt, obwohl auch rote Exemplare nicht selten sind. Es lebt auf algenbedeckten Felsböden, von der Oberfläche bis in 200 m Tiefe, manchmal auch tiefer. Verbreitung: Mittelmeer, Ostatlantik von Senegal und den Kanarischen Inseln bis zum Golf von Biscaya, im Ärmelkanal selten. Benthisch lebender Fisch, der nicht gerne schwimmt und bewegungslos auf felsigen Böden oder in Seegraswiesen aus der Lauerstellung jagt. In seinen Flossen hat er giftige Strahlen. Die Schuppen dieses Tieres werden von einer schleimigen Haut bedeckt, um das Festsetzen von Algen zu vermeiden.

Dieser Fisch ist kleiner als der Braune Drachenkopf, hat eine lebhaftere Färbung und weniger Hautanhängsel auf dem Kopf.

Scorpaena notata
*Kleiner roter Drachenkopf, Pusteliger
Drachenkopf (D), Pustulous scorpionfish
(GB), Rascasse pustuleuse, garde-écueil,
guignol (F), Cabracho pustuloso (E),
Puistige schorpioenvis (NL), Rascasso
(P), Skorpionfisk (N)*

Länge: 10 bis 18 cm. Die Art liebt dunkle Plätze (Höhlen) in Tiefen zwischen 5 und 700 m. Verbreitung: Mittelmeer und Atlantischer Ozean, vom Golf von Biscaya bis Senegal.

Myoxocephalus (Cottus) scorpius

Seeskorpion (D), Short-spined sea-scorpion, bull-rout (GB), Chaboisseau de mer commun, scorpion de mer, diable de mer (F), Charrasco (E), Zeedonderpad (NL), Charrôco (P), Vanlig ulke (N)

Das Tier hat einen breiten, abgeflachten Kopf mit Knochenhöckern. Es wird in unseren Breitengraden bis zu 35 cm groß und in den arktischen Gewässern bis zu 90 cm. Die Farbe variiert von grau bis braun mit dunklen Flecken auf dem Kopf und hellen Flecken auf den Seiten. Die Männchen haben einen gelblichen Bauch und die Weibchen einen orangefarbenen. Man findet den Seeskorpion auf unterschiedlichen Böden von der

(Foto: Harry Klerks)

Der Seeskorpion ernährt sich von Krebstieren und Fischen.

Oberfläche bis in 60 m Tiefe, oft im Flachwasser. Nordische Art, die man von Grönland und Island bis zum Ärmelkanal antrifft, selten südlicher.

Cyclopterus lumpus

Seehase (D), Lump sucker, sea hen (GB), Cycloptère, lompe, lump, mollet, poule de mer (F), Lompa (E, P), Snotolf (NL), Rognkjeks (N)

Plumper Fisch von 50–60 cm Größe. Sein Körper ist von Knochenplatten bedeckt, von denen vier Reihen deutlich sichtbar sind. Farbe: blau oder grau; zur Laichzeit werden die Männchen orangefarben. Der Seehase heftet sich mit Hilfe der zu Saugscheiben umgewandelten Brustflossen am Boden fest. Er lebt von der Oberfläche bis in 150 m Tiefe, manchmal auch tiefer. Nordischer Fisch, den man von der Arktis bis zum Ärmelkanal antrifft, selten bis Portugal. Er legt

(Foto: John Neuschwander)

Ein in Unruhe versetzter Seehase flüchtet über ein Feld von Meersalat (Ulva lactuca).

unzählige rosafarbene Eier, die vom Männchen bewacht werden. Schwarze Eier von Seehasen kommen als billiger Kaviar in den Handel.

(Foto: Jos Audenaerd)

Ein Seestichling steht unbeweglich zwischen den Thalli der Grünalge Enteromorpha compressa.

Spinachia spinachia
Seestichling (D), Fifteen-spined stickleback (GB), Épinoche de mer (F), Espinosillo (E), Zeestekelbaars (NL), Esganagata (P), Tangstikling (N)

Dieser langgestreckte, nach hinten spitz zulaufende Fisch ist 15–20 cm lang und hat 14–16 Rückenstacheln. Er ist bräunlich oder grünlich gefärbt, das Laichkleid des Männchens ist blau. Küstenfisch, der zwischen Algen oder in Seegraswiesen *(Zostera)* lebt, von der Oberfläche bis in 10 m Tiefe, manchmal in supralitoralen Fluttümpeln. Man findet ihn vom Nordkap bis zum Golf von Biscaya. Das Weibchen legt seine 150–200 Eier in ein vom Männchen gebautes, tunnelförmiges Algennest. Das Männchen bewacht anschließend die Eier bis zum Ausschlüpfen der Larven und beschützt danach sogar noch die junge Fischbrut. Die Lebenserwartung dieser Tiere beträgt nur zwei Jahre.

Den Glattbutt erkennt man daran, daß die ersten Strahlen seiner „Rückenflosse" (links im Bild) verzweigt und nicht vollständig durch eine Membran verbunden sind.

Scophthalmus rhombus
Glattbutt (D), Brill (GB), Barbue (F), Rapante (E), Griet (NL), Slettvar (N)

Der Glattbutt erreicht eine größe von 70 cm; er ist kleiner und ein wenig schlanker als der Steinbutt *(Scophthalmus maximus)*. Er lebt auf Sandböden, von der Oberfläche bis in 70 m Tiefe. Verbreitung: von Norwegen bis Marokko, Mittelmeer. Die Art erträgt Brackwasser (Küstenteiche, Flußmündungen). Ihre Färbung ist wie bei den meisten Plattfischen sehr veränderlich, oft dem Untergrund angepaßt.

Zeugopterus punctatus
Haarbutt (D), Topknot (GB), Targeur (F),
Pelaya miseres (E), Gevlekte griet (NL),
Solha da rocha (P), Hårvar (N)

Plattfisch von etwa 20 cm Größe. Bewohner sandiger und felsiger Böden in Küstennähe.
Lebt in Tiefen zwischen 5 und 50 m, kann aber auch in Tiefen bis zu 300 m absteigen.
Verbreitung: Mittelmeer und Atlantik, von Gibraltar bis zu den Britischen Inseln. Rauhe Schuppen verleihen dem Fisch ein „haariges Aussehen", das seine Tarnung vervollkommnet. Er ist der einzige Plattfisch, der sich an Felswände „kleben" kann und der sogar unter Überhängen gesichtet wurde. Er

Ein gut getarnter Haarbutt an einer Höhlendecke.

ernährt sich von kleinen, benthisch lebenden Tieren (Garnelen, Würmer) und von Eiern anderer Fische. Vermehrung: Frühlingsende bis Sommeranfang.

Pleuronectes platessa
Scholle, Goldbutt (D), Plaice (GB),
Carrelet, plie (F), Solla (E), Schol (NL),
Solha (P), Rødspette (N)

Man erkennt die bis zu 60 cm große Scholle (das größte Exemplar war 90 cm groß, 7 kg schwer und 50 Jahre alt) sofort an den großen orangefarbenen Flecken auf ihrem grauen Körper. Sie lebt auf Sand- und Detritusböden von der Oberfläche bis in mehr als 400 m Tiefe; sie kann aber auch in brackige Flußmündungen aufsteigen. Man findet sie vom Weißen Meer bis Gibraltar sowie im westlichen Mittelmeer. Wirtschaftlich bedeutende Art, die vor allem in der Nordsee gefangen wird. Sie ernährt sich hauptsächlich von Weichtieren.

(Foto: Philippe Le Granché)

Man erkennt die Scholle an den orangefarbenen Flecken auf ihrem Körper.

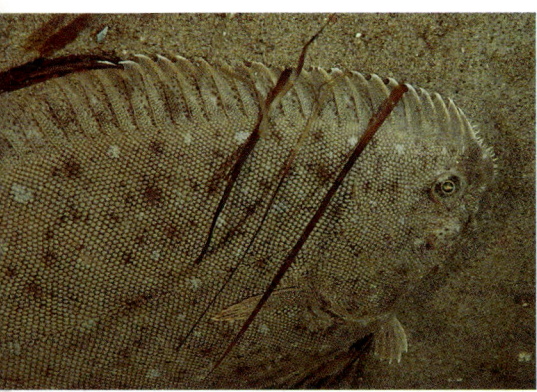

Die ovale Körperform und die „Haare unter dem Kinn" sind für die Seezunge charakteristisch.

Solea solea (vulgaris)
Seezunge (D), Sole, Dover sole (GB), Sole (F), Lenguado (E), Tong (NL), Linguado (P), Tunge (N)

Die Seezunge hat eine charakteristische ovale Körperform; sie wird 30–50 cm groß (selten, im Alter von 20 Jahren, 70 cm groß und 3 kg schwer). Farbe: grau-bläulich oder bräunlich. Man findet sie auf sandigen oder schlammigen Böden, vom Ufer bis in 200 m Tiefe. Verbreitung: von Norwegen bis Senegal, Mittelmeer. Sehr geschätzter Fisch.

Man trifft an den französischen Küsten immer häufiger auf den Drückerfisch. Ich habe bei Belle-Île, Arcachon und Saint-Jean-de-Luz Schwärme mit mehreren Dutzend Tieren gesehen.

Balistes carolinensis (capriscus)
Drückerfisch (D), Trigger-fish (GB), Baliste, baliste commun (F), Pez ballesta (E), Trekkervis (NL), Cangulo (P), Avtrekkerfisk (N)

Dieser hübsche Fisch wird 25–50 cm groß. Farbe: grau oder grünlich, manchmal mit blauen Mustern und einem violetten Schimmer auf dem Rücken. Er hat große, deutlich sichtbare Schuppen. Das Tier lebt in der Nähe von Felsküsten und über Wracks. Es ernährt sich von Weichtieren und Seepocken, die mit Hilfe der kräftigen Zähne abgerissen werden. Man findet die Art vom Ärmelkanal bis Angola und im Mittelmeer. Sie scheint seit einigen Jahren an den französischen Küsten immer häufiger zu werden.

Mola mola
Mondfisch (D), Sunfish, short sunfish (GB), Poisson-lune, mole (F), Pez luna, mola (E), Maanvis, klompvis (NL), Peixe-lua (P), Månefisk (N)

Dieser Fisch kann 3 m groß werden. Pelagisch lebendes Tier, das häufig an der Oberfläche gesichtet wird, aber auch in die Tiefen (mehrere hundert Meter) hinabsteigen kann. Verbreitung: weltweit verbreitete Art in warmen und gemäßigten Meeren, die sich manchmal nach Norden, bis in die skandinavischen Gewässer begibt. Man trifft diesen Fisch oft dicht an der Oberfläche; er läßt sich dort treiben, wobei die Rückenflosse aus dem Wasser herausragt. Der Mondfisch ernährt sich von Quallen, Tintenfischen, kleinen Fischen und verschiedenen Larven. Über die Vermehrung weiß man noch wenig. Sie findet in der Sargasso-See statt, wo das Weibchen bis zu 300 Millionen Eier legt. Die Brut unterscheidet sich erheblich von den erwachsenen Tieren: Sie hat eine gut entwickelte Schwanzflosse, während die Erwachsenen nur einen Stummel am Körperende tragen.

(Foto: John Neuschwander)

Ein nahes Zusammentreffen mit Mondfischen ist selten: Das Tier hat die ärgerliche Angewohnheit, in aller Eile zu verschwinden, sobald sich ein Taucher nähert.

Lepadogaster candollei

Purpur-Ansauger, Rotsproßansauger (D), Connemara clingfish, connemara sucker, shore clingfish (GB), Lépadogaster de Candolle (F), Pega roques (E), Zuignapvis (NL), Peixe ventosa (P), Kystdobbeltsuger (N)

Größe: 7–12 cm. Man erkennt die Art an ihren roten Flecken und an ihren abwechselnd rot und weiß gestreiften Augen. Sie bewohnt dieselben Standorte wie die folgende Art, ihre geographische Verbreitung erstreckt sich jedoch ein wenig weiter nach Süden: von den Britischen Inseln bis zu den Kanarischen Inseln, Mittelmeer.

Die silberfarbene Linie zwischen den Augen ist typisch für Lepadogaster candollei.

Lepadogaster lepadogaster (gouani)

Ansauger, Bandschild (D), Shore clingfish, Cornish sucker (GB), Lépadogaster de Gouan, porte-écuelles (F), Pega roques, chafarrocas (E), Gevlekte zuignapvis (NL), Peixe ventosa (P), Kystdobbeltsuger (N)

Dieser Fisch hat die Form einer Kaulquappe (breiter Kopf, zugespitzter Schwanz) von 5 bis 10 cm Länge. Ein typischer Fisch des In-

Ein Ansauger hat sich mit Hilfe seiner doppelten Bauchsaugscheibe unter einem Stein festgeheftet. Man erkennt die Art an den blauen Flecken hinter dem Kopf.

fralitorals (zwischen 0 und 10 m), wo man ihn zwischen Steinen (und besonders darunter!), zwischen Algen und in den Fluttümpeln des Supralitorals findet. Verbreitung: von Schottland bis zum Mittelmeer. Die Brust- und Bauchflossen bilden eine doppelte Bauchsaugscheibe, mit der sich das Tier an Felsen festheften kann. Diese Besonderheit und sein abgeflachtes Profil erlauben ihm, starken Turbulenzen dicht an der Oberfläche zu widerstehen. Nichtsdestotrotz bevorzugen Ansauger den Schutz von Steinen, unter denen sie sich festheften, um dort im Frühling und Sommer ihre goldgelben Eier abzulegen. Das Gelege wird vom Männchen bewacht. Aufgrund ihrer versteckten Lebensweise scheint die Art seltener zu sein, als sie in Wirklichkeit ist.

Lophius piscatorius

Seeteufel, Anglerfisch, Froschfisch (D), Angler fish, monk fish, frog fish (GB), Baudroie, lotte (de mer), grenouille, crapaud (F), Rape, rana pescadora, pez sabo (E), Zeeduivel (NL), Tamboril (P), Breiflabb (N)

Der Seeteufel kann 2 m groß und 40 kg schwer werden. Er bevorzugt Weichböden zwischen der Oberfläche und 550 m Tiefe, hält sich aber

Ein junger, auf der Lauer liegender Seeteufel. Bemerkenswert sind das gewaltige Maul und die Hautanhängsel, die den Unterkiefer säumen; sie ähneln Algen und machen die Tarnung dieses Tieres perfekt. Der erste Strahl der Rückenflosse dient als „Angel".

auch zwischen Algen und auf kleinen Sandflächen zwischen Felsen auf. Verbreitung: Mittelmeer, Atlantik, Nordsee, Ostsee. Benthisch lebender Fisch, der aus der Lauerstellung jagt. Er bewegt sich, indem er sich auf seinen Brustflossen abstützt; dies geschieht normalerweise so langsam, daß keine Wasserbewegung spürbar ist. Manchmal gräbt er sich zur Hälfte ein, um seiner Beute aufzulauern; eine überflüssige Maßnahme, da die Färbung seiner Haut und seiner Hautanhängsel dieses furchterregende Tier wie einen mit Algen bedeckten Felsen aussehen läßt. Die ersten drei Rückenstrahlen sind frei; der erste davon befindet sich weit vorne, unmittelbar hinter dem Maul und endet in einem Hautlappen. Dieser wird genau vor dem Kopf als Köder hin und her bewegt, um Beute anzulocken. Wer sich allzu nahe heranwagt, wird durch die plötzliche Öffnung des gewaltigen Mauls angesogen. Die Vermehrung findet von Frühlingsbeginn bis Ende des Sommers statt, in der Regel in Tiefen über 100 m. Die Eier werden in gallertartigen Bändern von fast 1 m Breite und mehreren Metern Länge abgelegt. Die Jungen leben pelagisch, gehen aber nach einer Metamorphose zum Bodenleben über, wenn ihre Länge einige Zentimeter überschreitet. Das feste schmackhafte Fleisch ist sehr begehrt. Es gibt noch eine andere Art, *L. budegassa,* die kleiner (weniger als 80 cm) und rötlicher gefärbt ist und deren Fleisch weniger begehrt ist.

(Foto: Roger Durand)

Meeressäugetiere

Tursiops truncatus

Großer Tümmler (D), Bottlenose dolphin (GB), Grand dauphin, souffleur, dauphin à gros nez (F), Delfin mular (E), Tuimelaar (NL), Roaz, roaz-corvineiro (P), Delfin (N)

Länge: 3 bis 4 m, Gewicht: 200 bis 600 kg. Er ist in allen gemäßigten und warmen Meeren der Welt zu Hause. Viele geographische Rassen. Der Große Tümmler ist die bekannteste Art, da man ihn in den Delphinarien der ganzen Welt findet. Er ernährt sich sowohl von pelagisch als auch von benthisch lebenden Tieren. Der Große Tümmler kann 25–30 Jahre alt werden.

Man trifft nur selten auf einen in Freiheit lebenden Delphin. Hier sehen Sie den berühmten Jean-Louis, der viele Jahre lang Badegäste und Taucher in der Bretagne (Pointe du Van) begrüßte. 1989 verschwand er auf rätselhafte Weise.

Globicephala melaena

Grindwal, Langflossengrindwal (D), Longfin pilot-whale, blackfish (GB), Globicéphale noir, dauphin pilote (F), Globicéfala negra, ballena piloto (E), Griend (NL), Globicéfala negra (P), Grindhval (N)

Erwachsene Grindwale sind 5 bis 6,5 m groß und wiegen zwischen 1.800 kg (Weibchen) und 3.800 kg (Männchen). Die Art ist in allen Ozeanen der Welt zu Hause; man beobachtet sie vor allem von Booten aus, kann aber auch am Ufer auf gestrandete Tiere treffen. Manchmal stranden die Tiere massenhaft: 1963 strandeten etwa hundert Grindwale bei der Île d'Yeu! Die Populationen des Nordatlantiks findet man von Grönland und Island bis Norwegen, mit einer beträchtlichen Konzentration im Norden der Britischen In-

seln. In der Nordsee sind die Tiere eher selten, während man sie im Golf von Biscaya, bei Gibraltar und im westlichen Mittelmeerbecken häufig antrifft. Die Art ernährt sich von Kopffüßern und Fischen und kann bis zu 25 Jahre alt werden.

Halichoerus grypus

Kegelrobbe (D), Grey seal (GB), Phoque gris (F), Foca gris (E), Grijze zeehond (NL), Foca cinzenta (P), Havert, gråsäl (N)

Die Weibchen können größer als 2 m (250 kg) werden, die Männchen sind 3 m groß (300 kg). Die Art kommt nur im Nordatlantik vor, wobei die „Spitze" der Bretagne die Südgrenze darstellt. Kegelrobben leben auf Felsküsten, vorzugsweise auf ungestörten Inseln. Sie ernähren sich von Fischen und können bis zu 35 Jahre alt werden. Vor 10 Jahren zählte man im gesamten Atlantik 50.000 Individuen, darunter 35.000 Exemplare bei den Britischen Inseln, wo die Art seit 1914 geschützt ist. Ge-

(Foto: John Neuschwander)

Bei den Kanarischen Inseln können Taucher am leichtesten Gruppen von 6–50 Grindwalen beobachten.

(Foto: G. Bentz & F. Siorat, LPO)

Eine große männliche Kegelrobbe nimmt ein Sonnenbad bei Sept-Îles (Côtes d'Armor).

(Foto: John Neuschwander)

Der Seehund hat einen wesentlich runderen Kopf als die Kegelrobbe.

genwärtig ist die Art in ganz Europa geschützt und scheint nicht gefährdet zu sein: Sogar an der Südgrenze des Verbreitungsgebietes der Kegelrobbe kann man die Geburt von Jungtieren (Heulern) miterleben.

Phoca vitulina

Seehund (D), Common seal (GB), Phoque veau-marin (F), Foca común (E), Gewone zeehond (NL), Foca comum (P), Steinkobbe (N)

Die Weibchen werden bis zu 1,50 m groß (120 kg) und die Männchen 2 m (150 kg). Die Art lebt im Nordatlantik; ihr Verbreitungsgebiet erstreckt sich von Island bis Portugal, obwohl im südlichen Ärmelkanal nur vereinzelte Tiere beobachtet wurden. *Phoca vitulina* bevorzugt Sandküsten. Er ernährt sich von Fischen, Kopffüßern und Krebstieren. Das Tier wird etwa 25 Jahre alt. Vor zehn Jahren schätzte man den gesamten Bestand im Atlantik auf 50.000 Exemplare. Die niederländischen Populationen wurden besonders gut registriert: 1950 gab es noch 3.200 Tiere; 1989 waren es nur noch 400, darunter sehr wenige Jungtiere. Dafür ist in erster Line PCB (Polychlorierte Biphenyle) verantwortlich, das die Weibchen unfruchtbar macht. Glücklicherweise sind die Populationen im Atlantik (bei Island gibt es ungefähr 20.000 Tiere!) nicht so stark von der Verschmutzung betroffen.

Tauchpraxis und Fototechnik

Tauchen und Unterwasserfotografie

Dieses Buch möchte weder ein Tauchlehrbuch noch ein Handbuch für Unterwasserfotografie sein. Es gibt bereits eine Anzahl hervorragender Werke, die sich mit diesen Themen beschäftigen.Tauchen lernt man vor allem in speziellen Tauchclubs mit kompetenten Tauchlehrern. Ein Buch kann daher nur eine zusätzliche Informationsquelle sein. Bei der Unterwasserfotografie sieht es etwas anders aus. Das Kursangebot wird zwar immer größer, aber man lernt normalerweise am besten in der Praxis. Für den Anfänger können die ersten Fotos enttäuschend sein, und viele Taucher verkaufen ihre Ausrüstung nach einer ersten mißlungenen Fotosaison wieder. Das ist sehr bedauerlich! Denn eine „Foto-Safari" unter Wasser ist für einen Taucher eine der ehrenwertesten Beschäftigungen. Er muß zu diesem Zweck die Technik des Tauchens beherrschen, über eine gute Beobachtungsgabe und Kenntnisse der Unterwasserwelt verfügen und zudem noch ein künstlerisches Auge haben. Man lernt all das im Laufe der Zeit. Ich erlaube mir aber trotzdem, dem Leser hier einige „Tips" zu geben.

Tauchpraxis

Die Tarierung:
Bei allen Tauchtechniken ist die Beherrschung der Tarierung entscheidend. Hierbei ist die exakte Abstimmung von Bleigewichten zum Auftriebsvolumen eine Grundvoraussetzung: Bei leerer Flasche sollten Sie in der Lage sein, den 3-Meter-Sicherheitsstop noch mühelos einzuhalten. Führen Sie zuwenig Blei mit sich, würden Sie in dieser Phase ständig zur Wasseroberfläche treiben. Haben Sie zuviel Blei am Gürtel, müssen Sie während des Tauchgangs ständig gegen den „Abtrieb" ankämpfen. Der Abtrieb wird mittels aufblasbarer Tarierhilfen (stabilizing-jackets) kompensiert, indem über einen „Inflator" per Knopfdruck direkt aus der Druckluftflasche Luft in die Tarierhilfe strömt. Derartig schwerelos austariert gelingen Ihnen die besten Fotos.

Der Flossenschlag:
Mußten Sie während Ihrer Ausbildung Kilometer um Kilometer zurücklegen? Unnötig! (Nicht ganz: Wenn Sie irgendeines Tages gegen die Strömung zum Tauchboot zurückschwimmen müssen, werden Sie ihrem Tauchlehrer für die Schinderei dankbar sein.) Schweben Sie über dem Grund (siehe: Tarierung). Versuchen Sie vor allem nicht, sich über dem Grund zu halten, indem Sie mit den Flossen schlagen. Sie würden damit alle Fische erschrecken und

Schlamm- und Sandwolken auf-
wühlen, die Ihnen die Sicht nehmen
und die Aufnahmen verderben. Kriechen Sie nicht auf dem Bauch oder auf
den Knien über den Boden! Je unbe-
weglicher Sie sind und je mehr Sie sich
mit der Umgebung vermischen, desto
mehr Fische werden auf Sie zukom-
men.
Da Sie langsamer atmen, gibt es weniger Luftblasen, die die Tiere erschrecken könnten. Außerdem können
Sie länger am Grund bleiben, ohne in
Luftmangel zu geraten. Dank Ihrer Be-
wegungslosigkeit werden Sie auch
mehr und mehr kleine Dinge entdecken. Wenn Sie eine Stunde lang im
Umkreis von 20 Metern verweilen,
werden Sie mehr sehen, als wenn Sie in
einer halben Stunde einen Kilometer
zurücklegen! Wenn es sich um einen
sedimentreichen Boden handelt, dann
plazieren Sie sich am besten gegen die
Strömung oder senkrecht zur Strömung. So wird Ihnen eventuell aufge-
wühlter Schlamm nicht im Wege sein.
Sollten Sie sich zu zweit (oder zu mehreren) senkrecht zur Strömung aufhalten, dann sollte sich der jeweils nach-
folgende Taucher etwas weiter „oberhalb" der Strömung befinden als sein
Vorgänger.

Die Tiefe:
Bezüglich der Tiefe läßt sich sagen,
daß man im Atlantik die lebensreich-
sten Zonen zwischen der Oberfläche
und ungefähr 20 m Tiefe findet. Man
muß also keine „Rekorde" aufstellen:
Unterhalb von 20 m gibt es weniger zu
sehen, und Sie können dort nicht so

lange verweilen. Lesen Sie noch einmal das Kapitel über den „ersten
Meter".

Apnoe:
Beim Apnoe-Tauchen sieht man Dinge, die man mit Druckluftgerät nicht
sehen würde; z. B. scheue Fische, die
vor den Geräuschen der Luftblasen
fliehen. Mindestens 10 % der Fotos in
diesem Buch sind durch Apnoe ent-
standen... Aber Vorsicht! Sie sind
nicht Jacques Mayol... Apnoe ist nicht
ungefährlich. Sie lernen es am besten
bei Ihrem Lieblingtauchlehrer. Er
wird Ihnen erklären, was Sie tun müssen und vor allem, was Sie vermeiden
sollten.

Unterwasserfotografie

Überlegen Sie gut, bevor Sie sich darauf einlassen. Es ist ein teures Hobby,
und der Weg ist mit Enttäuschungen
gepflastert! Es ist aber auch eine große
Befriedigung, wenn man seine ersten
gelungenen Fotos in Händen hält...

Die Kamera:
Bezüglich der Kamera läßt sich sagen,
daß der Anfänger mit einer Nikonos
(die auch von zahlreichen Profis benutzt wird) oder einer Sea & Sea Mo-
tormarine beginnen sollte. Sie sind
durch eine einfache Handhabung gekennzeichnet und bieten doch viele
Möglichkeiten (ungefähr 20 % der Fotos in diesem Buch wurden mit einer
Nikonos aufgenommen). Es wäre ideal,
wenn Sie eine gebrauchte Nikonos-III
bekommen könnten. Dieses Modell ist

das zuverlässigste aus der Serie. Die Nikonos-V (neu oder gebraucht) ist vielseitiger, aber auch empfindlicher. Meiden Sie die anderen Modelle (ll und lV)! Man beginnt mit einem Standardobjektiv (35 mm) und widmet sich dann Nahaufnahmen (Makrofotografie), vorzugsweise mit Hilfe von Zwischenringen. Ich empfehle, mit den Maßstäben 1:3 und 1:2 anzufangen. Bei diesen Maßstäben macht man keine Einstellungsfehler, und es gibt hierfür eine unerschöpfliche Anzahl von Motiven. Wenn die korrekte Belichtung einmal eingestellt ist, werden Sie Filme mit vielen technisch (nicht zwangsläufig ästhetisch) gelungenen Fotos aus Ihrem Urlaub nach Hause bringen. Später können Sie sich dann mit dem Zwischenring für den Maßstab 1:1 beschäftigen.

Das Blitzgerät:
Ein Blitzgerät ist unverzichtbar, um Farbe und ausreichend Licht zu haben, damit Sie bis Blende f=16 oder f=20 abblenden können; dies ist eine notwendige Voraussetzung für Nahaufnahmen, um eine ausreichende Tiefenschärfe zu erhalten. Wählen Sie kein allzu starkes Blitzgerät aus! Die kleinen Blitzgeräte (wie Yellow Sub 50 von Sea & Sea oder Ikelite MV) sind völlig ausreichend.

Der Film:
Arbeiten Sie vorzugsweise mit Diapositiven mit 50 oder 100 ASA. Welchen Film sollen Sie wählen? Das ist Geschmackssache. Nehmen Sie einen

Kodachrome, Ektachrome, Fujichrome oder Agfachrome. Kaufen Sie keine anderen Marken; diese sind zwar preiswerter, aber auch nicht so gut.

Wie bereitet man sich vor?

Im Schwimmbad:
Nehmen Sie einen Probefilm auf, um sich mit Ihrer Kamera vertraut zu machen. Machen Sie gleiche Bilder mit unterschiedlichen Blenden (z. B. Zwischenring 1:2, fotografieren Sie Ihre Taucheruhr oder irgend ein anderes Objekt mit Blende f=11, f=16 und f=22). Notieren Sie alles, was Sie tun. Aus dem entwickelten Film können Sie dann ableiten, welche Belichtungen Sie im Meer wählen müssen.

Wie gelingen Ihre Fotos?
Mit Geduld… Feuern Sie keine „MG-Schüsse" ab. Nehmen Sie sich Zeit zum Beobachten und variieren Sie in Ruhe die Neigung Ihrer Kamera und Ihren Blickwinkel. Stellen Sie sich vor, was später auf dem Foto zu sehen sein wird. Die Bildkomposition ist sehr wichtig. Eine diagonale Leitlinie auf Ihrem Foto wirkt oft Wunder. Aufgewirbeltes Sediment wird hingegen Ihre Bilder ruinieren, besonders wenn Sie mit Blitz arbeiten (siehe: Tarierung und Flossenschlag).

Pflege:
Sie ist von großer Bedeutung. Auf dem Boot sollten Sie Ihre Kamera vor Erschütterungen und vor der Sonne schützen. Sie können sie z. B. in ein

feuchtes Frottierhandtuch einwickeln. Nach dem Tauchgang sollten Sie die Kamera auf jeden Fall mit Süßwasser abspülen (nicht mit einem Wasserstrahl; lassen Sie sie einfach 10 Minuten im Wasser liegen). Reinigen Sie regelmäßig die Dichtungsringe, um dort festsitzenden Sand und Salz zu entfernen, und fetten Sie dann die Teile mit einem dünnen Siliconfett ein. Es empfiehlt sich, die Kamera alle zwei Jahre beim Hersteller überholen zu lassen.

Und dann?
Der nächste Schritt ist der schwierigste, denn jetzt müssen Sie sich an Fotos von Tauchern, Unterwasserlandschaften und Wracks heranwagen. Sie sollten sich zu diesem Zweck mit einem Weitwinkelobjektiv ausrüsten. Nikon und Sea & Sea bieten eine ganze Reihe von Objektiven zwischen 28 mm und 15 mm an. Die Serie von Sea & Sea ist ausgezeichnet und außerdem preiswerter. Bei den Objektiven von Nikon sind Schärfe und Kontrast zwar hervorragend, aber ihr Preis ist auch entsprechend hoch... Das 15-mm-Objektiv von Nikon ist ein echtes optisches Juwel und ist (im wahrsten Sinne des Wortes) nicht mit Gold aufzuwiegen. Für diese Objektive benötigt man einen optischen Sucher (muß separat gekauft werden). Sie lernen, mit Mischlicht zu fotografieren. Ganz schnell wird es unter Wasser unerläßlich, die Entfernung

einzustellen... Ich hätte Sie warnen sollen: Es ist besser, nicht alles auf einmal anzufangen!

Das Gehäuse:
Das Gehäuse ist das „non plus ultra". Bei einem wasserdichten Gehäuse mit einer Spiegelreflexkamera kann man die Objektive auswechseln (vor jedem Tauchgang!), aber vor allem kann man ganz genau sehen, was man fotografiert: Die Bildeinstellung ist hervorragend! Ich möchte diese Wahl nur denjenigen empfehlen, die eine solche Ausrüstung bereits regelmäßig an Land benutzen. Eine Kamera mit einem Gehäuse und einem Blitzgerät ist schwer und unhandlich. Man muß die Ausrüstung wirklich lieben... Dennoch ist es die professionellste Ausrüstung (besonders wenn man mittlere Formate wie 4,5 x 6 cm oder 6 x 6 cm liebt), die sich aber sicherlich nicht jeder leisten kann. Nikon hat 1992 die Nikonos RS-AF herausgebracht; es ist die erste wasserdichte Kleinbildkamera (24 x 36), die alles bietet, was sich ein verwöhnter Fotograf nur wünschen kann: Autofocus, TTL Blitz, Zoom etc... Selbstverständlich ist der Preis dieser Kamera ebenso hoch wie ihre Leistung. Außerdem müssen Sie sich beeilen, wenn Sie noch eine Nikonos RS „ergattern" möchten: Die Produktion dieser Kamera wurde im Sommer '96 eingestellt.

Namensverzeichnis

Danksagung

Da es unmöglich ist, alles selbst zu fo-
tografieren, haben Freunde meine Fotos ergänzt. Zu ihnen gehören Jos Au-
denaerd (Merksem, Belgien), Nils Au-
kan (Kristiansund, Norwegen), Georges
Berron (Brest), G. Bentz und F.
Siorat (Pleumeur-Bodou), Daniel Blin
(Brech), Daniel Deflorin (Montgeron),
Chantal und Pascal Delorme (Saint
Mihiel), Roger Durand (Brest), Lena
und Fredrik Ehrenström (Angered,
Schweden), Ron Jansen (Haarlem,
Niederlande), Harry Klerks (As, Bel-
gien), Philippe Le Granché (Cher-
bourg), Vincent Maran (Ronchin),
John Neuschwander (Capelle a/d Ijs-
sel, Niederlande) und Peter Wirtz
(Funchal, Madeira).
Einige Spezialisten haben mir bei der
Bestimmung rätselhafter Organismen
geholfen, die auf einigen meiner Fotos
zu sehen sind. Es handelt sich hier um
Dr. Jacqueline Cabioc'h (Algen), Dr.
Rob Van Soest, Annie Girard, Dr. Ma-
rio De Kluijver und Dr. Javier Cristobo
(Schwämme), Dr. Paul Cornelius und

Dr. Armin Svoboda (Hydrozoen), Dr. Manfred Graßhoff (Octocorallia), Ron Ates, Dr. Coos Den Hartog, Dr. Dick Manuel und Dr. Helmut Zibrowius (Hexacorallia), Annie Castric (Moostierchen, Seescheiden), Philippe Bouchet, Géry Parent, Prof. Dr. Victoriano Urgorri und Dr. Nathalie Yonow (Hinterkiemer), Dr. L. B. Holthius und Prof. Dr. Jan H. Stock (Krebstiere), Dr. Han Nijssen und Prof. Dr. Peter Wirtz (Fische).

Die genannten Personen haben nicht alle Fotos bestimmt: Für noch vorhandene Fehler trage ich die alleinige Verantwortung. Ich bin jedem dankbar, der meine Fehler korrigiert.

Für ihre Hilfe bei der Übersetzung der Namen in die jeweilige Landessprache bedanke ich mich für die Übersetzungen ins Spanische bei Regino Garcia-Badell (Luxemburg); portugiesisch: Fernando Santos und Antonio Melo (Luxemburg); norwegisch: Eira Storstein (Højberg, Dänemark), Kjersti Sjøtun, Tore Høisæter, Jan Helge Fossa und Gunnar Nævdal (Universität Bergen, Norwegen).

Auf meinen Rundreisen wurde mir die Gastfreundschaft und Transporthilfe von folgenden Tauchclubs, Institutionen und Personen zuteil: Arca-Plongée, Arcachon (Éric Combebias, Pascale Olazcuaga-Roux, Jean-François Aubert); Centre d'activités plongée (CAP), Trébeurden (Laurent Boyer, Jacques Nadal); Centre de plongée ISA, Crozon-Morgat (Marcel Collon); CIP Les Glénans, Concarneau (Roger Weigele, Laurent Cayatte); Club-Léo Lagrange, Camaret (Pierre Marty); Club de Plongée Pau-Océan, Socoa (Georges Escoffre); Guédel Sub-Armor, Belle-Île-en-Mer (Alain Thibault); Robert Ledanois (Granville); Naturhistorisches Museum (Gérard Breton); Ouessant Subaqua (Jacques Tual, André Decaux); die Besatzung des Segelschiffs „Les Quatre-Vents" (Serge Boucher, Gisèle Ledoux); Sea-Life Center, Scheveningen, Niederlande (Birgit Muller); Sherkin Marine Biological Station, Irland (Matt Murphy); Universität der Algarve, Faro, Portugal (Sofia Gamito); Universität Bergen, Norwegen (Kjersti Sjøtun); Universität Santiago de Compostella, Spanien (Victoriano Urgorri Carrasco, Francisco Javier Cristobo Rodriguez).

Mein besonderer Dank gilt meinen Tauchpartnern, weil sie mich während meiner langen und kalten Tauchgänge begleitet haben: Patrick Bossant, Catherine Bréard, Gérard und Philippe Breton, Jean-Claude und Nathalie Cercassi, Javier Cristobo, Stéphane Dutoict, Norbert Génétiaux, Sophie Guérécheau, Éric Hergault, Jean-Luc Joly, Robert Ledanois, Vincent und Nathalie Maran, Yves Muller, Cédric Schiltz, Alain Thibault, Pascale Thomas, Vituco Urgorri, Wallie De Weerdt, Francisca Zijlstra.